云南省普通高等学校“十二五”规划教材

现代汉语导论

XIANDAI HANYU DAOLUN

主　编　周　芸　邓　瑶　周春林

副主编　秦建文　王　琼　赵卫华

图书在版编目（CIP）数据

现代汉语导论/周芸，邓瑶，周春林主编. —北京：北京大学出版社，2011.8
ISBN 978-7-301-18985-6

Ⅰ. 现…　Ⅱ. ①周…②邓…③周…　Ⅲ. 现代汉语—高等学校—教材　Ⅳ. H109.4

中国版本图书馆 CIP 数据核字（2011）第 105577 号

书　　　名：**现代汉语导论**
著作责任者：周　芸　邓　瑶　周春林　主编
责 任 编 辑：孙　娴
标 准 书 号：ISBN 978-7-301-18985-6/H · 2852
出 版 发 行：北京大学出版社
地　　　址：北京市海淀区成府路 205 号　100871
电　　　话：邮购部 62752015　发行部 62750672　编辑部 62754144　出版部 62754962
网　　　址：http://www.pup.cn
电 子 信 箱：zpup@pup.cn
印　刷　者：**河北博文科技印务有限公司**
经　销　者：新华书店
787 毫米×1092 毫米　16 开本　21.25 印张　562 千字
2011 年 8 月第 1 版　2024 年 7 月第 10 次印刷
定　　　价：52.00 元

序

汉语是世界上历史最悠久的语言之一。在漫长的历史长河中，汉语逐渐克服了各种方言的分歧，形成了以北京语音为标准音、以北方话为基础方言、以典范的现代白话文著作为语法规范的现代汉民族共同语。这种共同语在大陆称为“普通话”，在台湾称为“国语”，在港、澳地区原称“国语”，现在也称“普通话”，在海外则称“华语”。可以说，汉语是中国各族人民相互联系、彼此交流的重要纽带，在东方文化史上具有十分重要的影响。但是，怎样使人学好汉语？如何建构汉语的理论体系？这些问题始终难以达成共识，这与研究者对汉语的认识有关。

看了周芸、邓瑶、周春林主编的《现代汉语导论》，我感受到了它运思的独特之处。教材把现代汉语放在语言及汉语的背景下，分为“绪论”、“现代汉语语音”、“现代汉语词汇”、“现代汉语语法”、“现代汉语语用”、“现代汉语书写符号”等六章。其中，第五章“现代汉语语用”把修辞格分为“深层修辞格”和“表层修辞格”，有利于将修辞格的分析从单一的言语形式转换到语义深层、发话人心理层面的深入阐释；第六章“现代汉语书写符号”包含现代汉字和标点符号两个部分的内容，体现了概念和理论的逻辑性；每一章最后的“拓展与探究”，有助于学习者在掌握基本知识的基础上了解相关的学术背景、感受到学术发展的走向。可以说，教材在汲取学界一些较新的研究成果的同时，还把学法寓于其中，并通过云南师范大学精品课程“现代汉语”网络课程这一现代化学习平台，给学习者设下了学习的悬念，使之从中感到理论学习的魅力，从而掌握最佳的学习方法。

《现代汉语导论》的撰写团队由云南师范大学、昆明学院、云南财经大学、曲靖师范学院、保山学院、昭通师范专科学校、思茅师范专科学校、临沧师范专科学校的汉语言研究者组成，体现了区域高等教育系统合作与发展的宏观背景，这对于建立云南区域高等教育互动与合作、推进区域高等教育联动发展具有十分重要的作用。区域高等教育的整合联动、分工合作，我认为，是高等教育自身发展的内在逻辑。加强区域高等学校合作，统筹兼顾、优势互补、协调发展，这是一种具有战略性的眼光。写书同样也培养了人，教材的出版发行对于建立云南高校语言人才平台的协调性、生态性、实现人才资源共享都具有十分重要的意义。

现代汉语本身是现代汉民族的自然语言，就其本质和规律而言，应该表现为“活”的流动性和变动性，而不是“死”的不动性。从这方面来讲，我感受到《现代汉语导论》跳动着一种生命的灵性，它以“导”为线索，把学习者引入到语言的海边，从中得到“论”的启迪，充分彰显了时代的特点。《现代汉语导论》值得一读。

骆小所

2011 年 4 月 8 日于云南师范大学

目　录

第一章　绪　　论

学习目的与要求：

● 掌握“语言”、“汉语”、“民族共同语”、“现代汉语”、“普通话”、“方言”等概念及其相互关系，理解现代汉语的特点、现代汉语规范化的内容以及语言的规范和语言的规范化之间的联系与区别，熟悉国家的语言文字政策，树立正确的现代汉语规范意识。

● 理解现代汉语课程的性质、任务和内容，掌握现代汉语课程的学习方法，不断提高对现代汉语基础知识和基本原理的理解能力和实践能力，能够主动运用所学的知识和理论于社会实践。

● 了解汉语的历史和地位、现代汉语方言的基本概况，理清现代汉民族共同语形成的基本脉络，领会汉语在传承中华文化和中外文化交流中的重要作用。

第一节　语言及汉语

一、语言

什么是语言？千百年来，人们曾给“语言”下过各种各样的定义。据统计，自19世纪以来，语言学家们给“语言”下的定义，有代表性的就有68种。[1] 时至今日，关于“语言”的定义，仍然很难找到一个为人们所普遍认同的解释。那么，我们应该怎样认识“语言”呢？

（一）语言是音义结合的符号系统

符号是约定的用以代表某种事物的标记。任何符号都由两个方面的内容构成：一是特定的物质实体，二是约定俗成的意义。语言也是一种符号，它用一定的声音来表示一定的意义。例如：当我们听到“shù”这个声音时，就会意识到它所表示的意义是“木本植物的通称”，而这个声音和意义之间完全是一种约定俗成的关系。

语言符号最重要的特点是任意性和线条性。任意性，是指单个语言符号的语音形式与意义之间没有必然的联系，由使用同一语言的全体社会成员约定俗成。例如：汉语把“身体大，趾端有蹄，头上长有一对角，尾巴尖端有长毛的反刍类哺乳动物”叫做 niú，而英语却用 cow［kau］这样的语音与“牛”的意义相结合，这里面没有什么必然的、本质的

---

① 潘文国：《语言的定义》，载《华东师范大学学报》，2001（1）。

联系。线条性，是指语言符号在使用中总是按照时间的先后顺序依次出现的。换言之，人们说话时只能一个字、一个字地说，一句话、一句话地讲，一张嘴不可能同时说出两个字或两句话来。

（二）语言是人类最重要的交际工具

人类的交际可分为语言交际和非语言交际两大类：语言交际是以语言文字为工具的交际活动；非语言交际是使用与语言文字无关的媒介为工具的交际活动。人类的交际以语言交际为主，以非语言交际为辅。交际是语言最基本的职能。

语言交际是一种涉及发话人和受话人双方的过程，大致可分为编码、发送、传递、接收、解码五个阶段。编码是一种整理思路的活动，属于内部语言的范畴。编码结束后，发话人就会以语音或文字的形式来发送和传递话语。受话人接收到话语之后，便会运用语境、逻辑、语义等知识进行解码。在这个过程中，编码和发送阶段属于发话人一方；传递阶段属于发话人和受话人之间，传递方向是双向的；接收和解码阶段属于受话人。当受话人解码后，会针对话语做出反馈，由受话人转为发话人，开始新的编码和发送。语言交际就是这样在五个阶段上反复进行的。

（三）语言是一种特殊的社会现象

语言是人类的一种社会现象，它随着社会的产生而产生，随着社会的发展而发展。语言是为了满足人类社会交流、协调与合作的需要而在集体生产劳动中产生的。当社会生活发生渐变或者突变时，语言也必然会发生相应的变化。语言的产生和发展都离不开社会。

另一方面，社会也离不开语言，语言是社会存在的必要条件。语言不但能交流信息、表达思想，而且还恰如一面镜子，从中折射出不同社会的生产状况、精神风貌、文化风俗。如果我们不能很好地理解语言，也就不能很好地理解人类和社会。随着现代社会的不断发展，语言的作用范围也越来越宽广，功能也越来越完善，成为人类社会赖以存在和发展的必要条件。

（四）语言有口语和书面语两种表现形式

从传播媒介和交际渠道来看，口语和书面语是语言的两种表现形式。一般说来，口语就是说出来的话，如见面寒暄、谈天说地、演讲宣传等所使用的语言；书面语就是用文字写下来的话，如文学创作、科学研究、公务文件等所使用的语言。

口语和书面语的关系十分密切：口语是书面语的源头，书面语是在口语的基础上产生和发展起来的。首先，口语是书面语发展的动力，它能够源源不断地为书面语提供鲜活的材料，促使书面语不断地更新、完善，从而更好地适应人们的交际需要。其次，书面语是口语的提炼和升华，它可以凭借其在社会群体活动领域中的重要性，影响和规范着人们的口语表达，从而促使口语向规范化的方向发展。第三，从发展速度来看，书面语的发展变化相对落后于口语。

二、中国的语言

中国是一个多民族、多语言的国家。中国境内的语言，可以按照语言的谱系分类，划分为不同的类型。

谱系分类法，也叫发生学分类法，是达尔文关于物种起源进化论在语言发生学研究领域的应用。依据这种理论，凡是在语音、词汇、语法规则之间存在着对应关系、有相似之处的语言，均可称为亲属语言。由于亲属语言之间的亲疏关系还有所不同，所以根据其亲属关系的远近，它们又可分为不同的语系、语族和语支。目前，世界上的语言大致可以分为汉藏语系、印欧语系、乌拉尔语系、阿尔泰语系、闪—含语系、伊比利亚—高加索语系、达罗毗荼语系、马来—玻利尼西亚语系和南亚语系九大类。

中国境内56个民族，共使用80种以上的语言。其中，一个民族使用一种语言的情况比较多，也有一个民族使用多种语言或多个民族使用一种语言的情况。这些语言分别属于汉藏语系、阿尔泰语系、南亚语系、印欧语系等。其中，汉藏语系的汉语语族、藏缅语族、壮侗语族、苗瑶语族，阿尔泰语系的突厥语族、蒙古语族、满—通古斯语族，南亚语系的孟高棉语族，印欧语系的斯拉夫语族、伊朗语族，以及系属尚未确定的朝鲜语等，都有我国各民族所使用的语言。

汉语是汉民族所使用的语言，包括汉民族共同语和汉语的地域变体，属于汉藏语系汉语语族。除汉族全部使用汉语外，大部分满族、回族、畲族、土家族等也都使用汉语。此外，还有很多少数民族在使用本民族语言作为交际工具的同时，还兼用汉语或其他少数民族的语言。

云南是我国少数民族最多的省份。除汉族使用汉语之外，云南境内的25个少数民族，其语言属于汉藏语系藏缅语族的有彝族、白族、哈尼族、傈僳族、拉祜族、纳西族、景颇族、阿昌族、藏族、普米族、怒族、基诺族、独龙族等，属于壮侗语族的有壮族、傣族、布依族、水族等，属于苗瑶语族的有苗族、瑶族等；其语言属于南亚语系孟高棉语族的有佤族、德昂族、布朗族等；其语言属于阿尔泰语系蒙古语族的有蒙古族，属于满—通古斯语族的有满族。

三、汉语

汉语是汉民族使用的语言。它是随着汉民族的形成和发展而来的，对中华民族的形成、中华文化的传承和传播都起到了重大的作用。汉语是世界上历史悠久、生命力旺盛的语言之一。

（一）汉语的历史

通常，汉语的历史可以分为上古汉语（公元3世纪以前）、中古汉语（公元4世纪到12世纪）、近代汉语（公元13世纪到19世纪）、现代汉语（五四运动以后）四个时期。①

导致汉语演变的因素是非常复杂的，有外部原因，如社会、政治、历史、地理等方面的因素，也有语言本身的原因，如不同语言之间的相互接触和影响等。在远古时代，辽阔的中国地域内居住着许多不同祖先的氏族和部落，每个氏族和部落都有自己的语言。随着氏族社会的发展，一些较大的部落和氏族，如华夏、东夷、苗蛮等，经过长时期的接触和交往，最终融合成了华夏，即汉民族的前身。在部落的兼并与融合的过程中，汉语逐步形成并发展起来了。此后，中国历史上发生的不同民族之间的接触和融合，也不断地推动着

① 王力：《汉语史稿》，北京：中华书局2002年版，第35页。

汉语的发展。例如：佛教自西汉末年传入中国后，汉语从梵语中吸收了大量的佛教词语，如“佛”、“塔”、“僧”、“和尚”、“菩萨”、“罗汉”、“阎罗”、“地狱”等，对汉语词汇的双音节化起到了一定的作用，也给汉语的词汇系统带来了前所未有的影响。秦以后直至隋唐，历代多以长安或洛阳为都，特别是元代以来，北京成为中国历史上政治、文化、经济的中心，北方话自然也就成为了汉语的主流。当前，随着我国在政治、经济、文化和社会生活等各方面发生的巨大变化，各种新观念、新思潮纷至沓来，汉语也进入了一个新的发展时期，词语新陈代谢的周期迅速缩短、新的组合形式和结构格式不断产生，从而出现了一些新的语言现象。

（二）汉语的地位

就国内情况而言，我国许多民族都有各自的语言和文字。《中华人民共和国宪法》明确规定：“各民族都有使用和发展自己的语言文字的自由。”这对于正确处理民族问题、促进民族团结、维护国家统一，具有重要的意义。然而，国内各民族在相互接触和进行社会交往时，往往会因双方的语言不通而带来思想交流、信息沟通等方面的障碍。因此，我国除了占总人口90%以上的汉族使用汉语之外，也有一些少数民族转用或兼用汉语。可以说，汉语已成为国内各民族之间共同使用的交际工具。对于中华民族来说，汉语不仅是重要的交际工具，而且也是文明传承的纽带。千百年来，它伴随着中华民族的成长而发展，承载着光辉灿烂的华夏文明。

就国际情况而言，汉语是在国际上代表中国的语言。汉语及其书写符号汉字在东方文化史上处于十分重要的地位，曾伴随着古代中国高度发达的科学文化传播到日本、朝鲜、越南等国家，对东亚、东南亚国家的语言和文化产生过巨大的影响。新中国成立以后，随着我国国际地位的日益提高，汉语在世界上的地位也在不断提高。1973年，联合国大会把汉语列为联合国六种法定工作语言之一。[①] 改革开放以来，中国与国际社会在政治、经济、文化等方面的交流日益频繁，国外相关人员学习汉语的需求迅速增长，在全球范围内形成了学习汉语的热潮。截至2009年11月，全球88个国家（地区）已建立282所孔子学院和272个孔子课堂。汉语，作为了解中国和与中国交往的重要工具，同时也作为一种文化资源，随着中国的崛起而走向世界，在中国和世界各国之间筑造起一座社会、政治、经济、文化交流的桥梁。

思考与练习一

一、什么是语言？结合实际，谈谈你对语言的理解。

二、怎样理解“语言是音义结合的符号系统”？

三、为什么说“语言是人类最重要的交际工具”？

四、举例说明语言和社会之间的关系。

五、结合实际，谈谈你对全球范围内“汉语学习热”的认识。

六、根据语言的谱系分类，查阅相关书籍，了解你所使用的语言的类属。

---

① 联合国所使用的六种法定工作语言是汉语、英语、俄语、法语、西班牙语和阿拉伯语。

第二节　现代汉语

现代汉语有广义和狭义两种含义。广义的现代汉语指现代汉民族所使用的语言，包括现代汉民族共同语和现代汉语方言。狭义的现代汉语指现代汉民族共同语，即普通话。

一、现代汉民族共同语

（一）汉民族共同语

民族共同语是一个民族的全体成员通用的语言。民族共同语是在某一种方言的基础上形成的。作为民族共同语基础的方言，就叫做基础方言。

汉民族共同语是在民族融合的过程中逐步形成的，各个时期都存在着相应的民族共同语。春秋战国时期的共同语称为“雅言”。当时，诸侯聘使往来、宣辞达命，孔孟周游列国、讲学传道，用的都是雅言。汉代至元代，共同语称为“通语”。扬雄在《方言》中就经常提到“通语”。元代定都大都（今北京），朝廷规定学校教学要使用以大都语音为标准的通语。著名杂剧作家关汉卿的《窦娥冤》、马致远的《汉宫秋》、王实甫的《西厢记》等，都真实地反映了当时的大都话。[①] 明清两代的共同语，称为“官话”。官话原本是通行于官吏之间的官场“雅语”，后来发展为官民之间的交际用语，之后又进一步被社会公众用来沟通不同地区之间的语言隔阂，从而逐渐发展成为民族共同语。辛亥革命后，共同语称为“国语”。1912 年，中华民国临时教育会议决定在全国范围内推行国语。新中国成立以后，共同语正式定名为“普通话”。

现代汉民族共同语是现代汉民族通用的语言，是以北京语音为标准音，以北方话为基础方言，以典范的现代白话文著作为语法规范的普通话。

（二）普通话

普通话以北京语音为标准音、以北方话为基础方言、以典范的现代白话文著作为语法规范，是现代汉民族最重要的交际工具，同时也是国家法定的全国通用语言。

普通话以北京语音为标准音，这是汉语历史发展的必然结果。元代周德清的《中原音韵》就是根据元杂剧的用韵编写的，书中所归纳的语音系统已经非常接近今天的北京话。明、清以来所广泛使用的官话，大体上就是在书面语的基础上使家乡话尽量向以京音为中心的北方话靠拢，[②] 所以北京话便成为了公认的“标准官话”。明代初年，朝鲜人为学习汉语而编写的《老乞大》、《朴通事》，以及清代末年英国人为教学汉语编写的《语言自迩集》，记录的也是北京话。20 世纪初白话文运动、国语运动提出的“国语”、“国音”，都是以北京语音为基础或标准音的。此外，中国从辽代开始至金、元、明、清各朝，都以北京为政治、经济、文化的中心。随着北京语音的影响和地位越来越显著和突出，北京语音便成为了普通话的语音标准。

---

① 袁钟瑞：《话题三：古代的汉民族共同语》，载《话说推普》，北京：语文出版社 2004 年版，第 17 页。

② 王理嘉：《从官话到国语和普通话——现代汉民族共同语的形成及发展》，载《语文建设》，1999（6）。

普通话以北方话为基础方言，也是有原因的。首先，北方历来是我国政治、经济、文化较为发达的地区，相对于其他方言，北方话的影响范围比较大。其次，北方方言的使用地域十分广泛。黄河流域及其以北的广大地区，长江流域的四川、重庆、云南、贵州及湖北大部分地区，甚至安徽、江苏的一部分地区，使用的都是北方方言。第三，许多文献和文学作品都是使用北方方言词汇写成的，特别是唐、宋以来的白话文学，如唐代的变文，宋代的语录，宋、元的话本以及明清的白话小说等，这些作品的流传都加速了北方方言的推广。

普通话以典范的现代白话文著作为语法规范，具体指的是：第一，北方方言内部的语法规律虽然大体相同，但也存在着不少差异，所以普通话的语法需要以经过提炼加工的、规范化的“现代白话文著作”的用例作为标准。第二，“典范”的著作是指具有广泛性和代表性的著作，如国家的法律条文、影响较大的报刊社论和现代著名作家的作品等。由于这些著作使用的是符合语法规范的语句，包括人们习惯的表达方式，便于遵循和使用，所以可作为普通话通用的规范和标准。第三，“现代白话文著作”是相对于早期的白话文著作而言的。宋元时代的白话文与五四时期的白话文，在语法方面已有明显的不同，所以，应注意普通话与早期白话文著作的区别。

推广普通话是为了促进国内各民族、各地区间的交流，而不是消灭少数民族语言和现代汉语方言，少数民族语言和各地方言都可以在一定领域继续使用。

二、现代汉语方言

（一）方言

方言，也叫地方话，是一种语言的地域变体。根据方言区域范围的大小，方言可以分为方言区和方言片。方言区是方言地理分区的第一层次，由具有共同特征的若干地方话所组成。方言区的底下，一般分成若干方言片。方言片有时又分成若干小片，继续再往下划分，就是由县或者相当于县的行政单位构成的方言点。

方言不是独立的语言，但其本身也是由语音、词汇、语法组成的系统。同一种语言的各种方言，它们之间最大的差异体现在语音上。以现代汉语方言为例，北方方言、粤方言、吴方言的语音差别就很明显，即使是在北方方言内部，也会因为地域不同而存在较大的语音差别。各地方言在词汇方面的差异也很大，很多方言区都有只通行于当地的方言词汇，如云南昆明话中的“颠冬”（糊涂）、“管火”（管用）、“冲壳子”（聊天儿）、“哭咪拉苏”（哭哭啼啼）等，都是普通话不使用的。各地方言在语法方面也存在一定差异，如广东、广西的一些地方说“你走先”，把副词“先”放在动词之后做补语，和普通话完全不同。

方言的形成大多经历了漫长的历史时期。形成方言的因素有很多，既有外部的原因，如社会发展、地理条件、政治经济状况、自然灾害以及戍边移民等，也有语言本身的原因，如语言为适应社会的需要而调整其内部结构、不同语言间的接触和影响等等。

各地方言和民族共同语属于同一种语言，它们之间不是相互对立的。民族共同语总是以某一种方言作为基础方言，并从各地方言中吸取一些有益的成分来丰富和完善自己；各地方言会或多或少地从民族共同语中吸取一些成分，以丰富自己的表达。民族共同语能消除跨方言区的交际障碍，有利于社会交际；各地方言能在各自的通行区域内使用，地域色彩鲜明，具有传承地方文化的功能。

（二）现代汉语方言及其分类

中国地域辽阔，自古就有方言的分歧。现代汉语方言是现代汉语的地域变体，属于历史上汉语方言的延续。就总体而言，北方方言可视为数千年来古代汉语在广大北方地区发展起来的，而其余方言则是北方居民在历史上不断南迁而逐步形成的。

现代汉语各地方言同中有异，异中有同。大致说来，方言差异较大、情况较复杂的地区，多集中在长江以南各省，特别是江苏、浙江、湖南、江西、安徽（皖南地区）、福建、广东、广西等地；长江以北地区，尤其是华北、东北等地，方言的一致性要比南方大得多。不同地域的现代汉语方言，在长期的历史发展过程中所形成的各种不同程度的差异，构成了不同的方言区。

一般说来，现代汉语方言可以分为七大方言区，即北方方言、吴方言、湘方言、粤方言、闽方言、客家方言、赣方言。

1. 北方方言

北方方言，也称北方话、官话，以北京话为代表，分布在我国长江以北的广大地区、长江南岸九江至镇江的沿江地带、湖北（东南角除外）、四川、云南、贵州、广西西北部以及湖南西北角，使用人口约占汉族总人口的70%以上。在现代汉语各方言中，北方方言分布地域最广，使用人口最多。其内部的一致性也比较强，从东北的哈尔滨到西南的昆明，从东南的南京到西北的乌鲁木齐，都能通话。

北方方言是现代汉民族共同语的基础方言，其内部又可分为四个方言片：（1）华北官话。通行于北京、天津两市，河北、河南、山东、辽宁、吉林、黑龙江等省以及内蒙古自治区的一部分。（2）西北官话。通行于山西、陕西、甘肃等省以及青海、宁夏、内蒙古的一部分地区。[①] 新疆汉民族使用的方言也属于西北官话。（3）西南官话。通行于云南、贵州、四川三省全部汉语地区，湖北省大部分地区，以及湖南西北部和广西西北部。（4）江淮官话。通行于安徽省长江两岸地区，江苏省长江以北大部分地区（徐州一带除外），长江南岸镇江以上、南京以下地区，以及江西省沿江地带。[②]

2. 吴方言

吴方言，也称江南话或江浙话，以上海话为代表，通行于江苏南部、上海、浙江、江西东北部、福建西北角和安徽南部的一部分地区，使用人口约占汉族总人口的8.4%。

吴方言可以划分为五个方言片：（1）以上海话或苏州话为代表的太湖片。（2）以临海话为代表的台州片。（3）以温州话为代表的东瓯片。（4）以金华话为代表的婺州片。（5）以丽水话为代表的丽衢片。

3. 湘方言

湘方言，又称湘语或湖南话，以长沙话为代表，分布在湖南省的大部分地区（西北角除外）、广西北部，使用人口约占汉族总人口的5%。

湘方言可分为新湘语和老湘语两个方言片。从地理分布上看，新湘语通行于湖南的北

---

① 山西及其毗邻的陕北部分地区、河南省黄河以北地区，由于保留了古入声字，不同于一般的西北官话和华北官话，所以，近年来有学者主张应从北方方言中独立出来，划为“晋语”。

② 江淮官话是北方方言中内部分歧较大、情况较为复杂的一支。其中，皖南徽州一带方言，具有许多与众不同的特点。不少学者认为，它可以从江淮官话中分出，独立为“徽语”。

部，老湘语通行于湖南的南部，因此也有人把它们称为“北片湘语”、“南片湘语”。老湘语比较传统，古全浊声母字一般仍多念浊声母；新湘语受北方方言的影响，有逐渐靠拢普通话的趋势。

4. 粤方言

粤方言，又称粤语，俗称广东话、广府话，当地人自称为白话，以广州话为代表。粤方言主要分布在广东、广西两省，使用人口约占汉族总人口的5%。

粤方言是现代汉语方言中情况较为复杂、保留古音和古语词较多、内部分歧较小的一种方言，可分为四个方言片：（1）以广州话为代表的粤海片。（2）以台山话为代表的四邑片。（3）以阳江话为代表的高阳片。（4）以南宁话为代表的桂南片。[①]

5. 闽方言

闽方言，俗称福佬话，分布在福建省、广东东部的潮州和汕头一带、海南省和台湾省的大部分地区，使用的人口约占汉族总人口的4.2%。

闽方言是现代汉语方言中情况最复杂、内部分歧最大的一种方言，可划分为五个方言片：（1）以厦门话为代表的闽南方言。（2）以福州话为代表的闽东方言。（3）以建瓯话为代表的闽北方言。（4）以永安话为代表的闽中方言。（5）以莆田话为代表的莆仙方言。

6. 客家方言

客家方言，以广东梅县话为代表，主要分布在广东、福建、台湾、江西、广西、湖南、四川等省，尤其是广东东部和北部、福建西部、江西南部和广西东南部，使用人口约占汉族总人口的4%。

客家人虽然居住分散，但客家方言却自成系统，内部差别不太大。例如：四川客家人与广东客家人虽然相隔千山万水，但彼此之间却可以自由交谈，没有什么障碍。

7. 赣方言

赣方言，也称赣语或江西话，以南昌话为代表，主要分布在江西省（东北沿江地带和南部除外）、湖北东南、福建西北、安徽西南、湖南东部等部分地区，使用人口约占汉族总人口的2.4%。

赣方言是现代汉语方言中通行面积较小、使用人口最少的一种方言。值得注意的是，江西省内，除赣方言外，还有客家方言、吴方言和江淮官话，江西的邻省也有赣方言。

（三）现代汉语方言与现代汉民族共同语的关系

现代汉语方言与现代汉民族共同语都属于现代汉语，它们之间不是对立的。现代汉民族共同语是在北方方言的基础上形成的，它与现代汉语方言是同源异流的关系。在新的历史时期，现代汉民族共同语和现代汉语方言共同发展，呈现出“同中有异、异中有同”的特点。

首先，现代汉民族共同语以北方方言为基础方言，同时又不断地从其他方言中吸收有益的成分，不断地丰富和完善自己的结构系统。例如：“椰子”、“叉烧”、“米线”、“名

① 由于桂南片的语音比较一致，与其他地区的粤方言存在一些分歧，因此也有学者主张单独列为“平语”。

堂”等表示某些方言区特有事物或特殊意义的方言词，是普通话词汇系统吸收的对象。还有一些方言词，如“窍门儿”、“蹩脚”、“扯皮”等，尽管普通话里已经有语义相同的词语，但由于其表达效果生动形象，所以也被吸收到了普通话的词汇系统中。

其次，现代汉语方言也会从现代汉民族共同语中吸取有益的成分来丰富自己的表达，并有向普通话靠拢的趋势。当前，普通话作为现代汉民族共同语，在各个方言地区越来越受到重视，影响力也在不断地扩大。现代汉语各方言在语音、词汇、语法各方面都有向普通话靠拢的趋势。

第三，推广现代汉民族共同语是为了消除跨方言交际的隔阂，而不是要消灭现代汉语方言。新中国成立之后，尤其是改革开放以来，由于政治、经济、文化、社会生活的高度统一和快速发展，跨方言交际变得更为频繁，现代汉语方言的局限性也日趋明显。不同方言区的人们使用普通话进行交际，可以缩小分歧、减少差异，保证交际的顺利进行。而植根于地方文化土壤中的现代汉语方言，仍然是传递地方文化信息的重要交际工具，对沟通和协调社区内部的各种关系具有一定的作用。

三、现代汉语的特点

现代汉语在语音、词汇、语法、语用等方面，具有许多独特之处。①

（一）现代汉语语音的特点

与印欧语系的各语言相比，现代汉语的音节都有声调，语句中还有不同的语调，音节和音节之间界限清晰，具有独特的音乐美。

此外，元音在现代汉语中占有一定的优势。现代汉语的音节可以没有辅音，但不能没有元音；两个或三个元音相连的复元音数量较多，如 ia、ou、iou、uai 等，但没有两个或三个辅音相连的复辅音现象。由于元音属于乐音，所以现代汉语听起来比较响亮、悦耳。

（二）现代汉语词汇的特点

与印欧语系的各语言相比，单音节语素在现代汉语中占了绝大多数，而且构词能力很强，如单音节语素“机”可以组成“机器”、“机关”、“机动”、“手机”、“电机”、“洗衣机”等词。

与古代汉语相比，从音节的数量上来看，现代汉语的词具有较为明显的双音节化发展趋势；从构词法的角度来看，现代汉语由两个或两个以上的词根组合在一起构成的复合词最发达，如“根本”、“试卷”、“喷香”、“手软”等。复合式合成词是现代汉语词汇的主体部分。

（三）现代汉语语法的特点

首先，现代汉语缺少严格意义上的形态变化。形态变化，一般指词形变化，即当一个词进入句子时，为了表示某种语法关系或语法意义，其形式所发生的变化。例如：英语的动词有数（如单数、复数等）、时（如现在时、过去时、将来时等）、体（如进行体、完成体等）、态（如主动态、被动态等）、人称（如第一人称、第二人称、第三人称等）的变化。但是，现代汉语却不依靠这种严格意义上的形态变化来表示语法关系和语法意义，而是以语序和虚词为主要的语法手段。例如：“他跑了”表示完成体，“他跑着”表示进行体，就是用虚词“了”和“着”来表示的。

---

① 本书讨论的主要是狭义的现代汉语的特点，即现代汉民族共同语的特点。

其次，现代汉语词类和句法成分之间的关系比较复杂。英语的词类和句法成分往往存在着一一对应的关系。但在现代汉语里，一种词类可以做多种句子成分，一种句子成分也可以由多种词类充当，常常形成一对多或多对一的关系。例如："他在学习"（动词做谓语）、"学习是一项艰苦的劳动"（动词做主语）、"我爱学习"（动词做宾语）。

第三，现代汉语的词、短语和句子的结构方式基本一致。语素组成词，词组成短语，词或短语形成句子，都有联合、偏正、述宾、述补、主谓等五种基本的结构方式。例如：词"月亮"，短语"月亮很美"、句子"月亮真美啊！"都是主谓结构。

第四，现代汉语的量词十分丰富，不仅有许多专用量词，而且还有很多借用量词。例如："一位老师"、"一片树叶"、"一缕阳光"、"一泓秋水"、"一口袋面粉"等等。

（四）现代汉语语用的特点

首先，现代汉语具有以"诚"立言的语用特点。它包括两个方面的意思：一是交际双方的语用态度要真诚；二是交际双方的话语内容要真实。

其次，现代汉语具有含蓄委婉的语用特点。有时，出于对社会、文化、心理等语境因素的考虑，发话人可能会采取一种委婉含蓄、迂回曲折的表达方式。例如：死亡是人们所忌讳的，于是便用"走了"、"去世"、"逝世"、"牺牲"、"巨星陨落"等说法来代替。

第三，现代汉语具有谦和得体的语用特点。中国素有"礼仪之邦"的美称。我国的礼仪文化渗透在现代人际交往过程中，使现代汉语语用呈现出态度谦和、表达得体的特点。例如：表示敬称的"您"，表示礼貌的"请"、"拜托"、"麻烦"等词，就经常出现在口语表达中。

思考与练习二

一、什么是现代汉语？有人说：现代汉语就是普通话。你同意这种看法吗？为什么？

二、什么是现代汉民族共同语？现代汉民族共同语是怎样形成的？

三、普通话为什么要以北京语音为标准音？

四、什么是基础方言？普通话为什么要以北方话为基础方言？

五、如何理解"普通话以典范的现代白话文著作为语法规范"这句话？

六、什么是方言？什么是现代汉语方言？现代汉语方言可以分为哪些方言区？

七、有人说：普通话和方言之间的差异很大，学好普通话就必须禁止使用方言。你同意这种看法吗？为什么？

八、与英语、古代汉语相比，现代汉语具有哪些特点？

第三节　现代汉语规范化

一、语言的规范和规范化

（一）语言的规范

语言的规范，指的是某一语言在语音、词汇、语法、语用、书写符号等各方面的规则和标准，包括语言本体规范和语言运用规范两方面的内容。语言本体规范，是指语言内部构成要素（如语音、词汇、语法等）和语言书写符号（如文字、标点符号等）的规范；语言运用规范，则是指口语和书面语的运用规范。

语言的各种构成要素及其组合结构，在使用上都有自己的规范。这些规范，有的是社会大众约定俗成的，有的是按照某种专业需要由专家制订的，有的是政府部门以法制形式规定和颁布的。在现实的社会生活中，人人都有使用语言的权利。规范的言语表达不仅包括符合语音、词汇、语法和书写符号等规则的语句，而且也包括人们习惯表达的、变异化和艺术化的语句。例如：

① 屋里太冷了，出去烤太阳吧！

②（乘客在公交车上买票）一张动物园，一张青年路。

③ 你给道具打电话了没有？（电视剧《杨光的快乐生活》）

④ 平桶边的水，微微地浪起涟漪。（周立波《山乡巨变》）

这些例句表面上看起来似乎不符合语言的本体规则，但其实都是规范的语句。例①中的“烤太阳”属于人们的习惯表达。例②中与量词“张”搭配的名词“票”，被特定的语境省略了。例③运用了借代辞格，用“道具”代指负责道具管理工作的人。例④中的名词“浪”被临时活用为动词。

由此可见，约定俗成的语言本体规则和动态性质的语言运用规范并不是截然对立的。个人在语言运用过程中突破和超脱语言本体规则，也并不意味着就一定在新的言语层面实现了语言运用规范。在当前交际渠道多样化、语用主体多层次化、语用创新意识明显增强的时代背景下，以充分观察、实事求是、深入研究为出发点，认真遵循语言的规范，是构建和谐语言生活的重要保障之一。

（二）语言的规范化

语言的规范化，是根据语言自身的发展规律，研究、制定并颁布某一语言在语音、词汇、语法、语用、书写符号等方面的规则和标准，并通过宣传、提倡等途径来引导人们自觉遵照国家颁布的语言使用规则和标准来规范地使用语言。语言规范化的工作内容包括：标准语的确定；正音法的制订；字母或拼写法的改革；术语的规范化；规范词典的出版；正字法的制定；字符改革；规范语法文献的出版；消除语言内部的共时分歧与混乱；消除语言发展中产生的分歧与混乱等等。

我国历来重视语言文字工作。新中国成立以来，国家许多领导人都对语言文字工作作出过重要指示。1954 年，中国文字改革委员会成立。1985 年，中国文字改革委员会更名为国家语言文字工作委员会。在我国，语言的规范化不仅指汉语规范化，也包含各少数民族语言的规范化、标准化和法制化，而且语言规范化工作的内容也是随着时代的发展而不断变化的。1955 年，全国文字改革会议和现代汉语规范问题学术会议召开，把“促进文字改革，推广普通话，实现汉语规范化”确定为语言文字工作的三大任务。1986 年，国家教委和国家语委联合召开了语言文字工作会议，规定了新时期语言文字工作的方针和任务。新时期语言文字工作的方针是：贯彻执行国家关于语言文字工作的政策和法令，促进语言文字规范化、标准化，继续推动文字改革工作，使语言文字在社会主义现代化建设中更好地发挥作用。新时期语言文字工作的任务是：做好现代汉语规范化工作，大力推广和积极普及普通话；研究和整理现行汉字，制定各项有关标准；进一步推行《汉语拼音方案》，研究并解决实际运用中的有关问题；研究汉语和汉字的信息处理问题；加强语言文字的基础研究和应用研究，做好社会调查和社会咨询、服务工作。2000年，第九届全国人大常委会第十八次会议审议通过了《中华人民共和国国家通用语言文字法》，并于2001年1月1日起正式实施。它明确规定"国家通用语言文字是普通话和规范汉字"。《中华人民共和国国家通用语言文字法》是新中国成立后第一部有关语言文字的专门法律，体现了国家关于语言文字工作的方针和重要政策，是我国语言文字规范化和标准化进程中的一件大事。

在当前新的时代条件下，开展语言规范化工作，主要具有三个方面的意义：

第一，语言的规范化有利于保证社会交际的畅通。语言是一种特殊的社会现象，也是社会中最重要的交际工具和信息载体。如果语言的使用缺乏明确的规范，就会影响到语言社会功能的发挥。只有遵循统一的规范，恰当地运用语言，才能使语言更好地传递社会信息、交流思想情感。然而，在标准语的形成和发展的过程中，由于方言的渗入、古语的残存、其他民族语言的影响，以及语言使用者的习惯、爱好、语言修养等不同，人们的日常交际难免会出现一些不合乎语言规范的现象，并由此影响到交际活动的正常进行。语言的规范化有利于保证社会交际的畅通，有利于共同语的学习与推广，同时还有利于维护民族的团结和国家的统一。

第二，语言规范化有利于国家建设和现代文明的发展。普及文化教育、发展科学技术、推动经济繁荣、制定国家法律、颁布政府文告，都需要规范化的标准语。规范化的标准语也是全国媒体、报刊杂志的法定用语，是计算机语言输入的用语。语言识别的研究、信息自动化的技术处理，都需要标准化的语言。

第三，语言规范化有利于增强国家影响力。随着国际交往的频繁，汉语作为中国文化的重要载体，在国际上广泛传播，也代表着国家的经济实力和国际形象。只有不断推动现代汉语语言规范化的进程，才能繁荣中国文化，并在此基础上增强中国文化对世界文化的影响力。

二、现代汉语规范化的内容

现代汉语规范化，就是根据现代汉民族共同语的发展规律，确定和推广普通话语音、词汇、语法、语用、书写符号等方面的标准，从而形成人人重视并遵守现代汉语规范的良好局面，更好地发挥现代汉语的社会交际作用。

现代汉语规范化包括现代汉语本体规范化和现代汉语运用规范化两方面的内容。由于现代汉语运用规范化更多面对的是反映现代汉语动态发展的言语现象，有的言语现象处于规范现象和非规范现象之间的过渡地带，有的言语现象尚需一定时间的语用检验才能稳定下来，因此，现代汉语运用规范化的具体内容可纳入语用原则的范畴考虑。这里重点介绍现代汉语本体规范化的内容。

（一）现代汉语语音的规范化

现代汉民族共同语"以北京语音为标准音"。从中国的历史和汉语的发展过程来看，把北京语音定为汉民族共同语和国家通用语言普通话的标准音，是唯一正确而且符合客观规律的选择。

普通话的语音以北京语音为标准音，并不是说北京话任何一个语音成分都是标准的、规范的普通话语音成分。规范的普通话语音，应该注意剔除北京话中的土音成分，审定北京语音内部存在分歧的异读音，有选择地吸收轻声、儿化等音变现象。

（二）现代汉语词汇的规范化

现代汉民族共同语的词汇规范是“以北方话为基础方言”。在汉语方言中，北方话的分布地域最广，使用人口数量最多，把北方话作为普通话的基础方言符合汉语发展的实际。

普通话词汇以北方话词汇为基础，但由于北方话分布地域广，其内部结构要素具有一定的差异性，因此，不能把北方话中所有的词语都吸收到普通话当中来。现代汉语词汇的规范化，首先，应该根据现代汉语词汇发展的规律，科学地剔除北方话中的方言土俗词。北方话里一些地方色彩较浓、说出来只有较少地区的人能懂的词语，就不能吸收到普通话里。其次，为了充实和丰富普通话的词汇，还应该从现代汉语方言、古代汉语以及其他民族语言中，适当吸收有益于普通话发展的词语。此外，还应结合实际，适时吸纳一些在大众传媒中因频繁使用而逐渐得到推广的新词语。

（三）现代汉语语法的规范化

现代汉民族共同语“以典范的现代白话文著作为语法规范”。所谓“典范的现代白话文著作”，指的是现当代符合语法规范的优秀白话文作品。

普通话语法的规范化，首先，要坚持以现代典范的白话文作品的一般用例为语法规范，排除一些方言语法以及个人特殊表达的影响。其次，在现代汉语方言、古代汉语和其他民族语言中，一些有益于丰富和完善现代汉语语法的表达方式，可以适当考虑吸收到普通话的语法当中来。

（四）现代汉语书写符号的规范化

现代汉语的书写符号包括汉字和标点符号。汉字的规范化，是指通过对现代汉语用字进行全面、科学、系统的整理和规范，做到“字有定量、字有定形、字有定音、字有定序”，从而推行规范汉字。标点符号的规范化，是指按照国家语委和新闻出版署发布的《标点符号用法》规范使用标号、点号、符号，从而适应现代汉语书面语发展变化的需要。

现代汉语书写符号的规范化，可以为我国的语文教育、对外交流、出版印刷、新闻通讯、计算机信息处理等，提供汉字和标点符号的使用标准和运用规范，从而使汉字和标点符号在当前的社会生活中更好地发挥作用。

总之，现代汉语的规范化应该与现代汉语的发展规律相结合，既要考虑到现代汉语作为交际工具的稳定性，也要考虑到现代汉语发展的变异性；既要关注到现代汉语普遍的语言现象，也要关注到现代汉语中存在的特殊个例；既要重视现代汉语规范化工作中的科学精神，也要重视人文精神的地位和作用。只有本着对现代汉语实际状态进行辩证认识的精神，突出语言、人和社会的和谐发展，才能做好现代汉语的规范化工作。

三、普通话的推广

我国历来重视普通话的推广工作。1955 年召开的全国文字改革会议和现代汉语规范问题学术会议，确定了汉民族共同语的标准及普通话的定义，制定了“大力提倡，重点推行，逐步普及”的推普方针。1956 年，国务院向全国发出《关于推广普通话的指示》，成立了中央推广普通话工作委员会和普通话审音委员会。各省、市、自治区也相继成立了推广普通话的工作机构。1978 年，教育部发出《关于加强学校普通话和汉语拼音教学的通知》。1982 年，第五届全国人民代表大会第五次会议通过的《中华人民共和国宪法》明确规定：“国家推广全国通用的普通话。”1997 年，国务院决定：自 1998 年起，每年 9 月的第三周为全国推广普通话宣传周，以加强宣传推广的力度。2001 年，国家正式颁布实施的《中华人民共和国国家通用语言文字法》，明确了普通话作为国家通用语言的法律地位，规定了公民学习和使用国家通用语言文字的权利，并对国家机关、学校、出版机构、广播电台、电视台以及公共服务行业中普通话的使用作出了具体、明确的规定。

在新的历史时期，推广普通话具有重要的意义。首先，推广普通话是关系到国家统一、民族团结、经济发展、社会进步的全民族的大事，学习和推广普通话有助于消除方言隔阂，能促进各民族间的交流。其次，推广普通话也是树立我国国际形象的一件大事。在当前全球范围内出现学习汉语热潮的背景下，普通话既是中国通往国际社会的交流桥梁，也是世界了解中国的重要工具。第三，现代社会信息往来日益频繁，对信息高效率传播的要求也在逐步提高，推广普通话，不但有助于普及文化教育，提高公民文化素质，而且还能促进科学技术的发展，提高中文信息处理水平。

现阶段，普通话的推广应做好以下具体工作：首先，各级各类学校使用普通话进行教学，使普通话成为教学语言；其次，国家机关工作人员和公共服务行业人员工作时使用普通话，使普通话成为工作语言；第三，大众传媒广泛使用普通话，使普通话成为宣传语言；第四，不同方言区及国内不同民族的人员交往时使用普通话，使普通话成为全国的通用语言。

为了更加有效地推广普通话，加大普及力度，不断提高全社会人员的普通话水平，国家对一定范围内的在岗人员进行了普通话水平测试，并从 20 世纪 90 年代起，逐步实行根据普通话水平测试成绩颁发普通话水平测试等级证书的制度。普通话水平测试是推广普通话工作的重要组成部分，是使推广普通话工作逐步走上科学化、规范化和制度化的重要举措。

附表

普通话水平测试等级标准（试行）

（国家语言文字工作委员会 1997 年 12 月 5 日颁布，国语［1997］64 号）

一　级

甲等　朗读和自由交谈时，语音标准，语汇、语法正确无误，语调自然，表达流畅。

测试总失分率在3%以内。

乙等　朗读和自由交谈时，语音标准，语汇、语法正确无误，语调自然，表达流畅。偶然有字音、字调失误。测试总失分率在8%以内。

二　级

甲等　朗读和自由交谈时，声韵调发音基本标准，语调自然，表达流畅。少数难点音（平翘舌音、前后鼻尾音、边鼻音等）有时出现失误。语汇、语法极少有误。测试总失分率在13%以内。

乙等　朗读和自由交谈时，个别调值不准，声韵母发音有不到位现象。难点音较多（平翘舌音、前后鼻尾音、边鼻音、fu-hu、z-zh-j、送气不送气、i-ü不分、保留浊塞音和浊塞擦音、丢介音、复韵母单音化等）失误较多。方言语调不明显。有使用方言词、方言语法的情况。测试总失分率在20%以内。

三　级

甲等　朗读和自由交谈时，声韵母发音失误较多，难点音超出常见范围，声调调值多不准。方言语调较明显。语汇、语法有失误。测试总失分率在30%以内。

乙等　朗读和自由交谈时，声韵调发音失误多，方音特征突出。方言语调明显。语汇、语法失误较多。外地人听其谈话有听不懂的情况。测试总失分率在40%以内。

思考与练习三

一、什么是语言的规范？语言的规范包括哪些内容？

二、什么是语言的规范化？语言规范化的工作内容是什么？为什么要促进语言的规范化？

三、什么是现代汉语规范化？现代汉语规范化包括哪些内容？

四、新时期语言文字工作的方针和任务是什么？

五、现阶段推广普通话应做好哪些方面的工作？

六、结合实际，谈谈推广普通话的必要性和重要性。

第四节　现代汉语课程

通过学习现代汉语课程，可以帮助我们更好地理解现代汉语的基础知识，掌握现代汉语的各种规律，培养运用现代汉语的能力。

一、课程性质

现代汉语属于语言学的分支学科，现代汉语课程建立在现代汉语这门学科的基础之上。

从学科的角度来看，现代汉语属于个别语言学和共时语言学。个别语言学，是与普通语言学相对而言的。普通语言学，是研究世界上各种语言的普遍性规律的语言学。个别语言学，是研究某一种语言的客观规律的语言学，如研究汉语的叫汉语语言学，研究藏语的叫藏语语言学。共时语言学，是与历时语言学相对而言的。历时语言学，是纵向研究语言的历史演变和发展规律的语言学，如研究汉语历史演变和发展规律的叫汉语史。共时语言学，是分析和描写语言某一时期状况及其内部规律的语言学，如研究汉语现当代时期状况及其规律的叫现代汉语。

从课程的角度来看，现代汉语课程是高等院校汉语言文学、文秘、对外汉语教学、广播电视新闻学等专业的一门专业基础课程。以高等院校的汉语言文学专业为例，该专业除现代汉语课程之外，还有古代汉语、语言学概论两门语言类的专业基础课程。现代汉语课程与古代汉语课程的研究对象不同，现代汉语课程研究的是现当代的汉语，而古代汉语课程研究的是古代的汉语；现代汉语课程与语言学概论课程也不同，现代汉语课程注重对汉语现象的描写，而语言学概论课程则关注世界上各种语言的普遍规律。总之，现代汉语课程以现代汉语为描写对象，旨在对五四运动以后的汉语各结构要素及其特点进行介绍和分析，强调现代汉语所特有的客观事实。本课程既注重提高学生对现代汉语基础知识和基本原理的理解和掌握能力，也强调培养和提高学生的语言运用能力和语言研究能力，要求学生能够独立思考、主动实践所学的知识和理论。

二、课程的任务和内容

现代汉语课程关注学生在完成课程学习后所达到的理论修养、研究相关课题的基本能力和良好的学术道德。本课程的任务是：立足于现代汉语的客观事实，以国家的语言文字政策为依据，通过系统讲授现代汉语的语音、词汇、语法、语用、书写符号等问题，让学生比较全面地掌握现代汉语的基本理论和基础知识，并能运用所学理论和方法去观察、研究具体的语言现象，为将来从事语言文字相关工作奠定坚实的基础。

现代汉语课程的内容主要包括绪论、现代汉语语音、现代汉语词汇、现代汉语语法、现代汉语语用、现代汉语书写符号等六个方面：

绪论：讲述语言、汉语、现代汉语、现代汉语规范化等相关概念及其具体内容，说明现代汉语课程的性质、任务、内容和学习方法。

现代汉语语音：介绍现代汉语语音的特点，重点讲述现代汉语声母、韵母、声调、音节等基础知识，以及音位的归纳方法，使学生对普通话有一个全面、深入的了解，形成分析现代汉语语音的能力。

现代汉语词汇：关注现实语言生活中的词汇现象，讲述词与词的结构、词汇的构成，以及词义、词音的类聚系统，形成分析现代汉语词汇单位的基本能力，培养辨析词义的实践能力。

现代汉语语法：讲述现代汉语各类词的特点和用法，短语和句子的类型，单复句的分析以及纠正语法错误的方法，不断提高分析现代汉语语法现象的理论水平和能力水平。

现代汉语语用：讲述现代汉语语用的基础知识和基本理论，辨析容易混淆的修辞格，提高阅读、鉴赏言语作品的能力和运用各种修辞方法进行语言表达的能力。

现代汉语书写符号：讲述汉字和标点符号的基本知识，包括汉字的性质和结构、汉字与文化的关系、现行汉字和标点符号的规范化等内容，树立正确的汉字规范观念，进一步提高正确书写和使用汉字、标点符号的能力。

三、课程的学习方法

现代汉语课程的学习方法，是由现代汉语课程的性质、任务和内容所决定的。

（一）注意课程学习内容的关联性

现代汉语具有明显的系统性，其内部的语音、词汇、语法等各子系统及其结构要素，都是互相联系、彼此作用的，任何一个结构要素都不可能是孤立存在的。所以，在学习现代汉语课程时，不仅要掌握相关的专业术语和基本概念，而且还要把这些观点和知识放在整个现代汉语的体系之内，对现代汉语的语音、词汇、语法、语义、语用、书写符号等内容进行全面、系统的学习，才能较为全面、系统地认识和把握现代汉语的性质和特点。

从课程的学习内容上来看，现代汉语课程与古代汉语课程、语言学概论课程，以及文字学、修辞学、语用学、语义学等课程，具有一定的衔接性和连贯性。此外，现代汉语课程具有某些自然科学特点，也具有鲜明的人文科学色彩，它与逻辑学、中国现当代文学、美学等也有密切的关系。因此，在学习现代汉语课程时，一定要注意这些不同课程之间的关联性，努力把不同课程的学习有机统一起来。

（二）理论学习和技能训练相结合

学习现代汉语课程是为了培养描写、分析和解释现代汉语各种语言现象的能力，提高运用现代汉语的技能，运用理论知识探讨现代汉语相关问题的实践能力。因此，现代汉语课程虽然是一门理论性很强的课程，但也非常强调理论联系实际，具有较强的实践性。

要做到理论学习和技能训练相结合，必须注意以下几个问题：首先，关注现实生活中各种语言现象，深化对所学知识的理解和把握，培养分析和研究现代汉语相关问题的基本能力，激发学习的积极性和主动性。其次，形成求疑问难、自我探索的习惯，既要掌握正确描写现代汉语客观事实的方法，又要懂得科学解释现代汉语的各种客观事实，努力思考现代汉语基本理论和基础知识产生的方法及过程。第三，了解现代汉语常用的研究方法，如调查法、归纳法、演绎法、比较法、统计法等。这些研究方法各有特点，在具体的学习和实践过程中，选用哪一种或哪几种研究方法，则要根据特定的学习目的和实践内容来决定。

（三）注意语言之间的比较和对比

在学习现代汉语课程时，除了立足于现代汉民族共同语本身的特点之外，还应该重视普通话和汉语方言、现代汉语和古代汉语、现代汉语和其他民族语言（包括国内各少数民族语言和国外其他民族语言）之间的比较和对比。

比较法，是研究语言、认识语言的重要方法之一。凡是有亲属关系的语言，虽然有一定的差异性，但它们在共时状态上既有共性又有特性，在语言演变上也会存在一些共同的规律。例如：汉语属于汉藏语系，它与国内很多少数民族的语言都具有亲属关系。通过比较它们之间的异同，我们可以发现古代汉藏语系语言的特点及其演变规律，从而确定现代汉语的相关研究课题。即便是没有亲属关系的语言，也能够通过对比获得新的认识。例如：通过对比研究汉语与英语的异同，可以观察到单一的现代汉语研究所看不到的现象和实质，从而更好地把握现代汉语与英语之间的共性和个性。

（四）共时研究和历时研究相统一

现代汉语属于共时语言学，主要采用共时描写的方法进行研究。但是，语言是不断发展变化着的，汉语发展到今天经历了漫长的过程。把共时研究和历时研究统一起来，既要比较共时状态下普通话和汉语方言的异同，也要比较古代汉语和现代汉语的历时异同。这样，不但能理清汉语语音、词汇、语法、语用、书写符号的发展脉络及其演变规律，有助于我们更好地认识汉语的本质，而且还能帮助我们更好地把握现代汉语的特点，为推广普通话提供理论依据和具体方法。

思考与练习四

一、结合实际，谈谈你是怎样理解现代汉语课程的性质的。

二、现代汉语课程的任务和内容分别是什么？

三、有人说：不学现代汉语，照样可以说话、写文章。你同意这种观点吗？为什么？

四、联系实际，谈谈你准备怎样学习现代汉语课程。

拓展与探究：语言学与中国的语言学

语言学，是专门研究语言的科学，是人们对语言现象的概括和总结。它通过研究人类的语言以及与人类语言有关的社会因素和个人因素，揭示语言的本质及其存在和发展的规律。

人类对语言的认识经历了漫长的过程，在这个过程中，随着研究者视野的不断扩大，研究的渐趋深入，语言学的理论体系和研究方法呈现出了由单一向多元化方向发展的演变趋势。

从语言学的理论来看，语言学先后经历了传统语言学、历史比较语言学、结构主义语言学、转换生成语言学、伦敦语言学派等流派。从古代一直延续到18世纪的传统语言学，着重对文献资料进行校订、考证和阐释，所以也称为“语文学”。19世纪上半叶兴起的历史比较语言学，是采用历史比较的方法研究语言或方言亲属关系及其历史发展的科学。它的建立和运用，使语言学成为了一门独立的学科。进入20世纪以后，以瑞士语言学家索绪尔，俄国语言学家特鲁别茨科依、雅克布逊，丹麦语言学家叶姆斯列夫，美国语言学家博厄斯、萨丕尔、布龙菲尔德等为代表的一批研究者，创立并发展了结构主义语言学，使语言研究进入了现代语言学阶段。20世纪50年代末，以美国语言学家乔姆斯基创建转换生成语法为发端，推动语言研究从结构主义转向了解释语言的运作机制、进而揭示人类心智特征的认知主义。伦敦语言学派是和转换生成语言学几乎同时出现的，得名于以在伦敦大学任教的英国语言学家弗斯为首的一批语言学家，如韩礼德、麦金托什、史蒂文斯、阿伦、罗宾斯、莱昂斯等。其中，影响较大的是弗斯和韩礼德：弗斯创造了音位学中的韵律分析和语义方面的语境理论；韩礼德从社会学角度研究语言，创建了系统语言学。

从语言学的研究方法来看，语言学首先经历的是语文学的考证与解释阶段，其后则为逻辑学的归纳、演绎、分析、综合和比较方法，历史比较法和共时描写法，多学科方法（如心理学的实验方法、数学的统计方法、社会学的调研方法、哲学的方法等）的综合运用等阶段。值得注意的是，当代语言学强调对各种语言现象做出理论解释，但在具体解释时却有形式主义和功能主义两种不同的研究取向：形式主义把语言看作一种形式系统，主张从语言的内部结构阐释语言现象，从而建立一种能够表现人类普遍语言知识的形式化理论模型；功能主义把语言视为一种实现交际功能的手段，主张把语言放到使用语言的具体环境中进行解释。

语言学可以从不同的角度进行分类。从研究目的来看，可以分为研究语言功能、结构的一般理论的理论语言学和把语言学理论运用于某些具体领域的应用语言学；从研究对象来看，可以分为研究人类语言普遍特征的普通语言学和研究某一种语言客观规律的个别语言学；从研究方法来看，可以分为研究某一时期语言状况的共时语言学和研究不同时期语言变化的历时语言学；从研究角度来看，可以分为从宏观角度对语言进行多学科综合研究的宏观语言学和从微观角度研究语言内部结构的微观语言学；从研究范围来看，可以划分为研究语言结构体系的内部语言学和研究语言使用以及语言与其他邻近学科关系的外部语言学等等。

我国的语言研究具有悠久而漫长的历史。早在先秦时期，就有了语言研究的萌芽。秦汉时期，便有了语言研究的专著，如《尔雅》、《方言》、《说文解字》等；历经魏晋南北朝、隋唐五代和宋元明清时期，中国的汉语研究，无论是在研究内容还是研究方法上，都取得了一些成绩，如马建忠的《马氏文通》（1898）就是我国第一部用现代语言学理论研究中国语法的著作，在我国语言学史上具有划时代的意义。从学科的角度来看，中国的传统语言学一般叫做“小学”，包括训诂学、音韵学、文字学。但是，严格意义上的中国现代语言学则诞生于20世纪初。20世纪以后，我国的语言学逐渐形成了西化与本土化、科学主义与人文精神两种思潮相互碰撞、交织的局面。到20世纪50年代，由于受当时苏联语言学的影响，语言理论的研究开始得到重视。从20世纪70年代末开始，我国的语言学进入静态和动态并行的研究阶段，并与国外语言学界有了广泛的接触，呈现出了欣欣向荣的良好发展势头。

近几十年来，随着语言学家对语言多层面、多方位的研究，语言学的发展日新月异，并在描写和分析语言事实、阐释语言普遍现象等方面取得了丰硕的成果。今后，语言学将进一步突破传统语言学“语音、词汇、语法”结构体系的局限，与言语工程技术相结合，建立现代语音、词汇和语法系统，并从语义分析、言语活动、言语机制等方面去认识语言的现象和本质，探索语言的奥秘；从机器翻译、情报检索、信息抽取、语音输入、话语转换、人机对话、自动控制、人工智能等方面去开发语言的应用功能。

【参考书目】

[1] 王力．中国语言学史．上海：复旦大学出版社，2006
[2] 叶蜚声，徐通锵．语言学纲要．北京：北京大学出版社，2004
[3] 张斌．汉语语法学．上海：上海教育出版社，2003
[4] 王建华，张涌泉．汉语语言学探索．杭州：浙江大学出版社，2007
[5] 何九盈．中国现代语言学史．北京：商务印书馆，2008

第二章　现代汉语语音

学习目的与要求：

● 掌握“语音”、“音素”、“元音”、“辅音”、“音节”、“音位”、“声母”、“韵母”、“声调”等概念及其相互关系，理解现代汉语的语音特点和普通话语音规范化的具体内容，了解普通话的元音音位、辅音音位和声调音位。

● 掌握普通话声母、韵母和声调的发音原理，熟悉声韵调配合规律、普通话音节的拼读和拼写规则，能正确分析普通话的音节结构，能准确运用汉语拼音和国际音标记录现代汉语语音。

● 自觉遵守普通话语音规范化的要求，能够运用普通话的音变和语调知识、普通话音位系统理论不断提高言语表达能力，逐步形成分析现代汉语语音现象的基本能力。

第一节　语音与现代汉语语音

一、语音和语音的性质

（一）语音

客观世界存在着众多的声音：刮风下雨会发出声音；虫鸣鸟叫会发出声音；机器轰鸣会发出声音；人也会发出声音，如感冒咳嗽声、睡觉打鼾声等。但是，这些都不是语音。语音是人的发音器官发出的具有一定意义的声音。

语音是语言的物质外壳，是语言存在的物质形式。研究语音的科学，就叫做语音学。从言语交际的过程来看，现代语音学可以分为生理语音学、声学语音学、感知语音学三个主要分支。[①] 生理语音学研究人类的发音器官在发音阶段的主要生理特征；声学语音学研究语音在传递过程中的主要声学特征；感知语音学研究人类通过听觉器官感知语音的生理和心理特征。

研究现代汉语语音的目的是分析音素、音位、音节、声调、轻重音等语音要素在现代汉语中的作用，探讨它们的分类和配合规则以及现代汉语语音系统的基本特点。

（二）语音的性质

语音由发音体振动而产生，具有物理性质；语音由人的发音器官发出，具有生理性质；语音可以被人的听觉器官感知，具有心理性质；语音在人类社会中使用，传达一定的意义，具有社会性质。社会性质是语音的本质属性。

---

① 林焘、王理嘉：《语音学教程》，北京：北京大学出版社2002年版，第2页。

1. 语音的物理性质

语音既然是声音，也就具有一切声音共有的物理性质，具备音高、音强、音长、音色四个物理要素。从物理学的观点来看，声音是由物体振动而发出的一系列连续的音波构成的（如图1）。音波传入我们的耳朵，引起鼓膜的振动，进而刺激听觉神经，于是就听到了声音。

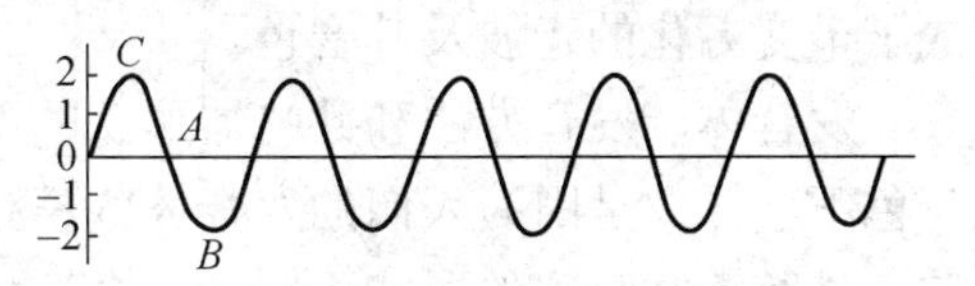

图1　声波图

音高是声音的高低，它决定于发音体振动频率的高低。频率是发音体在一定时间内振动的次数。频率的单位是赫兹（Hz）。在相同时间内，物体振动的次数多，频率就高，发出的声音也就高；反之，则发出的声音就低。人类所能听到的声音频率大致在20赫兹到20 000赫兹之间。

语音的音高决定于声带的长短、厚薄和松紧。成年男子的声带一般又厚又长，因此发出的声音比较低；妇女、儿童的声带往往又薄又短，所以发出的声音比较高。同一个人可以发出高低不同的声音，主要是通过拉紧或放松声带造成的。普通话的声调就是由音高变化决定的（如图2）。

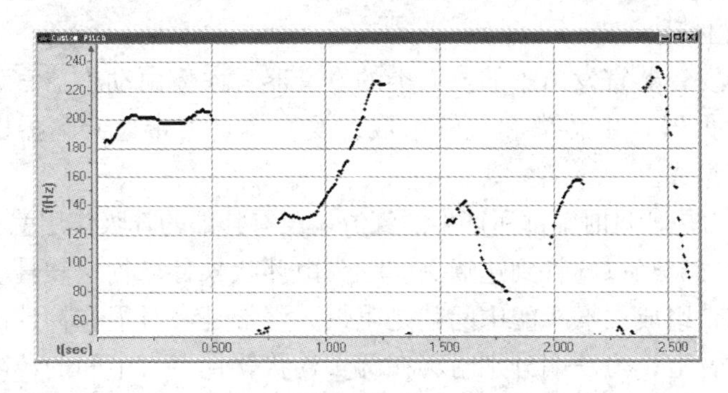

图2　音高图

音强是声音的强弱，它决定于发音体振幅的大小。振幅是指发音体在振动时离开平衡位置的最大偏移量。计算振幅的单位是分贝（dB）。振幅大，声音就强；振幅小，声音就弱。人们日常生活中一般谈话的振幅大致在60分贝到70分贝之间。普通话中的轻声、重音就是由不同的音强形成的。例如："地道"一词中的"道"，用力发音读作 dìdào，声带的振幅大，声音就响亮；轻声发音读作 dìdao，声带的振幅小，声音也就较弱。

音长是声音的长短，它决定于发音体持续振动时间的长短。振动的时间长，声音就长；振动的时间短，声音也就短。例如：与非轻声词"东西"相比，轻声词"东西"的音波特点是音长比较短、音强比较弱（如图3）。

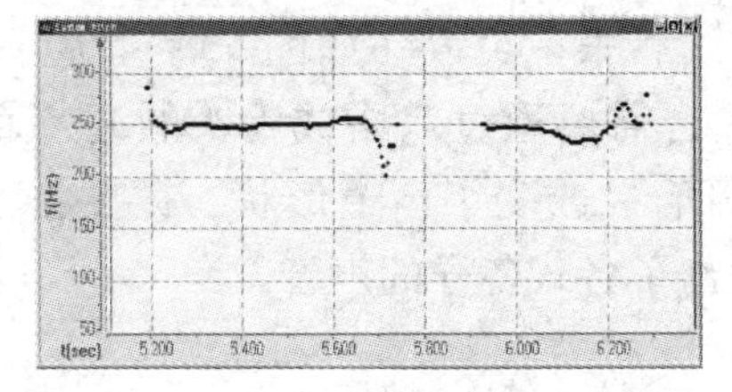

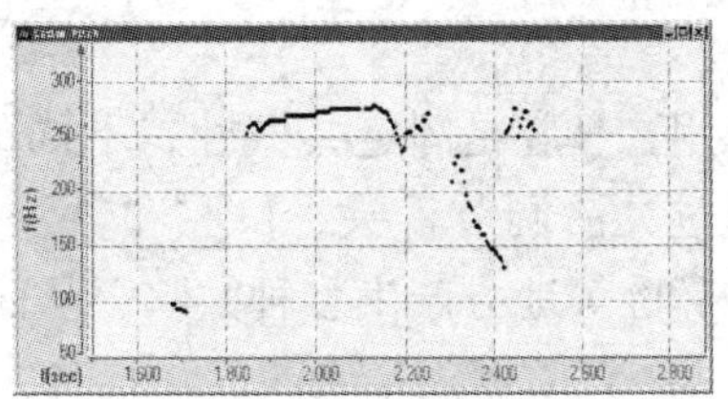

图3　"东西"（dōngxī）和"东西"（dōngxi）的音波图

音色，又叫音质，是声音的特色，它决定于音波振动的形式。不同的物体，由于振动方式各不相同，所形成的音波也就有了纯音和复音的区别。纯音是只有一个频率的音波，波形十分简单，听起来比较单调。复音是由许多不同的纯音组成的音波，其中频率最低、振幅最大的纯音叫基音，其余的都是陪音或泛音。基音和陪音相互影响、彼此作用，就形成了千变万化的音波及其音色。

发音体、发音方法和共鸣器形状的不同，都会造成不同的音色。例如：不同的人说话音色不一样，是因为人们的发音体各不相同。即使同一个人说话，由于发音方法不同或口腔、鼻腔等共鸣器的形状不同，也会造成不同的音色。例如：普通话辅音 b、p 的音色不同，是由发音方法的不同决定的；普通话元音 i、ü 的音色差别，主要是由口腔这个共鸣器的形状决定的。

任何声音都是音高、音强、音长、音色的统一体，但在不同的语言中，它们所发挥的作用不同。音色对于世界上的任何语言来说，都是区别意义的重要要素。音高变化在普通话中可以形成不同的声调，具有区别意义的作用，但在英语中就没有这种功能。音强和音长在普通话中的作用是形成轻声和不同的语调。

2. 语音的生理性质

语音是由人的发音器官发出来的。人类的发音器官大体由动力器官、发音体、共鸣器三大部分组成。动力器官由肺部和气管组成，发音体是声带，共鸣器由喉腔、咽腔、口腔、唇腔和鼻腔等组成。

人类发音的动力是呼吸时肺部所产生的气流。没有肺部的呼吸作用就不可能产生语音。

由肺部呼出的气流经过气管到达喉头。喉头由环状软骨、杓状软骨、甲状软骨以及与之相连的肌肉和韧带组成。喉头的中间就是声带。声带是一对很有韧性的带状薄膜，一端并合固定在甲状软骨上，另一端分别附着在两块杓状软骨上，中间的缝隙叫声门。人们不说话的时候，声门打开，气流自由通过；人们说话的时候，声门关闭，呼出的气流被阻断，形成压力，冲开声带，压力解除，声门关闭，又形成压力，再次冲开声带，如此循环往复，声带便形成了持续的复杂振动，产生了像蜂鸣一般的复音（如图4）。

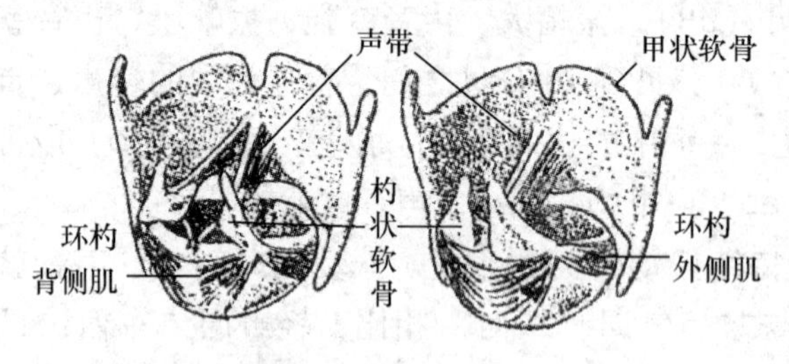

图4 声带结构图①

复音经过喉腔、咽腔、口腔、唇腔和鼻腔等共鸣器的调节，便形成了各种不同的声音。其中，喉腔和咽腔可以随着舌头的动作、喉壁的张缩、喉头的升降而发生变化，进而影响复音的共振；口腔是发出不同声音的关键部位，可分为上下唇、上下齿、齿龈、硬腭、软腭、舌尖、舌面、舌根、小舌（如图5）；唇腔具有改变复音共振的作用；鼻腔是固定共振腔，不同的鼻音需要通过双唇或舌头的调节而形成。这样，人们通过灵活调节舌头、口腔和鼻腔的开合，改变了声道形状，在喉腔、咽腔、口腔、唇腔和鼻腔等地方产生多种共鸣，从而发出了各式各样的声音。

---

① 林焘、王理嘉：《语音学教程》，北京：北京大学出版社2002年版，第20页。

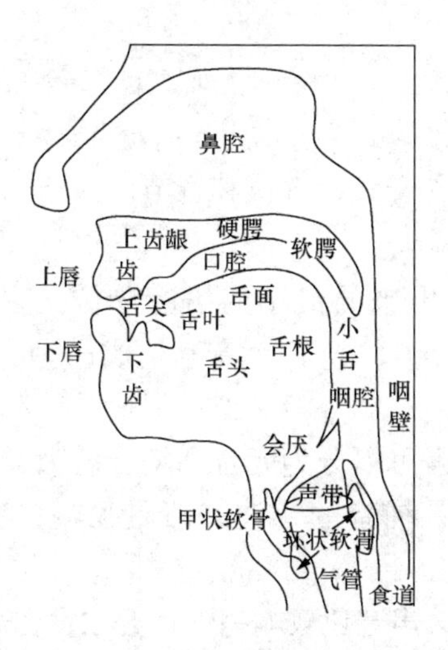

图5　发音器官图

3. 语音的心理性质

人类说话是为了传递信息、交流思想感情。发音器官发出声音，通过空气中的音波传递，被受话人的听觉器官和大脑所感知，这是一个从生理现象向心理现象转换的过程。

语音与人类的心理活动有着密切联系，具体表现在两个方面：首先，作为心理现象的主观听觉和语音的客观声学效果之间并不总是一一对应的。同样的语音变化，有时能被感知，有时却不能被感知。其次，人们的听觉感知具有很强的选择性和概括性。当人类的听觉器官感知语音时，大脑积极参与语音识别，对听觉器官传来的声波进行过滤和筛选，只选择和提取与语音识别有关的声波进行分析和理解。当然，人类语音识别是一个非常复杂的信息加工和处理过程，这方面的研究目前仍处于摸索阶段。

4. 语音的社会性质

语音的社会性质是语音的本质属性。语音的本质属性主要表现在两个方面：

第一，语音的形式与意义之间的联系是任意的，什么样的声音形式与什么样的意义相结合，取决于约定俗成的社会习惯。例如：汉语把"地面上由土、石形成的高耸的部分"叫做 shān，而英语则用 mountain［ˈmauntin］这样的声音与"山"的意义相结合。通过社会的约定俗成来联系语音的形式和意义，是世界上不同民族、不同社会群体拥有不同语言的重要原因之一。这种声音形式和意义内容的联系一旦在特定社会群体中形成，对于使用它们的每一个社会成员来说就是强制性的，是不能任意改变的；否则，人与人之间就无法传递信息和交流思想感情。

第二，语音具有一定的系统性。每一种语言或方言都有自己的语音特色，具体表现在其独特、整齐、对应的语音系统上。例如：音高在普通话里具有区别意义的作用，但在英语里却没有这种作用；北京人在发 z、c、s 和 zh、ch、sh 等音时，能明显区别出不同的意义，但在某些汉语方言区，z、c、s 和 zh、ch、sh 却不能区别意义。这反映出一定民族或一定方言区的语音具有其独特的系统性。

二、现代汉语语音单位

现代汉语语音的单位主要有音素、音位和音节。

（一）音素

音素是从音质的角度划分出来的最小的语音单位。音素的作用是构成音节。例如：kuàng（框）这个音节由 k、u、ɑ、ng 四个音素构成；kàn（看）这个音节由 k、ɑ、n 三个音素构成。

根据不同的发音特点，音素可以分为元音和辅音两大类。从物理性质来看，元音的音波通常是有规则的，属于乐音；辅音的音波一般是无规则的，属于噪音。二者之间的区别是：

1. 元音发音时，声带振动，声音比较响亮；气流在发音通道上不受任何阻碍；发音器官的各部位保持均衡紧张的状态；呼出的气流较弱。例如：普通话的 ɑ［ʌ］、o［o̜］、e［ɤ］、i［i］、u［u］、ü［y］。

2. 辅音发音时，声带不一定振动，声音不响亮；气流在发音通道的某一部位上要受到阻碍；形成阻碍的发音部位特别紧张；呼出的气流较强。例如：普通话的 d［t］、q［tɕʰ］、m［m］、l［l］、s［s］、r［ʐ］。

（二）音位

音位是在一定的语言或方言中能够区别意义的最小的语音单位。例如：普通话的音节 bí（鼻）、pí（皮）、mí（谜），开头的音素不同，后面的音素和调值相同，这说明开头的三个音素 b［p］、p［pʰ］、m［m］具有区别意义的作用，它们是三个音位/p/、/pʰ/、/m/。

音位与音素不同。音位是从语音的社会性质（能否区别意义）的角度划分出来的最小语音单位，用双斜线“/ /”表示，而音素是从语音的物理性质（音色）的角度划分出来的最小语音单位，用方括号“［ ］”表示。音位有时只包含一个音素，如普通话的辅音音位/n/包含一个辅音音素 n［n］；有时也会包含几个音素，如普通话的元音音位/a/就包含了四个音素［a］、［ʌ］、［ɑ］、［ɛ］。这四个音素就叫做元音音位/a/的音位变体。

（三）音节

音节是语流中自然感知的发音单位和听感单位。人们在发音时自然发出的、听觉上自然感知到的一个语音片段，就是一个音节。例如：我们听到“春天来了”（chūntiān lái le）这段声音时，会很自然地把它划分成四个语音片断 chūn、tiān、lái、le，这就是四个音节。一般说来，普通话中一个汉字就是一个音节，但儿化音节例外，如“花儿”（huār）是两个汉字一个音节。

音节由音素构成。普通话的音节通常由 1—4 个音素构成，例如：é（鹅）、jì（记）、pǎo（跑）、zhuàng（壮）这四个音节，分别由 1 个、2 个、3 个、4 个音素构成。

中国传统音韵学认为，汉语的音节结构可以分为声母、韵母和声调。音节开头的辅音称为声母，声母后面的部分称为韵母，附着于整个音节的相对音高形式称为声调。例如：zhèngfǔ（政府）这两个音节中，声母分别是 zh、f，韵母分别是 eng、u，声调分别是去声和上声。

三、现代汉语记音符号

学习和研究语音必须使用记音符号。记录现代汉语语音的符号，主要有汉语拼音和国际音标两种。

（一）汉语拼音方案

《汉语拼音方案》是我国法定的通用语言文字的拼写和注音工具。1956 年，中国文字改革委员会在广泛收集各方面意见的基础上，组织专家拟定并公布了《汉语拼音方案（草案）》。1958 年，《汉语拼音方案》经第一届全国人民代表大会第五次会议审议通过。1982 年，国际标准化组织（ISO）开始采用《汉语拼音方案》作为汉语罗马字母拼写的国际标准。

《汉语拼音方案》以汉语普通话语音系统为语音标准，包括字母表、声母表、韵母表、声调符号、隔音符号等五大内容。它采用国际通用的 26 个拉丁字母作为字母形体，充分考虑到了标记音位分明、使用字母经济、遵循国际惯例、继承本国传统、体现汉语特点等方面的问题，能简便、准确地拼写普通话语音。

《汉语拼音方案》的主要作用是给汉字注音和推广普通话。此外，还可用于音译人名、地名和科学术语，为少数民族创制和改革文字提供参照，帮助外国人学习汉语，编制索引序列和国家标准代号等。目前，《汉语拼音方案》不仅在汉语的识字教学、发展和普及现代汉民族共同语等方面发挥了巨大的作用，而且在现代中文信息处理方面也产生了不可替代的作用。

（二）国际音标

国际音标（IPA）是国际通用的一套比较科学的记音符号，由国际语音学协会 1888 年制订并公布。国际音标采用世界通用拉丁字母符号及其各种变化形式，包括倒写、反写、合体、小写尺寸的大写字母字形、在字母上添加符号，以及一些希腊字母的补充等，来记录音素，用方括号“[ ]”表示，遵循“一个音素一个符号，一个符号一个音素”的原则，同时还采用形体近似的符号代表一组发音部位或发音方法相同的音，方便实用、容易掌握。

国际音标可以记录世界上任何语言的语音。近几十年来，国际音标在描写普通话的语音、调查汉语方言和少数民族语言、开展第二语言教学和研究等方面，发挥了积极的作用。

四、现代汉语语音的特点

（一）具有声调

现代汉语的音节都有声调。普通话的声调有四类：阴平调，如 fēi（飞）；阳平调，如 huí（回）；上声调，如 gǎn（敢）；去声调，如 wù（物）。声调使得普通话音节和音节之间的界限十分清晰，并且能够通过声音的高低升降、抑扬顿挫，呈现出独特的音乐美。

（二）元音占优势

元音在现代汉语中占有一定的优势。普通话音节中可以没有辅音，但不能没有元音，

如 é（鹅）、ài（爱）等。普通话的音节有时会出现两个或三个元音连用的现象，如 ōu（欧）、piáo（瓢）等。由于元音属于乐音，所以现代汉语听起来显得悦耳动听。

（三）没有复辅音

在现代汉语中，辅音大多都出现在音节的开头或末尾，没有两个或三个辅音相连的复辅音现象。普通话中，声母 zh、ch、sh 都是由两个字母构成的一个音素，只表示一个辅音音位。

（四）音节数量较少

现代汉语音节数量较少，大约有 400 个音节，声母和韵母的拼合受到一定的限制，而且不是所有的音节都具备四个声调。这就造成了现代汉语中较多的同音现象。例如：音节 xī 就有“西、茜、息、熄、希、稀、吸、奚、溪、锡、悉、昔、惜、熙、夕、汐、膝、析、兮、曦、晰”等同音字。

附表

汉语拼音方案

（1957 年 11 月 1 日国务院全体会议第 60 次会议通过）

（1958 年 2 月 11 日第一届全国人民代表大会第五次会议批准）

一、字母表

字母 名称	Aa ㄚ	Bb ㄅㄝ	Cc ㄘㄝ	Dd ㄉㄝ	Ee ㄜ	Ff ㄝㄈ	Gg ㄍㄝ
	Hh ㄏㄚ	Ii ㄧ	Jj ㄐㄧㄝ	Kk ㄎㄝ	Ll ㄝㄌ	Mm ㄝㄇ	Nn ㄋㄝ
	Oo ㄛ	Pp ㄆㄝ	Qq ㄑㄧㄡ	Rr ㄚㄦ	Ss ㄝㄙ	Tt ㄊㄝ	Uu ㄨ
	Vv ㄪㄝ	Ww ㄨㄚ	Xx ㄒㄧ	Yy ㄧㄚ	Zz ㄗㄝ		

v 只用来拼写外来语、少数民族语言和方言。

字母的手写体依照拉丁字母的一般书写习惯。

二、声母表

b ㄅ玻	p ㄆ坡	m ㄇ摸	f ㄈ佛	d ㄉ得	t ㄊ特	n ㄋ讷	l ㄌ勒
g ㄍ哥	k ㄎ科	h ㄏ喝		j ㄐ基	q ㄑ欺	x ㄒ希	
zh ㄓ知	ch ㄔ蚩	sh ㄕ诗	r ㄖ日	z ㄗ资	c ㄘ雌	s ㄙ思	

在给汉字注音的时候，为了使拼式简短，zh ch sh 可以省作 ẑ ĉ ŝ。

三、韵母表

	i 丨　衣	u ㄨ　乌	ü ㄩ　迂
a ㄚ　啊	ia 丨ㄚ　呀	ua ㄨㄚ　蛙	
o ㄛ　喔		uo ㄨㄛ　窝	
e ㄜ　鹅	ie 丨ㄝ　耶		üe ㄩㄝ　约
ai ㄞ　哀		uai ㄨㄞ　歪	
ei ㄟ　欸		uei ㄨㄟ　威	
ao ㄠ　熬	iao 丨ㄠ　腰		
ou ㄡ　欧	iou 丨ㄡ　忧		
an ㄢ　安	ian 丨ㄢ　烟	uan ㄨㄢ　弯	üan ㄩㄢ　冤
en ㄣ　恩	in 丨ㄣ　因	uen ㄨㄣ　温	ün ㄩㄣ　晕
ang ㄤ　昂	iang 丨ㄤ　央	uang ㄨㄤ　汪	
eng ㄥ　亨的韵母	ing 丨ㄥ　英	ueng ㄨㄥ　翁	
ong （ㄨㄥ）轰的韵母	iong ㄩㄥ　雍		

（1）知、蚩、诗、日、资、雌、思等七个音节的韵母用 i，即：知、蚩、诗、日、资、雌、思等字拼作 zhi、chi、shi、ri、zi、ci、si。

（2）韵母儿写成 er，用作韵尾的时候写成 r。例如：“儿童”拼作 ertong，“花儿”拼作 huar。

（3）韵母ㄝ单用的时候写成 ê。

（4）i 行的韵母，前面没有声母的时候，写成 yi（衣）、ya（呀）、ye（耶）、yao（腰）、you（忧）、yan（烟）、yin（因）、yang（央）、ying（英）、yong（雍）。

u 行的韵母，前面没有声母的时候，写成 wu（乌）、wa（蛙）、wo（窝）、wai（歪）、wei（威）、wan（弯）、wen（温）、wang（汪）、weng（翁）。

ü 行的韵母，前面没有声母的时候，写成 yu（迂）、yue（约）、yuan（冤）、yun（晕）；ü 上两点省略。

ü 行的韵母跟声母 j、q、x 拼的时候，写成 ju（居）、qu（区）、xu（虚），ü 上的两点也省略；但是跟声母 n、l 拼的时候，仍然写成 nü（女）、lü（吕）。

（5）iou、uei、uen 前面加声母的时候，写成 iu、ui、un。例如 niu（牛）、gui（归）、lun（论）。

（6）在给汉字注音的时候，为了使拼式简短，ng 可以省作 ŋ。

四、声调符号

阴平　　阳平　　上声　　去声

ˉ　　ˊ　　ˇ　　ˋ

声调符号标在音节的主要母音上。轻声不标。例如：

妈（mā）　麻（má）　马（mǎ）　骂（mà）　吗（ma）

（阴平）　（阳平）　（上声）　（去声）　（轻声）

五、隔音符号

a、o、e 开头的音节连接在其他音节后面的时候，如果音节的界限发生混淆，用隔音符号（'）隔开，例如：pi'ao（皮袄）。

思考与练习一

一、什么是语音？人发出的声音都是语音吗？为什么？

二、语音具有哪些性质？为什么说社会性质是语音的本质属性？

三、以普通话的语音为例，完成下列表格的填写。

语音的物理要素	定义	成因	作用
音高			
音强			
音长			
音色			

四、结合实际，谈谈怎样理解语音的心理性质。

五、什么是音素？音素与音位、音节有什么关系？

六、“月牙儿倒映在水中”这句话里有几个音节？每个音节由哪些音素构成？

七、什么是元音？什么是辅音？怎样区别元音和辅音？

八、举例说明《汉语拼音方案》的作用及其应用领域。

九、与英语进行比较，举例说明现代汉语语音的特点。

第二节　声　母

一、声母的定义

声母是音节开头的辅音。普通话共有 21 个辅音声母：b、p、m、f、d、t、n、l、g、k、h、j、q、x、zh、ch、sh、r、z、c、s。

声母和辅音是两个不同的概念。它们的区别在于：

首先，划分角度不同。辅音是从普通语音学的角度划分出来的，和元音相对，适合于世界上所有语言的语音分析；声母是从中国传统音韵学的角度划分出来的，和韵母相对，只适用于汉语音节内部结构分析。

其次，声母由辅音充当，但不是所有辅音都可以做声母。例如：普通话声母中没有辅音［tʃ］；辅音 ng［ŋ］在普通话中只能做韵尾，不能做声母。

第三，出现位置不同。声母一定出现在音节的开头，辅音除了出现在音节的开头之外，还可以出现在韵尾。例如：辅音 n［n］处于音节开头时是声母，处于音节末尾时就是韵尾。

二、声母的发音及分类

声母的发音有本音和呼读音两种。按照辅音的发音原理发出的读音叫本音，如b［p］、d［t］。在本音的后面加上一个元音发出的音叫呼读音，如在 b［p］的后面加上元音 o，读作 bo（玻）；在 d［t］的后面加上元音 e，读作 de（得）。由于普通话的声母大多属于清辅音，气流呼出时发出的声音不够清晰和响亮，不便于称说和教学，所以在语音教学中常常使用呼读音。

学习普通话的声母，必须了解每一个声母的发音部位和发音方法，并掌握声母的描写方法。

（一）声母的发音部位

发辅音时，气流在某一发音部位上要受到阻碍。声母的发音部位，即气流受到阻碍的位置。按照发音部位，普通话声母可分为七类，具体如下：

声母的分类		发音部位
双唇音	b、p、m	由上唇和下唇阻塞气流而形成
唇齿音	f	由上齿和下唇接触阻塞气流而形成
舌尖前音	z、c、s	由舌尖和上齿背阻塞气流而形成
舌尖中音	d、t、n、l	由舌尖和上齿龈阻塞气流而形成
舌尖后音	zh、ch、sh、r	由舌尖抵住或接近硬腭前部阻塞气流而形成
舌面音	j、q、x	由舌面和硬腭前部阻塞气流而形成
舌根音	g、k、h	由舌面后部和软腭阻塞气流而形成

（二）声母的发音方法

声母的发音方法，是指发音时气流在喉头、口腔和鼻腔内形成阻碍的方式和克服阻碍的方法，主要包括阻碍的方式、声带是否振动、呼出气流的强弱三个方面。

1. 阻碍的方式

根据发音时发音器官对气流形成的阻碍（成阻）及其持续情况（持阻），以及阻碍解除（除阻）的方式，可以把普通话声母分为塞音、塞擦音、擦音、鼻音、边音五类。

（1）塞音：发音时，发音器官的某两部分形成闭塞，小舌和软腭上升，堵住气流的通道，从肺部呼出的气流充满口腔后，不断冲击成阻部位，继而成阻部位突然解除阻塞，使积蓄的气流冲破阻碍爆发成音。普通话声母有六个塞音：b、p、d、t、g、k。

（2）塞擦音：发音时，发音器官的某两部分形成闭塞，软腭和小舌上升，堵住通往鼻腔的气流，然后气流冲击形成阻碍的发音器官，形成一条缝隙，气流从缝隙中摩擦而出。

普通话声母有六个塞擦音：z、c、zh、ch、j、q。

（3）擦音：发音时，发音器官的某两部分之间相接近形成适度的缝隙，软腭和小舌上升，堵住气流通往鼻腔的通路，气流从缝隙中挤出，摩擦成声。普通话声母有六个擦音：f、s、sh、r、x、h。

（4）鼻音：发音时，发音部位完全闭塞，封住口腔通路，同时软腭、小舌下垂，打开鼻腔通路。从肺部呼出的气流振动声带后到达口腔，继而从鼻腔里出来。普通话声母有两个鼻音：m、n。

（5）边音：发音时，舌头后缩，舌尖与上齿龈接触，舌头两边留有空隙，同时软腭上升阻塞鼻腔的通路，声带振动，迫使气流从舌头两边的缝隙通过。普通话声母只有一个边音：l。

2. 声带振动与否

按照发音时声带是否振动，可以把普通话声母分为清音和浊音两类。

（1）清音：发音时，声带不振动的音叫清音。普通话声母共有十七个清音：b、p、f、z、c、s、d、t、zh、ch、sh、j、q、x、g、k、h。

（2）浊音：发音时，声带振动的音叫浊音。普通话声母共有四个浊音：m、n、l、r。

3. 呼出气流的强弱

按照发音时呼出气流的强弱，可以把普通话声母的塞音和塞擦音分成送气音和不送气音。擦音、鼻音、边音没有送气和不送气的区别。

（1）送气音：发音时，呼出气流比较强的音叫送气音。普通话声母有六个送气音：p、c、t、ch、q、k。

（2）不送气音：发音时，呼出气流比较弱的音叫不送气音。普通话声母有六个不送气音：b、z、d、zh、j、g。

（三）普通话声母的描写

根据普通话声母的发音部位和发音方法，便可归纳出普通话声母发音特征表。

普通话声母发音特征表

发音方法 / 发音部位	塞音		塞擦音		擦音		鼻音	边音
	清音		清音		清音	浊音	浊音	浊音
	不送气	送气	不送气	送气				
双唇音	b [p]	p [pʰ]					m [m]	
唇齿音					f [f]			
舌尖前音			z [ts]	c [tsʰ]	s [s]			
舌尖中音	d [t]	t [tʰ]					n [n]	l [l]
舌尖后音			zh [tʂ]	ch [tʂʰ]	sh [ʂ]	r [ʐ]		
舌面音			j [tɕ]	q [tɕʰ]	x [ɕ]			
舌根音	g [k]	k [kʰ]			h [x]			

按照普通话声母发音特征表，可对普通话声母进行描写，顺序依次为：发音部位→是否送气→清浊→构成阻碍和消除阻碍的方式。普通话21个声母的发音特征可描写如下：

声母	声母的描写	示例	
b [p]	双唇不送气清塞音	báibù（白布）	běnbān（本班）
p [pʰ]	双唇送气清塞音	pīpíng（批评）	pǐnpái（品牌）
m [m]	双唇浊鼻音	miànmào（面貌）	měimǎn（美满）
f [f]	唇齿清擦音	fēngfù（丰富）	fāngfǎ（方法）
z [ts]	舌尖前不送气清塞擦音	zìzé（自责）	zǒuzú（走卒）
c [tsʰ]	舌尖前送气清塞擦音	céngcì（层次）	cēncī（参差）
s [s]	舌尖前清擦音	sīsuǒ（思索）	sōngsǎn（松散）
d [t]	舌尖中不送气清塞音	dádào（达到）	dāndú（单独）
t [tʰ]	舌尖中送气清塞音	tàntǎo（探讨）	tǐtán（体坛）
n [n]	舌尖中浊鼻音	niúnǎi（牛奶）	nǎonù（恼怒）
l [l]	舌尖中浊边音	liúlì（流利）	lǐlùn（理论）
zh [tʂ]	舌尖后不送气清塞擦音	zhèngzhì（政治）	zhùzhòng（注重）
ch [tʂʰ]	舌尖后送气清塞擦音	chángcháng（常常）	chūchāi（出差）
sh [ʂ]	舌尖后清擦音	shàngshù（上述）	shuòshì（硕士）
r [ʐ]	舌尖后浊擦音	rúruò（如若）	réngrán（仍然）
j [tɕ]	舌面不送气清塞擦音	jiǎngjiě（讲解）	jiāojì（交际）
q [tɕʰ]	舌面送气清塞擦音	qǐngqiú（请求）	qíngqù（情趣）
x [ɕ]	舌面清擦音	xìnxī（信息）	xuéxí（学习）
g [k]	舌根不送气清塞音	gǎnguān（感官）	gǎigé（改革）
k [kʰ]	舌根送气清塞音	kuàngkè（旷课）	kuānkuò（宽阔）
h [x]	舌根清擦音	hēhù（呵护）	huìhuà（会话）

三、零声母

在汉语普通话中，大多数音节的开头都是有辅音的，但也有一些音节开头没有辅音。这种没有辅音充当声母的音节，就叫做零声母音节。

按照音节开头部分元音的不同，可以把零声母音节分为六类，具体如下：

零声母的分类	零声母音节
以元音字母 a 开头的零声母音节	a（阿），ai（挨），ao（奥），an（安），ang（昂）
以元音字母 o 开头的零声母音节	o（哦），ou（偶）
以元音字母 e 开头的零声母音节	e（鹅），ê（诶），ei（欸），en（恩），eng（鞥），er（耳）
以元音字母 i 开头的零声母音节	yi（衣），ya（亚），ye（页），yao（腰），you（又），yan（烟），yin（银），ying（英），yang（羊），yong（永）

（续表）

零声母的分类	零声母音节
以元音字母 u 开头的零声母音节	wu（乌），wa（娃），wo（我），wai（外），wei（威），wan（弯），wen（文），wang（王），weng（翁）
以元音字母 ü 开头的零声母音节	yu（于），yue（月），yuan（源），yun（韵）

上述音节虽然没有声母，但出现在音节开头位置的元音发音时仍然带有轻微的摩擦成分，语音学通常把这种现象称为半元音。从这个意义上说，零声母也是一种声母。值得注意的是，汉语拼音中出现在音节开头位置的 y、w，并不是声母，而是起分隔音节界限作用的字母。

思考与练习二

一、什么是声母？声母和辅音有什么关系？

二、写出下列声母的国际音标，并描写其发音部位和发音方法。

b　m　f　t　n　l　g　h　q　x　z　s　ch　sh　r

三、指出下列声母发音的异同。

b—p　sh—r　ch—c　n—l　c—z　g—k　f—h　q—x　z—j　r—l

四、读准并写出下列音节的声母，然后按发音部位和发音方法给它们归类。

冰雹　吹捧　美丽　反复　鸟巢　磨蹭　瘦弱　编纂　秩序　吮吸　篡夺　崇高

努力　会费　男篮　促成　虐待　湖泊　脑髓　护理　酿造　热闹　校对　膝盖

五、指出下列词语中的零声母音节。

外婆　阿姨　学问　语文　幸运　硬腭　余额　忤逆　友好　东欧　鲤鱼　演员

六、读准下面的绕口令。

1. 红凤凰和粉红凤凰去追黄凤凰。
2. 风吹灰飞，灰飞花上花堆灰，风吹花灰灰飞去，灰在风里飞又飞。
3. 张仁生和江银星，二人上场说相声。先说一个《招厂长》，再说一个《绕口令》：真主珍珠真珍珠，出城出证出入证。
4. 吴是吴，胡是胡，武是武；别把姓吴的说成姓胡的，也别把姓胡的说成姓吴的，更别把姓武的说成姓胡的。吴胡武，武胡吴。
5. 四是四，十是十，十四是十四，四十是四十，谁把十四说成四十，就打谁十四。

七、有人说：零声母也是普通话的一个声母。你同意这种看法吗？为什么？

八、以你所熟悉的汉语方言为例，比较普通话声母和汉语方言声母的异同。

第三节　韵　母

一、韵母的定义

韵母是音节中声母后面的部分。例如：luo 这个音节中，声母是 l，声母后的 uo 是韵母。普通话共有 39 个韵母。

普通话韵母的主要部分是元音，但韵母和元音不是同一个概念。它们的区别在于：

首先，划分角度不同。元音是从普通语音学角度划分出来的，和辅音相对，适合于世界上所有语言的语音分析；韵母是从中国传统音韵学的角度划分出来的，和声母相对，只适用于汉语音节内部结构分析。

其次，元音可以单独作韵母，如 ɑ、o、e、i、u、ü 等；也可以组合在一起充当韵母，如 ɑi、ei、iɑo、iou 等；还可以和鼻辅音 n［n］、ng［ŋ］组合构成韵母，如 in、uen、iong、uɑng 等。

第三，韵母主要由元音充当，但不是所有元音都可以做韵母，如元音［œ］就不能充当普通话的韵母。

二、韵母的发音及分类

根据不同的标准，普通话的韵母可以进行不同的分类。通常，可以从韵母中元辅音的数量、韵母开头元音的发音口形以及韵尾三个方面，对普通话韵母及其发音进行分类和描写。

（一）根据韵母中元辅音的数量分类

根据韵母中元辅音的数量，韵母可分为单元音韵母、复合元音韵母和鼻辅音韵母三类。

1. 单元音韵母

单元音韵母也叫单韵母，是由单个元音构成的韵母。发音时，发音动作保持不变。普通话共有 10 个单元音韵母，可分为舌面单元音韵母、舌尖单元音韵母和卷舌单元音韵母三类。

（1）舌面单元音韵母

普通话共有 7 个舌面单元音韵母：ɑ、o、e、ê、i、u、ü。舌面单元音韵母的发音，可以从舌位的高低、舌位的前后、唇形的圆展三方面进行分析。

舌位的高低，指舌面与硬腭的距离。舌面与硬腭距离最近的，称为高元音；随着距离变远，依次为半高元音、半低元音、低元音。舌位的前后，指舌头着力点的位置。舌头前伸，舌尖抵住下齿背发出的元音，称为前元音；舌头放松，舌尖轻靠下齿龈发出的元音，称为央元音；舌头后缩，舌根用力抬起靠近软腭发出的元音，称为后元音。唇形的圆展，指发元音时嘴唇的形状。唇形拢圆发出的元音称为圆唇元音；唇形展开发出的元音称为展唇元音或不圆唇元音。

7 个舌面单元音韵母的发音具体描写如下：

ɑ［ᴀ］：舌面央低不圆唇元音。发音时，口腔大开，舌头居中，舌面中部微微隆起和硬腭后部相对，嘴唇形状自然；声带振动，软腭上升，关闭鼻腔通道。例如：fādá（发达）、bàba（爸爸）中的 ɑ。

o［o̞］：舌面后中圆唇元音。发音时，舌位介于半高和半低之间，舌头后缩，舌面后部隆起和软腭相对，嘴唇自然拢圆；声带振动，软腭上升，关闭鼻腔通道。例如：bómó（薄膜）、mópò（磨破）中的 o。

e［ɤ］：舌面后半高不圆唇元音。发音时，口腔半闭，舌头后缩，舌面后部隆起和软腭相对，双唇向两边自然展开；声带振动，软腭上升，关闭鼻腔通道。例如：tèsè（特色）、gēshě（割舍）中的 e。

ê［ᴇ］：舌面前中不圆唇元音。发音时，口半开，舌头前伸，舌尖抵下齿背，舌面前部稍稍隆起和硬腭相对，嘴唇向两边展开；声带振动，软腭上升，关闭鼻腔通道。在普通话中，韵母 ê 除语气词“欸”之外，单用的情况不多，只出现在复合元音韵母 ie、üe 中。例如：tiēqiè（贴切）、yuēlüè（约略）中的 e。[①]

i［i］：舌面前高不圆唇元音。发音时，口腔微开，舌头前伸，舌尖抵下齿背，舌面前部隆起和硬腭前部相对，嘴唇扁平；声带振动，软腭上升，关闭鼻腔通道。例如：jìyì（记忆）、qìlì（气力）中的 i。

u［u］：舌面后高圆唇元音。发音时，口腔开口较小，舌头后缩，舌面后部隆起和软腭相对，嘴唇拢圆，略向前突出；声带振动，软腭上升，关闭鼻腔通道。例如：lùtú（路途）、sùdù（速度）中的 u。

ü［y］：舌面前高圆唇元音。发音状况与 i 基本相同，区别是发 ü 时嘴唇要拢圆；声带振动，软腭上升，关闭鼻腔通道。例如：nǚxu（女婿）、lǚlǚ（缕缕）中的 ü。

普通话舌面单元音韵母的发音，可以通过舌面元音舌位简图来进行学习和识记：

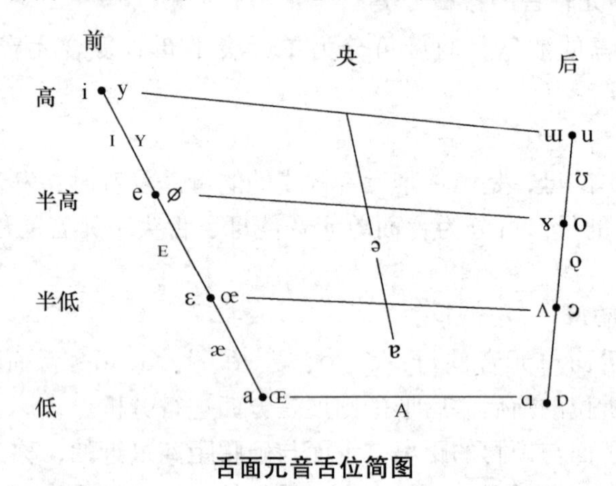

舌面元音舌位简图

（2）舌尖单元音韵母

普通话有两个舌尖单元音韵母：-i（前）、-i（后）。舌尖单元音韵母发音时舌尖起到主要作用。2 个舌尖单元音韵母的发音具体描写如下：

-i（前）［ɿ］：舌尖前高不圆唇元音。发音时，口腔略开，舌头前伸，与上齿背靠近，气流通过时不产生摩擦，双唇自然展开；声带振动，软腭上升，关闭鼻腔通道。在普通话里，韵母-i（前）只能跟 z、c、s 相拼。例如：sīzì（私自）、zìcǐ（自此）中的 i。

-i（后）［ʅ］：舌尖后高不圆唇元音。发音时，口腔略开，舌尖翘起靠近硬腭前部，气流通过时不产生摩擦，双唇自然展开；声带振动，软腭上升，关闭鼻腔通道。韵母-i（后）在普通话里也不能单独使用，只能跟 zh、ch、sh、r 相拼。例如：zhīchí（支持）、shízhì（实质）中的 i。

---

① 在《汉语拼音方案》中，韵母 ê 仍以字母 e 表示。

（3）卷舌元音韵母

普通话只有一个卷舌元音韵母：er。卷舌元音韵母发音时，伴有卷舌的动作，其发音描写如下：

er［ɚ］：卷舌央中不圆唇元音。发音时，口腔自然打开，舌位居中，舌头的前、中部上抬，舌尖向硬腭卷起；声带振动，软腭上升，关闭鼻腔通道。例如：érgē（儿歌）、érqiě（而且）中的er。

2. 复合元音韵母

复合元音韵母，也叫复韵母，是由两个或两个以上元音构成的韵母。普通话中共有13个复韵母。其中，由两个元音构成的复韵母，叫二合复元音韵母。二合复元音韵母有9个：ai、ei、ao、ou、ia、ie、ua、uo、üe。由三个元音构成的复韵母，叫三合复元音韵母。三合复元音韵母有4个：iao、iou、uai、uei。

复合元音韵母发音的时候，从前一个元音向后一个元音滑动，在滑动过程中气流不中断，但舌位的高低、舌位的前后、唇形的圆展都有一个逐渐变化的过程。在复合元音韵母中，每一个元音发音的响亮度和清晰度都不相同，其中有一个主要元音发音最清晰、最响亮。根据主要元音出现的位置，复合元音韵母可分为前响复韵母、后响复韵母、中响复韵母三类。

（1）前响复韵母

前响复韵母是主要元音在前的二合复元音韵母。普通话有4个前响复韵母：ai［aŋ］、ei［eɪ］、ao［ɑʊ］、ou［oʊ］。前响复韵母发音时，前一个元音较为响亮、清晰，后面的元音只表示舌位滑动的方向，发音较轻且模糊。例如：báicài（白菜）、bèilěi（蓓蕾）、cǎomào（草帽）、shǒutóu（手头）中的韵母。

（2）后响复韵母

后响复韵母是主要元音在后的二合复元音韵母。普通话有5个后响复韵母：ia［iᴀ］、ie［iᴇ］、ua［uᴀ］、uo［uo̞］、üe［yᴇ］。后响复韵母发音时，前一个元音轻而短，只表示舌位开始移动的位置，后一个元音清晰、响亮。例如：jiāyā（加压）、tiēqiè（贴切）、guàhuā（挂花）、luòtuo（骆驼）、juéxué（绝学）中的韵母。

（3）中响复韵母

中响复韵母是主要元音在中间的三合复元音韵母。普通话有4个中响复韵母：iao［iɑʊ］、iou［ioʊ］、uai［uaɪ］、uei［ueɪ］。中响复韵母发音时，前一个元音轻而短，表示舌位开始移动的位置，中间的元音较清晰响亮，最后一个元音较含糊，表示舌位滑动的方向。例如：tiáojiào（调教）、yōujiǔ（悠久）、huáichuāi（怀揣）、zhuīwěi（追尾）中的韵母。

3. 鼻辅音韵母

鼻辅音韵母是由元音和鼻辅音n或ng构成的韵母。普通话中共有16个鼻辅音韵母，根据所带鼻辅音的不同，可分为前鼻音韵母和后鼻音韵母两类。

（1）前鼻音韵母

由元音带上舌尖中浊鼻辅音［n］的韵母，叫前鼻音韵母。普通话有8个前鼻音韵母：an、en、in、ün、ian、uan、uen、üan。

an [an]、en [ən]、in [in]、ün [yn] 这四个前鼻音韵母，由一个元音带上鼻辅音 [n] 构成。发音时，先发元音，接着软腭下降，舌尖抵住上齿龈，发不除阻的 [n]。例如：cànlàn（灿烂）、běnfèn（本分）、qīnlín（亲临）、jūnyún（均匀）中的韵母。

ian [iɛn]、uan [uan]、uen [uən]、üan [yɛn] 这四个前鼻音韵母，由两个元音带上鼻辅音 [n] 构成。发音时，先从一个元音过渡到另一个元音，接着软腭下降，舌尖抵住上齿龈，发不除阻的 [n]。例如：tiānqiàn（天堑）、zhuǎnwān（转弯）、wénlùn（文论）、yuānyuán（渊源）中的韵母。

（2）后鼻音韵母

由元音带上舌根浊鼻辅音 [ŋ] 的韵母，叫后鼻音韵母。普通话有 8 个后鼻音韵母：ang、eng、ing、ong、iong、iang、uang、ueng。

ang [ɑŋ]、eng [ɤŋ]、ing [iŋ]、ong [uŋ]、iong [yŋ] 这五个后鼻音韵母，由一个元音带上鼻辅音 [ŋ] 构成。发音时，先发元音，接着舌面后部后缩，舌根抵住软腭，发不除阻的 [ŋ]。例如：bāngmáng（帮忙）、shēngchéng（生成）、yíngpíng（荧屏）、lóngzhòng（隆重）、xiōngyǒng（汹涌）中的韵母。

iang [iɑŋ]、uang [uɑŋ]、ueng [uɤŋ] 这三个后鼻音韵母，由两个元音带上鼻辅音 [ŋ] 构成。发音时，先从一个元音过渡到另一个元音，接着舌面后部后缩，舌根抵住软腭，再发不除阻的 [ŋ]。例如：yángxiàng（洋相）、zhuàngkuàng（状况）、wēngwēng（嗡嗡）中的韵母。

（二）根据韵母开头元音的发音口形分类

根据开头元音发音的口形，可以将韵母分为开口呼、齐齿呼、合口呼、撮口呼四类。

开口呼，指韵母不是 i、u、ü 以及不以 i、u、ü 开头的韵母。普通话有 15 个开口呼韵母：-i（前）、-i（后）、a、o、e、ê、er、ai、ei、ao、ou、an、en、ang、eng。

齐齿呼，指韵母是 i 以及以 i 开头的韵母。普通话有 9 个齐齿呼韵母：i、ia、ie、iao、iou、ian、in、iang、ing。

合口呼，指韵母是 u 以及以 u 开头的韵母。普通话有 10 个合口呼韵母：u、ua、uo、uai、uei、uan、uen、uang、ueng、ong。

撮口呼，指韵母是 ü 以及以 ü 开头的韵母。普通话有 5 个撮口呼韵母：ü、üe、üan、ün、iong。

（三）根据韵尾分类

普通话的韵母，就其内部结构而言，可分为韵头、韵腹、韵尾三部分。

韵头介于声母和韵母的主要元音之间，又叫介音或介母，由 i、u、ü 充当。普通话的韵母可以有韵头，也可以没有韵头。例如：iao、ua、üe 的韵头分别是 i、u、ü，而 i、ou、ang 则没有韵头。

韵腹是韵母中发音最清晰响亮的元音，由主要元音充当，是所有韵母必须具备的。单元音韵母由一个元音构成，其本身就是韵腹。复合元音韵母中，前响复韵母的韵腹在前，如 ai 的韵腹是 a [a]；后响复韵母的韵腹在后，如 ia 的韵腹是 a [ʌ]；中响复韵母的韵腹在中间，如 uai 的韵腹是 a [a]。鼻辅音韵母中，由一个元音带上鼻辅音构成的韵母，韵腹就是那个元音，如 an 的韵腹是 a［a］；由两个元音带上鼻辅音构成的韵母，韵腹是第二个元音，如 uen 的韵腹是 e［ə］。

韵尾是韵腹后的元音或辅音，表示韵母滑动的方向。韵尾可以由元音 i、u 等元音充当，如 ai、ei、ao、ou 的韵尾分别是 i、i、o、u；也可以由鼻辅音 n 或 ng 充当，如 an、uen 的韵尾是 n，iang、eng 的韵尾是 ng。普通话的韵母可以有韵尾，也可以没有韵尾，如单元音韵母、后响复韵母就没有韵尾。

根据韵尾的情况，普通话的韵母可分为无韵尾韵母、元音韵尾韵母，辅音韵尾韵母三类。

1. 无韵尾韵母

韵腹后面没有任何音素的韵母，叫做无韵尾韵母。普通话有 15 个无韵尾韵母：-i（前）、-i（后）、a、o、e、ê、er、i、ia、ie、u、ua、uo、ü、üe。

2. 元音韵尾韵母

以元音作为韵尾的韵母，叫做元音韵尾韵母。普通话有 8 个元音韵尾韵母：ai、ei、ao、ou、iao、iou、uai、uei。

3. 辅音韵尾韵母

以鼻辅音作为韵尾的韵母，叫做辅音韵尾韵母。普通话有 16 个辅音韵尾韵母：an、en、ang、eng、ian、in、iang、ing、uan、uen、uang、ueng、ong、üan、ün、iong。

附表

普通话韵母总表

<table>
<tr><th>按口形分
按结构分</th><th>开口呼</th><th>齐齿呼</th><th>合口呼</th><th>撮口呼</th><th>按口形分
按韵尾分</th></tr>
<tr><td rowspan="6">单元音韵母</td><td>-i［ɿ］［ʅ］</td><td>i［i］</td><td>u［u］</td><td>ü［y］</td><td rowspan="6">无韵尾韵母</td></tr>
<tr><td>a［ᴀ］</td><td>ia［iᴀ］</td><td>ua［uᴀ］</td><td></td></tr>
<tr><td>o［ọ］</td><td></td><td>uo［uọ］</td><td></td></tr>
<tr><td>e［ɤ］</td><td></td><td></td><td></td></tr>
<tr><td>ê［ᴇ］</td><td>ie［iᴇ］</td><td></td><td>üe［yᴇ］</td></tr>
<tr><td>er［ɚ］</td><td></td><td></td><td></td></tr>
<tr><td rowspan="4">复合元音韵母</td><td>ai［aɪ］</td><td></td><td>uai［uaɪ］</td><td></td><td rowspan="4">元音韵尾韵母</td></tr>
<tr><td>ei［eɪ］</td><td></td><td>uei［ueɪ］</td><td></td></tr>
<tr><td>ao［ɑʊ］</td><td>iao［iɑʊ］</td><td></td><td></td></tr>
<tr><td>ou［oʊ］</td><td>iou［ioʊ］</td><td></td><td></td></tr>
</table>

（续表）

<table>
<tr><th>按口形分
按结构分</th><th>开口呼</th><th>齐齿呼</th><th>合口呼</th><th>撮口呼</th><th>按口形分
按韵尾分</th></tr>
<tr><td rowspan="5">鼻辅音韵母</td><td>an［an］</td><td>ian［iɛn］</td><td>uan［uan］</td><td>üan［yɛn］</td><td rowspan="5">辅音韵尾韵母</td></tr>
<tr><td>en［ən］</td><td>in［in］</td><td>uen［uən］</td><td>ün［yn］</td></tr>
<tr><td>ang［ɑŋ］</td><td>iang［iɑŋ］</td><td>uang［uɑŋ］</td><td></td></tr>
<tr><td>eng［ɤŋ］</td><td>ing［iŋ］</td><td>ueng［uɤŋ］</td><td></td></tr>
<tr><td></td><td></td><td>ong［uŋ］</td><td>iong［yŋ］</td></tr>
</table>

思考与练习三

一、什么是韵母？韵母和元音有什么关系？

二、根据下面列出的发音状况，在括号内写出相应的元音。

1. 舌面前高不圆唇元音 （　　）
2. 舌面前半低不圆唇元音 （　　）
3. 卷舌央中不圆唇元音 （　　）
4. 舌面后高圆唇元音 （　　）
5. 舌尖后高不圆唇元音 （　　）

三、指出下列各组元音的主要区别。

i［i］—ü［y］　e［ɤ］—o［o̜］　ü［y］—u［u］　i［i］—-i［ɿ］—-i［ʅ］

u［u］—o［o̜］　e［ə］—ê［ᴇ］　e［ɤ］—er［ɚ］　ɑ［a］—ɑ［ᴀ］—ɑ［ɑ］

四、读准并写出下列音节的韵母，并说明韵母的韵头、韵腹和韵尾。

流水　大厦　云彩　角色　学院　怪物　黄疸　公平　朋友　照片　别扭　尔后

春节　牡蛎　慰藉　字号　转悠　黝黑　受累　世故　上缴　绮丽　牢笼　横亘

五、什么是四呼？四呼的分类标准是什么？

六、请描述一种你所熟悉的汉语方言的韵母，并比较它与普通话韵母的异同。

七、有人说：ong 属于开口呼韵母，iong 属于齐齿呼韵母。你同意这种观点吗？为什么？

第四节　声　　调

一、声调的定义

声调是某些语言中依附于音节上的能够区别意义的相对音高的变化形式。

世界上的语言可分为声调语言和非声调语言两类。在声调语言中，每一个音节的音高形式通常有多种变化，不同的音高形式表达不同的意义，如普通话的 zhī（知）、zhí（值）、zhǐ（纸）、zhì（至）。在非声调语言中，音高的高低升降不能区别意义，只能表示不同的语气，如英语的 student（学生）只能通过音高的变化来表示不同的口气和语调。

汉语属于声调语言。声调是汉语音节不可缺少的组成部分，具有区别意义的重要作用。例如：dàyī（大衣）、dàyí（大姨）、dàyì（大义）。有的时候，声调还能够区分词类。例如：“打”读作 dá 是量词，读作 dǎ 则是动词。此外，声调还使汉语在音节抑扬顿挫、起伏跌宕的音高变化当中，形成了特定的音乐美和节奏感。

二、调值与调类

声调可以通过调值和调类两方面进行分析。

（一）调值

调值是某一音节相对音高的具体变化形式，也就是声调的实际读法。

音高有相对音高和绝对音高之分。绝对音高是通过相关仪器测量出来的发音体实际振动的频率。不同的人由于发音器官的差异，绝对音高各不相同，如儿童的绝对音高一般要比成人的高一些。相对音高是通过比较的方法确定下来的同一基调的音高变化形式。例如：一个儿童读“dà（大）”是从他的最高音降到最低音，一个成人读“dà（大）”也是从他的最高音降到最低音，两人的绝对音高不同，但两人发音时音高的高低升降变化形式相同，相对音高就是相同的，声调也是相同的。相对音高的各种变化形式，就形成了不同的调值。

值得注意的是，相对音高的变化在读音上是连续的，中间没有任何停顿。

（二）调类

调类是把相同的调值归并在一起建立起来的声调的类别。例如：普通话的 tú（图）、bó（博）、zhí（值）、jí（即）、chéng（城）、láo（劳）等音节的调值，都是从中音到高音，调值相同，便可归在同一个调类当中。

调类由调值决定。在一种语言或方言里，有多少种调值，就有多少种调类。现代汉语普通话有四种调值，分别归入四个调类。但在现代汉语方言中，调值和调类的情况就显得比较复杂了。调值方面，同一个字在不同的方言区各不相同，如“明”字在北京话中的调值是 35，在昆明话中的调值是 31；调类方面，有的方言只有三个，如山东的烟台话，有的达十多个，如广西的玉林话。

三、普通话的声调

普通话的声调是从古汉语的声调演变而来。普通话的声调也可以从调值和调类两方面进行分析。

普通话声调的调值，一般采用赵元任先生创制的“五度标记法”进行标记。“五度标记法”是用一根分为五度的竖标来标记相对音高的一种方法。1 代表低音，2 代表半低音，3 代表中音，4 代表半高音，5 代表高音。普通话共有四种调值：55、35、214、51，分别形成了四种调类：阴平、阳平、上声、去声（如图 1）。

（一）阴平

调值是 55。发音时，声带拉紧，声音高而平，基本没有升降的变化，也称为高平调。例如：tiān（天）、kōng（空）、jūn（军）、yī（衣）的声调。

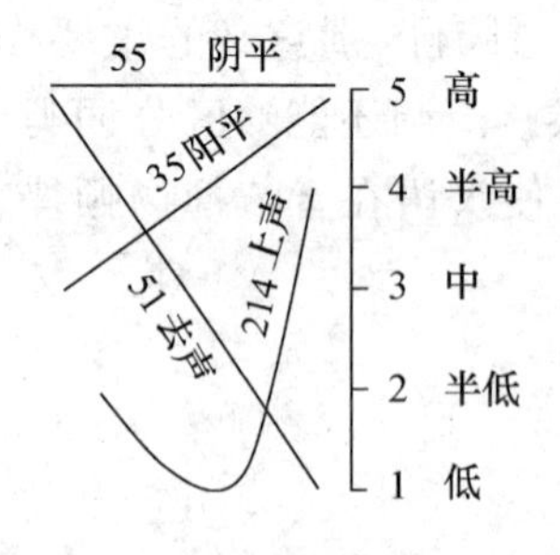

图 1 普通话调值五度标记图

（二）阳平

调值是 35。发音时，从中音升到高音，也称为中升调。例如：hé（合）、gé（格）、tóng（同）、xué（学）的声调。

（三）上声

调值是 214。发音时，先由半低音降到低音，再升到半高音，也称为降升调或曲折调。例如：yǐn（引）、dǎo（导）、kě（可）、yǐ（以）的声调。

（四）去声

调值是 51。发音时，由最高降到最低，也称为全降调。例如：shì（世）、jiè（界）、shù（数）、jù（据）的声调。

四、普通话声调的标记

普通话声调的标记，主要有拼音符号法、调值数码法、五度竖标法等。

拼音符号法，是按照《汉语拼音方案》的规定，用调值的变化模式来标记普通话的声调，即阴平ˉ、阳平ˊ、上声ˇ、去声ˋ。标记声调的符号，就叫做调号。调号要标在主要元音上，轻声不标调。例如：

zì（自）　　xiāng（相）　　máo（矛）　　dùn（盾）
yǐ（以）　　tuì（退）　　wéi（为）　　jìn（进）
bāohan（包涵）　yāngge（秧歌）　huǒji（伙计）　yuèbing（月饼）

调值数码法，是采用表示相对音高变化的数字来标记普通话的声调。表示调值的数字要标在国际音标的右上角。例如：

[xan^{51}]（汗）　[lioʊ^{35}]（流）　[tɕiA^{55}]（浃）　[peɪ^{51}]（背）
[feɪ^{55}]（非）　[tʰuŋ^{35}]（同）　[ɕiaʊ^{214}]（小）　[kʰɤ^{214}]（可）

五度竖标法，是以五度标记图为依据，将音节的相对音高变化形式标在国际音标的右边，从而达到标记普通话声调的目的。例如：

[tsɿ ˥˩]（自）　[ioʊ ˧˥]（由）　[pʰiŋ ˧˥]（平）　[tɤŋ ˨˩˦]（等）
[tuŋ ˥]（冬）　[nuan ˨˩˦]（暖）　[ɕiA ˥˩]（夏）　[liaŋ ˧˥]（凉）

思考与练习四

一、什么是声调？声调有什么作用？

二、怎样理解“绝对音高在语音学上并没有区别意义的作用”这句话？

三、什么是调值？什么是调类？试举例说明。

四、读准下列词语的声调，并说明每一个字的调值和调类。

点铁成金　循规蹈矩　死心塌地　乐不思蜀　墨守成规
惘然若失　奉公守法　潜移默化　弄巧成拙　过犹不及
逆水行舟　一目了然　望梅止渴　光明磊落　掐头去尾
源远流长　待人接物　痛改前非　面授机宜　走马观花

五、给下列音节形式标上声调，并写出汉字。

Shantian、Anna he Mali shi wo de tongban tongxue. Women changchang yiqi liaotianr. Shantian shuo ta xihuan zhongguo gongfu，ta meitian dou lian. Mali shuo ta de aihao shi zhongguo shufa，ta juede shufa tai you yisi le. Anna xihuan kan jingju，ta shuo jingju li de yifu zhen piaoliang.

六、举例说明普通话声调的标记方法。

七、请描述一种你所熟悉的汉语方言的声调，并比较它与普通话声调的异同。

第五节　音　　节

一、普通话的音节结构

音节是语流中自然的发音单位和听感单位。

判定音节，可以从听觉和发音两个角度进行。从发音的角度来看，人们发音时发音器官从紧张到松弛的整个过程，就是一个音节；从听觉的角度来看，人们自然感知的一个最小的语音片段，就是一个音节，音节和音节之间有一个简短的停顿。例如：当我们说“月光”时，发音器官张弛了两次，形成两个语音片段 yuè、guāng，这就是两个音节。

通常，一个汉字的读音就是一个音节，只有儿化音节例外。儿化音节的书写形式是两个汉字，但在语音上只是一个音节。例如：huàr（画儿）、tóur（头儿）。

（一）普通话音节结构的成分

普通话音节结构的成分，可以从不同的角度进行分析和说明。

按照中国传统的声韵调分析法，普通话音节结构的成分可以分为声母、韵母和声调三个部分。从语音学的角度来说，普通话音节结构的成分主要是音素和音高。在普通话音节中，辅音音素主要用来充当声母或韵尾，元音音素主要用来组成韵母，音高的作用是形成不同声调。

（二）普通话音节结构的特点

1. 普通话音节结构的类型

根据普通话音节结构中声母和韵母的情况，普通话音节结构一般可划分为 12 种类型，具体如下：

结构成分 / 例字	声母	韵母				声调	
		韵头	韵腹	韵尾			
				元音	辅音	调值	调类
五 wǔ			u			214	上声
欧 ōu			o	u		55	阴平
云 yún			ü		n	35	阳平

（续表）

例字＼结构成分	声母	韵母				声调	
		韵头	韵腹	韵尾			
				元音	辅音	调值	调类
页 yè		i	e			51	去声
外 wài		u	ɑ	i		51	去声
远 yuǎn		ü	ɑ		n	214	上声
指 zhǐ	zh		-i（后）			214	上声
白 bái	b		ɑ	i		35	阳平
喊 hǎn	h		ɑ		n	214	上声
却 què	q	ü	e			51	去声
腿 tuǐ	t	u	e	i		214	上声
双 shuāng	sh	u	ɑ		ng	55	阴平

2. 普通话音节结构的特点

（1）结构简明，便于分析。普通话的音节最少由 1 个音素构成，如 wǔ（五）直接由元音 u（韵腹）构成；最多由 4 个音素构成，如 shuāng（双）由辅音 sh（声母）、元音 u（韵头）、元音 ɑ（韵腹）、辅音 ng（韵尾）构成。

（2）元音占优势，乐音居多。普通话的音节可以没有辅音，但必须有元音，如 é（鹅）。[①] 普通话的音节有复元音现象，如 bái（白）、diào（掉），但没有复辅音，音节中的辅音只能用于声母和韵尾。由于元音是乐音，所以普通话的乐音成分居多。

（3）有声调，音乐性强。普通话的音节都有声调。不同声调的音节搭配在一起，高低起伏，抑扬顿挫，使普通话的语音富有音乐美和节奏感。

二、普通话的声韵调配合规律

普通话有 21 个辅音声母、39 个韵母、4 个调类。声母、韵母和声调的配合具有一定的规律。

（一）普通话声韵配合规律

普通话声母和韵母的配合，主要取决于声母的发音部位和韵母的四呼。一般说来，如果声母的发音部位相同，能够与之搭配的韵母的四呼类别也大体相同。普通话声母和韵母的具体配合规律如下：

1. 从声母的角度看普通话声韵配合规律

（1）双唇音和舌尖中音 d、t 能跟开口呼、齐齿呼、合口呼韵母搭配，不能跟撮口呼韵母搭配。能跟双唇音搭配的合口呼韵母，只限于 u。

（2）唇齿音、舌尖前音、舌尖后音、舌根音这几组声母能跟开口呼、合口呼韵母搭

① 只有少数音节例外，如口语中表疑问的叹词 ḿ（呣）、ń（嗯）等。

配，不能跟齐齿呼、撮口呼韵母搭配。能跟唇齿音搭配的合口呼韵母，只限于 u。

（3）舌尖中音 n、l 能跟四呼搭配。

（4）舌面音能跟齐齿呼、撮口呼韵母搭配，不能跟开口呼、合口呼韵母搭配。

（5）零声母音节四呼齐全。

2. 从韵母的角度看普通话声韵配合规律

（1）能跟开口呼、合口呼韵母搭配的辅音声母最多，除了舌面音外，其他声母都能与之搭配。

（2）能跟齐齿呼韵母搭配的辅音声母有双唇音、舌尖中音、舌面音，其他声母不能与之搭配。

（3）能跟撮口呼韵母搭配的辅音声母最少，只有舌尖中音 n、l 和舌面音，其他声母不能与之搭配。

普通话声母和韵母的配合规律，可参看下表：

普通话声韵配合简表

声母 \ 配合情况 \ 韵母		开口呼	齐齿呼	合口呼	撮口呼
双唇音	b p m	+	+	+（限 u）	
唇齿音	f	+		+（限 u）	
舌尖前音	z c s	+		+	
舌尖中音	d t	+	+	+	
	n l	+	+	+	+
舌尖后音	zh ch sh r	+		+	
舌面音	j q x		+		+
舌根音	g k h	+		+	
零声母		+	+	+	+

注：“+”表示该类声母和韵母可以全部或局部搭配，空白表示不能搭配。

（二）普通话声韵调配合规律

普通话声母、韵母和声调的配合往往与古声母的清浊有关。根据古声母的演变规律，普通话声韵调的配合规律可大致归纳如下：

1. m、n、l、r 四个浊声母与韵母组成的音节，很少读阴平调。

2. 送气塞音 p、t、k 和送气塞擦音 q、c、ch 与韵母组成音节时，声调大多是阳平。

3. 不送气塞音 b、d、g 和不送气塞擦音 j、z、zh 与韵母组成音节时，声调多数是去声；同鼻辅音韵母配合时没有阳平调①。

掌握普通话声韵调的配合规律，有助于我们认识普通话音节结构的特点，避免普通话

① 只有“甭”（béng）例外。

音节的拼读和拼写错误。

三、普通话音节的拼读和拼写

（一）普通话音节的拼读

1. 拼读的要领

拼读普通话的音节，需要注意以下几点：

（1）声母要念本音，不能念呼读音。《汉语拼音方案》声母表使用的是呼读音，但在拼读普通话音节的时候，要把声母后的元音去掉，用它的本音跟韵母相拼。

（2）声母和韵母之间不要间断。拼音就是把声母和韵母连续快读成音节，如音节 pā（趴）的拼音，就是把 p 和 a 连续快读成 pā，p 和 a 之间不能有停顿。

（3）复合元音韵母和鼻辅音韵母要念得准确、熟练。复合元音韵母和鼻辅音韵母都是由多个音素组合而成的。这些音素彼此之间结合紧密，拼读时，要把它们作为一个整体同声母拼合，念准确，以免出现拼音时把韵头、韵腹、韵尾读得不自然，或者丢失韵头或韵尾的情况。

2. 拼读的方法

普通话音节的拼读方法，主要有以下几种：

（1）两拼法

两拼法就是用 21 个辅音声母和 39 个韵母拼读成音节。不管韵母的结构是简单还是复杂，都要把韵母当作一个整体跟声母相拼。例如：

沙：sh — ā → shā　　货：h — uò → huò

团：t — uán → tuán　　炯：j — iǒng → jiǒng

（2）三拼法

三拼法就是拼音时按照“声母 - 韵头 - 韵身（韵腹 + 韵尾）”的顺序快速连读。例如：

娘：n — i — áng → niáng　　快：k — u — ài → kuài

夸：k — u — ā →kuā　　疗：l — i — áo →liáo

（3）整体拼读法

整体拼读法就是先做好声母的发音准备，然后和带声调的韵母一同发出。一般说来，普通话中有 16 个音节比较适合整体拼读。它们是：zhi、chi、shi、ri、zi、ci、si、yi、wu、yu、ye、yue、yuan、yin、ying、yun。

（二）普通话音节的拼写

关于普通话音节的拼写，《汉语拼音方案》有以下一些规定：

1. 隔音字母 y、w 的使用

（1）凡 i 开头的韵母，i、in、ing 在自成音节时，要分别写成 yi、yin、ying；ia、ie、iao、iou、ian、iang、iong 在自成音节时，要分别写成 ya、ye、yao、you、yan、yang、yong。

（2）凡 u 开头的韵母，u 在自成音节时，要写成 wu；ua、uo、uai、uei、uan、uen、uang、ueng 在自成音节时，要分别写成 wa、wo、wai、wei、wan、wen、wang、weng。

（3）凡 ü 开头的韵母，ü、üe、üan、ün 在自成音节时，前面加 y，并省去 ü 上两点，写成 yu、yue、yuan、yun。

隔音字母 y、w 的作用是分隔音节之间的界限，避免拼读音节时产生歧义和误解。例如：línyǔ（淋雨）如果不加 y，就可能误读为 línǚ（离女）；shēngwù（生物）如果不加 w，就可能误读为 shēngù（深故）；xiānyàn（鲜艳）如果不改 i 为 y，就可能误读为 xiāniàn（瞎念）。

2. 隔音符号（’）的使用

在零声母音节中，以 a、o、e 开头的音节，跟在其他音节后面时，要用隔音符号（’）隔开，从而起到分隔音节的作用。例如：

píng’ān（平安）　　jiāng’ōu（江鸥）　　dìng’é（定额）
tiān’é（天鹅）　　mù’ǒu（木偶）　　shù’é（数额）

3. ü 上两点的省略

（1）ü 行韵母在同声母 j、q、x 相拼时，ü 上两点省略。例如：

jū（鞠）　qú（渠）　xù（蓄）　jué（绝）　què（雀）　xuě（雪）
juān（捐）　quàn（券）　xuǎn（选）　jūn（均）　qún（群）　xùn（迅）

（2）ü、üe、üan、ün 自成音节时，前面加 y，并省去 ü 上两点，例如：yú（于）、yuè（月）、yuǎn（远）、yūn（晕）。

需要注意的是，ü 行韵母的 ü、üe 在同声母 n、l 相拼时，ü 上两点不能省略。例如：lǚ（旅）、lüè（略）。因为 n、l 也同 u 相拼，如果省略了 ü 上的两点，就会混淆 u 和 ü。

4. iou、uei、uen 的省写

韵母 iou、uei、uen 在与辅音声母相拼时，要分别省写为 iu、ui、un。例如：

m — iou → miù（谬）　　t — uei → tuǐ（腿）　　s — uen → sūn（孙）

5. 标调的方法

（1）调号要标在音节的主要元音（韵腹）上，轻声音节不标调号。例如：

wù（务）　è（恶）　móu（谋）　chǎn（铲）
zhuōzi（桌子）　wǒmen（我们）　dòufu（豆腐）　shēngkou（牲口）

（2）调号标在 i 上时，i 上的点要省写。例如：yī（一）、pǐn（品）、dìng（定）、xíng（行）。

（3）iou、uei 省写成 iu、ui 之后，调号标在后一个元音上。例如：xiù（绣）、qiú（球）、cuī（催）、shuǐ（水）。

6. 词语的拼写规则

普通话词语的拼写规则必须符合《汉语拼音正词法基本规则》。这里主要介绍词语拼写中常见的分词连用、成语拼写、人名和地名的拼写、大写字母的用法、连字符的使用、标点符号的使用等问题。

（1）分词连写

以词为书写单位，这是汉语拼音拼写普通话的基本规则。词与词之间分写，词本身连写。例如：

fēngjǐng hěn měi（风景很美）　　niánqīng de péngyou（年轻的朋友）
diànshìjī（电视机）　　qiūhǎitáng（秋海棠）

yánjiū yánjiū（研究研究） xuěbái xuěbái（雪白雪白）

（2）成语拼写法

四个字的成语分为两个双音节来念的，中间加短横。例如：

fēngpíng-làngjìng（风平浪静） àizēng-fēnmíng（爱憎分明）

shuǐdào-qúchéng（水到渠成） diānsān-dǎosì（颠三倒四）

凡是不能按两段来念的四字成语，全部连写。例如：

bùyìlèhū（不亦乐乎） zǒng'éryánzhī（总而言之） yīyīdàishuǐ（一衣带水）

（3）人名、地名拼写法

汉语姓名的姓氏和名字要分写，同时姓和名的第一个字母大写。例如：

Liú Píng（刘平） Zhāng Xiǎodōng（张晓东）

地名中的专名、通名要分写，分写的每段都要大写第一个字母。例如：

Cháng Jiāng（长江） Dàguān Lóu（大观楼）

Běijīng Lù（北京路） Táiwān Hǎixiá（台湾海峡）

行政区域名称的专名和通名也要分写，而且专名和通名的第一个字母要大写。例如：Kūnmíng Shì Wǔhuá Qū（昆明市五华区）。

（4）大写字母的用法

句子开头的第一个字母大写。例如：

① Tā zuò xuéwen zǒng shì yīsī-bùgǒu de.（他做学问总是一丝不苟的。）

② Shìjièbēi zěnme huì yǒu rúcǐ jùdà de xīyǐnlì？（世界杯怎么会有如此具大的吸引力？）

国家、团体、组织等专有名词的第一个字母要大写。专有名词由几个词组成的，各个词分写，每个词的第一个字母大写。例如：

Zhōnghuá Rénmín Gònghéguó（中华人民共和国）

Shàonián Xiānfēngduì（少年先锋队）

报刊名称、商标和商店名称、书名和文章题目、宣传专栏标题，可以全部用大写字母，不标声调。例如：

GUANGMING RIBAO（光明日报） XINHUA SHUDIAN（新华书店）

（5）短横的使用

短横“-”作为连接号，表示词语之间的连接关系。例如：

lù-hǎi-kōngjūn（陆海空军） zhèng-xié（政协）

shíwǔ-liù tiān（十五六天） rén-jī duìhuà（人机对话）

短横“-”还可用于拼写的移行。在拼写由双音节或多音节词语构成的句子时，因行末的位置不够，一个词语没能连在一起，移行时可将短横放在上行末，表示该词语上下行音节的连接。如果要移行的音节处原本就有一个连接号，就在下一行开头再加一个短横。

（6）标点符号的使用

用汉语拼音书写完整的句子时，标点符号的使用与书写汉字的要求基本相同，只有句号的使用不同，要用圆点“.”。

思考与练习五

一、什么是音节？怎样判定音节？

二、举例说明普通话音节结构的类型及其特点。

三、列表分析下列各音节的结构。

蔼 ǎi　茗 míng　茁 zhuó　酿 niàng　什 shén　铂 bó　豉 chǐ　蕾 lěi

约 yuē　规 guī　淆 xiáo　吻 wěn　捅 tǒng　肉 ròu　擎 qíng　臼 jiù

四、根据普通话声韵配合规律，说明下列音节为什么是错误的。

be　sia　jua　chiong　mua　gia　per　jeng

xui　tê　zhün　rei　fong　nun　hin　ong

五、根据普通话音节的拼写规则，改正下列词语的拼写错误。

无量 úlìang　棕榈 zōnglǘ　追寻 zhuēixǘn　执拗 zhínìu　优雅 yiōuiǎ

皑皑 áiái　委员 uěiüán　差额 chāé　游泳 ióuyǐong　剧院 jǜyüàn

六、用汉语拼音和国际音标给下列词语注音。

眷恋　祈祷　窈窕　污秽　扫帚　普法　仲裁　路径

翎子　慨然　功绩　占卜　筵席　相片　神龛　配角

七、根据词语的拼写规则，给下面这段话注上拼音。

1. 我心中涌动的河水，激荡起甜美的浪花。

2. 青少年的同伴关系在其心理发展过程中具有不可替代的作用。

3. 沉默未必是金，永不做声可能埋没你一辈子。

八、结合实际，谈谈普通话音节的拼读和拼写应该注意哪些问题。

第六节　音　　位

一、音位和音位的归纳

（一）音位

音位，是在一定的语言或一定的方言中能够区别意义的最小的语音单位。音位用“/ /”表示。例如：pù [p^hu^{51}]、bù [pu^{51}] 这两个音节在普通话中分别表达“瀑”、“布”两个不同的意义，其中起区别意义作用的就是 [p^h]、[p] 这两个音素，所以它们在普通话中就是两个不同的音位/p^h/、/p/。

音位和音素不同。音素是从语音的物理性质划分出来的最小的语音单位，而音位是从语音的社会性质划分出来的最小的语音单位。相同的音素在不同地区或不同民族的语言使用中，可能会区别意义，也可能不区别意义。例如：辅音音素 zh [ʈʂ] 和z [ts] 在北京话中能区分不同的意义，北京人在发音和听音时能明显地感到它们之间的区别，因而是两个音位。但是，在云南的很多地方话中，zh [ʈʂ] 和 z [ts] 并不能区别意义，当地人在发音和听音时也不能清晰地分辨出这两个音，因而属于一个音位。就此而言，音素的数量要比音位的数量多，一个音位可能只包含一个音素，也可能包含多个音素。

音位可以分为音质音位和非音质音位。由音素构成的音位是音质音位，也称为音段音位。音质音位分为辅音音位和元音音位。从辅音中归纳出来的音位叫辅音音位，从元音中归纳出来的音位叫元音音位。由音高、音强、音长构成的音位是非音质音位，也称为超音段音位。从音高归纳出来的音位叫声调音位，简称调位。

（二）音位的归纳

归纳音位的目的，是把一定的语言或方言里数目繁多的音素归并为一套数目有限、完整严谨的音位系统。通常，语音的辨义功能、互补分布和音感差异是归纳音位的重要标准。

1. 辨义功能

在某种语言或方言中，如果一组音素在相同的语音环境中可以形成不同的意义，这组音素就形成音位的对立，属于不同的音位。在归并音位时，辨义功能是最重要的标准。例如：

① 知［tʂʅ^{55}］　　吃［tʂ^{h}ʅ^{55}］　　施［ʂʅ^{55}］

② 资［tsɿ^{55}］　　租［tsu^{55}］　　匝［tsᴀ^{55}］

③ 插［tʂ^{h}ᴀ^{55}］　　茶［tʂ^{h}ᴀ^{35}］　　诧［tʂ^{h}ᴀ^{51}］

从上面三组音节的声、韵、调所出现的语音环境来看，第①组的声母［tʂ］、［tʂ^{h}］、［ʂ］出现在相同的语音环境［_ʅ^{55}］中，能够区别不同的意义，因此属于三个不同的辅音音位/tʂ/、/tʂ^{h}/、/ʂ/；第②组的韵母［ɿ］、［u］、［ᴀ］出现在相同的语音环境［ts_^{55}］中，能区别不同的意义，所以属于三个不同的元音音位/ɿ/、/u/、/a/；第③组的声调［55］、［35］、［51］能出现在相同的语音环境［tʂ^{h}ᴀ_］中，也能区别不同的意义，因而属于不同的调位/55/、/35/、/51/。

2. 互补分布

在某种语言或方言中，如果一组音素不能出现在相同的语音环境，且不具备辨义的功能，则满足互补分布的条件，它们属于相同的音位。例如：普通话中的元音音素［ε］、［a］、［ᴀ］、［ɑ］，既不能出现在相同的语音环境中，也不具备辨义功能，因此可归并为同一个音位/a/。如下表：

音素	出现的语音环境	形成的音节	音位
［ε］	作韵腹，出现在韵头［i］、［y］和韵尾［n］之间	ian［iεn］ üan［yεn］	/a/
［a］	作韵腹，无韵头，出现在韵尾［i］或［n］之前	ai［aɪ］ uai［uaɪ］ an［an］ uan［uan］	
［ᴀ］	作韵腹，无韵尾	a［ᴀ］ ia［iᴀ］ ua［uᴀ］	
［ɑ］	作韵腹，出现在韵尾［ʊ］或［ŋ］之前	ao［ɑʊ］ iao［iɑʊ］ ang［ɑŋ］ iang［iɑŋ］ uang［uɑŋ］	

3. 音感差异

在某一语言或方言中，如果一组音素处于互补分布中，但是当地人听起来语音差异较大，这一组音素就不宜归纳为同一音位。例如：普通话中的辅音［p］只出现在音节的开头作声母，而［ŋ］只出现在音节的末尾作韵尾，这两个音素处于互补分布中，但它们的语音差异较大，所以仍应归纳为两个辅音音位/p/、/ŋ/。所以，根据互补分布来归并音位时，还应充分考虑到当地人的音感差异。

二、音位变体

一个音位往往包括一些不同的音素，这些音素就是这个音位的音位变体。音位变体是音位的具体发音形式，可以分为自由变体和条件变体两类。

（一）自由变体

在某一语言或方言中，如果一组音素能够出现在相同的语音环境，但不具有辨义功能，则属于同一个音位的自由变体。例如：在西南官话的昭通话中，[n]、[l] 能够出现在相同的语音环境 [_u^{51}] 中，但彼此之间相互替换不会引起意义的变化，即“怒”可读成 [nu^{51}]，也可读成 [lu^{51}]，这说明 [n]、[l] 在昭通话中属于同一个音位的自由变体。

（二）条件变体

在某一语言或方言中，如果一组音素不能出现在相同的语音环境，不具有辨义功能，且语音相似，那么它们就属于同一个音位的条件变体。例如：普通话中的元音音素 [ɛ]、[a]、[ʌ]、[ɑ]，它们不能出现在相同的语音环境中，而且发音相似，属于音位/a/的四个条件变体。

三、普通话的音位系统

音位系统是将某一语言或方言的各种音素归并为不同音位后所显示出的整齐而严谨的系统，是某一语言或方言的全部音位及其结构规则的总和。

（一）普通话元音音位

普通话有 10 个元音音位：/a/、/o/、/ɤ/、/e/、/i/、/u/、/y/、/ɚ/、/ɿ/、/ʅ/。普通话元音音位及其主要条件变体可参见下表：

普通话元音音位表

音位	音位变体	出现条件	示　例
/a/	[a]	_ɪ，_n	海（hǎi）　快（kuài）　看（kàn）　观（guān）
	[ʌ]	_#	发（fā）　假（jiǎ）　花（huā）
	[ɑ]	_ʊ，_ŋ	草（cǎo）　潦（liáo）　忙（máng）响（xiǎng）　慌（huāng）
	[ɛ]	i_n，y_n	棉（mián）泉（quán）
/o/	[ọ]	_#	膜（mó）　落（luò）
	[o]	_ʊ	丑（chǒu）久（jiǔ）
/ɤ/	[ɤ]	单元音韵母，_ŋ	客（kè）　萌（méng）瓮（wèng）
	[ə]	_n，轻声音节	振（zhèn）谆（zhūn）　哥哥（gēge）

（续表）

音位	音位变体	出现条件	示例
/e/	[e]	_ɪ	美（měi） 推（tuī）
	[ᴇ]	i_，y_	结（jié） 略（lüè）
/i/	[i]	辅音声母_	机（jī） 甲（jiǎ） 聂（niè） 苗（miáo） 谬（miù） 填（tián） 您（nín） 腔（qiāng） 叮（dīng）
	[ɪ]	_#	拍（pāi） 味（wèi） 怀（huái） 威（wēi）
	[j]	#_	牙（yá） 业（yè） 遥（yáo） 油（yóu） 掩（yǎn） 央（yāng）
/u/	[u]	辅音声母_	树（shù） 耍（shuǎ） 多（duō） 怪（guài） 最（zuì） 欢（huān） 庄（zhuāng）农（nóng）
	[ʊ]	_#	照（zhào） 漏（lòu） 秀（xiù）
	[w]	#_	吴（wú） 娲（wā） 卧（wò） 歪（wāi） 维（wéi） 玩（wán） 稳（wěn） 望（wàng）瓮（wèng）
/y/	[y]	辅音声母_	句（jù） 雀（què） 涓（juān） 循（xún） 炯（jiǒng）
	[ɥ]	#_	语（yǔ） 跃（yuè） 元（yuán） 允（yǔn） 拥（yōng）
/ɿ/	[ɿ]	ts_，ts^h_，s_	自（zì） 次（cì） 思（sī）
/ʅ/	[ʅ]	tʂ_，tʂ^h_，ʂ_，ʐ_	支（zhī） 尺（chǐ） 食（shí） 日（rì）
/ɚ/	[ɚ]		耳（ěr）

注："_ "表示音位变体出现的位置；"_#"表示在音位变体之后已无其他音素；"#_ "表示在音位变体之前已无其他音素；出现条件空缺表示该变体不受出现条件限制。

（二）普通话辅音音位

普通话有22个辅音音位：/p/、/p^h/、/m/、/f/、/ts/、/ts^h/、/s/、/t/、/t^h/、/n/、/l/、/tʂ/、/tʂ^h/、/ʂ/、/ʐ/、/tɕ/、/tɕ^h/、/ɕ/、/k/、/k^h/、/x/、/ŋ/。

普通话的辅音音位，除了受前后元音的影响，有时清音会变为浊音，有的辅音稍有唇化、腭化之外，一般没有明显的条件变体。

（三）普通话声调音位

普通话的非音质音位主要是声调音位。在普通话中，阴平、阳平、上声、去声四个调类分别形成了四个调位，分别表示为/55/、/35/、/214/、/51/。普通话声调音位及其常见变体具体如下：

普通话声调音位表

调位	条件变体	出现条件	示　例		
/55/	55		单（dān）	春（chūn）	霜（shuāng）
/35/	35		童（tóng）	平（píng）	年（nián）
/214/	214	后面没有别的音节	惹（rě）	脸（liǎn）	元老（yuánlǎo）
	21	位于阴平、阳平、去声之前，以及轻声音节之前	统一（tǒngyī） 打发（dǎfa）	祖国（zǔguó） 婶婶（shěnshen）	纽带（niǔdài） 本子（běnzi）
	35	位于上声之前，以及轻声音节之前	母语（mǔyǔ） 小姐（xiǎo·jiě）	首长（shǒuzhǎng） 马脚（mǎ·jiǎo）	简短（jiǎnduǎn） 想想（xiǎngxiang）
/51/	51	后面没有别的音节	掉（diào）	片（piàn）	兴趣（xìngqù）
	53	位于去声之前	趣味（qùwèi）	利益（lìyì）	惯性（guànxìng）

注：出现条件空缺表示该变体不受出现条件限制。

四、普通话音位辨正

不同的语音或不同的方言都有自己的音位系统。现代汉语方言区的人们说普通话时，有时受到方言语音的影响，发音不够标准。比较普通话音位系统和方言音位系统的异同，对普通话的音位进行辨正，有助于推广普通话的标准音，保证不同方言区人们的顺利交际。

（一）元音音位辨正

普通话的元音音位辨正，主要应注意以下三组：

1. /i/和/y/

/i/和/y/在普通话中属于不同音位，各有其音位变体。多数方言区的人都能分辨二者的发音，但也有部分方言区没有撮口呼韵母，人们说普通话时常常把[i]、[y]都念成[i]，把[j]、[ɥ]都念成[j]，存在着把撮口呼韵母 ü、üe、üan、ün 读成齐齿呼韵母 i、ie、ian、in 的情况。

辨正的方法：第一，利用唇形的变化进行辨正。先展唇发[i]，舌位不动，慢慢把嘴唇拢圆，就能发出[y]。第二，记住普通话中哪些字的韵母是 i 和 i 开头的，哪些字的韵母是 ü 和 ü 开头的。例如："取"（qǔ）的韵母属于撮口呼，用"取"作声旁的"娶"、"趣"、"聚"等字，其韵母也属于撮口呼。又如："云"（yún）的韵母属于撮口呼，用"云"做声旁的"运"、"酝"、"耘"等字，其韵母也是撮口呼。

读准下列词语的韵母：

比较（bǐjiào）　序曲（xùqǔ）　结束（jiéshù）　血压（xuèyā）
歼灭（jiānmiè）　渲染（xuànrǎn）　隐居（yǐnjū）　均匀（jūnyún）
转移（zhuǎnyí）　剩余（shèngyú）　拜谒（bàiyè）　阅读（yuèdú）

2. /ɤ/和/o/

/ɤ/和/o/在普通话中属于不同音位。由于古今语音演变，部分方言区的韵母 e、o

与普通话的韵母 e、o 并不完全对应，出现了/ɤ/的音位变体［ɤ］和/o/的音位变体［o̞］相混淆的情况。

辨正的方法：第一，利用唇形变化的方法。［o̞］发音时唇形圆，［ɤ］发音时唇形不圆，［uo̞］发音时口形要由［u］向［o̞］滑动。第二，借助声韵配合规律。通常，普通话的双唇音声母只跟韵母 o 拼合，不跟韵母 e、uo 拼合。

读准下列词语的韵母：

可以（kěyǐ） 波涛（bōtāo） 包裹（bāoguǒ） 饥饿（jī'è）
粉末（fěnmò） 握手（wòshǒu） 隔阂（géhé） 默默（mòmò）
硕果（shuòguǒ） 科学（kēxué） 磨合（móhé） 过河（guòhé）

3. /ɤ/和/ɚ/

/ɤ/和/ɚ/在普通话中属于不同音位。有的方言区只有舌面后半高不圆唇韵母 e［ɤ］，没有舌面央中不圆唇卷舌韵母 er［ɚ］。这些方言区的人们，就需要对/ɤ/的音位变体［ɤ］和/ɚ/的音位变体［ɚ］进行辨正。

辨正的方法：［ɚ］发音时，需要在发央中元音［ə］的同时，舌尖向后卷，和硬腭前端相对。

读准下列词语的韵母：

鸽子（gēzi） 儿子（érzi） 饿死（èsǐ） 二十（èrshí）
俄语（éyǔ） 耳语（ěryǔ） 吟哦（yín'é） 银耳（yín'ěr）
隔海（géhǎi） 洱海（ěrhǎi） 儿童（értóng） 额头（étóu）

（二）辅音音位辨正

学习普通话辅音音位，最重要的是掌握其发音部位和发音方法。普通话辅音音位的辨正，主要包括以下几组：

1. /n/和/l/

/n/和/l/在普通话中属于不同的音位。由于受到方言的影响，一些人说普通话时分不清辅音音位/n/、/l/，出现了［n］和［l］相混淆的情况。

辨正的方法：第一，清晰准确地发出［n］和［l］。二者发音时发音部位相同，都要用舌尖抵住上齿龈，但发音方法不同。［n］是从鼻腔出气，［l］是从舌头两边出气。因此，分辨［n］和［l］可以采用捏鼻孔的方法。捏紧鼻孔发音，如果感觉发音困难且耳膜有共鸣声，说明发的是［n］；反之，则说明发的是［l］。第二，借助汉字的声旁进行类推。例如：用“内”（nèi）作为声旁的“纳”、“呐”、“钠”、“讷”等字，其声母也是［n］；用“令”（lìng）作为声旁的“冷”、“怜”、“邻”、“玲”、“铃”、“零”等字，其声母也念［l］。

读准下列词语的声母：

男女（nánnǚ） 褴褛（lánlǚ） 能力（nénglì） 冷暖（lěngnuǎn）
年龄（niánlíng） 留念（liúniàn） 内陆（nèilù） 领略（lǐnglüè）
怒火（nùhuǒ） 炉火（lúhuǒ） 阑尾（lánwěi） 难关（nánguān）

2. /tʂ/、/tʂʰ/、/ʂ/和/ts/、/tsʰ/、/s/

普通话中/tʂ/、/tʂʰ/、/ʂ/和/ts/、/tsʰ/、/s/属于6个不同的音位。在部分方言区，有的人说普通话时不会发［ʈʂ］、［ʈʂʰ］、［ʂ］或是发音不到位；有的人虽然会发［ʈʂ］、［ʈʂʰ］、［ʂ］和［ts］、［tsʰ］、［s］，但常常混读。

辨正的方法：第一，明确［ʈʂ］、［ʈʂʰ］、［ʂ］和［ts］、［tsʰ］、［s］的发音部位。［ʈʂ］、［ʈʂʰ］、［ʂ］是舌尖后音，发音时，舌尖翘起，接触硬腭前端；［ts］、［tsʰ］、［s］是舌尖前音，发音时，舌尖不翘，接触上齿背。第二，根据声旁进行字音类推。例如：用“朱”（zhū）作声旁的“株”、“珠”、“诛”、“洙”等字，其声母也念/ʈʂ/。第三，借助声韵配合规律进行分辨。/ʈʂ/、/ʈʂʰ/、/ʂ/能够与合口呼韵母 ua、uai、uang 相拼，但/ts/、/tsʰ/、/s/不能。

读准下列词语的声母：

治学（zhìxué） 自学（zìxué） 崇高（chónggāo） 从小（cóngxiǎo）
硕士（shuòshì） 唆使（suōshǐ） 准则（zhǔnzé） 佐证（zuǒzhèng）
春蚕（chūncán） 磁场（cíchǎng） 食宿（shísù） 素食（sùshí）

3. /f/和/x/

/f/和/x/在普通话中是不同的音位，它们的发音方法相同，但发音部位不同。部分方言区的人说普通话时，由于受到古今语音演变的影响，存在着［f］和［x］相混的情况。

辨正的方法：第一，正确区分［f］和［x］的发音部位。［f］发音时，上齿和下唇形成阻碍发生摩擦；［x］发音时，舌根要抬起与软腭发生摩擦。第二，根据偏旁类推，弄清哪些字的声母是 f，哪些是 h。例如：用“方”（fāng）作为声旁的“芳”、“妨”、“仿”、“坊”、“房”等字的声母都是［f］；用“胡”（hú）作为声旁的“湖”、“葫”、“糊”、“瑚”、“猢”等字的声母都是［x］。

读准下列词语的声母：

赋税（fùshuì） 湖水（húshuǐ） 服饰（fúshì） 忽视（hūshì）
福利（fúlì） 狐狸（húli） 船夫（chuánfū） 传呼（chuánhū）
发挥（fāhuī） 活佛（huófó） 分化（fēnhuà） 耗费（hàofèi）

4. /k/、/kʰ/、/x/和/tɕ/、/tɕʰ/、/ɕ/

/k/、/kʰ/、/x/和/tɕ/、/tɕʰ/、/ɕ/在普通话中属于 6 个不同的音位。某些方言区的语音保留了一些古音，常常将普通话中部分［tɕ］、［tɕʰ］、［ɕ］声母的字读为［k］、［kʰ］、［x］。

辨正的方法：第一，掌握正确的发音部位和发音方法。［k］、［kʰ］、［x］是舌根音，发音时舌根上升，与软腭形成阻碍，舌根紧张；［tɕ］、［tɕʰ］、［ɕ］是舌面音，发音时舌面前部与硬腭形成阻碍。

读准下列词语的声母：

街道（jiēdào） 改道（gǎidào） 敲门（qiāomén） 靠门（kàomén）
鞋子（xiézi） 孩子（háizi） 交流（jiāoliú） 高楼（gāolóu）
去向（qùxiàng） 客气（kèqi） 小巷（xiǎoxiàng） 巷道（hàngdào）

（三）声调音位辨正

普通话有阴平、阳平、上声、去声四个调类，现代汉语方言大多也有与之相对应的阴平、阳平、上声、去声四个调类，但调值却各不相同。普通话声调音位辨正，需要注意以下两组：

1. /35/和/214/

有些方言区的人在学普通话声调时，容易出现/35/和/214/混淆不清的情况，上声读得像阳平。

辨正的方法：第一，准确把握调值。/35/发音时，由中音3度升至高音5度；/214/发音时，由半低音2度降到低音1度，再升到半高音4度。第二，注意区分调型。/35/是中升调，发音时应注意轻快上扬；/214/降升调，发音时应注意降到底、升到位。

读准下列词语的声调：

节食（jiéshí）	节俭（jiéjiǎn）	场合（chǎnghé）	场长（chǎngzhǎng）
方言（fāngyán）	方法（fāngfǎ）	韵头（yùntóu）	韵尾（yùnwěi）
流汗（liúhàn）	冷汗（lěnghàn）	联播（liánbō）	选播（xuǎnbō）

2. /55/、/35/、/214/、/51/和古入声

普通话没有入声，但南方的许多方言区都保留有古入声字。这些方言区的人在学习普通话的时候，要注意把方言中的入声字改为普通话相应的调类。在云南话中，古入声字大部分被归入阳平调类。因此，云南人在学习普通话时，需要特别注意方言中的阳平字与普通话调类的对应关系。

读准下列词语的声调：

白色（báisè）	测绘（cèhuì）	跌落（diēluò）	噩梦（èmèng）
发酵（fājiào）	骨架（gǔjià）	恐吓（kǒnghè）	积聚（jījù）
瞌睡（kēshuì）	蜡梅（làméi）	抹布（mābù）	纳税（nàshuì）
匹配（pǐpèi）	怯懦（qiènuò）	黑客（hēikè）	撒谎（sāhuǎng）
坍塌（tāntā）	掌握（zhǎngwò）	削价（xuējià）	着急（zháojí）

思考与练习六

一、什么是音位？怎样区分音位和音素？

二、什么是音位变体？音位变体和音位有什么关系？

三、举例说明普通话的音位系统及其特点。

四、指出下列音位的音位变体，并说明其出现的条件。

1. /a/　2. /o/　3. /ɤ/　4. /m/　5. /tʰ/　6. /ʐ/

五、读准下列词语，注意上声的调值。

北京	表白	转变	广州	铁塔	感慨	手表	减少
海防	导游	朗读	免除	品种	海岛	武汉	广大
考试	省力	展览馆	蒙古语	演讲稿	耍笔杆	小组长	小雨点

六、根据普通话的音位系统，准确朗读下面的短文。

1. 莫高窟可以傲视异邦古迹的地方，就在于它是一千多年的层层累聚。看莫高窟，不是看死了一千年的标本，而是看活了一千年的生命。一千年而始终活着，血脉畅通、呼吸匀

停，这是一种何等壮观的生命！一代又一代艺术家前呼后拥向我们走来，每个艺术家又牵连着喧闹的背景，在这里举行着横跨千年的游行。纷杂的衣饰使我们眼花缭乱，呼呼的旌旗使我们满耳轰鸣。

——节选自余秋雨《莫高窟》

2. 储藏间存放的都是故事和历史，而且是属于你个人的故事和历史。储藏间所有的东西看起来都是那么凌乱和随意。正是这种凌乱和随意的姿态，才告诉了我们什么才可以叫做出世和潇洒。而到处积淀的灰尘，那才是真正的沧桑。储藏间不说话，它把故事和历史，把来龙与去脉都含蓄在它本来的形状里。你心里想看什么，就可以看得见；你真心地想交谈，它自然与你窃窃私语。

——节选自池莉《致无尽岁月》

3. 鲁宾斯早就说过：评价一座城市，要看它拥有多少书店。显然，评价一个地方的文化建设成就，也要看那里是否有读书的氛围。殊不知，世界读书日的一个重要目的，恰恰就是要唤醒政府的责任意识。读书虽然更多只是个人的事情，但在这里面，与政府部门的积极作为特别是亲力作为，同样关系重大。

——节选自盛翔《“书香中国”需要政府给力》

七、结合一种你所熟悉的汉语方言，谈谈音位归纳的原则和方法。

八、结合一种你所熟悉的汉语方言，谈谈该方言区的人在学习普通话时应注意哪些问题。

九、[i] [ɿ] [ʅ] 这三个音素，有人归纳为一个音位/i/，有人归纳为三个音位/i/、/ɿ/、/ʅ/。请谈谈你的看法。

第七节　音变与语调

在语言的运用过程中，语音的各要素往往受到前后音节及发话人表达需求的影响而发生变化，在汉语普通话中主要表现为音变、语调的变化等。

一、音变

音变是语音在语流中的变化。在语流中，音节和音节之间往往会相互影响，并产生一些语音上的变化，这些变化就是音变。普通话的音变主要有轻声、变调、儿化和语气词“啊”的变读。

（一）轻声

在汉语普通话中，每一个音节都有一个固定的声调，但在话语交际中，有的音节由于受到前后音节的影响而失去了原有的声调，变成一个又短又轻的调子，这就是轻声。轻声不是一个独立的调类，而是汉语声调的一种特殊音变，主要表现为音长变短，音强变弱，调值明显改变。

1. 轻声的调值

轻声的调值主要取决于前面音节的调类及其调值。普通话轻声调值的大体情形如下：

组合类型	轻声调值	示例
阴平字 + 轻声字	2	妈妈　跟头　柑子　吆喝
阳平字 + 轻声字	3	棉花　石头　桃子　媳妇
上声字 + 轻声字	4	点心　里头　李子　早上
去声字 + 轻声字	1	扫帚　木头　柿子　栅栏

2. 轻声的类型

普通话的轻声，可以分为固定轻声和习惯轻声两类。

(1) 固定轻声

一些轻声音节与词汇、语法关系密切，具有较强的规律性，称为固定轻声。普通话的固定轻声主要包括：语气词"吧"、"吗"、"啊"、"的"、"呢"、"嘛"等；助词"着"、"了"、"过"、"地"、"的"、"得"等；方位词"上"、"下"、"里"、"外"、"面"、"边"等；做补语的趋向动词；名词与某些代词的后缀"头"、"子"、"们"等；动词重叠的后一个音节；叠音名词的后一个音节等。例如：

唱吧　去吗　走啊　好的　听着　睡了
你的　跑得快　石头　馒头　燕子　蚊子
咱们　他们　尝尝　听听　姑姑　星星

(2) 习惯轻声

有时，人们习惯将普通话中一些词语的第二个音节读作轻声。例如：

苍蝇　月亮　学生　清楚　明白　马虎
钥匙　笑话　吆喝　意思　大方　张罗

3. 轻声的作用

在普通话里，轻声能够使语音抑扬顿挫，形成语流的音乐美。此外，轻声还能起到区别词义和区别词性的作用。例如：

地方（dìfāng）：①中央下属的各级行政区划的统称（跟"中央"相对）；②军队指军队以外的部门、团体等；③本地，当地。
地方（dìfang）：①某一区域；空间的一部分；部位；②部分。

地道（dìdào）：名词。在地面下掘成的交通坑道（多用于军事）。
地道（dìdao）：形容词。①真正是有名产地出产的；②真正的；纯粹；③（工作或材料的质量）实在；够标准。

(二) 变调

在语流中，一些音节的声调与原调值相比有了明显的变化，这就叫做变调。普通话的变调主要有上声变调、"一""不"变调等。上声变调在"音位"一节中已讲过，这里只讨论"一""不"变调。

"一"的本调是阴平，调值是55。它在单独使用、用在词句末尾或表序数的时候，读本调55。例如：

一　第一　初一　一班　二十一　始终如一

"不"的本调是去声，调值是51。它在单独使用、用在词句末尾或用在非去声字前面的时候，读本调51。例如：

不　　绝不　　要不　　不听　　不同　　不懂

但在具体的话语交际中，由于受到前后音节的影响，“一”和“不”的声调往往会发生改变。其调值变化情况如下：

组合类型	“一”和“不”的调值	示例
一 + 非去声音节	51	一天　一年　一起　一生
一 + 去声音节 不 + 去声音节	35	一样　一概　一块儿　一下子 不必　不错　不但　不愧
A“一”A A“不”A，A“不”B	次轻声	听一听　问一问　看一看　等一等 去不去　要不要　差不多　说不准

（三）儿化

儿化是指后缀“儿”与它前一音节的韵母结合成一个音节，并使这个韵母带上卷舌音色的一种音变现象。儿化音节中的“儿”不能单独成音节，只代表一个卷舌动作。带有卷舌色彩的韵母，就叫做儿化韵。用拼音拼写儿化音节，只需在原来的音节之后加上“r”，如花儿（huār）。

1. 儿化韵的发音规律

儿化韵的发音，往往伴随着语音的脱落、增音、同化等现象。具体规律如下：

韵母	儿化韵的发音	示例
无韵尾或韵尾是 u	直接加卷舌动作	刀把儿［Ar］　逗乐儿［ɤr］　梨核儿［ur］ 粉末儿［ọr］　小猫儿［ɑʊr］　台阶儿［iɛr］
韵尾是 i、n	卷舌时省去韵尾 i、-n	小孩儿［ɐr］　摸黑儿［ər］　蒜瓣儿［ɐr］ 串门儿［ər］　照片儿［iɐr］　好玩儿［uɐr］
韵腹是 i、ü	卷舌时在韵腹后增加［ə］	锅底儿［iər］　玩意儿［iər］　小曲儿［yər］ 毛驴儿［yər］　合群儿［yər］　有劲儿［iər］
韵腹是-i（前）、-i（后）	卷舌时把-i（前）、-i（后）变为［ə］	棋子儿［ər］　瓜子儿［ər］　没词儿［ər］ 墨汁儿［ər］　锯齿儿［ər］　记事儿［ər］
韵尾是 ng	卷舌时脱落韵尾 ng，韵腹鼻化	有空儿［ũr］　小熊儿［yə̃r］　药方儿［ɑ̃r］ 提成儿［ə̃r］　蛋黄儿［uɑ̃r］　火星儿［iə̃r］

2. 儿化的作用

儿化跟词汇、语法有十分密切的关系，具有区别词义、区分词性的作用。例如：代词“那”指示较远的人或事物，而代词“那儿”则指示“那里”或“那时候”；名词“火星”指“太阳系九大行星之一”，而名词“火星儿”则表示“极小的火”；介词“沿”表示“顺着”的意思，而“沿儿”则是名词，表示“边”的意思。

此外，儿化有时还能表示细微、亲切等感情色彩，如“牙签儿”、“雨点儿”、“胖墩儿”等。

（四）语气词“啊”的音变

语气词“啊”（ā）在单念时不发生音变，但用在句中停顿处或句子末尾时，由于受到前面音节末尾音素的影响，就会发生连音或同化等音变现象。通常，“啊”的音变规律有以下几种：

前一音节末尾音素	读作	写作	示例
[ᴀ]、[o]、[ɤ]、[ᴇ]、[i]、[ɪ]、[y]	[iᴀ]	呀	他呀　说呀　谁呀　上车呀　谢谢呀　小金鱼呀
[u]	[uᴀ]	哇	读哇　瞧哇　快捞哇　老牛哇　不好受哇
[n]	[nᴀ]	哪	天哪　远哪　难哪　上班哪　不能忘本哪
[ŋ]	[ŋᴀ]	啊	唱啊　娘啊　行啊　真香啊　这么忙啊
[ʅ]、[ɚ]	[ʐᴀ]	啊	吃啊　白纸啊　有事啊　玩儿啊　没空儿啊
[ɿ]	[zᴀ]	啊	别撕啊　几次啊　写字啊　自私啊　原来如此啊

二、语调

语调是说话或朗读时，声音的停连、轻重、高低等方面的变化。语调由音高、音强、音长等非音质要素构成，有时也会影响到音质。在话语交际中，不同的语调可以表达不同的语气和腔调，有助于交际双方较好地表达自己的思想感情。普通话的语调主要有停顿、重音、句调等。

（一）停顿

停顿指语流内部的间歇，即说话和朗读过程中词语和词语、句子和句子、段落和段落之间在声音上的间断。停顿是把语流切割成若干个节拍群的一种手段。它一方面是出于发话人调节气息的生理需要，另一方面是为了分清结构、突出语义，并给受话人留有领会和思索的时间。例如：“下雨天留客天留我不留”这句话，如果主人说的是“下雨，天留客！天留我不留”，表达的就是自己不想留客的意愿；如果是客人说：“下雨天，留客天。留我不？留”，表达的则是留下来的想法。由此可见，在话语交际中，停顿的位置及其变化往往会形成不同的表达效果。根据停顿的目的，普通话的停顿可以分为气息停顿、语法停顿和感情停顿三种类型。

1. 气息停顿

气息停顿即生理停顿，是发话人根据气息需要，在不影响语义完整的地方作一个短暂的停歇。在进行气息停顿时，不能产生语气上的中断感，更不能破坏语言结构的完整性，以免造成受话人对语句的误解。例如：

① 中国翻译协会/行业管理办公室/对申请人提交的登记申请表/进行审核。

② 各语种考试大纲/由中国外文局/全国翻译专业资格考试办公室/组织专家编写。

例①②中的“/”，表示气息停顿的位置。这样的停顿位置，既方便发话人的表达，又有利于受话人正确理解句子的语义。

2. 语法停顿

语法停顿是反映语言结构层次关系的停顿。言语中的词、短语、句子之间存在着一定的结构关系，语法停顿就是这些关系的语音表现。语法停顿的分布对句法、语义起着不可或缺的作用，尤其是在歧义结构中，停顿的位置不同，反映的结构关系也就有差别。例如：

① 爸爸和/妈妈的一个朋友。　　爸爸和妈妈的/一个朋友。

② 咬死/猎人的狗　　咬死猎人的/狗

例①中第一种停顿表示的语法关系是联合，第二种停顿表示的语法关系是偏正。例②中第一种停顿表达的意思是“猎人的狗被咬死了”，属于述宾短语；第二种停顿表达的意思是“狗咬死了猎人”，属于偏正短语。

3. 感情停顿

感情停顿指为了强调某一事物、突出某种语义或感情而做出的停顿。感情停顿不受书面标点和句子语法关系的制约，完全取决于思想感情表达的需要，其特点是声断而情不断。例如：

① 老李啊！/怎么会发生这种事。

② 今天就你/迟到了。

③ A：这件事这么处理行吗？

B：这么处理/有点儿欠妥当。

例①表达的是一种沉重的思想感情。例②强调了迟到的对象是“你”，而不是别人。例③反映了发话人在表达过程中的慎重思考。

（二）重音

重音是在语句中念得比较重、音强比较强的音。普通话的重音主要是通过加强音强来实现，一般可分为语法重音和强调重音两大类。

1. 语法重音

语法重音是根据语法结构特点而读的重音。它不受语言环境的限制，完全由语言单位的语法结构关系和语义结构关系所决定，不带有特别强调的色彩，位置比较固定。语法重音可以分为词法重音和句法重音两种类型。

（1）词法重音

词法重音是词在构成和变化的过程中所体现出来的重音。重音是与轻音相对而言的。把握词法重音，就是要把握词语内部的轻重格式。

普通话的轻重音一般分为四个等级：重音、中音、次轻音、最轻音。重音，是重读的音节；中音，是既不重读也不轻读的音节；次轻音，是比中音略轻、比最轻音重的音节，其调值不够稳定，调型依稀可辨；最轻音，即轻声音节。普通话词语常见的轻重格式有以下几种：

词的类型	轻重格式	示　　例
双音节词	中·重	图画　国际　语言　实现　海洋　古代
	重·次轻	工人　新鲜　护士　娇气　黄瓜　口音
	重·最轻	跟头　讲究　告诉　妈妈　豆腐　棉花
三音节词	中·次轻·重	计算机　来不及　展览馆　工程师　对不起
	中·重·最轻	胡萝卜　好家伙　老头子　小伙子　同学们
	重·最轻·最轻	没什么　怪不得　喝下去　孩子们　怎么着
四音节词	中·次轻·中·重	丰衣足食　心平气和　屡见不鲜　一举两得
	中·次轻·重·最轻	如意算盘　外甥媳妇　丫头片子　绣花枕头

（2）句法重音

句法重音是词语和词语在组合结构关系中所体现出来的重音。句法重音的位置比较固定，一般情况是：

第一，谓语比主语读得稍重。例如：

考试结束　　妹妹吃饭　　桃花盛开　　妈妈睡得很晚

第二，定语、状语以及表示情态、结果、数量、程度的补语，比中心语读得重一些。例如：

美丽的秋天　　外科医生　　不住地说　　热得满头大汗

第三，谓语前如有能愿动词，主要动词重读。例如：

我能来　　愿意去　　会走吗　　应该上班了

第四，句子中的疑问代词、指示代词要重读。例如：

谁来　　这是医院　　那儿有水　　我哪里也没去

第五，"把"字句谓语重读。例如：

我把咖啡喝了。　　同学们把会场布置好了。

2. 强调重音

强调重音是为了突出某种特殊的意义或表达某种特殊的感情而故意重读某些词语或句子。强调重音的位置常常会受到发话人的交际意图和交际任务、交际的时间和地点等语境因素的制约。同一句话，重音位置不同，就会表现出不同的交际目的和话语信息。例如：

① 昨天我和妈妈去百货大楼买了一条裙子。

（强调和"我"去的是"妈妈"，不是别人）

② 昨天我和妈妈去百货大楼买了一条裙子。

（强调买的数量是"一条"，而不是"几条"）

③ 昨天我和妈妈去百货大楼买了一条裙子。　（强调地点是"百货大楼"）

有时，为了表现某种强烈的感情，对表达感情起重要作用的词语、句子、甚至整个段落都要重读，以达到淋漓尽致地抒发情感的需要。

（三）句调

句调是说话或朗读时整个句子的升、降、曲、直变化。它贯穿于整个句子，在句末音节上表现得特别明显。根据表示的语气和感情态度的不同，句调可分为四种：升调、降调、平调、曲调。

1. 升调

升调常用于表示疑问、反问、惊异、号召、激动等语气。例如：

① 今天谁值日？　　（疑问）

② 他不是去北京了吗？　　（反问）

③ 是你！　　（惊异）

2. 降调

降调主要用来表示肯定、坚决、赞美、祝福等语气。例如：

① 罗伯特是美国留学生。　　（陈述）

② 这台电脑确实不错。　　（肯定）

③ 祝你平安！　　（祝福）

3. 平调

平调表示不带特殊感情的陈述和说明，适用于庄严、悲痛、冷淡、沉思、倨傲等语气。例如：

① 王明同志于2009年1月10日因患癌症不幸逝世。　　（悲痛）

② 你想走就走吧。　　（冷淡）

③ 这种药每天吃三次，每次吃一片。　　（说明）

4. 曲调

曲调感情色彩丰富，可表示讽刺、厌恶、反语、双关、夸张、嘲讽等语气。例如：

① 这件事你处理得可真不错。　　（反语）

② 你可真有本事。　　（讽刺）

③ 蜀道之难，难于上青天。　　（夸张）

思考与练习七

一、什么是轻声？轻声在普通话中有什么作用？

二、举例说明普通话常见的变调及其作用。

三、什么是儿化？普通话的儿化韵有哪些发音规律？

四、结合实际，谈谈停顿在话语交际中的功能。

五、什么是句调？句调与字调有什么关系？

六、读准下列轻声词。

白净　包涵　刺猬　窗子　灯笼　动弹　吩咐　废物　甘蔗　谷子

合同　厚道　嫁妆　交情　窟窿　框子　厉害　凉快　眯缝　木匠

难为　镊子　脾气　铺盖　亲家　欺负　褥子　认识　扫帚　拾掇

毯子　挑剔　委屈　稳当　相声　学生　衣裳　应酬　眨巴　主意

七、读准下列词语，注意“一”、“不”的变调。

一致通过　一切顺利　一律作废　一帆风顺　一知半解

一张白纸　整齐划一　百里挑一　大年初一　不信鬼神

不算高明　　不大可能　　不怕困难　　不必客气　　不相上下

不说假话　　不欢而散　　不劳而获　　不愁吃穿　　不由自主

八、朗读下列词语，注意读准儿化韵。

戏法儿　加塞儿　栅栏儿　瓜瓤儿　豆芽儿　牙签儿　鼻梁儿　大褂儿

落款儿　天窗儿　出圈儿　刀背儿　嗓门儿　脖颈儿　旦角儿　围嘴儿

打盹儿　小瓮儿　挑刺儿　墨汁儿　垫底儿　脚印儿　打鸣儿　毛驴儿

挨个儿　没谱儿　果冻儿　绝着儿　面条儿　年头儿　抓阄儿　火锅儿

九、根据下列句子中重音的位置，分析句子所要表达的意思。

1. 我知道那条白金项链是她男朋友送给她的生日礼物。
2. 我知道那条白金项链是她男朋友送给她的生日礼物。
3. 我知道那条白金项链是她男朋友送给她的生日礼物。
4. 我知道那条白金项链是她男朋友送给她的生日礼物。
5. 我知道那条白金项链是她男朋友送给她的生日礼物。

十、朗读下面的短文，注意准确把握其语调。

1. 雪落在中国的土地上，/寒冷在封锁着中国呀……/沿着雪夜的河流，/一盏小油灯在徐缓地移行，/那破烂的乌篷船里，/映着灯光，垂着头，/坐着的是谁呀？/——啊，你，/蓬发垢面的少妇，/是不是/你的家，/——那幸福与温暖的巢穴——/已被暴戾的敌人，/烧毁了么？/是不是/也像这样的夜间，/失去了男人的保护，/在死亡的恐怖里，/你已经受尽敌人刺刀的戏弄？

——节选自艾青《雪落在中国的土地上》

2. 为着追求光和热，将身子扑向灯光，终于死在灯下，或者浸在油中，飞蛾是值得赞美的。在最后的一瞬间，它得到光，也得到了热。没有了光和热，这人间不是会成为黑暗的寒冷世界么？倘使有一双翅膀，我甘愿做人间的飞蛾。我要飞向火热的日球，让我眼前一阵光、身内一阵热的当儿，失去知觉，而化作了一阵烟、一撮灰。

——节选自巴金《日》

3. 新闻是客观事物的反映，但新闻不可能也不应该有闻必录，因而它不是对客观事物纤毫不遗的复制或“克隆”。不论记者主观上如何力求客观公正，如何完全不加褒贬地“纯客观”报道，但他在对新闻素材的取舍中，在对事物、人物的描写中，在对故事的叙述中，都会有意无意地不可避免地留下主观的痕迹。因此，从属性上讲，新闻事实一旦成为新闻作品，便从“形而下”变为“形而上”，从物质存在上升为意识形态。

——节选自江永红《试论新闻的度》

4. 我为何至今依然漂泊无定，我要告诉你的就是这段往事。今夜我诗情洋溢，这不好。这我知道。毫无办法，诗情洋溢。今夜我，就是这个样子。装作醉了的样子。其实我没有喝酒。打开书本。你的。我的。他的。找找有没有我这个样子的，当然找不到。我这个样子，醉成这个样子，当然找不到什么可以做样子。我的世界，也就是一眼水井，几处栏杆。一壶浊酒，几句昏话。

——节选自孙甘露《我是少年酒坛子》

十一、有人说：轻声属于一种变调现象。你同意这个观点吗？为什么？

第八节　普通话语音的规范化

普通话语音的规范化，要求语音规范的内容和规范进程要遵循语音的发展规律，不能违背语音社会性的本质特点和现代汉语语音的客观实际。现代汉语语音规范化应考虑语音规范的强制性和柔性的辩证关系。

一、普通话语音规范化的内容

普通话语音的规范化主要包括两个方面的内容：一是确立正音标准，二是推广标准音。

普通话语音以北京语音为标准音，但并不是指把北京话里每一个字的读音都照搬过来，而是指以北京话的语音系统为标准，包括元音音位、辅音音位、声调音位以及轻声、儿化等一些音变现象。原因是北京话里存在异读词、一字多音、儿化、轻声和一些特殊土音成分的规范问题，如果不加以明确规范，不仅会影响到标准普通话的推广，而且还会有碍于计算机信息处理技术的进一步发展。

（一）正音标准

正音标准包括异读词的规范、多音多义字的规范、儿化的规范、轻声的规范和北京土音的规范等五方面的内容。

1. 异读词的规范化

异读词是指同一个词有多种不同读音的现象。异读词主要是由于文白异读、方言语音影响或集体误读造成的。例如：

例词	标准音	异读音
乘车	chéngchē	chèngchē
曝光	bàoguāng	pùguāng
比较	bǐjiào	bǐjiǎo
号召	hàozhào	hàozhāo
一会儿	yīhuìr	yīhuǐr

同词异读现象的存在不利于语言的交际，应该对异读词进行规范，确立标准的读音，淘汰其他的读音。异读词的读音以1985年公布的《普通话异读词审音表》为准。

2. 多音多义字的规范化

同一个字在不同的词内有不同的读音，或者不同的读音代表不同的意义，这就是多音多义字。普通话有300多个多音多义字，造成多音多义字的原因比较复杂，常见的主要有以下几种：

（1）口语和书面语不同造成的。例如：“色”，口语读 shǎi，书面语读 sè。

（2）词义不同造成的。例如：“累”读作 lèi 时，表示“疲劳”、“操劳”等语义，如“不觉得累”、“累了一天”；读作 lěi 时，表示“积累”、“屡次”、“牵连”等语义，如

“累计”、“累次”、“连累”；读作 léi 时，可用作“硕果累累”，表示“接连成串”的意思。

（3）词性不同造成的。例如：“笼”，作动词时，读 lǒng，如“笼络”、“笼罩”；作名词性语素时，读 lóng，如“笼子”、“牢笼”。

（4）用法不同造成的。例如：“秘”，一般用法时念 mì，如“秘书”、“秘诀”、“秘密”；作国家名称时念 bì，如“秘鲁”。

（5）汉字简化造成的。例如：“尽”，表示“完”、“全部用出”等语义时，读 jìn，其繁体字为“盡”；表示“力求达到最大限度”等语义时，读 jǐn，其繁体字为“儘”。

3. 轻声和儿化的规范化

轻声和儿化是北京话语音系统中比较特别的一种语音现象，但不是北京话里所有的轻声和儿化都应当吸收到普通话中来。普通话中既要有轻声词语和儿化词语，又不能数量太多，这就涉及到了轻声和儿化的规范化问题。一般说来，那些没有特定表达作用、不属于习惯用法或读音介于两可之间的轻声和儿化，都不应该吸收进入普通话。

4. 北京口语土音成分的规范化

北京话的口语中有一些比较特殊的地方土音，如“尾巴”的“尾”读作 yǐ，“暖和”的“暖”读作 nǎng，“不言语”的“语”读作 yi（轻声）等等。这些北京口语中的土音成分缺乏一定的语用普遍性，不能吸收进入普通话，应该加以剔除。

（二）推广标准音

推广标准音，这是普通话语音规范化的重要工作内容之一。它要求人们在现实生活中发音要符合普通话的语音标准；在普通话语音教学中，声母、韵母和声调的发音要以标准语音来进行教学和纠正偏误。在大众传媒和公共场所，要以规范的普通话语音为发音准则。

1958 年公布的《汉语拼音方案》提供了普通话标准音的语音拼音标准和规则，是推广普通话标准音的重要依据。1994 年参照教育部、国家语委发布的《普通话水平测试等级标准》，把普通话水平测试等级标准分为三级六等，并对从事教学、播音主持、机关行政事务、公共服务行业等工作的人员进行普通话水平测试和颁发普通话等级证书。2001 年颁布实施的《中华人民共和国国家通用语言文字法》第十九条明确规定：“凡以普通话作为工作语言的岗位，其工作人员应当具备说普通话的能力。以普通话作为工作语言的播音员、节目主持人和影视话剧演员、教师、国家机关工作人员的普通话水平，应当分别达到国家规定的等级标准；对尚未达到国家规定的普通话等级标准的，分情况进行培训。”2003 年，教育部、国家语委制定了《普通话水平测试大纲》，推广普通话标准音的工作又上了一个新台阶。

二、现代汉语语音变异与普通话语音的规范化

现代汉语语音的变异，可分为历时语音变异和共时语音变异两种情况。

历时语音变异主要研究自五四运动以来的语音变化。例如：在 1950 年版的《增注中华新韵》中，“从”字有三个读音：从（cōng）容；听从（cóng）；主从（zòng）。1979 年修订重排的《新华字典》有两个读音：从（cōng）容；听从、主从（cóng）。但是，

“主从”的“从”又注明了旧读 zòng。1985 年公布的《普通话异读词审音表》则把“从”字全部统读为 cóng，并取消了旧读。

共时语音变异主要研究的是某个特定时期内不同的地域、阶层、行业、性别、职业、年龄的社会成员在使用普通话时发生的语音变化。社会成员的个体不同，其发音也就会有差异。这种差异不仅跟个人生理条件所形成的发音部位和发音方法有关，而且还同个人生活的地域环境、社会角色、语言习惯等因素密切相关。例如：有些人常常把“微笑”说成 vēixiào，把“危险”说成 vēixiǎn，把“新闻”说成 xīnvén；有些人喜欢把普通话的声母 j、q、x 发得接近于 z、c、s，等等。对于这些语音变异现象，在普通话语音没有统一或规范读音之前，可以采取一种柔性的规范态度，将其视为同一音位的自由变体；在普通话语音统一或规范读音之后，就必须严格遵守统一的标准读音，不能随意进行语音变异。

因此，在规范普通话语音标准的时候，对于部分正在发生共时变异和历时变异的语音现象，应该进行弹性处理，可以暂时保留不同的读音，留待以后再作出科学的规范标准。但是，对于已经作出明确规范的普通话读音，就应该严格遵守，规范使用，不能随意变读。

思考与练习八

一、结合实际，谈谈普通话语音规范化的必要性。

二、普通话语音的规范化具体包括哪些内容？

三、读准下列词语的声韵调。

手臂　胳臂　冷场　场院　当地　适当　牌坊　磨坊　葛藤　姓葛
附和　搀和　中间　间隙　露天　露富　靡费　风靡　困难　发难
喷嚏　喷香　瓜蔓　蔓延　强制　勉强　倔强　妥帖　请帖　字帖
圩子　垂涎　混淆　贫血　鸡血　应届　应邀　记载　搭载　卓越

四、查阅相关资料，对比 1963 年公布的《普通话异读词三次审音总表初稿》和 1985 年公布的《普通话异读词审音表》的异同，并思考制定《普通话异读词审音表》的重要性。

五、联系实际，从普通话语音规范化的角度，谈谈你对普通话语音变异现象的看法。

拓展与探究：汉语古今调类系统的演变

汉语调类的形成和发展，经历了一个非常漫长的历史演变过程，贯穿于上古汉语、中古汉语和现代汉语的整个发展时期。

关于上古汉语的调类，说法不一。陈第在《毛诗古音考》中说：“四声之辨，古人未有”，认为上古没有四声的分别。顾炎武主张“四声一贯”说（《音学五书·音论》）。黄侃认为，上古只有平入二声，没有去声（《音略·略例》）。陆志韦提出平、上、长去、短去、入“五声说”（《古音说略》）。王力则提出了上古有舒声促声二类，舒声分长短两类，即平声和上声；促声也分长短两类，即去声和入声（《汉语史稿》）[1]。事实上，对汉语的声调形成明确认识并正式提出“四声”的，是齐梁时代。中古《切韵》、《广韵》等韵书明确记载：汉语有平、上、去、入四声。每个调类又按照声母的清浊分为阴、阳两类。浊音声母又分为全浊和次浊两类[2]。普通话的四声就是由中古四声演变而来的，但又与古四声不尽相同，分别为阴平、阳平、上声、去声。

从中古汉语的四声演变为现代汉语普通话的四声，其演变规律大体可概括如下：

1. 平分阴阳。中古汉语的阴平字，到了现代汉语普通话里，还是读阴平。中古汉语的阳平字，到了现代汉语普通话里，仍然读阳平。

2. 浊上归去。古代汉语里读阴上的字和阳上中次浊声母（包括鼻音、边音、半元音）的字，到了现代汉语普通话里，依旧读上声；而古代汉语的全浊阳上字，则进入到了现代汉语普通话的去声。

3. 入派四声。入声是古代汉语特有的调类，它在现代汉语调类中的分合情况显得比较复杂。古入声清声母字分别归入了现代汉语普通话阴平、阳平、上声、去声四个调类；古入声全浊声母字归到了现代汉语普通话的阳平调类；古入声次浊声母字，则归入现代汉语普通话的去声调类。

汉语古今调类的历史演变情况，可参见下表：

古调类 \ 普通话调类			阴平	阳平	上声	去声
平	清（声母）		安妻诗开			
	浊（声母）	次浊		门云牛龙		
		全浊		唐符时全		
上	清（声母）				展短府酒	
	浊（声母）	次浊			老米暖藕	
		全浊				父道坐社
去	清（声母）					是副对去
	浊（声母）	次浊				慢路暗运
		全浊				饭到住寺
入	清（声母）		逼搭息桌	折答竹革	百匹雪尺	碧踢色各
	浊（声母）	次浊				末勿辣肉
		全浊		白服习舌		

从上表可以看出，古代汉语的平、上、去三声与现代汉语普通话调类的对应关系比较整齐，而古入声字的演变则较为复杂，特别是古入声清声母字在现代汉语普通话里的

---

① 王力：《汉语史稿》，北京：中华书局1980年版，第78～79页。

② 全浊声母包括塞音、擦音和塞擦音声母的古浊音声母字；次浊声母包括鼻音、边音、半元音的古浊音声母字。

归属。

至于古代汉语声调在现代汉语方言中的分合情况，就更为复杂了。这也正是现代汉语不同的方言区有不同的调类、同一个方言区不同地方话的调类和调值差异也较大的重要原因。例如：云南施甸方言只有阴平、阳平和去声，没有上声；同属滇西方言的大理云龙、剑川、洱源等地方话，除了阴平、阳平、上声、去声之外，还有入声。

【参考书目】

[1] 王力. 汉语史稿. 北京：中华书局，1980
[2] 徐通锵. 声母语音特征的变化和声调的起源. 民族语文，1998（1）
[3] 袁家骅. 汉藏语声调的起源和演变. 语文研究，1981（2）
[4] 严学窘. 汉语声调的产生和发展. 人文杂志，1959（1）
[5] 吴安其. 上古汉语的韵尾和声调起源. 民族语文，2001（2）

第三章　现代汉语词汇

学习目的与要求：

● 掌握“词汇”、“语素”、“词”、“固定语”、“单纯词”、“合成词”、“基本词”、“一般词”、“熟语”、“多义词”、“同义词”、“反义词”、“同音词”等概念，熟悉现代汉语词汇单位，培养分析和确定现代汉语的语素、词和构词类型的基本技能。

● 理解现代汉语词汇的特点及构成系统，熟悉现代汉语词汇的词义类聚系统和词音类聚系统，了解词义的分析方法，能够正确辨析现代汉语同义词。

● 了解词汇发展变化的基本规律、现代汉语词汇规范化的内容，关注并思考当前语言生活中新兴的一些词汇现象，形成规范使用现代汉语词汇的能力。

第一节　词汇与现代汉语词汇

一、词汇和词汇学

（一）词汇的定义

词汇是一种语言中所有词和固定语的总和。词是最小的能够独立运用的音义结合的语言单位，如“天”、“跑”、“吗”、“外卖”、“领衔”、“绿油油”等；固定语是以词作为构成单位但意义和用法相对固定的语言单位，如“改革开放”、“法律援助”、“云南师范大学”、“愚公移山”、“走后门”、“一个巴掌拍不响”等。

词汇和语音、语法一样，属于语言结构系统的构成要素。词汇是一个集合概念，如汉语词汇、英语词汇、方言词汇等，单个的词语不能称为词汇。

词汇与语言的发展状况密切相关。一种语言的历史越悠久，该语言的词汇就越丰富；而一种语言的词汇越丰富，这种语言的生命力也就越强大。汉语的词汇非常丰富。《汉语大词典》收录词条37.5万，《现代汉语词典》（第5版）收录词条6.5万，其中有的是殷商时期甲骨文中就已出现了的。另外，普通话的常用词还被分为了常用词（3000词）、次常用词（5000词）和通用词（8000词）。这表明，汉语保持着旺盛的生命力，是世界上高度发达的语言之一。

词汇与社会、个人的关系也很密切。社会生活的发展变化，会很快反映到词汇中，或者产生新词语，或者淘汰不适用的旧词语。一个人所拥有的词汇量，不但代表了他对世界的理解和把握程度，而且还与其言语表达的准确、得体直接相关。例如：现代汉语有大量的同义词，如果我们能够掌握一定数量的同义词并能够正确辨析、合理使用它们，那么我们的言语表达水平就会有很大的提高。

（二）词汇的性质

1. 系统性

词汇是一个系统，由处于不同层级、具有各种结构关系的单位构成。词汇的系统性主要表现为：

首先，词汇作为一个有机整体是分层、分级的。词汇由词汇单位构成，不同的词汇单位处在不同的层级组合关系中。现代汉语的词汇系统可以分为底层和上层。底层是一套音位系统，从形式上为表达词汇的意义提供了足够的语音材料；上层即为音义结合的一系列单位：第一级是语素，第二级是由语素构成的词，第三级是由词构成的固定语。这样，不同的词汇单位便按照一定的规则，逐层逐级，最终形成了完整的现代汉语词汇系统。

其次，构成词汇的单位总是处于一定的组合关系和聚合关系当中。词汇系统中的每一个具体单位，表面上看起来是孤立的、零散的。其实不然。一方面，不同层级的词汇单位可以按照时间的线条相继组合起来，形成组合关系。例如：

词汇单位		示例	
第一级	语素	北、京、大、学	4 个语素
第二级	词	北京（北 + 京）、大学（大 + 学）	2 个词
第三级	固定语	北京大学（北京 + 大学）	1 个专有名称
		北大（“北京大学” 的缩略形式）	1 个缩略语

另一方面，分别属于不同词汇单位的具体成员可以凭借某种相同的特点集结在一起，形成聚合关系。例如：“老师”、“老外”、“桌子”、“帘子”、“红彤彤”、“笑嘻嘻”都属于由词根和词缀组合而成的，可以聚合为附加式合成词；“流言”、“谣言”都包含有“没有事实根据”的意思，可以聚合为同义词；“网眼”、“网兜”、“网吧”、“球网”、“情网”、“落网”等都以“网”的不同意义作为彼此之间相互联系的线索，可以聚合为同族词。

2. 民族性

从语义的角度来看，词汇反映的是人们对客观事物的概括反映和主观评价。这样，不同语言的词汇就必然会反映出使用该语言的民族的文化传统、价值取向、思维习惯、人文地理景观等等。这就是词汇的民族性。例如：现代汉语中的“知足常乐”、“适可而止”、“万事和为贵”、“比上不足，比下有余”等反映了汉民族主张公正和谐、反对偏激片面的思想观念；“龙灯”、“凤蝶”、“龙马精神”、“龙凤呈祥”等体现了汉民族对神灵动物“龙”、“凤”的崇拜；“宫保鸡丁”、“西湖醋鱼”、“金鱼蒸饺”、“狗不理包子”等则显现了汉民族菜品命名与中华文化的密切关系。

3. 发展性

与语音、语法等其他的语言构成要素相比，词汇与社会现实生活的关系最为直接，尤其是在社会现实生活发生急剧变化时最为明显。社会现实生活中只要是出现了新观念、新事物，或者是原有事物发生了变化、陈旧事物消失，以及人们对固有事物的认识不断提高等等，都会及时地通过词汇体现出来。例如：现代汉语中，反映新观念的有“一国两制”、“和谐社会”、“科学发展观”等，反映新事物或新现象的有“机顶盒”、“实名制”、“白色污染”、“磁悬浮列车”等，反映人们对客观事物或现象的认识不断深化的有“白领”、“蓝领”、“粉领”、“包装（歌星）”等。与此同时，诸如“刖”、“举人”、“洋油”、“戏子”、“革委会”、“人民公社”等词语，则随着指称对象的消失而逐步退出人们的话语交际。这就是词汇的发展性。词汇的发展性使词汇系统得以不断丰富和完善，从而更好地满足社会现实生活的交际需要。

（三）词汇学

词汇学是以词汇为研究对象的科学，主要研究词汇系统的性质、构成和发展，以及词义的内容和解释、词汇的应用和规范等规律，属于语言学的分支学科。

根据研究目的、研究对象、研究范围和研究方法的不同，词汇学首先可以分为普通词汇学和具体词汇学。普通词汇学研究各种语言的词汇现象和规律，具体词汇学研究具体语言的词汇现象和规律；普通词汇学的理论和方法对具体词汇学具有指导作用，具体词汇学所取得的研究成果可以进一步丰富和完善普通词汇学的研究。具体词汇学还可以进一步分为历史词汇学和描写词汇学。历史词汇学研究具体语言词汇发展演变的现象和规律，描写词汇学研究具体语言某一历史时期的词汇现象和规律；历史词汇学对历史学、考古学、人类学等学科的研究具有重要作用，而描写词汇学则能够为语言教学、语言规范化等提供理论指导。另外，也有学者把熟语研究叫做熟语学，把词典编撰的研究叫做词典编纂学。①

二、现代汉语词汇单位

现代汉语词汇是现代汉语中的词和固定语的总和。现代汉语词汇单位是从现代汉语词汇中切分出来的词汇的结构单位。现代汉语词汇系统主要由语素、词、固定语等单位构成。

（一）语素

语素是最小的音义结合的语言单位。语素的主要功能是充当词的构成材料，现代汉语中的词都是由语素构成的。例如：语素“宏”的语音是“hóng”，意义是“宏大”，可以组成“宏大”、“宏观”、“宏图”、“宏伟”等词；语素“搅”的语音是“jiǎo”，意义是“搅拌、扰乱”，可以组成“搅动”、“搅浑”、“搅和”、“搅局”等词。

现代汉语的语素十分丰富。一方面，现代汉语的语素大多是从古代汉语中发展而来的，如“山”、“水”、“看”、“耳”、“目”、“伟”等。这些语素至今仍在现代汉语词汇系统中发挥着重要的构词作用。另一方面，现代汉语的语素也处在不断变化的过程当中。例如：“酒吧”的“吧”原本不是语素，但随着“网吧”、“水吧”、“话吧”、“陶吧”、“摄影吧”、“氧吧”等词语的出现，“吧”便呈现出了语素化的趋势。

---

① 符淮青：《现代汉语词汇》（增订本），北京：北京大学出版社2004年版，第18页。

（二）词

词是最小的能够独立运用的音义结合的语言单位。在现代汉语词汇系统中，词由语素按照一定的语法关系组合而成，它的主要功能是充当固定语的构成材料。例如："胃口"这个词的语音是 wèikǒu，意义是"食欲"。它由语素"胃"、"口"组合而成，也可以跟动词"倒"组成固定语"倒胃口"，意思是"因为腻味而不想再吃"或"比喻对某事物厌烦而不愿接受"。

（三）固定语

固定语是结构上相当于一个短语、使用时相当于一个词的语言单位，如"三个代表"、"中国人民银行"、"直接成分分析法"、"文质彬彬"、"炒鱿鱼"、"半空中的火把——高明"、"姜是老的辣，醋是陈的酸"等。

与固定语相对的是自由短语。自由短语是两个或两个以上的词按照表达需要临时组合起来的语言片段，形式比较自由，可以根据表达需要变换搭配对象，如"看小说"、"看了一会儿"、"看了一场精彩的电影"等。固定语则不同，它是人们长期相沿习用下来的，结构和意义都是稳定和凝固的，不能随意更改或增删，在运用时一般都被当作一种特殊的词汇单位，其语法性质和作用大体相当于词。

此外，现代汉语中还有一种介于固定语和自由短语之间的特殊短语——准固定语。其主要特点是：意义所体现的是一般概念；不能起语法变化；不同的结构成分之间一般不能插入别的成分，它们的排列顺序是固定的。[①] 例如："小意思"、"一阵子"、"不用说"、"不得了"、"不一定"等。由于这类短语只具备了固定语的部分属性和特征，所以暂且称之为"准固定语"。

三、现代汉语词汇的特点

（一）语素以单音节为主

与印欧语系的各语言相比，现代汉语中单音节的语素占了绝大多数，而且在构词方面的活动能力很强。只有很少的现代汉语语素为多音节，主要是古代汉语遗留下来的联绵词和叠音词，如"惆怅"、"参差"、"从容"、"逶迤"、"猩猩"、"冉冉"、"袅袅"等。另外，还有一些是音译外来语素，如"幽默"、"克隆"、"丁克"、"氟利昂"、"乌鲁木齐"等。

（二）双音节词占优势

古代汉语的词主要是以单音节词为主，但在现代汉语中双音节词却占了绝对优势。现代汉语的词具有较为明显的双音节化发展趋势。究其原因，主要是与古今语音系统的演变有关。

古代汉语的语音系统比较复杂，发展到现代汉语，语音系统开始简化，音节类型也逐步减少了，再加上新词的不断产生、词义的不断充实，这就使单音节词一方面出现了大量的同音现象，另一方面则由于负载了过多的义项而容易产生词义不明的问题。于是，增加词的音节、变化词的形式便成为区分同音词、分化多义词、避免歧义和误解的重要方法。例如：音节 jiāo 有"交"、"浇"、"娇"、"骄"、"教"、"焦"等词，但转变为"交战国"、

---

① 刘叔新主编：《现代汉语理论教程》，北京：高等教育出版社 2002 年版，第 85 页。

“浇灌”、“娇滴滴”、“骄傲”、“教书”、“焦急”等多音节词之后，就基本不会出现混淆的情况了。又如：单音节词“交”的义项十分丰富，但现代汉语把它作为构词语素并分化出了“交响乐”、“交界”、“交通员”、“交情”、“交易所”、“交织”、“交涉”等多音节词，词意表达也就明晰多了。然而，词的主要功能是造句，如果形式过长，使用起来会很不简便。于是，现代汉语的词就主要集中到了双音节的形式上。

此外，双音节词还因为形式对称、音律和谐、富有节奏，比较符合汉民族对称、和谐的语用心理和习惯。所以，现代汉语中有一些三音节或三音节以上的词语往往通过缩略的方式转变为双音节的形式来使用。例如：

照相机——相机　　卫星电视——卫视　　安全检查——安检
春节联欢晚会——春晚　　全国人民代表大会——人大　　光盘驱动机器——光驱

（三）合成词主要采用词根复合法

从构词法的角度来看，现代汉语的词可以分为单纯词和合成词两类：单纯词是由一个语素构成的词，合成词是由两个或两个以上的语素构成的词。合成词中，能够反映词的基本意义且有实在意义的语素叫词根，如“汇款”中的“汇”、“款”；不能反映词的基本意义且无实在意义的语素叫词缀，如“空子”中的“子”。就现代汉语的构词法而言，由两个或两个以上的词根组合在一起构成的复合法最发达。例如：词根“美”、“好”按照联合的方式可以组成形容词“美好”；词根“镶”、“牙”按照述宾的方式可以组成动词“镶牙”；词根“考”、“场”按照修饰限制的关系可以组成名词“考场”。

由于现代汉语的合成词主要采用词根复合法，这就使复合式合成词成为了现代汉语的词的主体部分。这既是现代汉语词汇和古代汉语词汇的不同之处，也是汉语词汇发展的一大特点。

思考与练习一

一、什么是词汇？什么是词汇学？

二、以现代汉语为例，说说词汇具有哪些性质。

三、举例说明现代汉语的词汇单位。

四、结合实际，谈谈现代汉语词汇的特点。

五、有人认为：汉语词汇不仅是民族文化的载体，而且也是民族文化的结晶。请谈谈你对这句话的认识和理解。

六、请说出10个以上你所知道的具有不同时代特征的词语。

第二节　词与词的结构

一、语素

（一）语素的定义

语素是语言中最小的音义结合体，也是现代汉语最低一级的词汇单位。

辨别一个语言单位是不是语素，首先要看它是否具有一定的语音形式，并且表示一定的意义。例如：

例字	语音形式	表示的意义
秤	chèng	测定物体重量的器具，有杆秤、地秤、台秤、弹簧秤等多种。
揪	jiū	紧紧地抓。
弱	ruò	气力小，势力差；年幼；差，不如。

由此可见，“秤”、“揪”、“弱”都是语素。如果只有语音形式而没有意义，那么就不是语素。例如：“蜈”、“馄”、“荸”虽然有语音形式 wú、hún、bí，但它们都不表示明确的意义，所以都不是语素。

值得注意的是，这里的“意义”，既包括具体、实在的词汇意义，也包括某些抽象的构词意义和语法意义。词汇意义是人们对客观事物的概括反映和主观评价，如“秤”、“揪”、“弱”的意义。构词意义是指在词的生成过程和构成方式中所产生的意义，如“桔子”、“饺子”、“胖子”、“尖子”、“拍子”、“梳子”中的“子”的意义就是“用在名词、动词、形容词性成分后面，构成名词”。语法意义是句法结构中句法成分和结构关系所具有的意义，如“吗”的语法意义有①：

① 用在是非问句的末尾，表示疑问语气：明天走吗？

② 用于反问，带有质问、责备的语气：这像话吗？

其次，还要看这个语言单位能否切分为更小的音义结合体。例如：“人”、“路”、“心”已经不能再分出更小的音义结合体了，它们都是语素；而“大人”、“铁路”、“心虚”都可以分别再切分出两个表示明确意义的单位，即“大、人”，“铁、路”，“心、虚”，所以“大人”、“铁路”、“心虚”都不是最小的音义结合体。

（二）语素的确定

确定语素，通常采用替换法。替换法就是对某个语言片断（一般是双音节）中的各个成分进行同类替换的方法。具体操作步骤为：如果有一个语言片段 XY，其中的 X 可以被其他的语素 A、B……所替换，变为有意义的 AY、BY……，而 Y 也可被其他的语素 C、D……所替换，变为有意义的 XC、XD……，那么 X、Y 都是语素；如果 XY 都不能进行替换，那么 XY 就是一个语素。例如：

① 铁路

～路：公路　马路　道路　销路

铁～：铁饼　铁匠　铁皮　铁丝

② 伟大

～大：宏大　壮大　扩大　庞大

伟～：伟岸　伟绩　伟人　伟业

由此可见，“铁”、“路”、“伟”、“大”都可以在不改变基本意义的情况下，分别同其他的语素相组合，所以它们都是语素。

---

① 吕叔湘主编：《现代汉语八百词》（增订本），北京：商务印书馆 1999 年版，第 374 页。

使用替换法时，要注意以下两方面的问题：

第一，替换的全面性。进行替换时，语言片断中的所有成分必须同时可以分别被替换，否则这种替换就是不符合要求的。例如："蝴蝶"中的"蝶"不能被其他语素所替代，变为有意义的"蝴~"，所以"蝴蝶"就只是一个语素。

第二，意义的一致性。进行替换时，必须保持结构单位意义的基本一致，替代后的语义同原来语言片断中的语义要有一定的联系，如下列替换就是错误的：

① 从容

~容：包容　面容　仪容　笑容

从~：从此　从简　从事　从头

② 沙发

~发：出发　印发　奋发　挥发

沙~：沙暴　沙袋　沙漠　沙眼

不难看出，"从容"中的"从"和"容"、"沙发"中的"沙"和"发"被替代后，语义都发生了明显的变化，不能保持结构单位意义的基本一致，所以"从容"、"沙发"都各自只是一个语素。

（三）语素的分类

现代汉语的语素可以根据不同的标准，划分为不同的类型（见"现代汉语语素分类总表"）。

1. 单音节语素和多音节语素

根据音节数量，语素可以分为单音节语素和多音节语素两类。

（1）单音节语素

单音节语素是只有一个音节的语素。例如：

天　做　好　三　匹　我　很　比

单音节语素是现代汉语语素的基本形式。

（2）多音节语素

多音节语素是具有两个或两个以上音节的语素。其中，由两个音节构成的双音节语素情况比较复杂，大致可分为联绵语素、叠音语素、拟声语素和音译语素四类。

联绵语素大多是古代汉语遗留下来的。根据读音，联绵语素可分为双声、叠韵和其他三类。前后两个音节声母相同的是双声。前后两个音节的"韵"相同的是叠韵。既不是双声也不是叠韵的就归入其他。例如：

双声联绵语素：踌躇　蜘蛛　吩咐　伶俐　参差　琉璃　忐忑

叠韵联绵语素：徘徊　玫瑰　叮咛　蟑螂　汹涌　逍遥　迷离

其他联绵语素：玛瑙　杜鹃　垃圾　葡萄　牡丹　蝙蝠　疙瘩

叠音语素是前后两个音节完全相同的语素。叠音语素中的每一个音节都没有意义，必须重叠起来才能表示一定的意义。例如：

猩猩　狒狒　姥姥　饽饽　堂堂　皑皑

拟声语素是模拟自然界的声音或人发出的声音的语素。例如：

模拟自然界的声音：扑通　滴答　轰隆　乒乓　叮当　刷拉

模拟人发出的声音：哎哟　啊呀　嘀咕　呜咽　呜呼　哎呀

音译语素是借用汉语的语音形式、书写形式来翻译其他民族语言的词的语素。记录音译语素的每一个汉字，都是只有语音形式而没有意义内容，只有合起来才表示一定的意义。例如：

福晋　休克　巴士　幽默　扑克　刹那

三个或三个以上音节构成的语素，基本都是音译外来语素，如“巧克力”、“厄尔尼诺”、“西双版纳”、“巴布亚新几内亚”等。它们虽然音节数量较多，但各自都只是一个语素。

2. 实语素和虚语素

根据意义的虚实，语素可以分为实语素和虚语素两类。

（1）实语素

实语素是能够表达具体、实在意义的语素。例如：

牛　分　远　好　伶俐　玫瑰　胡同　忽悠

（2）虚语素

虚语素是没有具体、实在意义而只表达某些抽象的构词意义或语法意义的语素。例如：

阿　者　老　然　的　所　着　呢

在现代汉语中，有一些虚语素是从实语素虚化而来的，保留了与实语素相同的语音形式和书写形式。例如：总是出现在其他语素前面表示某种附加意义的“老”，可以构成“老师”、“老虎”、“老王”、“老三”等词；而出现在其他位置的“老”，却具有具体、实在的意义，可以构成“老汉”、“老练”、“王老”、“敬老院”等词。前者属于虚语素，后者属于实语素。对于这类语素，一定要注意区分。

3. 成词语素和不成词语素

根据能否独立成词，语素可以分为成词语素和不成词语素两类。

（1）成词语素

成词语素是能够独立成词的语素。例如：

年　喝　高　最　了　着　汹涌　奥林匹克

成词语素既能够单独成词，也能够跟其他语素组合成词。例如：语素“高”既可以单独作为词来使用，如“体温很高”、“地势太高了”，也可以同其他语素组成词，如“高昂”、“高层”、“高产”、“高大”、“高级”等。

（2）不成词语素

不成词语素是不能单独成词的语素。例如：

语　卫　荣　悉　媳　乎乎　蒙蒙　澄澄

这些语素都不能单独回答问题、充当句子成分，而只能同别的语素组合成词。例如：语素“语”只有和其他语素组成“语言”、“语音”、“汉语”、“外语”、“语料库”、“语源学”等，才能作为词来独立运用。

4. 定位语素和不定位语素

根据分布的位置，语素可以分为定位语素和不定位语素。

（1）定位语素

在合成词中只有一种位置，要么在别的语素之前，要么在别的语素之后，这样的语素就叫定位语素。例如：“第一”的“第”、“阿哥”的“阿”、“作家”的“家”、“在乎”的“乎”等。

（2）不定位语素

同别的语素组合成词时，既可以出现在别的语素之前，也可以出现在别的语素之后，这样的语素叫不定位语素。例如：“水”这个语素，既可以出现在其他语素的前面，组成“水稻”、“水彩”、“水果”、“水灵”、“水球”等词，也可以出现在其他语素的后面，组成“汗水”、“墨水”、“油水”、“药水”、“铁水”等词，属于不定位语素。

现代汉语语素分类总表

<table>
<tr><th>分类标准</th><th colspan="3">语素的类型</th><th>示例</th></tr>
<tr><td rowspan="7">音节数量</td><td colspan="3">单音节语素</td><td>氧 剩 厉 些</td></tr>
<tr><td rowspan="6">多音节语素</td><td rowspan="3">联绵语素</td><td>双声</td><td>流连 陆离 仿佛</td></tr>
<tr><td>叠韵</td><td>婆娑 蜻蜓 喇叭</td></tr>
<tr><td>其他</td><td>蚯蚓 蝌蚪 蜈蚣</td></tr>
<tr><td colspan="2">叠音语素</td><td>狒狒 姥姥 饽饽</td></tr>
<tr><td colspan="2">拟声语素</td><td>咯吱 啪嚓 喔唷</td></tr>
<tr><td colspan="2">音译语素</td><td>哈达 布丁 阿司匹林</td></tr>
<tr><td rowspan="2">意义虚实</td><td colspan="3">实语素</td><td>狗 取 短 威士忌</td></tr>
<tr><td colspan="3">虚语素</td><td>阿 初 子 儿</td></tr>
<tr><td rowspan="2">构词功能</td><td colspan="3">成词语素</td><td>谁 吧 橄榄 巧克力</td></tr>
<tr><td colspan="3">不成词语素</td><td>器 丰 习 乎乎</td></tr>
<tr><td rowspan="2">分布位置</td><td colspan="3">定位语素</td><td>第 阿 性 化</td></tr>
<tr><td colspan="3">不定位语素</td><td>水 伟 大 师</td></tr>
</table>

二、词

（一）词的定义

词由语素构成，是能够独立运用的最小的音义结合体。

所谓“能够独立运用”，是指词本身具有一定的语法功能，可以单独回答问题，充当句子成分或表达一定的语法意义。例如：“宇宙”、“麻烦”、“出版”、“幼稚”等可以单独回答问题或充当句子成分；“与”、“把”、“的”、“着”等，虽然不能单独回答问题或充当句子成分，但却表达了一定的语法意义——“与”具有连接词和短语的功能，“把”能引出处置对象、使动对象，“的”表示被它附着的成分是定语，“着”表示动作或状态的持续。

所谓“最小的音义结合体”，可以从两个方面来理解：从语音的角度看，词具有紧密而完整的语音形式，不允许在其内部将完整的语音形式割裂开来。例如："专横"、"山泉"、"美人蕉"、"信息港"这四个词，只能分别读作 zhuānhèng、shānquán、měirénjiāo、xìnxīgǎng，而不能停顿为"专/横"、"山/泉"、"美/人/蕉"或"美人/蕉"、"信/息/港"或"信息/港"。从意义的角度看，词表示的意义是明确、完整的，不能任意进行切分。例如："葡萄"如果切分为"葡"、"萄"，就没有任何意义了；"火车"如果切分为"火"、"车"，虽然各自都有意义，但"火车"的意义并非"火"、"车"的意义的简单相加。

（二）词的确定

通常，确定词的方法主要有问答法、替换法和剩余法等三种。

1. 问答法

问答法，是指通过提问和回答的方式，看被检测的语言单位能否独立运用。凡是能够单独回答问题、单独充当句子成分或单独起语法作用的，一般就是词；反之，则不是。例如：

① 昆明气候温和。

问：哪里的气候温和？　　答：昆明。

问：昆明的气候怎么样？　　答：温和。

问：昆明的什么温和？　　答：气候。

可见，"昆明"、"气候"、"温和"都能单独回答问题，都是词。

问答法主要用于实词的判定。

2. 替换法

替换法，是根据语言符号的聚合关系，看被检测的语言单位能否被其他的词所替换。如果能被其他的词所替换，那么就是词；反之，则不是。例如：

② 我吃饭。→ 他吃饭。

我吃饭。→ 我盛饭。

我吃饭。→ 我吃面。

这个句子中的"我"、"吃"、"饭"均可被替换，都是词。

3. 剩余法

剩余法就是把一个句子中所有能够单独充当句子成分的单位拿走，剩下的成分虽然不能单说或单独充当句子成分，但也可以独立存在，那么这些单位也是词。例如："我的笔丢了"这个句子中，将定语"我"、主语中心语"笔"和谓语"丢"拿走，剩下的"的"、"了"也是词。

剩余法主要用于虚词的判定。

（三）词、语素、音节、汉字的关系

在现代汉语中，词、语素、音节、汉字属于不同层面的单位。词和语素都是音义结合的语言单位，音节是听觉上自然感知的最小语音片段，汉字是记录汉语的书写符号。词、语素、音节、汉字之间的关系十分复杂，不能简单地把它们等同起来。例如：

语言单位	词	语素	音节	汉字
他	1	1	1	1
羽	0	1	1	1
珊	0	0	1	1
珊瑚	1	1	2	2
美丽	1	2	2	2
刀削面	1	3	3	3
玫瑰花儿	2	3	3	4
一束花儿	3	4	3	4

值得注意的是，同一个汉字同一个音节，记录的不一定就是同一个语素和词，如“把脸洗干净”、“一把扇子”中的“把”，就是不同的语素和词；同一个音节，也可能对应的是不同的汉字、语素和词，如“míng”这个音节，就代表了“名”、“明”、“鸣”、“铭”、“茗”、“冥”、“螟”、“瞑”等不同的汉字和语素。当然，音节相同的不同汉字，有时也会出现代表同一个语素和词的情况，如“于”和“於”、“辗转”和“展转”等。因此，正确判断词、语素、音节、汉字之间的关系，需要结合具体的语境才能确定。

三、构词类型

根据构成词的语素数量的多少，现代汉语的词可以分为单纯词和合成词两大类（见“现代汉语构词类型总表”）。

（一）单纯词

单纯词是由一个语素构成的词。根据音节数量的多少，单纯词可以分成单音节单纯词和多音节单纯词两类。

1. 单音节单纯词

单音节单纯词是由一个音节构成的。例如：

人　你　位　在　了　吗

在现代汉语中，除了儿化词之外，单音节词基本都是单纯词。

2. 多音节单纯词

多音节单纯词是由两个或两个以上的音节构成的，可以分为四类：

（1）联绵词

联绵词是两个音节连缀成义而不能拆开使用的词，可分为双声、叠韵、其他三类。

双声：仓促　流连　恍惚　袅娜　琵琶　尴尬

叠韵：旮旯　蹒跚　糟糕　灿烂　窈窕　从容

其他：奢侈　支吾　暧昧　缤纷　芙蓉　蝙蝠

（2）音译词

音译词是用读音相似或相近的汉字来翻译其他民族语言中的词而形成的。例如：

吐司　培根　咖喱　比基尼　席梦思　香格里拉

（3）叠音词

叠音词是由两个相同音节重叠而成的词。例如：

猩猩　翩翩　蛐蛐　奶奶　淙淙　汩汩

（4）拟声词

拟声词是指模拟自然界发出的声音或人发出的声音的词。例如：

哗啦　轰隆　呼哧　淅沥　布谷　知了

哎呀　阿嚏　哎哟　嘟哝　呜呼　呱嗒

（二）合成词

由两个或两个以上的语素构成的词叫合成词。组成合成词的语素，既可以是词根，也可以是词缀。词根是体现词的基本意义的语素，是词的基本构成部分。例如："皮毛"中的"皮"和"毛"、"合理"中的"合"和"理"、"耳语"中的"耳"和"语"等。词缀是没有基本词汇意义而主要起构词作用的语素。例如："可靠"中的"可"、"老鼠"中的"老"、"念头"中的"头"等。根据分布位置，词缀可以分为前缀、后缀和中缀三类。出现在词根之前的是前缀，出现在词根之后的是后缀，出现在词根和词根之间的是中缀。例如：

前缀：阿爸　阿妈　老鹰　老乡　第一　第二

后缀：骗子　牌子　画儿　盖儿　忽然　偶然

中缀：古里古怪　糊里糊涂　慌里慌张

根据词根和词缀的组合情况，现代汉语合成词可以分为复合式、附加式、重叠式三类。

1. 复合式合成词

复合式合成词是由不同的词根组成的词。从词根和词根之间的语序及其语法关系来看，复合式合成词可分为以下几种类型：

（1）联合型合成词

联合型合成词由意义相同、相近、相关或相反的语素并列组合而成。根据语素内部的语义关系，又可分为同义联合、类义联合、反义联合和偏义联合四类。

同义联合是由意义相同的语素组成的合成词。例如：

学习　道路　解剖　选择　途径　美丽

类义联合是由意义相关而不相同的语素组成的合成词。其词义和语素义虽然有一定的联系，但表达的是一个新义。例如：

领袖　骨肉　手足　江山　细软　岁月

反义联合是由意义相反的语素组成的合成词。其词义或者是语素义的组合，或者与语素义基本无关。例如：

动静　教学　来往　东西　左右　反正

偏义联合是由意义相同、相近或相关的语素组成的合成词，其中一个语素的意义占优势，而另一个语素的意义则变弱，甚至完全消失。例如：

国家　妻子　忘记　人马　干净　质量

（2）偏正型合成词

偏正型合成词的语义以后一个语素为主，前一个语素起修饰、限制后一个语素的作用。偏正型合成词可分为定中式和状中式两类。

定中式以名词性语素为中心，前一语素相当于后一语素的定语。例如：

火车　手表　烤鸭　摇篮　黑板　香肠

状中式以动词性或形容词性的语素为中心，前一语素相当于后一语素的状语。例如：

重视　热爱　朗读　笔谈　龟缩　云集

蜡黄　雪白　葱绿　肤浅　笔直　喷香

（3）补充型合成词

补充型合成词的语义中心以前一个语素为主，后一个语素起补充、说明前一个语素的作用。补充型合成词可以分为动补式和名量式两类。

动补式的前一语素表示动作，后一语素补充、说明动作的结果。例如：

打倒　提高　推广　揭露　说服　指正

名量式的前一语素表示事物，后一语素表示事物的单位。例如：

书本　纸张　花朵　船只　人口　米粒

（4）述宾型合成词

述宾型合成词的前一语素表示动作行为，后一语素表示动作行为所支配、关涉的对象。例如：

司令　知己　注意　伤心　动人　合法

（5）主谓型合成词

主谓型合成词的前一语素表示被陈述的事物，后一语素起陈述前一语素的作用。主谓型合成词可以分为两类：一类是陈述语素为动词性的。例如：

雪崩　病变　海啸　耳鸣　春分　口紧

另一类是陈述语素为形容词性的。例如：

胆怯　年轻　心酸　性急　眼红　月亮

2. 附加式合成词

附加式合成词是由词根和词缀组成的合成词。根据词缀的类型，附加式合成词可以分为以下三类：

（1）前缀型合成词

这是由前缀和词根组成的附加式合成词。例如：

老师　阿姨　第一　初二　可怜　小丑

（2）后缀型合成词

这是由词根和后缀组成的附加式合成词。例如：

骗子　石头　悟性　净化　茫然　热乎乎

（3）中缀型合成词

这是由词根和中缀组成的附加式合成词。例如：

糊里糊涂　古里古怪　神乎其神　微乎其微

随着现代汉语的不断发展，出现了一些构词功能类似于词缀的成分。例如：

软～：软着陆　软资源　软科学　软饮料

非～：非金属　非晶体　非卖品　非处方药

～感：自豪感　危机感　亲切感　使命感

～族：工薪族　追星族　打工族　啃老族

这些成分在复合词中的构词位置相对固定：要么在前，相当于前缀，如“软”、“非”等；要么在后，相当于后缀，如“感”、“族”等。它们的语义有虚化的倾向，但尚未完全达到词缀意义虚化、读音弱化的标准，处于由词根向词缀转化的过渡阶段，属于一种半虚半实的语素。目前，学术界一般将这种构词功能类似于词缀的成分叫做类词缀。

3. 重叠式合成词

重叠式合成词是由相同词根重叠构成的词。例如：

刚刚　仅仅　妈妈　妹妹　偏偏　暗暗

婆婆妈妈　形形色色　骂骂咧咧　花花绿绿

现代汉语的合成词大多由两个语素构成，但也有三个或三个以上的语素构成的。这时，合成词内部的层次结构关系就显得比较复杂了。例如：

生活费	悠悠然	北回归线	死心眼儿
偏（生活）｜正（费）	附（悠悠）｜加（然）	偏（北）｜正（回归线）	偏（死）｜正（心眼儿）
联（生）｜合（活）	重（悠）｜叠（悠）	偏（回归）｜正（线）	偏（心）｜正（眼儿）
		联（回）｜合（归）	附（眼）｜加（儿）

现代汉语构词类型总表

词的结构类型				示例		
单纯词	单音节单纯词			人	马	看
	多音节单纯词	联绵词	双声	慷慨	玲珑	秋千
			叠韵	邋遢	逍遥	彷徨
			其他	奢侈	支吾	暧昧
		音译词		克隆	比基尼	威士忌
		叠音词		脉脉	蝈蝈	娓娓
		拟声词		扑哧	叮当	淅沥
合成词	复合式合成词	联合型	同义联合	价值	奇怪	制造
			类义联合	笔墨	口舌	岁月
			反义联合	奖惩	缴纳	早晚
			偏义联合	雷霆	好歹	睡觉
		偏正型	定中式	军人	冰糖	旅客
			状中式	力争	腾飞	鱼跃
		述宾型		安家	催眠	尽力
		补充型	动补式	看见	展开	说明
			名量式	枪支	房间	花朵
		主谓型		体验	口罩	手软
	附加式合成词	前缀型		老板	阿爸	第一
		后缀型		水手	下巴	亲家
		中缀型		傻里傻气	玄乎其玄	糊里糊涂
	重叠式合成词			常常	伯伯	星星

思考与练习二

一、怎样确定现代汉语的语素？具体操作时应注意哪些问题？

二、说明下列语言片段所包含的语素数量。

喽啰　轱辘　踉跄　唆使　山芋　鱿鱼　荸荠

尤其　宣言　良机　师傅　辉煌　中性　伊朗

三、指出下列句子所包含的语素的数量。

1. 问题的严重性还在于种种不爱惜人民币的错误做法以及随意将人民币放大后销售的违法行为尚未引起社会的广泛关注。

2. 尤文图斯队在今年的意大利甲级联赛中未能夺得冠军，但他们娴熟的技术、流利的配合以及体现出的奥林匹克永远拼搏的精神还是赢得了全世界球迷的称道。

四、举例说明汉字和单音节语素之间的关系。

五、现代汉语语素可以从哪几个角度分类？

六、有人说：单纯词就是单音节词。你同意这种说法吗？为什么？

七、指出下列词哪些是联绵词，并说明其所属类型。

飒爽　秘密　盥漱　喉咙　魁梧　纨绔　风物　苗条　镳铲　呢喃　叮咛　麒麟　犹豫

汹涌　轩辕　磅礴　帷幄　囫囵　噗嗤　阎罗　踊跃　荏苒　倥偬　惆怅　崎岖　乾坤

八、什么是合成词？举例说明合成词的构成方式。

九、指出下列词的构成方式。

恍惚　孜孜　玳瑁　哐啷　瑜伽　霹雳　父老　盼头　天蓝　沿着

目击　非法　爱心　行家　围墙　跑道　变化　老调　扒手　沐浴

司机　认清　丰富　雪亮　马匹　缩小　起草　诗篇　留神　飞快

扶手　马车　药瓶　秋收　吹牛　蓦地　围巾　芝士　固化　胡闹

花草　迷惑　孤儿　刺眼　改良　侃侃　小姐　钟点　雾蒙蒙　暖洋洋

第三节　词汇的构成（上）

现代汉语的词汇虽然数量庞大，但其内部并非杂乱地混合在一起，而是依靠某种共同性汇集在一起，这就是词汇的构成。现代汉语词汇系统由词和固定语共同构成，而词和固定语又可以按照不同的分类标准，划分出不同的类聚系统。本节介绍现代汉语词的类聚系统。

现代汉语的词，从在词汇构成中的地位和作用来看，可以划分为基本词和一般词；从出现的时间来看，可以划分为古语词和新造词；从运用的区域来看，可以划分为标准语词和方言词；从具体来源来看，可以划分为本族语词和外来词。①

① 符淮青：《现代汉语词汇》（增订本），北京：北京大学出版社2004年版，第156页。

一、基本词和一般词

现代汉语的词，从在词汇构成中的地位和作用来看，可以划分为基本词和一般词。

（一）基本词

1. 基本词和基本词汇

基本词是反映自然界和人类社会中最基本的事物、现象的概念及关系的词。基本词汇是语言中基本词的总汇，是词汇系统的重要组成部分。

现代汉语的基本词，大致可分为以下几种类型：

（1）反映自然界常见事物的基本词

日　月　天　地　风　雪　水　火　牛

（2）反映人体各部分的基本词

眼　鼻　耳　舌　头　手　脚　肝　胃

（3）反映劳动工具、对象和生活用品的基本词

刀　斧　车　船　米　油　盐　鞋　帽

（4）反映亲属称谓的基本词

父　母　兄　嫂　弟　姐　妹　夫　妻

（5）反映方位、处所和时间的基本词

左　右　上　下　前　后　春　夏　昨天

（6）反映人或事物的行为、变化的基本词

听　说　读　写　唱　想　爱　摸　爬

（7）反映人或事物的性质、状态的基本词

大　小　长　短　深　浅　软　硬　舒服

（8）反映程度、范围、方式、语气、频率等的基本词

非常　特别　更加　很　最　稍微　仅仅　总共

刚刚　马上　已经　终于　的确　没有　偏偏　反正

（9）反映数量的基本词

一　十　百　千　个　斤　只　吨　尺

（10）反映指称和代替的基本词

你　我　他　谁　这　那　什么　怎样

另外，还有一部分常见的助词、介词、连词、语气词和叹词，也属于基本词。例如：

的　地　得　把　被　让　对　关于　和

跟　同　与　不但　而且　吧　吗　呢　啊

2. 基本词的特点

基本词大部分是实词，少数是虚词。一般说来，基本词具有三个方面的特点：

第一，普遍性。基本词反映的是自然界和人类社会中最基本的事物和现象，与人们的生活息息相关，任何人的表达都离不开基本词，它为全民所普遍使用，使用频率高。例如："你"、"我"、"蔬菜"、"水果"、"上午"、"下午"等词是人们交际时经常用到的；而"射线"、"激光"、"教案"、"B 超"等词只为一部分人所熟悉和使用，不具有普遍性。

所以，前者属于基本词，后者属于一般词。

第二，稳固性。一方面，基本词表示的是自然界和社会生活中最基本的事物和概念，这些事物和概念一般不容易发生变化，具有极强的稳固性。另一方面，基本词大多是在人们运用语言的历史进程中逐渐形成的，为人们所世代沿用，一般也不容易发生变化。像“山”、“水”、“车”、“火”、“人”等词，早在殷商时期的甲骨文中就已经存在，一直沿用至今。当然，基本词也不是一成不变的。随着社会的发展，一些原有的基本词，现在都成了一般词，如“社稷”、“寡人”、“大臣”、“玺”、“笏”等；还有一些则完全变成了构词的语素，不再单独使用，如“民”被“人民”所代替，“习”被“练习”所代替，“口”被“嘴巴”所代替等等。

第三，基础性。随着社会的不断发展，新事物、新概念层出不穷。语言要表达新事物、新概念，就必须增加新词或赋予旧词新的意义，而基本词正是构成新词的基础。因为基本词是人们最熟悉的，以基本词为基础创造出的新词也是人们最容易理解和接受的。例如：运用基本词“天”，可以构成“天边”、“天才”、“天地”、“天鹅”、“天赋”、“天空”、“天桥”等词。值得注意的是，基本词具有基础性，是就整体情况而言的，并不是说所有的基本词都可以构成新词。一些常用的代词、连词、介词、助词、语气词、叹词等，就不能作为新词的构成基础。

3. 基本词和常用词

常用词是当代社会生活中最常用的词。常用词的总汇就是常用词汇。

基本词和常用词是根据不同的标准，对现代汉语词汇中部分词所做出的分类。二者的共同点是使用频率都比较高，区别在于：基本词是从人们各个时段的常用词中筛选出来的适用于现代汉语各个发展阶段的词，具有明显的历时性；常用词是人们在现代汉语的某一特定时段所经常使用的词，具有明显的时代性。例如：“倒爷”、“粮票”、“公家”、“国营”、“的确良”、“喇叭裤”、“外来妹”等，是我国改革开放初期的常用词，但今天已经很少使用了。

（二）一般词

1. 一般词和一般词汇

一般词是词汇中除基本词以外的词。语言中一般词的总汇就是一般词汇。

与基本词不同，一般词主要用于特定的话语交际领域。例如：公文写作经常使用的“兹”、“据”、“盼”等词，语言学研究经常使用的“音节”、“语素”、“单句”等词，都不是基本词，但对于上述各交际领域来说，都是不可缺少的。正是这些较小范围的交际领域及其所使用的一般词，构成了丰富多彩、各具特色的话语交际活动。

从内容上看，现代汉语一般词可分为以下类型：

（1）反映自然界非常见事物的一般词

日食　流星　北极光　磷火　暗流　火山　龙卷风　狗獾

（2）反映劳动工具、对象和生活用品的一般词

编辑机　投影仪　探测器　定滑轮　厢房　恭桶　供桌　拱券

（3）反映人或事物的行为和变化的一般词

哽　掴　赊　蛊　对焦　淡入　结汇　鲸吞

(4) 反映事物性质、状态的一般词

孤傲　古朴　拔俗　桀骜　淡泊　精悍　笃诚　凄恻

(5) 反映数量概念的一般词

微米　分米　盎司　赫兹　光年　分克　厘升　加仑

(6) 反映程度、范围、方式、语气、频率等的一般词

皆　固　曾　尝　颇　略　乃　渐次　方　犹

(7) 反映指称和代替的一般词

吾　予　汝　其　之　若　兹　孰　何　胡

另外，还有一些非常见的连词、介词、助词、语气词和叹词，也属于一般词的范围。例如：

而　然　然则　于　乎　诸　则

若　故　抑或　呼　邪　焉　尔

从来源上看，现代汉语的一般词又可分为古语词、新造词、外来词、专业词、行业词等。古语词、新造词、外来词后面还要具体谈，这里主要介绍专业词和行业词。

专业词是表示自然科学、社会科学各个不同领域科学概念的词。例如：

数学：因数　数论　正数　分数　平方　微分

化学：氧化　电离　电解　化合　干馏　溶解

哲学：唯物　唯心　矛盾　辩证　实践　物质

医学：休克　心律　透析　化疗　血型　气胸

行业词是社会各行各业因分工不同而产生的词。例如：

工业：切割　模具　焊接　车床　打磨　组装

商业：促销　营销　回笼　折扣　利润　盈利

法律：假释　拘役　刑侦　撤诉　死缓　打非

房地产：期房　现房　按揭　房型　楼市　楼盘

专业词与行业词既有联系又有区别。二者一般都具有单义性的特点，适用范围都比较单一。不同之处在于：专业词表示科学概念，具有国际通用性；行业词只为特定的行业集团服务，不具备国际通用性。例如："青衣"、"花旦"、"小生" 等词，只有戏曲行业的人才熟悉并使用，非业内人士一般很少知道，更谈不上使用了。

2. 一般词的特点

第一，灵活性。社会的发展、时代的变迁，首先会体现在语言中的一般词上，并主要表现为新词的不断产生和旧词的逐渐消亡。例如："宽带"、"网民"、"医保"、"条形码" 等词，都是在最近十几年间进入现代汉语一般词汇的；而 "布票"、"万元户"、"大哥大"、"传呼机" 等词，则随着时代的发展逐渐消失了。因此，相对于基本词而言，一般词经常处于发展、变化的状态之中，能够及时地反映出词汇的发展变化，具有显著的灵活性。

第二，丰富性。任何语言的新词语一旦产生，大多都是首先进入一般词汇系统。因此，随着新成员的不断加入，一般词汇的数量也在不断增加。与此同时，大量退出基本词汇系统的词语，又被一般词汇系统所吸收。所以，与基本词相比，一般词的数量更多，范

围更广，风格色彩也更丰富。

第三，局限性。一般词虽然数量多，但由于来源复杂、风格各异，再加上受到使用场合、交际对象等语境因素的影响，因此，适用范围会受到一定的影响，表现出一定的局限性。例如："利率"、"支票"、"存款"等词，只有银行及相关机构的工作人员会在工作场合中高频率地使用到，而一般群众在日常生活中是不会经常使用到的。

3. 基本词和一般词

尽管基本词和一般词的内容、特点、作用各不相同，但由于现代汉语词汇系统具有一定的开放性，随着社会的发展而不断地变化着，所以，基本词与一般词是密切联系、相互渗透的，不能将二者简单对立起来。

首先，一般词是在基本词的基础上形成的。基本词是创造新词的基础，而任何新词在产生之初都是一般词。所以，一般词是在基本词的基础上形成的。

其次，随着社会的发展，一般词往往会因为使用普遍性的加强而逐渐转化为基本词。例如："电脑"一词在产生之初，由于计算机的普及率很低，因而只是一般词。如今，计算机已成为人们必不可少的学习、工作和交流的工具，"电脑"一词也就成为现代汉语的基本词了。

第三，基本词也会因为丧失了使用的普遍性而转变为一般词。例如："国营"是"由国家投资经营"的意思。在20世纪80年代，"国营"还是一个基本词，但随着经济体制的改革，"国营"逐渐丧失了基本词的特征，转变成了一般词。

二、古语词和新造词

现代汉语词汇是汉语词汇在漫长的历史发展过程中不断地积累传承、更新创造而形成的。在这个过程中，古语词和新造词在性质、特征、运用等方面均具有突出的地位。如果把汉语词汇的发展比作一条河流，那么古语词就居于河流的源头或上游，新造词则处于河流不断延伸的下游。随着河流的不断延伸，新造词会源源不断地产生，而原先的新造词也就逐渐成为了河流的上游，离下游越来越远了。因此，现代汉语的词，从出现的时间来看，大体可以划分为古语词和新造词两类。

（一）古语词

古语词是来自古代汉语词汇系统而在现代汉语中具有特殊表达功能的词。

古语词和古代汉语的词汇不同。后者存在于古代汉语当中，是古代汉语的重要组成部分；前者虽然来源于古代汉语的词汇系统，但因其具有特殊的表达功能而被现代汉语所吸收，所以是现代汉语词汇系统的成员。古语词常用于现代汉语书面语当中，包括文言词和历史词。

文言词是指从古代汉语书面语中吸收过来的具有文言色彩的词语。例如：

其　　而　　之　　所　　兹　　彼　　此

连理　伉俪　拜谒　邂逅　诞辰　囹圄　臧否

文言词所表示的事物或现象还存在于现实生活中，但已被新产生的词所代替。文言词主要用于现代汉语书面语和某些特殊场合，如历史题材的著作、影视剧和外交辞令等。

历史词是指用来表示历史上曾经存在而现实生活中已经消失的事物的词语。例如：

皇上　太监　驸马　状元　探花　秀才　举人　鼎　戟　笏

历史词不具有文言色彩，只有在表述古代社会生活或为了达到特定的表达效果时，才会使用到。

在话语交际中恰当运用古语词，可以使表达产生严肃庄重、简洁凝练、饶有情趣的效果。例如：

① 大作阅毕，获益匪浅，不胜感激。

② 在我国贡柑主要种植地之一的广西钟山县，今年贡柑喜获丰收，按理说皇帝的女儿不愁嫁，贡柑的销售应该没有问题，但钟山县的数万贡柑种植户却忧心忡忡。

（中央电视台《聚焦三农》，2010-1-26）

例①运用了“阅毕”、“获益匪浅”、“不胜”等古语词，与“大作已经看完，从中学到了很多宝贵的经验，实在是感激不尽”这样的表达相比，显得更加庄重、文雅、精炼。例②运用了古语词“皇帝”，使语言表达显得生动形象，节奏明快，具有较好的语用效果。

运用古语词时，一定要符合必要性的原则，充分考虑到对象、场合、文体、感情等因素的需要，力求贴切；否则，半文半白，令人不解，反而会影响语言的表达效果。

（二）新造词

新造词是以原有语素为材料，按照现代汉语构词法构成的新词。新造词属于历史范畴，总是以特定的时代为标志。例如：五四前后产生的新造词，现在已经不认为是新造词了；新中国成立后产生的新造词，现在也不认为是新造词了。所以，新造词的“新”是相对而言的。当前的现代汉语新造词，主要是指20世纪80年代以来产生并被人们所广泛认同、普遍使用的词语；其中，既有在大陆地区产生的，也有从港台地区借用过来的，还有从外语中翻译过来的。

新造词与产生新义的多义词、重新复活的旧词不同。首先说产生新义的多义词。有的词虽然出现的时间比较早，但随着时代的变化，人们又赋予了它新的意义。那么，它是不是新造词呢？对于这种情况，关键是看该词的新旧义之间是否具有关联性——如有关联，就属于多义词；如无关联，则属于新造词。例如：“水分”原指“物体内所含的水”，后来产生了“某一情况中夹杂的不真实的成分”的意思。新旧义之间具有明显的引申关系，属于同一个词的不同义项。因此，“水分”是一个产生了新义的多义词，而不是新造词。其次说重新复活的旧词。有些词曾经流行过一段时间，但后来却消失了，随着事物和现象的再次出现，这些词又复活了，如“当铺”、“票友”、“股票”、“老板”等。这种旧词的重新复活现象也不能视为新造词的产生。

根据新造词的性质，新造词可分为新词新义型、新词旧义型、旧词新义型三种。

新词新义型，是用全新形式表达全新意义的新造词。例如：“医保”、“匝道”、“网民”、“触摸屏”、“电子眼”、“智能材料”等词，形式是新的，所指示的对象或概念也是新的。

新词旧义型，是用全新形式表达已有意义的新造词。例如：“婚外情”是一个全新的词形，但它所表示的“与配偶以外的人发生恋情”则是已有的意义。此外，“巴士”、“洗手间”、“美发师”、“第一夫人”等，也属于新词旧义型的新造词。

旧词新义型，是使用原有形式表达全新意义的新造词。例如：“白骨精”原指《西游记》中一个阴险狡诈善于伪装变化的女妖精，常用来比喻阴险毒辣的女人，但现在却是“白领、骨干、精英”的缩略形式，而且这个意思跟原来的意义没有任何关系。当代网络流行语中就有很多这种类型的新造词，如“偶像”、“恐龙”、“青蛙”、“可爱”、“神童”等。

新造词并不等于生造词。新造词是顺应社会生活的发展而创造出来的，它的产生必须具备一定的社会基础和语言基础。社会基础强调新造词必须符合社会交际的需要，语言基础强调新造词必须符合汉语的构词规则。所以，那些随意创造出来、词义含混不清、未被社会普遍认同和使用的，就不是新造词，而是生造词。例如：现代汉语有“茶农”、“果农”等词，有人便把种植咖啡的农民称之为“咖农”。但是，“咖啡”是一个双音节语素，单独的“咖”、“啡”并没有任何意义，所以“咖农”的语义也就不容易被人们所理解和接受，是一个生造词。生造词属于现代汉语词汇规范化的对象。当然，任何一个新造词刚出现时，都是“生造词”，只有那些经受住时间的检验并得到人们广泛认同的“生造词”，才能最终成为现代汉语词汇系统中的新造词。

三、标准语词和方言词

现代汉语的词，从运用的区域来看，可以划分为标准语词和方言词。标准语词是普通话词汇系统中的词，方言词是在现代汉语某一方言区通行的词。

（一）标准语词

标准语是指一个民族的全体成员通用的语言，即民族共同语。现代汉语的标准语是普通话，普通话词汇系统中所有的词就叫做标准语词。

普通话的词是在北方方言的基础上形成的，同时也不断地从其他方言中吸收一些词来丰富和充实自己。例如：“椰子”、“橄榄”等是从闽方言中吸收的，“垃圾”、“瘪三”等是从吴方言中吸收的。这些从各地方言中吸收进普通话词汇系统的词，与通行于某一方言区的方言词相比，具有两方面的区别：一是读音不同，前者读普通话读音，后者读方言读音；二是归属不同，前者属于普通话词汇系统的成员，在全民范围内普遍使用，后者属于某个方言词汇系统的成员，仅通行于某一个方言区。因此，也有学者将前者称之为“方源词”。[①]

当然，方言词能否被普通话词汇系统所吸收，要看是否有吸收的必要。下列几种方言词就比较容易被普通话词汇系统所吸收：

第一，标志方言区特有事物的方言词。例如：“油棕”、“龙眼”、“叉烧”、“蕹菜”等词，它们所指称的事物在普通话里没有现成的词相对应，就可以把它们吸收到普通话的词汇系统中来。

第二，具有某种特殊意义的方言词。例如：“生猛”、“名堂”、“尴尬”、“噱头”等词之所以被吸收进普通话词汇系统中，就是因为普通话里没有意义相同的词。

---

① 刘叔新主编：《现代汉语理论教程》，北京：高等教育出版社2004年版，第100页。

第三，具有某种特殊表达效果的方言词。某些方言词，尽管普通话里已经有表意相同的词，但相比较而言，它们比普通话的词显得更加生动、形象，如“窍门儿”、“蹩脚”、“扯皮”、“货色”等，所以也就被吸收到普通话的词汇系统中来了。

改革开放以来，进入普通话词汇系统较多的方言词，主要来源于北京话、吴方言、粤方言、闽方言。此外，还有一些通行于港台地区的词也进入到了普通话的词汇系统中，如“打卡”、“年薪”、“酬宾”、“义工”、“按揭”、“拍拖”等。这些方言词大多都具有形式活泼、内容新颖、色彩鲜明、用法生动的特点，在反映社会生活、描写社会环境、展现风土人情等方面具有较好的表达效果。但是，在使用方言词时，一定要注意选用那些已经进入普通话并为人们所熟悉的方言词，以免造成话语交际的障碍。

（二）方言词

方言词是在现代汉语某一方言区通行的词。现代汉语的每一个方言区，都有属于自己的方言词。例如：普通话的“儿童”，上海话叫“小囡”，广州话叫“细佬哥”，长沙话叫“细伢子”，梅州话叫“细人欸”。

方言词与标准语词在语音、意义、书写形式等方面都具有明显的区别：语音方面，同样都是表示“坏”的意思，普通话说“坏［xuaɪ^{51}］人”，闽南方言文昌话说“坏［hiap$_{ɔ}^{44}$］人”①；意义方面，与标准语词“指甲”意义相同的方言词，吴方言上海话是“指掐/节掐”，赣方言南昌话是“指生”；书写形式方面，同一个字“面”，在标准语中是“面粉”、“面条”的意思，在江浙话中就只有“面条”的意思。

方言词虽然只流行于某一方言区，但在社会发展过程中，由于经济交融、文化交流和人际交往等因素，一些通行范围较广的方言词便有可能逐步被吸收到普通话词汇中来，从而具有了标准语词的性质。如果这些方言词进一步扩大使用范围并呈现为稳定的语用状态，那么就会成为标准语词中的一员。

四、本族语词和外来词

现代汉语的词，从具体来源来看，可以划分为本族语词和外来词。

（一）本族语词

本族语词是本民族语言所固有的词。

现代汉语的本族语词是在漫长的汉语词汇发展历史中逐渐形成的。这些词，有的存在的时间比较长，如“山”、“草”、“走”、“大”等；有的存在的时间比较短，如“待岗”、“情商”、“网址”、“峰会”等；有的使用范围比较广，如“天气”、“眼睛”、“高尚”、“他们”等；有的通行领域比较窄，如“教材”、“清盘”、“点球”、“豁免”等。但不管是哪一种情况，它们都属于现代汉民族自己创造并使用的词。

（二）外来词

外来词是从其他民族语言中吸收进来的词。

外来词的产生，源于不同国家和民族之间的相互接触和彼此影响。汉语吸收外来词的历史比较悠久，从西汉张骞出使西域，到东汉以后佛教传入中国，以至明朝天主教的进

① 符淮青：《现代汉语词汇》（增订本），北京：北京大学出版社2004年版，第182页。

入、近现代时期的西学东渐等等，都有一些外来词进入到汉语的词汇系统中。因此，现代汉语中的外来词，有的来自英语，如“尼龙”、“沙发”、“巧克力”等；有的来自俄语，如“苏维埃”、“拖拉机”、“布尔什维克”等；有的来自法语，如“香槟”、“沙龙”、“芭蕾舞”等。另外，现代汉语还从国内各少数民族语言中借用了一些外来词，如借自蒙语的“戈壁”、“胡同”，借自藏语的“哈达”、“糌粑”，借自维吾尔语的“阿訇”、“亚克西”等。

根据吸收外来词的具体方式，现代汉语的外来词可分为以下六种类型：

1. 全音译词

这是采用全音译的方式吸收进来的外来词，即按照现代汉语的语音特点和规则，用与其他民族语言词语读音相同或相近的汉字翻译过来。例如：

柠檬（lemon） 克隆（clone） 丁克（DINK）
图腾（Totem） 车厘子（cherry） 拜拜（bye-bye）

2. 半音半意译词

这是采用半音半意译的方式吸收进来的外来词，即把其他民族语言的词语分为两半，一半音译，一半意译。例如：

呼拉圈（hula-hoop） 因特网（internet） 作秀（make show）
爵士乐（jazz rock） 奶昔（milk shake） 信用卡（credit card）

3. 音译加注汉语语素词

这是采用音译加注汉语语素的方式吸收进来的外来词，即先采用音译的方式对译其他民族语言的词，然后再在音译形式之后添加一个表示词义类属的汉语语素。例如：

吉普车（jeep） 芭蕾舞（ballet） 比萨饼（pizza）
雪茄烟（cigar） 高尔夫球（golf） 卡通片（cartoon）

4. 音意兼译词

这是采用音意兼译的方式吸收进来的外来词，即在用读音相同或相近的汉字翻译外来词的同时，兼顾汉字和外来词在意义上的相互联系，使人们能够通过汉字的意义联想到外来词的意义。例如：

维他命（vitamin） 休克（shock） 绷带（bandage）
俱乐部（club） 基因（gene） 媒体（media）

5. 字母词

字母词指含有其他民族语言字母或完全由其他民族语言字母构成的词。字母词可以分为两类：一类是含有其他民族语言字母的字母词。例如：

A股（人民币普通股票） U盘（优盘） SIM卡（用户身份识别卡）
POS机（销售点终端机） 3G（第三代移动通讯技术） E时代（信息时代）

另一类是由其他民族语言字母构成的字母词。例如：

Office（电脑软件名） E-mail（电子邮件） KTV(配有卡拉OK和电视设备的房间)
EMS（邮政特快专递） UFO（不明飞行物） SOHO（小型家居办公室）

6. 借形词

借形词指直接借用日语中汉字词的书写形式，但不读日语读音而读汉字音的外来词。

例如：

茶道　场合　服务　克服　积极　干部

杂志　元素　漫画　取缔　消费　家政

外来词是人类语言发展过程中的一种普遍现象。虽然不同的民族语言在吸收外来词时会表现出不同的吸收、同化功能，但外来词毕竟在丰富本族语词方面发挥了重要的功能和作用。当然，我们也要注意在吸收和使用外来词时，应遵循必要性、明确性和普遍性的原则，避免不顾语境和话语表达需要而片面追求“洋化”、“异化”、“个性化”的语用心理。

思考与练习三

一、什么是基本词？基本词具有哪些特点？

二、什么是一般词？一般词具有哪些特点？

三、举例说明基本词和一般词的关系。

四、什么是专业词？什么是行业词？举例说明二者之间的区别。

五、什么是新造词？怎样区分新造词和生造词？

六、指出下列各词哪些属于基本词，哪些属于一般词。

八　藩镇　巴望　攻　冰毒　冷焊

黑　转基因　信贷　太阳风暴　爱　令堂

七、分析下列外来词的类型。

喇嘛　CSSCI　豆蔻　宝刹　席梦思

法庭　卡片　冰激凌　AA 制　汉堡包

八、阅读报刊杂志，找出 5 个以上的古语词，并说明它们的表达功能。

九、结合你所熟悉的方言，谈谈标准语词和方言词之间的差别。

十、查阅相关书籍，思考现代汉语外来词的主要特点。

第四节　词汇的构成（下）

固定语是结构上相当于一个短语、使用时相当于一个词的语言单位。就宏观层面而言，固定语具有结构的定型性、语义的凝固性、功能的整体性、风格的民族性等特点。现代汉语的固定语由专有名称、熟语和缩略语共同构成。

一、专有名称

专有名称是表达独一无二的事物或概念的固定语，具体分为专门用语、专业语和行业语三类。

（一）专门用语

专门用语是表示社会生活中特定事物、机构或部门的固定语。例如：

北京晚报　复旦大学　中央电视台　云南省教育厅

《现代汉语词典》　　　　云南省第一人民医院　　　　中国少年儿童先锋队

（二）专业语

专业语是表示自然科学、社会科学各个不同领域科学概念的固定语。它和一般词中的专业词共同构成专业术语。例如：

自然科学：集成电路　静电感应　火山地震　表面张力　环节动物

社会科学：绝对真理　弹性就业　银团贷款　精神赔偿　语音单位

专业术语具有专业性、单义性、国际性的特点。专业性是指专业术语只适用于特定学科的研究领域，具有较强的专业特性。单义性是指专业术语往往具有严格的定义和明确的语义范畴，一般只有一个义项。国际性是指不同民族、不同国家所使用的专业术语几乎都是一致的，不带有感情色彩，很少有特定民族的文化内涵。

（三）行业语

行业语是社会各行各业因分工不同而产生的固定语。它和一般词中的行业词共同构成行业词语。例如：

外交：国际阵营　国际公约　领事裁判权　联合国宪章　非正式声明

体育：男子双打　撑杆跳高　竞技体操　直行侧步　防守篮板球

银行：理财服务　现金服务　对公业务　印鉴挂失　人民币对公结算

行业语虽然是某一行业集团的专有名称，但随着科学文化的普及和词语本身的发展变化，一些行业语会突破行业的限制，为各行各业的人们所广泛使用。例如："短平快"原指排球比赛的一种快攻打法，二传手传出弧度很小的球后，扣球手迅速跃起扣出高速、平射的球，现在也用来比喻企业、工程等投资少，历时短，收效快。这表明，"短平快"已经从体育交际领域扩大到了全民流通的交际领域。

二、熟语

熟语是语言中经过长期习用而定型化的短语和句子。例如："同仇敌忾"、"众志成城"、"千里马"、"顺风耳"、"雨夜观天象——无心"、"抓住荷花摸到藕——寻根究底"、"洞房花烛夜，金榜题名时"、"大意失荆州，骄傲失街亭"等。这些从古代就一直沿用到现在的短语和句子，形式凝练，内容丰富，具有结构定型化、意义整体化、性质和功能词化的特征。

现代汉语的熟语，主要包括成语、惯用语、歇后语、谚语等。

（一）成语

成语是一种相沿习用的结构凝固、意义完整的固定语。例如：

莫须有　　破天荒　　众志成城　　一衣带水　　明辨是非

沉鱼落雁　　雷厉风行　　大智若愚　　呕心沥血　　脍炙人口

欲速则不达　　五十步笑百步　　项庄舞剑，意在沛公

1. 成语的特征

第一，结构定型。现代汉语的成语多以两两相对的四字格为主，形式均衡，音韵和谐，一般不容许变动词序或改换、增减其组成成分。例如："排山倒海"不能改为"倒海排山"，也不能变为"排山又倒海"；"点石成金"也不能改成"点石成银"或"化石成

金”。就此而言，成语具有使语言表达简洁、精练的语用效果。

第二，意义完整。现代汉语成语的意义大多是在组成成分意义的基础上抽象概括出来的，语义凝练，生动形象。例如：“指鹿为马”不是“指着鹿，说是马”的意思，而是比喻故意颠倒是非，混淆黑白。甚至有许多成语，本身就隐含了一个故事、传说或典故。例如：“揠苗助长”就是通过古代寓言故事比喻违反事物发展的客观规律，急于求成，反而把事情弄糟。只有少数成语的意义可以直接从字面获得。例如：“专心致志”、“门庭若市”、“赏心悦目”、“毋庸置疑”、“颠沛流离”等。

2. 成语的来源

第一，神话寓言。我国古代文献记载了丰富多彩的神话寓言故事，这些故事寓意深刻，给人以启发教育，因此被人们概括后以成语的形式固定下来，相沿习用。例如：

鹬蚌相争（出自《战国策·燕策二》）　东施效颦（出自《庄子·天运》）

塞翁失马（出自《淮南子·人间训》）　自相矛盾（出自《韩非子·难势》）

第二，历史故事。这部分成语出自历史事件、历史传说，是这些事件、传说的概括。例如：

画蛇添足（出自《战国策·齐策》）　完璧归赵（出自《史记·廉颇蔺相如列传》）

一字千金（出自《史记·吕不韦列传》）初出茅庐（出自《三国志·诸葛亮传》）

第三，古代诗文。这部分成语是通过摘录或改造古代诗文形成的。例如：

白驹过隙（出自《庄子·知北游》）　高朋满座（出自《滕王阁序》）

世外桃源（出自《桃花源记》）　毕恭毕敬（出自《诗经·小弁》）

第四，民间口语。这些成语主要来自于古代俚语和后世口语。例如：

风平浪静　说三道四　人云亦云　唇亡齿寒

锦上添花　三长两短　同病相怜　水到渠成

此外，现代汉语中还有少数成语来自外语或属于现代新创。例如：“五体投地”、“昙花一现”、“心花怒放”等，源于佛经；“火中取栗”、“象牙之塔”、“多米诺骨牌”等，源于西方语言；“糖衣炮弹”、“求同存异”、“中西结合”等，属于现代新创。

（二）惯用语

惯用语是人们口头上经常使用的结构短小、固定的短语。惯用语一般以三字格为主，少数由四个或四个以上的音节组成。例如：

鸿门宴　比翼鸟　走过场　开绿灯

捅马蜂窝　唱对台戏　杀回马枪　吃哑巴亏

说曹操曹操到　生米煮成熟饭　身在曹营心在汉　赔了夫人又折兵

井水不犯河水　山外青山楼外楼　打开天窗说亮话　半路杀出个程咬金

现代汉语的惯用语具有三个方面的特征：

第一，结构灵活。惯用语和成语不同，其构成成分大多可以拆分、增加或替换，结构比较自由灵活。例如：

A 类：半瓶醋　墙头草　紧箍咒　耳边风

B 类：捅娄子　兜圈子　炒鱿鱼　拖后腿

A 类惯用语不能拆开使用，但 B 类惯用语的前后两部分是述宾关系，中间可以插入其他成分，如“捅娄子”可以说成“捅了个娄子”、“捅了一个大娄子”；“兜圈子”也可以说成“兜兜圈子”、“兜一个大圈子”等等。但需要注意的是，惯用语虽然结构自由灵活，但这种灵活是相对的，其前提是不能从根本上改变惯用语的原意，如“赶鸭子上轿”就不能说成“赶大鹅上轿”。

第二，意义完整。惯用语的意义是在组成成分意义的基础上，通过比喻、引申抽象概括出来的，所以，其意义是概括完整的，并非字面意义的简单相加。例如：“戴高帽”不是“戴一顶高帽子在头上”，而是“表示不合实际的奉承和恭维”。由于惯用语常常运用比喻来说明道理，因此，具有生动形象、风趣幽默的语用功能。

第三，口语色彩浓郁。惯用语多来源于日常生活用语，通俗易懂，具有浓郁的口语色彩。例如：“蜻蜓点水”比喻做事不深入、不踏实；“皮笑肉不笑”比喻口是心非，表里不一。

（三）歇后语

歇后语是采用比喻、谐音等方法，将前后两个部分联系起来说明道理的固定语句。例如：

茶杯上放鸡蛋——靠不住　　徐庶进曹营——一言不发

梁山上的军师——吴（无）用　　猪八戒的脊背——悟（无）能之背（辈）

歇后语的前后两个部分，相当于谜语的谜面和谜底，前一部分说出一种事物、现象或一个比喻，后一部分则是由前一部分引出的道理。

现代汉语的歇后语主要包括两种类型：

第一，比喻型歇后语。前一部分是一个比喻，后一部分对前一部分进行解释说明。例如：

周瑜请蒋干——别有用心　　黄连甘草挑一担——一头苦来一头甜

见人先作揖——礼多人不怪　　巴掌心里长胡子——老手

第二，谐音型歇后语。后一部分在解释说明前一部分的基础上，通过谐音双关来委婉含蓄地表达语义。例如：

半边铃铛——响（想）不起　　孔夫子搬家——尽是书（输）

贾府门前的狮子——石（实）心眼　　一个墨斗弹出两条线——丝（思）路不对

歇后语是汉语特有的一种语言形式。它寓意深刻，耐人寻味，具有较强的民族文化特色，而且由于使用的是比喻、谐音的方法，所以形象生动，含蓄诙谐，具有很好的表达效果。

（四）谚语

谚语是广泛流传于人们口头的具有传授经验、教训劝诫功能的固定语句。谚语多数是句子，在运用中，可以充当句子的一个成分，也可以独立成句，或者充当复句中的分句，但它主要还是语言的备用单位，性质和作用相当于词。

现代汉语的谚语可以分为两种：

第一，总结日常生活经验的。例如：

寒从脚起，病从口入。

西北起黑云，雷雨必来临。

内行看门道，外行看热闹。

人是铁，饭是钢，一顿不吃饿得慌。

第二，总结生活哲理，教育劝诫后人的。例如：

强扭的瓜不甜。

磨刀不误砍柴工。

姜是老的辣，醋是陈的酸。

当家才知柴米贵，出门才晓路难行。

谚语是人们长期生活经验的总结，它通过判断推理或引申比喻，寓深刻道理于浅近的语言中，具有通俗生动、富于哲理性的特点。

三、缩略语

缩略语是为了适应语言表达经济性的需要而经过压缩和省略的词语。在知识信息高度膨胀、社会生活节奏不断加快的今天，缩略语以其简洁、明快、凝练的特点为人们所普遍使用。

缩略语看起来很像词，但在缩略之前，却是形式比较长的专有名称或经常在一起出现的词语。因此，缩略语主要由原式和缩略形式构成；原式出现的时间一般要早于缩略形式，二者之间具有意义上的相互依赖性。例如：缩略形式“高考”由原式“普通高等学校招生全国统一考试”缩略而成；缩略形式“奥运会”由原式“奥林匹克运动会”缩略而成。从时间上看，缩略形式“高考”、“奥运会”的产生都要晚于原式“普通高等学校招生全国统一考试”、“奥林匹克运动会”。

根据原式和缩略形式之间的关系，缩略语的产生方式主要有以下三种：

第一，截取式。截取式是指直接截取原式中一个现成的词或短语。例如：

复旦大学——复旦　　大众牌轿车——大众

《说文解字》——《说文》　　中国人民解放军——解放军

第二，抽合式。抽合式是先抽出原式中的几个字，然后再把它们组合在一起。例如：

科学研究——科研　　博士生导师——博导

高等院校——高校　　呼和浩特盟——呼盟

电影电视——影视　　华侨事务——侨务

父亲、母亲——父母亲　　中医和西医——中西医

人民警察——民警　　摄影展览——影展

中国语言文学系——中文系　　文学艺术工作者联合会——文联

中国人民政治协商会议——政协　　电影评论——影评

第三，数概式。数概式是根据原式中的关键字及其数量，然后用提示性的数量词语来进行概括。例如：

百花齐放、百家争鸣——双百　　通商、通邮、通航——三通

陆军、海军、空军——三军　　经部、史部、子部、集部——四部

社会主义物质文明和社会主义精神文明——两个文明

缩略语是现代汉语词汇中一种比较特殊的现象。除了原式的语言单位性质很不统一之

外，原式和缩略形式之间的关系也极其复杂。有的缩略语脱离了具体的语境，把握其原式就会显得比较困难，如“三孔”（孔庙、孔府、孔林）等；有的缩略语产生的方式非常复杂，如“非典”（传染性非典型性肺炎）等；还有一些缩略语由于使用频率较高、使用范围较广，转化成了一般的词，如“文艺”（文学艺术）、“理化”（物理学和化学）、“地铁”（地下铁路）等。近年来出现的一些字母词，如“HSK”、“MBA”、“GDP”、“ATM 机”等，在丰富现代汉语缩略语的内容的同时，也使现代汉语缩略语的性质显得更加复杂了。

思考与练习四

一、什么是固定语？举例说明固定语的特点。
二、什么是专有名称？专有名称包括哪些类型？
三、什么是成语？举例说明成语的来源。
四、成语和惯用语有哪些不同？
五、说明下列熟语的类别。

迅雷不及掩耳　　鸡蛋里面挑骨头
强将手下无弱兵　　十文铜钱少一文
铁饭碗　　跑龙套
金玉其外，败絮其中　　天上无云不下雨，世间无理不成事。
案板上的买卖——斤斤计较　　白开水画画——轻描淡写

六、根据前一部分的意义，写出下列歇后语的后半部分。

1. 外甥打灯笼——　　2. 出窑的砖——
3. 王八吃秤砣——　　4. 老鼠钻书箱 ——
5. 拔葱种海椒——　　6. 一双手捧酒壶——
7. 八股文的格式——　　8. 靶场上练瞄准——

七、搜集日常生活中常用的熟语，并谈谈熟语在话语交际中的表达效果。
八、阅读报刊杂志，搜集 10 个以上缩略语，说明它们的缩略方式和使用时应该注意的问题。

第五节　词义的类聚

一、词义和词义的分析

（一）词义的定义及特点

词义是词的语音形式所表示的内容。广义的词义，包括人们对客观事物的概括反映和主观评价，以及词在语法上所具有的意义类别和功能意义；狭义的词义，仅指人们对客观事物的概括反映和主观评价。本节的“词义”，指的是狭义的词义，主要是就实词而言的。

词义具有四个方面的特点：

1. 客观性和主观性并存

词义是人们对客观事物或现象进行认识的结果，客观存在是词义形成的根本依据。例如：正是因为客观世界中存在着“水”这种物质，所以人们才得以认识它，并创造了“水”这个词。即使是客观世界中并不存在的“龙”、“凤”、“神仙”、“天狗”、“雷公”等词，也仍然是人们基于对客观世界的认识，只不过这种认识带有明显的主观性。

词义的主观性与人类认识事物的能力、民族文化传统有关。例如：同样是“月亮”，古人与今人的认识必然存在差异，科学家与老百姓的认识也会截然不同。即使是同一个人，在不同的时期，由于受到年龄、文化程度、生活阅历等的影响，也会有不同的认识。又如：“京剧”、“旗袍”、“春节”等词语，以及它们所蕴含的“中国国粹、艺术精湛”、“雍容高贵”、“全家团圆、辞旧迎新”等内涵，本身就是中华民族所独有的，其他民族不一定能够理解。

2. 概括性和具体性并存

词义反映的是某一类事物或现象的本质特征。例如：“蔬菜”的词义是可以做菜吃的草本植物，舍弃了“青菜”、“白菜”、“萝卜”等各种蔬菜的具体属性，而对所有蔬菜的共同特征进行了概括。即使是专有名词，也具有一定的概括性。例如：“李白”这个词的语义就是对诗人李白各个时期、不同状态的特征概括。因此，词义具有概括性。

但在实际运用中，由于受到语境的制约，词义又总是和具体的事物相对应的。例如：

① 最后一班车也走了，我们只好步行回家。

② 水果真新鲜，味道也比外地的好。

例①中的“车”指发话人要乘坐的那一路公交车；例②中的“水果”也是指说话人眼前的，而且是产自本地的。

3. 明确性和模糊性并存

词义概括的是事物的本质特征，因此，词义具有区分不同事物、明确其所属范围的作用。例如：根据“毛笔”的词义，我们绝不会把它和铅笔、钢笔、圆珠笔混同起来；“足球”、“排球”、“篮球”、“羽毛球”、“乒乓球”之间的区别也是显而易见的。

但是，词义也具有一定的模糊性。例如：“过去”、“现在”、“将来”的起止时间、延续时间并不十分清晰，只能是相对而言。又如：“绿”这个词，《现代汉语词典》（第5版）解释为“像草和树叶茂盛时的颜色，蓝颜料和黄颜料混合即呈现这种颜色”，但各种草和树木的颜色是不同的，而且蓝颜料和黄颜料各以多少比例混合在一起，这些都是很难说清楚的。词义的模糊性跟客观事物的运动变化状态有关，也跟人们对客观事物认识的不断深入有关。正因为如此，词义永远不可能绝对化，词义的明确性和模糊性是相对的。

4. 稳定性和发展性并存

词义一旦形成，就与其语音形式处于一种相对稳定的联系状态。例如：“诗人”和“私人”、“粗布”和“初步”、“小牛”和“小刘”等，读音不同，意义也不同。就词义本身来讲，在相当一段时间之内，也不会有太大的变化；否则，就会让人无所适从，进而影响交际。

但是，随着社会的发展、事物的变化以及人类认识的改变，词义又不是一成不变的。例如：“航行”原来只有“船在水中前进”的意思，现在还可以指飞机在空中飞行；“勾当”原来指一般的事情，现在专指坏事情；“河”原来仅指黄河，现在泛指一切河流。即使是在共时平面上，词义也仍然会有发展变化的情况。例如："打造"、"窗口"、"软件"、"菜单"、"山寨"等词，其词义也都有不同程度的发展和变化。可见，词义具有稳定性和发展性并存的特点。

（二）词义的构成

词义是由多种因素构成的复杂系统。通常，词义由理性意义和附加意义构成。

1. 理性意义

理性意义，也叫逻辑意义或概念意义，是人们对词所指对象的区别性特征的概括认识在词义中的反映。例如：

① 打卡：工作人员上下班时把考勤卡放在磁卡机上记录到达和离开单位的时间。

② 下载：把信息从互联网或电子计算机上输入到另一台电子计算机上。

③ 文化衫：印有文字或图案的针织短袖衫，在一定程度上能反映出某些文化心态。

理性意义是词义的核心部分，词典中词的释义主要是以理性意义为主。

2. 附加意义

附加意义，是附着在词的理性意义之上的与语境有关的词的特定意义，主要包括感情色彩、语体色彩、形象色彩、文化色彩等四个方面的内容。

感情色彩，指词所体现出来的反映人们对有关事物或现象的情感态度。感情色彩分为褒义和贬义。凡是表示人们对有关事物或现象的喜爱、赞许的感情态度的词义，就具有褒义的色彩。例如：

楷模　　英雄　　逝世　　荣誉　　稳重
烈士　　漂亮　　奉献　　勇敢　　喜欢

凡是表示人们对有关事物或现象的厌恶、鄙视的感情态度的词义，就具有贬义的色彩。例如：

狡猾　　小人　　轻浮　　肮脏　　丑陋
巴结　　勾结　　奉承　　狂妄　　毙命

此外，现代汉语还有很多词既没有褒义的色彩，也没有贬义的色彩。它们是中性词。例如：

语法　　散文　　建筑　　调研　　引擎
山脉　　结论　　鼻子　　油漆　　太阳

语体色彩，指一些词由于经常出现在某种特定场合而产生的风格功能。语体色彩分为书卷语体色彩和谈话语体色彩两大类。书卷语体色彩给人以庄重典雅、严谨规范的感觉。例如：

婵娟　　徜徉　　蹉跎　　伎俩　　教诲
凝聚　　悼念　　神往　　诞辰　　寂静

谈话语体色彩给人以通俗易懂、生动活泼的感觉。例如：

爹　　娘　　老婆　　喜滋滋　　身子骨
厚实　　疙瘩　　闹肚子　　打伙儿　　聊天儿

形象色彩，指构词语素所显示出来的词的形象感。例如：

云海　　垂柳　　吃醋　　喷泉　　爬格子

荷包蛋　乒乓球　开绿灯　冷冰冰　轰隆隆

文化色彩，指附着在词上的文化信息。在现代汉语中，有很多词语是直接或间接来源于古代典籍和神话传说的。这些词语的语义中蕴含了丰富的文化内容，具有鲜明的文化色彩。例如："弄瓦"一词，出自《诗经·小雅·斯干》。"瓦"是古代的纺锤，给幼女玩弄"瓦"，是希望她将来能做女红，谨遵女德。后来就把生女孩称之为"弄瓦"。类似的词还有：

折桂　推敲　结发　弄璋　问鼎

离休　煎饼　属相　相声　对联

另外，现代汉语从其他民族语言中借用的外来词，反映的则是其他民族的文化习俗和异域情调。例如："狮子"、"石榴"、"色拉油"、"汉堡包"、"阿斯匹林"、"先锋霉素"等。

（三）词义分析

对词义进行分析，有助于人们准确认识词语，科学把握词义之间的差异，恰当表达对客观事物的各种情感态度。词义分析，首先需要确定词义的单位。

1. 义项和义项的确定

义项是能够独立运用的最小的词义单位。义项的数量不是固定的，有的词只有一个义项，有的则有几个义项。例如：

笔友：通过书信往来、诗文赠答结交的朋友。

应付：①对人或事采取措施、办法。②敷衍了事。③将就；凑合。

确定义项时，需要注意以下三方面的问题：

第一，词的义项是从使用词的语境中归纳出来的。例如："创意"这个词有两种使用情况"这个设计毫无创意可言"、"本次活动由工会创意发起"，并由此形成了两个语境互补的意义：

① 有创造性的想法、构思等

② 提出有创造性的想法、构思等

因此，"创意"这个词有两个义项。

第二，词的义项是对相对稳定的词的意义说明。那种在特定语境中临时产生的词义，不属于词的义项。例如：

这种老品牌的产品，因为质量好，在国内市场上很有影响。

上例中的"影响"原本是指对人或事物所起的作用，但在这里却缩小了语义范围，专指对人或事物所起的好的作用。这个意思是在特定语境中临时产生的，不能看作是"影响"的义项。

第三，词的各个义项之间，既彼此独立，又互相补充。词的每一个义项虽然只能出现在特定的语境中，但不同义项之间又是紧密联系的。例如：

含金量：①物体内所含黄金的数量。②比喻事物所包含的实际价值。

不难看出，"含金量"这个词有两个义项，义项②是在义项①的基础上通过比喻形成的，二者之间具有密切联系。

2. 义素和义素分析法

义素，也叫语义特征或语义成分，是构成词义的最小意义单位。它本身不能直接出现在语言的使用环境中，只能作为义项的构成成分。例如：

靴子：[+穿在脚上的东西][+有筒][+走路时着地]

鞋子：[+穿在脚上的东西][-有筒][+走路时着地]

袜子：[+穿在脚上的东西][±有筒][-走路时着地]

在上面的例子中，“[ ]”内的成分即义素；“+”表示具有这种特征，“-”表示没有这种特征，“±”表示两种特征的并存。在这些义素中，[穿在脚上的东西]是鞋子、靴子、袜子所共有的，同时也是鞋子、靴子、袜子以外的物品所不具备的，叫做共同义素；其余义素虽然不是鞋子、靴子、袜子的共有义素，但却具有把它们区别开来的作用，叫做区别义素。

义素分析法，也叫做语义特征分析法或语义成分分析法，是现代语义学分析词义构成成分的常用方法。它主要是通过词义间的比较，找出一组相关词语的共同义素和区别义素，进而对处于同一语义场中的词义进行全面、深入的分析。

通常，义素分析法的基本步骤是：

（1）确定语义场

语义场是根据词语在词义上的共同特点或相互关系划分出来的类。例如：“菊花”、“月季”、“丁香”、“玫瑰”、“百合”、“康乃馨”等词，可归入到“花”这一语义场中，因为它们的词义中都有一个共同的特点，即种子植物的有性繁殖器官。又如：“毛笔”、“钢笔”、“铅笔”、“圆珠笔”、“水彩笔”等词，可归入“笔”这一语义场中，因为它们有一个共同的特征，即写字画图的工具。

通常，确定语义场的办法主要是借鉴各个学科对事物的分类。但语义场一般都可以进一步划分为若干较小的场，分到不能再分时，就叫做最小语义场。因此，语义场内部存在着不同层次的下位语义场。义素分析必须在同一语义场的同一层次中进行。例如：“毛笔”、“钢笔”、“铅笔”、“圆珠笔”、“水彩笔”等可以进行义素分析，而“毛笔”、“杨树”、“篮球”或“花”、“菊花”、“月季”就无法进行义素分析。

（2）提取有效义素

确定语义场只是确定分析的范围，而义素分析的目的是要在一定的语义场内通过比较找出义素。因此，能否提取有效义素，是义素分析准确与否的关键所在。

所谓“有效”，是指根据词义提取的义素必须满足两个条件：一是具有共同义素；二是具有区别义素。例如：

歌剧：综合诗歌、音乐、舞蹈等艺术而以歌唱为主的戏剧。

舞剧：主要用舞蹈来表现内容和情节的戏剧。

话剧：用对话和动作来表演的戏剧。

比较这三个词的词义，不难看出：[戏剧]是歌剧、舞剧、话剧的共同义素，利用该义素可以把歌剧、舞剧、话剧同非戏剧的事物区别开来。仔细分辨又会发现，[歌唱]是歌剧的特征，[舞蹈]是舞剧的特征，[对话和动作]是话剧的特征。这些特征就是把同为戏剧的歌剧、舞剧、话剧区别开来的区别义素。由此可见，“歌剧”一词的义素就有[+戏剧][+歌唱]，“舞剧”一词义素就有[+戏剧][+舞蹈]，“话剧”一词的义素则有[+戏剧][+对话和动作]。

（3）选用表达方法

有效义素提取出来之后，需要采用一定的表达式。义素分析的表达方法很多，我们这里采用的是图表法。例如：

义素 词	［戏剧］	［歌唱］	［舞蹈］	［对话和动作］
歌剧	+	+	-	-
舞剧	+	-	+	-
话剧	+	-	-	+

义素分析法通过全面、深入地分析处于同一语义场中同一层次的词的词义，揭示相关词语意义之间的联系和区别，一方面有助于我们直观、准确地理解和掌握词的意义，另一方面则使词义描写形式化和精密化，有助于计算机正确识别语义和对自然语言进行计算机信息处理。但是，在实际操作过程中，义素分析法也存在一些较难把握的问题。例如：怎样科学地确定语义场、如何在义项中提取义素、有效义素的数量究竟是多少、所有的词是否都能进行义素分析等等。这些问题都是需要进一步研究并加以解决的。

二、单义词和多义词

（一）单义词

单义词是只有一个义项的词。例如：

氧　煤　盆　雨　搓　懂　拣

睿智　鞠躬　微笑　拮据　鼓励　冠心病　人生观

单义词既可以是单纯词，也可以是合成词，但都只有一个意义，在话语交际中不会产生歧义。在现代汉语中，专业词、行业词、新造词等，大多都属于单义词。

（二）多义词

多义词是有两个或两个以上相互关联的义项的词。例如："新锐"就是具有三个义项的多义词：

① 新奇锐利：新锐武器。

② 新出现而有锐气的（人）：新锐导演。

③ 新出现而有锐气的年轻人：棋坛新锐。

多义词是单义词发展演变的结果。它虽然有几个相互联系的义项，但这些义项的使用频率并不相同。有的义项比较常用，有的则不太常用。其中，最常用的那个义项，就叫基本义；其他义项则是在基本义的基础上，通过引申、比喻、借代等方法派生出来的，叫做派生义。

词的基本义和本义是两个不同的概念。基本义是就义项的使用频率而言的，本义是就义项的产生时间而言的，是词的最初意义。例如："嘴"的本义是"鸟的嘴"，而基本义是"口的通称"；"走"的本义是"跑"，基本义则是"步行"。当然，词的基本义和本义也有一致的时候。例如："尘"的本义和基本义都是"飞扬或附着在物体上的细小灰土"。

词的派生义包括引申义、比喻义和借代义。引申义，是在词的基本义的基础上，通过推演发展而产生的意义。例如：

远：
- 基本义：空间或时间的距离长。| 他家离学校很远。
- 引申义$_1$：（差别）程度大。| 我和他比，差得太远了。
- 引申义$_2$：不接近。| 大家对他敬而远之。

比喻义，是借用词的基本义来打比方而产生的新的词义。例如：

开花：
- 基本义：生出花朵；花蕾开放。| 这棵树终于开花结果了。
- 比喻义$_1$：像花朵那样破裂开来。| 我的鞋开花了。
- 比喻义$_2$：心里高兴或脸露笑容。| 心里真是乐开花了。
- 比喻义$_3$：经验传开或事业兴起。| 他们的先进经验遍地开花。

借代义，是指利用事物之间的相关性，用与基本义相关的事物而派生出来的新的词义。例如：

① 干戈：原义是武器，现在用来代指战争。

② 口舌：原义指嘴巴和舌头，后用以代指劝说、争辩、交涉时说的话。

③ 饭碗：原义是盛饭的碗，后用以代指赖以谋生的职业。

值得注意的是，不能简单地把比喻义、借代义同比喻辞格、借代辞格等同起来。比喻是抓住不同事物的相似点，临时用一事物来描写另一事物的修辞方式。借代是利用事物之间的相关性，临时用乙事物来代表甲事物的修辞方式。比喻义、借代义虽然分别是通过比喻辞格、借代辞格而逐渐形成，但一旦约定俗成，便成为词的相对稳定的义项，不再带有修辞格所特有的临时性语义。

多义词以一个语音形式承载了多个义项，符合语言的经济原则。一般说来，使用频率越高的词，义项也就越多。但是，由于具有若干义项，因而多义词对语境的依赖性也比较强。脱离了具体的语境，多义词就容易产生歧义。例如："去充电吧"这句话，如果没有特定的交际背景，"充电"一词可能是"电池没电了，需要充电"的意思，也可能是"知识老化，需要学习新知识、掌握新技能"的意思。

三、同义词和反义词

（一）同义词

1. 同义词及其类型

同义词是意义相同或相近的一组词。例如：

珍惜——珍爱　　满足——满意　　构思——构想
合约——合同　　和睦——和乐　　静谧——安静

同义词可以分为完全同义词和不完全同义词两类。完全同义词是理性意义完全相同的一组词。例如：

大夫——医生　　讲演——演讲　　互相——相互
嫉妒——妒忌　　马铃薯——土豆　　西红柿——番茄

不完全同义词是理性意义相近的一组词。例如：

顽强——坚强　　善良——和善　　夸奖——恭维

申诉——陈诉　　婉转——委婉　　申明——声明

值得注意的是，同义词之间的关系必须是同一语言内部共时状态下义项和义项之间的关系。所谓“同一语言内部”，是指同义词的判定必须在特定民族语言的内部进行，不同语言词汇系统中意义相同或相近的词不是同义词，如汉语的“妈妈”和英语的“mother”就不是同义词；所谓“共时状态”，是指同义词的确定必须在同一时代的词的内部进行，不同时代意义相同或相近的词不是同义词，如古代汉语的“目”和现代汉语的“眼睛”就不是同义词；所谓“义项和义项之间的关系”，是指只有能够独立运用的最小的词义单位相同或相近的词才是同义词，意义相同或相近的词义和语素义不能构成同义词，如“飞奔”中的“飞”是一个构词语素，虽然也表示“快”的意思，但却不能和“快”这个词构成同义词。当然，具有两个或两个以上义项的多义词，由于每一个义项都可能会有一个相应的同义词，因此可能会形成多个同义词的情况。例如：多义词“深”就可以分别和“厚”（感情深）、“浓”（颜色太深）等构成同义词。

2. 同义词辨析

同义词大部分都是同中有异的，而这些细微的差异正是我们学习和使用同义词必须掌握的内容。掌握辨析同义词的方法，可以帮助我们准确地把握词义，使语言表达更加贴切、生动。

通常，同义词的辨析主要从以下三个方面进行：

（1）理性意义的辨析

第一，程度轻重不同。有些同义词的差异，主要是表现在词义的轻重程度上。例如：

思量——沉思　　失望——绝望　　改良——改革

“思量”是考虑，“沉思”则是深思。“失望”是丧失希望，“绝望”是彻底没有希望。“改良”是局部的、表面的改变，“改革”是全面的、根本的改变。

第二，范围大小不同。有些同义词是由于词义范围大小不同才形成差异的。例如：

家族——家属　　过程——历程　　时代——时期

“家族”指同一姓氏的、有血缘关系的几辈人，而“家属”只是指某个人的家庭成员，意义范围比“家族”小。“过程”泛指一切事情进行或事物发展所经过的程序，“历程”专指人们经历的较长的不平凡的过程，意义范围小于“过程”。“时代”表示社会发展进程中划分出来的时间段落或人成长过程中的某一阶段，“时期”表示某一段特定的时间，意义范围比“时代”小。

第三，侧重点不同。有些同义词的差异，主要体现在词义的侧重点上，例如：

坚定——坚决　　赏析——分析　　气度——气魄

“坚定”侧重于“定”，即不动摇，“坚决”侧重于“决”，即不犹豫。“赏析”侧重于“赏”，即欣赏、分析，“分析”侧重于“析”，即分解、剖析。“气度”侧重于“度”，即胸怀、肚量，“气魄”侧重于“魄”，即做事的魄力。

第四，个体和集体之分。同义词中，有的是表个体的，有的是表集体的。例如：

人——人类　　书——书籍　　湖——湖泊

“人”可以指单个的人，“人类”则指人的总称。“书”可以指一本书，“书籍”则指书的总称。“湖”可以指某个湖，“湖泊”则是湖的统称。

（2）附加意义辨析

第一，感情色彩不同。一部分同义词在感情倾向上存在着差异。例如：

鼓舞——煽动　　果断——武断　　团结——勾结

“鼓舞”是褒义词，意思是增强人的信心或勇气，“煽动”是贬义词，意思是唆使别人干坏事。“果断”是褒义词，指有决断、不犹豫，“武断”是贬义词，指做事仅凭主观判断。“团结”是褒义词，表示为实现共同理想而联合，“勾结”是贬义词，表示为进行不正当活动暗中结合。

第二，语体色彩不同。有些同义词由于使用场合的不同，形成了功能风格方面的差异。例如：

恐吓——吓唬　　邂逅——碰到　　诞辰——生日

“恐吓”、“邂逅”、“诞辰”经常用在书卷语体中，具有庄重典雅的色彩；“吓唬”、“碰到”、“生日”经常用在谈话语体中，具有通俗浅显的色彩。

（3）语用功能辨析

第一，适用对象和搭配习惯不同。有的词，虽然意义基本相同，但在具体运用中，都有约定俗成的搭配习惯，必须遵守。例如：

赡养——抚养　　培植——培养　　强健——强壮

“赡养”适用于长辈，“抚养”适用于晚辈。“培植”适用于植物，“培养”适用于人。“强健”一般和“体魄”搭配，“强壮”一般和“身体”搭配。

第二，词性和句法功能不同。有些词，意义基本相同，但词性不同，句法功能也不同。例如：

勇气——勇敢　　忽然——突然　　愿望——希望

“勇气”和“勇敢”都有“不畏惧困难，有胆量”的意思，但“勇气”是名词，在句子中经常充当主语和宾语，“勇敢”是形容词，一般充当谓语、定语和状语。“忽然”和“突然”都表示“来得迅速而又出乎意料”，但“突然”能做谓语和补语，“忽然”则只能做状语。“愿望”和“希望”都有“想要达到某种目的”的意思，但“愿望”是名词，可充当主语和宾语，“希望”是名词兼动词，可充当主语和宾语，也可充当谓语。

3. 同义词的作用

同义词是人类思维发展精细化的结果。现代汉语的同义词数量较多，恰当选择和使用同义词可以使语言表达得更加细致、准确。例如：“老妈子”、“佣人”、“保姆”、“家政服务员”、“钟点工”等同义词，表现出了现代汉语表达“受雇为人从事家务劳动的人”这一意义的词语的丰富性。又如：

身陷苦难却仍为荷花的盛开欣喜赞叹不已，这是一种趋于澄明的境界，一种旷达洒脱的胸襟，一种面临磨难坦荡从容的气度，一种对生活童子般的热爱和对美好事物无限向往的生命情感。　（《态度创造快乐》①）

① 国家语言文字工作委员会普通话培训测试中心：《普通话水平测试实施纲要》，北京：商务印书馆2005年版，第406页。

这个例句连用同义词“旷达”和“洒脱”、“坦荡”和“从容”，不但使语句显得富于变化，而且增强了语言表达的力度。

（二）反义词

1. 反义词及其类型

词义相反或相对的一组词，叫反义词。例如：

褒——贬　　抑——扬　　前——后

坚强——懦弱　　高雅——粗俗　　诚实——虚伪

反义词是客观事物的矛盾对立关系在词语中的反映。当然，具有矛盾对立关系的事物之间不一定就能构成反义词，如“狼——羊”、“蜻蜓——蚊子”等。通常，只有同属一个意义范畴内的两个词，才能构成反义词。例如：“好”和“坏”是反义词，因为它们都属于“性质”的范畴；“粗”和“浅”不能构成反义词，因为二者不属于同一意义范畴。此外，反义词反映的是语法功能相同的词和词之间的关系，因此，词和短语不能构成反义词。例如：“规则”和“不规则”、“动”和“不动”就不是反义词。

反义词可以分为绝对反义词和相对反义词两类。绝对反义词，是两个意义绝对相反且中间没有第三种意义的词，即肯定A必否定B，肯定B必否定A。例如：

生——死　　真——假　　曲——直

主观——客观　　正数——负数　　存在——消失

正确——错误　　安全——危险　　完整——残缺

相对反义词，就是两个意义相对且中间还有其他意义存在的词，即肯定A就否定B，但否定A不一定就肯定B。例如：

赏——罚　　首——尾　　朝——暮

赞成——反对　　悲哀——喜悦　　富裕——贫穷

冷淡——热情　　奖励——惩罚　　高尚——卑鄙

值得注意的是，多义词一般有若干义项，每一个义项都可能会有一个相应的反义词，从而形成了多个反义词的情况。例如：“新”这个词，表示“刚出现的或刚经验到的”时，与“老”相对，如“新品种”和“老品种”；表示“性质上改变得更好”时，与“旧”相对，如“新社会”和“旧社会”；表示“新的人或事物”时，与“陈”相对，如“推陈出新”。

2. 反义词的作用

恰当运用反义词，可以让事物形成鲜明的对比，从而揭示事物之间的矛盾对立关系，使话语表达言简意赅，寓意深刻。例如：

① 世界上最快而又最慢，最久而又最短，最易被人忽视而又最易被人后悔的，就是时间。

② 有的人活着，他已经死了；有的人死了，他还活着。　　（臧克家《有的人》）

例①为高尔基的名言，它利用反义词深刻地揭示了事物发展过程中辩证统一的关系，构成了精深透辟、富有哲理的警句，给人以启示和教育。例②利用反义词，表达了对前者强烈、深沉的感情和对后者犀利、辛辣的嘲讽，态度鲜明，褒贬清晰。

四、上下义词和类义词

（一）上下义词

上下义词，是在词义的外延上具有包含与被包含关系的一组词。其中，在词义的外延上包含别的词的，叫上义词；在词义的外延上被包含的词，叫下义词。例如：

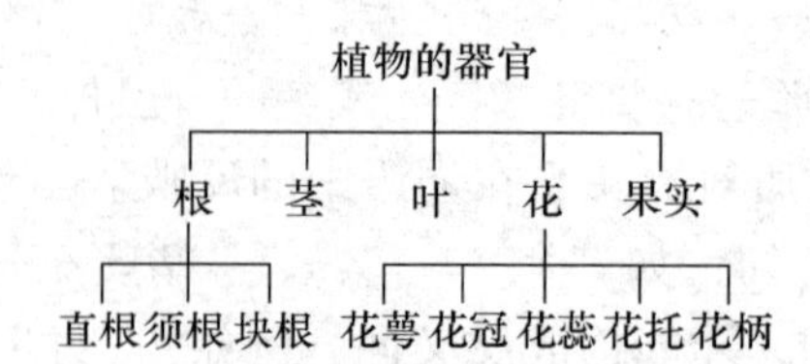

从外延来看，上下义词之间是包含与被包含关系，“植物的器官”的词义包含了“根”、“茎”、“叶”等的词义；从逻辑关系来看，上义词反映的是属概念，下义词反映的是种概念，如“根”是属概念，“直根”是种概念。

现代汉语的上下义词具有四个方面的特点：

第一，上义词和下义词之间是一对多的关系，即上义词只有一个，下义词至少要有两个。

第二，上义词涵盖下义词。如果上义词本身拥有几个义项的话，它的每一个义项都可以包含有若干个下义词，从而形成一个庞大的上下义词族群。例如：“车”这个词，当词义为“陆地上有轮子的运输工具”时，它同“火车”、“汽车”、“马车”等构成上下义词；当词义为“利用轮轴旋转的工具”时，它又同“纺车”、“滑车”、“水车”等构成上下义词。

第三，上下义词具有层次性的特征，即当前的每一个下义词都有可能在下一层次中成为上义词。

第四，上下义词在语言表达上可构成同指关系。例如：

① 他买的那支笔是荧光笔。

② 他喜欢的水果是芒果。

例①中的“笔”和“荧光笔”、例②中的“水果”和“芒果”，都是上下义词，它们在各自的句子中构成了同指关系。

上下义词是人们表达认识的一种重要方式。例如：“鱼是生活在水中、有鳞和鳍、用鳃呼吸的脊椎动物”这句话中，“鱼”是下义词，“脊椎动物”是上义词，它们共同构成了词典对“鱼”的释义。利用词的上下义关系，还可以构成众多的同族词。例如：

船：渡船　轮船　渔船　游船　拖船

唱：独唱　领唱　对唱　轮唱　吟唱

当然，在现代汉语中，并不是所有的词都存在上下义关系。例如：“哥哥”、“弟弟”、“姐姐”、“妹妹”就没有共同的上义词，而“雪”则没有相应的下义词。

（二）类义词

类义词，是指具有共同上义词的若干个下义词所形成的词义类聚。例如：“乐器”的下义词“钢琴”、“小提琴”、“箫”、“唢呐”、“笛子”，构成的就是类义词。

现代汉语的类义词具有三个方面的特点：

第一，类义词具有交叉变异性，即处于不同类义关系中的类义词具有交叉关系。例如："教授"一词，既可以和"副教授、讲师、助教"构成类义词，成为"职称"的下义词；也可以和"研究员、副研究员、高工"等构成类义词，成为"高级知识分子"的下义词。当然，相对两个不同的上义词来说，"教授"的词义的侧重点也是各不相同的。

第二，类义词包含反义词，即构成反义关系的两个反义词必定构成类义关系。例如："深"和"浅"的上义词是"深度"，"冷"和"热"的上义词是"温度"，它们同时也构成了类义词。

第三，类义词包含同义词，即构成同义关系的几个词往往也会构成类义关系。例如："水力"、"风力"、"电力"、"畜力"等是一组同义词，它们都是"动力"的下义词，也是一组具有类义关系的类义词。

思考与练习五

一、什么是词义？词义具有哪些特点？

二、举例说明词义的构成。

三、什么是义项？什么是义素？如何区分义项和义素？

四、什么是多义词？多义词在话语交际中有什么作用？

五、什么是反义词？反义词可以分为哪些类型？分别具有什么表达作用？

六、指出下列词哪些是单义词，哪些是多义词。

报道　比拟　岔路　诚心　创伤

地基　风景　挂彩　后台　让位

七、写出下列词语的同义词，并加以辨析。

取消　缺少　让步　潇洒　趋势　驱赶

奢侈　光荣　掂量　商讨　伸展　惋惜

八、写出下列词语的反义词。

拘谨　从容　繁荣　草率　深奥　得意

疏忽　深刻　浓郁　忽视　宏伟　短缺

九、写出下列词语的类义词。

1. 学校　2. 笔　3. 昆虫　4. 家具

十、查阅《现代汉语词典》，对下列各组词进行义素分析，并总结义素分析法的优缺点。

1. 虚假、真实　2. 学生、老师　3. 叔叔、伯伯、舅舅

十一、指出下列各词的义项属于本义、基本义还是派生义。

1. 锋利：①工具、武器等头尖和刃薄，容易刺入或切入物体。
　②（言论、文笔）尖锐：谈吐～。

2. 开阔：①面积或空间范围宽广。
　②思想、心胸开朗：他是一个思想～的人。

3. 厚：①扁平物上下之间的距离大。
　②优待：～此薄彼。

4. 交通：①往来通达：阡陌～。
②各种运输和邮电事业的总称。
③抗日战争和解放战争时期指通信和联络工作。
④交通员。

5. 松：①松散。
②使松：～一～腰带。
③解开；放开：～绑。

6. 活动：①运动：～一下筋骨。
②动摇、不稳定：这个桌子直～。
③灵活；不固定：～房屋。

7. 开张：①商店设立后开始营业。
②商店每天第一次交易。
③比喻某种事物开始。

8. 回：①曲折环绕：～旋。
②从别处到原来的地方：～家。
③调转：～头。
④答复；回报：～信、～敬。

第六节 词音的类聚

根据词的语音形式，现代汉语的词可以从不同的角度进行分类。根据词的音节数量，可分为单音节词和多音节词；根据词的语音形式是否相同以及语音和语义之间的关系，可分为同音词和多音词。

一、单音节词和多音节词

根据一个词所包含的音节的数量，现代汉语的词可以分为单音节词和多音节词。除儿化词外，现代汉语的词的音节数量与记录该词的汉字的数量是一致的。

（一）单音节词

单音节词是只包含一个音节的词。例如：“水”、“唱”、“丑”、“五”、“次”、“不”、“从”、“和”、“的”、“了”、“唉”等。书面上用两个汉字记录的儿化词也属于单音节词，如“花儿”、“头儿”、“盖儿”、“眼儿”、“尖儿”等。

在现代汉语中，单音节词的数量比较少，一般都是表示最基本的现象、事物、行为、性质、数量等的词，主要是一些常用的名词、动词、介词、连词、助词、语气词等。此外，还有一些表示化学元素的名词也属于单音节词，如“氢”、“氧”、“钾”、“镁”、“铜”、“铂”等。

现代汉语的单音节词大多是从古代汉语中发展而来的。由于在汉语中存在的时间比较长，一直为人们所普遍使用，所以这些单音节词所负载的语义也较为丰富，很多都属于现代汉语的多义词。

（二）多音节词

多音节词是包含两个或两个以上音节的词。根据音节的多少，多音节词又可分为以下几种：

1. 双音节词

双音节词是现代汉语词汇系统的主体部分，是现代汉语的词的基本形式。例如：

天空　长江　相信　应该　伟大　渺小

多少　什么　非常　立刻　自从　由于

并且　以及　似的　啊呀　吧嗒　噼啪

2. 三音节词

三音节词在现代汉语中具有一定的数量，有不少反映新事物、新现象或新观念的词都是由三音节构成的。例如：

太阳能　摄像机　原子弹　再生水　多媒体　母亲河

数据库　臭氧洞　专卖店　零增长　地球村　动作片

在现代汉语中，类型化的三音节词主要有两种：

一种是由词根和叠音后缀构成的合成词。例如：

乐滋滋　怯生生　干巴巴　雄赳赳　白茫茫　急匆匆

另一种是由词根和类词缀构成的合成词。例如：

非导体　非卖品　软科学　软包装　半封建　半自动

危机感　使命感　管理型　开拓型　创造性　一次性

据统计，三音节词，尤其是含有类词缀的类型化三音节词，在现代汉语新造词中所占的比例正在逐渐提高。[①] 究其原因，首先是由于人们认识和指称新事物、新现象或新观念的交际需要。随着人们对世界认识的精密化和复杂化，原有的双音节词已经难以传递更加丰富和周密的信息，于是三音节词便获得了生存的空间。其次，随着国际文化交流的日益频繁，不同语言之间的接触与影响逐渐明显，由类词缀和词根组成的合成词以其简洁明了的构词形式、丰富复杂的语义信息，开始在现代汉语中显示出较强的构词活力。第三，新词总是在已有构词材料和结构方式的基础上，通过联想和类推的方法创造出来的。人们通过联想，运用类推的方法，以类词缀为立足点，把语义相近或相关的客体贯穿起来，较好地反映了事物之间相互联系的特性。

3. 四音节词

在现代汉语中，四音节词比较少。例如：

苏格拉底　可口可乐　第三世界　国家公园　泡沫经济

阳伞效应　数字电视　土里土气　灰不溜秋　密密麻麻

现代汉语中也有一些类型化的四音节词。例如：

社会主义　浪漫主义　知识分子　犯罪分子

政治观点　唯物观点　社会关系　群众关系

4. 五音节以上的词

现代汉语五音节以上的词不多，其中包括音译外来词。例如：

---

① 曹炜：《现代汉语词汇研究》，北京：北京大学出版社 2003 年版，第 79 页。

笔记本电脑　自然保护区　豆腐渣工程　方程式赛车
加利福尼亚　阿姆斯特丹　布宜诺斯艾利斯　巴布亚新几内亚

总之，现代汉语的词主要以双音节为基本形式，三音节的词有进一步发展的趋势，四音节以上的词相对要少一些。运用现代汉语的词组织句子时，要注意不同音节的词的搭配使用，从而形成韵律和谐、节奏鲜明的话语表达。例如：

① 秦始皇筑长城的指令，雄壮、蛮吓、残忍；他筑堰的指令，智慧、仁慈、透明。

（余秋雨《都江堰》）

② 一样是两个女儿，一方面如火如荼，一方面冷冷清清，相形之下，委实使人难堪。

（张爱玲《倾城之恋》）

上述例句，既使用了音节整齐、对称的词，又注意不同音节的错落有致，因此读起来琅琅上口，听起来具有一定的音乐性。

二、同音词和多音词

根据词的语音形式是否相同以及语音和语义之间的关系，现代汉语的词可以分为同音词和多音词。

（一）同音词

同音词是语音相同而语义不同的词。

所谓“语音相同”，是指每个词的声母、韵母和声调以及轻重音格式都完全相同。例如：“驾、架、嫁”，“废话、费话”，“立誓、利市、历世”都属于语音相同的词；“人、忍、仍”，“分割、分隔”，“帘子、莲子”都不属于语音相同的词。

所谓“语义不同”，是指每个词的语义不同。这主要表现为几种情况：一是语义差别明显，但有一定的关联。例如：“年轻（年纪不大，多指十几岁至二十几岁；年纪比相比较的对象小）”与“年青（处在青少年时期）”；二是语义相反或相对。例如：“受（接受；遭受）”与“授（交付；给予）”；三是语义毫无关联。例如：“廉洁（不损公肥私；不贪污）”与“联结（结合在一起）”。

根据书写形式是否相同，现代汉语同音词可以分为同形同音词和异形同音词。

1. 同形同音词

同形同音词是书写形式完全相同的同音词。例如：

仪表$_1$：人的外表，包括容貌、姿态、风度等，指好的。
仪表$_2$：测定温度、气压、电量、血压等的仪器，形状或作用像计时的表。

米$_1$：稻米；大米。
米$_2$：长度单位。

刻$_1$：用刀子在竹、木、玉、石、金属等物品上雕成花纹、文字。
刻$_2$：用钟表计时，以十五分钟为一刻。

管$_1$：量词，用于细长圆筒形的东西。
管$_2$：管理；看管。

从来源上看，现代汉语同形同音词可以分为两类：第一种是历史来源不同的同形同音词，第二种是历史来源相同的同形同音词。

历史来源不同的同音同形词语义上毫无关联。它的形成，有的属于汉语本身语音形式和书写形式的偶合，包括语音的历史演变，如“仪表$_1$”与“仪表$_2$”；有的属于音译外来词临时借用了汉语的语音形式和书写形式，如“米$_1$”与“米$_2$”；有的是简化汉字时采用同音代替法所造成的，如“谷$_1$（两山或两块高地中间的狭长而有出口的地带）”与“谷$_2$（谷类作物，繁体字为‘穀’）”。

历史来源相同的同音同形词通常源于一个多义词，主要是由多义词语义系统的复杂化而形成的。多义词的几个义项之间往往具有一种较为直接的联系，但随着本义不断地辗转派生，多义词后来产生的某个义项逐渐与之失去联系，从而分裂成为不同的词，于是便形成了同音同形词。例如：“刻$_1$”与“刻$_2$”；“管$_1$”与“管$_2$”。

2. 异形同音词

异形同音词是书写形式完全不同或异同相间的同音词。例如：

泪——累	没——枚	清——轻	扫——嫂
保健——宝剑	兼顾——坚固	炎症——严正	适意——释义
资历——资力	休养——修养	激动——机动	势力——视力

总的说来，现代汉语同音词的数量相当多，特别是单音节的同音词比较多。这主要是由语言符号的任意性决定的。对于语言符号来说，什么样的语音形式与什么样的语义内容结合，这当中并没有必然的联系，而是取决于约定俗成的社会习惯。同时，任何一种语言的音位在数量上都是有限的，它们所能组合成的音节数量也是有限的，而人们需要表达的意义却是无限的，再加上语音系统的演变、词义系统的发展等因素，这就使同音词的产生成为了必然。

同音词在语言运用过程中既有消极作用也有积极作用。从消极的方面看，同音词由于语音相同、语义不同，很容易造成话语交际中的歧义和误解。例如：“请拿好，这是qīzhōng试卷”这句话让人弄不清是“期中”试卷还是“期终”试卷？从积极的方面看，同音词可以形成具有特殊修辞效果的谐音双关辞格。例如：

① 秀发无“屑”可去！

（清扬去屑洗发露广告）

② 有无始终坚持不哭、放弃激励的孩子，我就不知道了。最后，白姥姥拾起一根大葱打了我三下，口中念念有词：“一打聪明，二打伶俐！”这到后来也应验了，我有时的确如大葱一样聪明（葱明）。

（老舍《正红旗下》）

上述例句巧妙地利用同音词“屑——懈”、“葱——聪”，分别取得了含蓄委婉、耐人回味的表达效果。

（二）多音词

多音词是语音、语义不同而书写形式相同的词。

所谓“语音、语义不同”，是指随着声母或韵母、声调、轻重格式的变化，词义也随之改变。例如：

对头（duìtóu）$_1$：小李的脸色不对头。
对头（duìtou）$_2$：毛毛和玲玲是“死对头”。

称（chēng）$_1$：大伙儿都亲切地称他“老班长”。
称（chèn）$_2$：这件事可称了妈妈的心愿。

多音词“对头$_1$”与“对头$_2$”属于轻重音格式不同，“称$_1$”与“称$_2$”属于韵母和声调不同。总之，只要是声母、韵母、声调、轻重格式至少有一项不同且形成词义的变化，就叫做“语音、语义不同”。

所谓“书写形式相同”，主要有两个意思：首先，记录单音节多音词的汉字字形是特定的。例如：

折（zhé）$_1$：他把信折好装进信封里。
折（shé）$_2$：桌子腿撞折了。

行（háng）$_1$：干一行爱一行。
行（xíng）$_2$：你明白就行！

其次，记录多音节多音词的汉字不仅要求字形相同，而且汉字组合的先后顺序也必须相同。例如：

丈夫（zhàngfū）$_1$：别哭了，男子汉大丈夫！
丈夫（zhàngfu）$_2$：那人就是她的丈夫。

实在（shízài）$_1$：我实在不知道这件事。
实在（shízai）$_2$：工作做得很实在！

因此，诸如“到达——达到”、“前面——面前”、“议会——会议”等都不能视为多音词。

在现代汉语中，大部分多音词都是单音节的，所以语文教学也把它们叫做多音多义字。与同音词一样，多音词在话语交际中也是既有消极作用，也有积极作用。它的消极作用是容易让人读错字音，甚至造成话语交际不必要的麻烦。例如：“还欠500元钱”这句话就有歧义：究竟是还（hái）欠着别人的钱，还是已经还（huán）清别人的钱了？多音词的积极作用是能够使言语表达风趣，让人回味。例如：明代文学家徐渭为了劝勉子孙刻苦读书作了一副对联“好（hǎo）读书不好（hào）读书，好（hào）读书不好（hǎo）读书”，就是巧妙利用多音词而形成的，令人过目不忘，别有一番情趣。

思考与练习六

一、什么是单音节词？现代汉语的单音节词有什么特点？

二、什么是多音节词？多音节词可以分为哪几类？

三、什么是同音词？同音词可以分为哪几类？

四、什么是多音词？多音词在话语交际中有什么作用？

五、改正下列句子中因同音而导致的别字。

1. 她只要遇到紧急情况，第一反映就是尖叫。
2. 来自全国各地的人民代表齐聚北京，共商国事，共议发展。
3. 这部电影是用无数片段故事连缀而成的。
4. 学校通过考察学生的学业成绩来评价学生的表现。

5. 坚决打击不法经营者谋取暴利的行为。

六、标出下列句子中的多音词并朗读。

1. 老张遇到高兴的事儿，总要喝两口儿。
你别急，先喝口水再说。
只要在街上看到不良现象，他总会大喝一声。

2. 你真厉害，我没着儿了！
上不着天，下不着地。
书桌上放着几本书。

3. 我和弟弟最后和了一盘棋。
拜读了您的词，我想来和一首。
我们和点儿面包饺子好吗？

4. 他腰里扎着一条新皮带。
扑通一声，他扎到水里去了。
把裤脚扎起来再下水！

七、请说出10个以上含有类词缀的三音节词，并分析它们的构成特点。

八、查阅相关工具书，尝试分析现代汉语词的音节数量及其规律。

第七节　现代汉语词汇的规范化

语言与社会是共变的，而语言中受民族文化心理影响最直接、与社会和时代联系最密切的，就是词汇。密切关注现代汉语的词汇变化，根据词汇自身的发展规律和约定俗成的原则，把人们需要的和普遍接受的成分稳固下来，这就是现代汉语词汇的规范化工作。

一、词汇的发展变化

（一）词汇发展变化的原因

1. 社会生活的发展变化

词汇是反映社会变革最敏感、最活跃的因素。社会一旦发生变化，新事物、新现象一旦出现，都会在词汇中得到反映。例如：随着网络时代的到来，人与人之间的信息交流方式发生了很大的变化，“上网”、“QQ”、“视频”、“伊妹儿”等词语应运而生；随着技术的更新和发展，新产品不断被开发出来，“液晶电视”、“DVD”、“EVD”、“MP4”等新造词也随之产生。另外，社会的发展还会促进不同社区、不同民族之间的往来接触，这也是影响词汇发展的重要因素。这一切说明，社会生活的发展影响着词汇的发展，社会的发展程度越高，词汇就越发达。

2. 人类思想认识的发展

词是人们对客观事物认识的结果。人的认识是不断发展的，反映到对事物的认识上，一方面，人的认识促进了科学技术的进步，进而促成了新事物或新现象的产生，最终导致了新词语的产生，如“卫星”、“导弹”、“航天器”、“摄像机”、“数码相机”等；另一方面，随着人们认识的深入细致，那些过去未被发现的事物或现象经过人们的再认识，也会相应地产生一些新词，如“分子”、“原子”、“电子”、“中子”、“质子”等。由此可见，人类思想认识的发展和深化，是促成词汇发展变化的重要原因。

3. 词汇系统内部的调整变化

语言是用来交际的。为了便于交际，人们通过语言实践对词汇系统进行不断调整，要么淘汰一些旧词或赋予旧词新的含义，要么使用既有构词材料和构词方式来创造新词，从而不断推动词汇的发展变化。例如：“市管会”、“军代表”、“BP 机”、“下海”、“平反”、“迪斯科”、“幸子头”等，随着社会的发展，已经逐步从日常生活中消失了。又如：“静”和“净”属于同音词，为了避免因读音相同而造成交际失误，就以“静”为构词材料，创造了“安静”、“平静”、“清静”、“宁静”等词语，以“净”为材料创造了“洁净”、“纯净”、“明净”、“干净”等词语。因此，词汇的发展变化与词汇系统内部的调整变化息息相关。

（二）词汇发展变化的表现

1. 新词语的产生

从 20 世纪 80 年代开始，大量涌现的新词语已成为现代汉语词汇发展中一道亮丽的风景线。

从来源上看，新时期以来产生的新词语主要来源于新造词、方言词和外来词。新造词大量产生，如“非典”、“博客”、“刷卡”、“反倾销”、“世博会”、“再生水”等，遍及社会生活的各个领域；方言词主要来源于北京话、吴方言、粤方言等，如“叫板”、“侃大山”、“跌份”、“靓”、“搞笑”、“打工仔”等；伴随着外来经济、文化源源不断的涌入，外来词也纷至沓来，如“巴士”、“的士”、“麦当劳”、“肯德基”、“CEO”、“VIP”等，已成为人们日常生活交际中的重要组成成分。

从构词的角度看，新时期以来的新词语大多是偏正型、联合型、述宾型的复合词，以类词缀为基础的附加式合成词也明显增多。另外，缩略语得到了进一步的发展，缩略形式的使用频率大大超过了原式，其词化的性质和功能日益显著。

2. 旧词语的消亡和变化

随着社会的发展变化，表示新事物、新观念的新词语不断涌现；与此同时，指称旧现象、旧观念的词语也在发生着微妙的变化。有的旧词语逐渐从日常话语交际中消失了，如“丫环”、“童养媳”、“购粮证”、“红卫兵”、“黑五类”等；有的旧词语则是“消”而未“亡”，它们慢慢地丧失了原本词义中的某些特点和风格，逐步演变为当下普通话词汇系统的成员，并广泛地存在于话语交际活动中，如“小姐”、“先生”、“招聘”、“学位”、“博士”、“股票”、“期货”、“夜总会”、“绑票”等。

3. 词义的演变

词义的演变是词汇发展变化的重要表现之一。汉语词义的发展演变，主要表现在词义的扩大、缩小和转移三个方面。

词义的扩大，是指词义在发展的过程中逐步扩大了其所概括的对象的范围。例如：

① 睡：原指打瞌睡，现在成为睡眠的通称。

② 红：原指粉红，现在成为红色的通称。

③ 忽悠：原为方言词，意为晃动，现在还可以指哄骗、糊弄（他人）。

词义的缩小，是指词义在发展过程中逐步缩小了其所概括的对象的范围。例如：

① 丈人：原为老年男子的通称，现在专指岳父。

② 学者：原指求学的人，现在专指学术上有一定成就的人。

③ 报复：原指报答恩和怨，现在专指对批评自己或损坏自己利益的人进行反击。

词义的转移，是指词义在发展过程中其所表示的概念发生了转移。例如：

① 主人公：原指主人，现在指文学作品的中心人物。

② 环境：原指环绕全境，现在指周围的地方或情况、条件。

③ 书记：原指秘书，现在指党、团等各级组织中的主要负责人。

由此可见，词义一旦发生变化，词语原来所表达的概念就需要用新的语言形式来进行表示，而这些形式和语义已经发生变化的词语之间，便形成了各种各样的关系，如词义扩大之后，原义就被包含在新义之内；词义缩小之后，新旧词义间形成的是类属关系；词义转移之后，新义完全代替了旧义。

二、现代汉语词汇规范化的内容

（一）词汇规范化的基本原则

词汇是一个随时处于发展变化当中的动态系统，因此，现代汉语词汇的规范化应该本着客观、辩证的观点来进行。现代汉语词汇的规范化，应遵循以下三个基本原则：

1. 必要性原则

语言是为交际服务的，词汇作为语言的重要构成成分，也必须服务于交际的需要。部分旧词语之所以会消失，就是因为现代社会交际已经不需要它们了；大量新词语之所以会出现，就是因为当下词汇系统中的成员无法满足交际的需要。因此，词汇的规范化，首先要考虑每一个词语在现代汉语词汇系统中有没有存在的必要，它们在表达上是不是必不可少的。例如：日语的“株式会社”等词语进入普通话词汇系统中的必要性就不够充足，因为现代汉语已经有等义词“有限公司”了。诸如此类的成分，都是应该加以规范的。

2. 普遍性原则

规范的词语必须为社会所认同、接受和使用。一般说来，使用频率越高，运用范围越广的词，越容易成为规范的词。例如：20 世纪 80 年代我国刚刚出现“超市”时，就有很多人认为不规范，应该取消。但现在看来，“超市”一词已经家喻户晓，成为人们日常生活中必不可少的交际成分。又如：“电脑”和“计算机”、“磁盘”和“光碟”、“发动机”和“引擎”等，到底哪一个是规范的形式，则可以通过词语使用频率的统计和运用范围的调查，以目前公众所普遍使用的来作为规范词语。

3. 明确性原则

规范的词语必须词义明确，能够为大多数人所理解和接受。例如：曾经一度十分流行的“德律风”、“司迪克”、“布拉吉”等词，就是因为语义不如“电话”、“拐杖”、“连衣裙”明确，才被逐渐淘汰的。类似的还有“科学”和“赛因斯”、“太阳”和“老爷儿”等。但是，像“士多”（店）、“士多啤梨”（草莓）等一类的词，不仅语义不明确，而且现代汉语中已经有意义相同的词语，不需要再引进，属于现代汉语词汇规范化的对象。

（二）词汇规范化的具体内容

1. 宏观层面的词汇规范化

任何一种语言的词都是音、形、义的结合体，所以现代汉语宏观层面的词汇规范化就主要包括词音的规范化、词义的规范化和词形的规范化等方面的内容。

（1）词音的规范化

词音的规范化，主要是就词形相同、词义相同而读音不同的异读词而言的。例如："咀嚼"一词，过去有人读 jǔjiáo，也有人读 jǔjué，语音审订以后者为规范读音。

异读词的大量存在，不仅影响人们掌握普通话词语的读音，而且对计算机的语音合成、语音识别也是不利的。因此，对于这类现象应该在充分调查研究的基础上，逐步加以规范。

（2）词义的规范化

词义的规范化是指准确把握词语的意义，避免用错词语。例如：

① 子女应尽抚养父母的义务。

根据句子和词语的语义，晚辈对长辈应尽"赡养"义务而不是"抚养"义务。所以，"抚养"一词表义不准确，应该加以规范。

词义的规范化与修辞过程中产生的临时语境义不同。我们说话、写文章，总是离不开语境。特定的语境会使一些超常搭配的词语产生特殊的意义，从而达到良好的修辞效果。例如：

② 心头的春花已不更开，幽黑的烦忧已到我欢乐的梦中来。（戴望舒《忧郁》）

③ 他们暂压倒了我的听歌的盼望，这就成就了我的灰色的拒绝。

（朱自清《桨声灯影里的秦淮河》）

例②用"幽黑"来描写"烦忧"，似乎违背了词义的规范化要求，但在这里却巧妙地将黑色的深不可测、晦暗不安与烦忧联系起来，真切地表现出作者的烦闷和压抑，增强了语言的抒情性。例③描写作者夜游秦淮河，希望有歌伎前来歌唱，但歌舫真的过来时，心情又变得复杂起来，"灰色的拒绝"把作者当时欲往不能、无可奈何的矛盾心情和颓丧、消沉的情绪表现得淋漓尽致。

（3）词形的规范化

词形的规范化是指词语书写形式的规范化，主要包括两方面的内容：

第一，不写错别字和繁体字

在使用规范汉字方面，尽管有关部门做了大量工作，但当前的一些报刊杂志、公司企业、传播媒体等仍然存在一些不规范的用字现象，给学习者和阅读者造成了不良的影响。对此，应该进一步加强引导管理，使其逐渐规范化。

第二，异形词和同素逆序词的规范化

异形词是语音、语义完全相同而词形不同的词。例如：

真相——真象　文采——文彩　思辨——思辩　盈余——赢余

按照必要性、普遍性、明确性的原则，上述词只有前一个才是规范的词形。关于异形词的规范化，可参考教育部、国家语委发布的《第一批异形词整理表》。

同素逆序词是构词语素相同而语素序位互逆的词。例如：

① 健康——康健 缝隙——隙缝 健壮——壮健 蔬菜——菜蔬
② 讲演——演讲 察觉——觉察 魂灵——灵魂 通畅——畅通
③ 等同——同等 语言——言语 亮光——光亮 恋爱——爱恋

第①组词中的后一个词已逐渐消亡，按照普遍性的原则，只有前一个词是规范的。第②组词相互通用，难以取舍，需要进一步的调查研究。第③组词前后所指不同，两者都应该保留下来。

2. 微观层面的词汇规范化

从微观层面上看，现代汉语一般词由于具有灵活性、丰富性、局限性，其规范化的问题非常值得我们重视。这里重点谈谈古语词、外来词、新造词等的规范化问题。

（1）古语词的规范化

吸收古语词是丰富现代汉语词汇的一个重要途径，但在吸收古语词时，需要注意两点：一是要吸收那些具有生命力和表现力、适应话语交际需要、使用频率较高的古语词，反对吸收那些已经完全脱离现代口语基础、语义和词形较为生僻、无法适应现代社会话语交际需要的古语词。二是避免滥用古语词。滥用古语词，只会半文半白、让人读了弄不清意思，从而对话语交际产生负面作用。

（2）外来词的规范化

吸收外来词有利于丰富现代汉语词汇，但应该注意两点：一是统一译名。同一个外来词常常会有几个不同的译法，如“盘尼西林”和“青霉素”、“幽浮”和“飞碟”等。这些同时存在的不同译名，只会加重人们学习和使用的负担。因此，现代汉语吸收外来词时，除了人名、地名外，应该尽量采用意译的方式，以符合民族语言的习惯，便于人们理解和记忆。二是统一汉字书写形式。吸收外来词时，应该尽量采用简单易写、普遍通用的书写形式，如用“艾滋病”而不用“爱滋病”，用“歇斯底里”而不用“歇斯特里”等。

（3）新造词的规范化

新造词的产生是为了适应新的话语交际活动的需要，但创造新词必须注意三点：一是要看语义是否明确；二是要看是否符合现代汉语构词法；三是要看是否和已有词语出现混淆。只有语义明确、符合现代汉语构词法、不会和已有词语相混淆的新造词，才会为人们接受并广泛使用，也才是符合规范的新造词。例如：“轩动浓密的头发”、“认真检析问题”中的“轩动”和“检析”，就属于意义不明确、让人难以接受的生造词。对于诸如此类的生造词，我们必须严格加以规范。

思考与练习七

一、结合实际，谈谈词汇发展变化的主要原因。

二、举例说明词汇发展变化的主要表现。

三、有人说：既然词汇总是处于发展变化当中，那么，就没有必要对现代汉语词汇进行规范化了。你同意这种观点吗？为什么？

四、现代汉语词汇的规范化包括哪些内容？请举例说明。

五、对比1983年版与2005年版的《现代汉语词典》，找出5例已不再使用的旧词语，并分析其消失的原因。

拓展与探究：汉语的造词理据

著名语言学家索绪尔曾指出，语言符号是一种由能指和所指联合构成的双重的东西。能指是表示语言符号的物质实体，所指是特定的物质实体所指的意义内容，二者之间的联系是任意的。然而，语言符号就其发生、发展的最根本动因而言，又是具有一定的理据的。①

汉语的单纯词是由一个语素构成的，它的造词理据主要有模拟性理据和同源性理据两种。

模拟性理据是指采用模拟外界事物声响的方法来造词。根据词的能指和所指之间的关系，模拟性理据又可分为直接模拟理据和间接模拟理据。

直接模拟理据是能指直接模仿外界事物发出的声响，所指即为外界事物发成的声响。以此为造词理据的有拟声词、叹词、音译外来词等。例如：

咔嚓：表示树枝等断裂的声音。

唧唧：表示虫叫声等。

哎哟：表示惊讶、痛苦、惋惜等。

丁克：表示有收入但不打算生孩子的夫妇（英文 DINK)。

欧佩克：表示石油输出国组织（英文 OPEC)。

间接模拟理据是能指模仿外界事物或动作行为发出的声响，所指代表该事物或动作。例如："猫"、"风"、"火"、"钟"、"琴"、"咳" 等。间接模拟理据由于词的能指和所指之间的差距较大，所以造词的理据并不是很明显。

同源性理据是指由一个词分化出若干个具有音义联系的词的造词方法。例如："张"的初始义是把弓弦装在箭上，后来又产生了"胀"、"涨（zhǎng)"、"涨（zhàng)" 等。"胀" 的意思是膨胀或身体内壁受到压迫而产生不舒服的感觉。"涨（zhǎng)" 的意思是升高、提高。"涨（zhàng)" 的意思是固体吸收液体后体积增大。它们与"张" 的语音和引申义具有一定的联系。又如："皮" 是人或生物体表面的一层组织，从"皮" 分化出来的有"被"、"披"、"帔" 等。"被" 是睡觉时盖在身上的东西，"披" 是覆盖或搭在肩背上，"帔" 是古代披在肩背上的服饰。它们与"皮" 的语音和引申义具有一定的联系。

汉语的合成词是由两个或两个以上的语素构成的。这些语素之间的组合不是任意的，而是具有一定的语法结构和语义结构。据此，合成词的构词理据可分为直接性理据、相似性理据、相关性理据和典故性理据四种。

直接性理据指通过构词语素的意义及其相互组合关系的意义来显示造词理据。例如："朋友" 由"朋"、"友" 两个语素构成，"同师曰朋，同志曰友"，二者以联合关系"朋和友" 构成复合式合成词；"记者" 由"记"、"者" 两个语素构成，"记" 指记录、记载，"者" 是后缀，表示从事某项工作的人，二者以"词根 + 词缀" 的关系构成附加式合成词。

---

① 王艾录、司富珍：《语言理据研究》，北京：中国社会科学出版社 2002 年版，第 30 页。

相似性理据指构词语素以本体和喻体之间的相似关系来显示造词理据。例如："云海"由"云"、"海"两个语素构成，"云"是本体，"海"是喻体，二者以主谓关系"云似海"构成复合式合成词；"带鱼"由"带"、"鱼"两个语素构成，"带"是喻体，"鱼"是本体，二者以偏正关系"扁长似带的鱼"构成复合式合成词。

相关性理据指构词语素以本体和借体之间的相关性来显示造词理据。例如："铁窗"的构词语素"铁"、"窗"以偏正关系"安上铁栅的窗户"构成复合式合成词，然后以此作为借体，代指监狱；"巾帼"的构词语素"巾"、"帼"都是古代妇女带的头巾和发饰，二者以联合关系构成复合式合成词，然后以此为借体，代指妇女。

典故性理据指通过构词语素及其组合关系与客观世界之间的关系来显示造词理据。例如："月老"的意思是媒人，得名于唐代传说。据唐李复言《续幽怪录·定婚店》记载，韦固月夜经过宋城时，遇到一位老人在翻阅《天下之婚牍》。韦固往前窥视，却一个字也不认识。经询问，方知老人是专管人间婚姻的神仙，他翻阅的《天下之婚牍》是婚姻簿子。又如："刘海儿"一词是指妇女或儿童垂在前额的整齐的短发，得名于传说中的仙童刘海儿。刘海儿经常出现在画纸上，前额垂着整整齐齐的短发，骑在蟾上，手里舞着一串钱。

综上所述，汉语的词在产生时既有任意性，又有理据性：任意性是词得以产生的重要途径，理据性是词得以丰富和发展的重要手段；任意性和理据性在汉语词的发展过程中既对立又统一。汉语的词就是在这样的过程中逐渐丰富和日益精密起来的。

【参考书目】

[1] 常敬宇. 汉语词汇文化. 北京：北京大学出版社，2009

[2] 符淮青. 现代汉语词汇（增订本）. 北京：北京大学出版社，2004

[3] 卢英顺. 现代汉语语汇学. 上海：复旦大学出版社，2007

[4] 王艾录，司富珍. 语言理据研究. 北京：中国社会科学出版社，2002

[5] 杨锡彭. 汉语外来词研究. 上海：上海人民出版社，2007

第四章　现代汉语语法

学习目的与要求：

● 掌握“语法”、“词类”、“实词”、“虚词”、“短语”、“单句”、“句子成分”、“句型”、“句类”、“复句”等概念，理解语法的性质与现代汉语语法的特点、规范化等内容，把握现代汉语的语法单位及其相互关系，了解语法学的分类。

● 熟悉现代汉语各类词的特点和用法，短语的类型及层次分析法，单句的类型及中心词分析法，复句的类型及多重复句的分析方法，能够正确运用层次分析法、中心词分析法分析现代汉语语法现象，掌握纠正现代汉语语法错误的方法。

● 关注语言生活，自觉遵守普通话语法规范的具体要求，培养运用现代汉语语法知识正确分析各类语法现象和进行话语交际的能力。

第一节　语法与现代汉语语法

一、语法和语法学

（一）语法的定义

就语言系统而言，语音是语言的物质外壳，词汇是语言的建筑材料，语法是语言的结构规则。语法是语言大厦不可缺少的组成成分，任何语言都有自己的语法。人们在进行话语交际时，并不是任意地对词语加以组合，而是要按照一定的语法规则把词语组成合格的句子才能与人交流和沟通。例如：“天气”、“晴朗”、“很”三个词，只有组合成“天气很晴朗”，才符合现代汉语语法规则，才能被人们所理解和接受。

具体来说，语法是词、短语、句子等语言单位的结构规则的总和，包括词法和句法。词法研究词的语法分类、词的分布和功能等内容。句法研究短语、句子的结构类型、组合搭配规则及表达功能等内容。

（二）语法的性质

1. 抽象性

一种语言中词汇的数量是巨大的，句子的数量也是无限的，但语法规则和语法格式却相当有限。人们只要掌握了有限的语法规则和语法格式，就可以运用词语造出各式各样的句子，表示丰富多样的意思，从而使语言适应现实生活各种复杂交际的需要。

通常，语法是从众多语法成分的组合关系和聚合关系里抽象概括出来的。组合关系是线性序列中依次出现的语法成分之间的内在结构关系。聚合关系是各级语法成分组合过程中所形成的同类相聚的类别关系。例如：

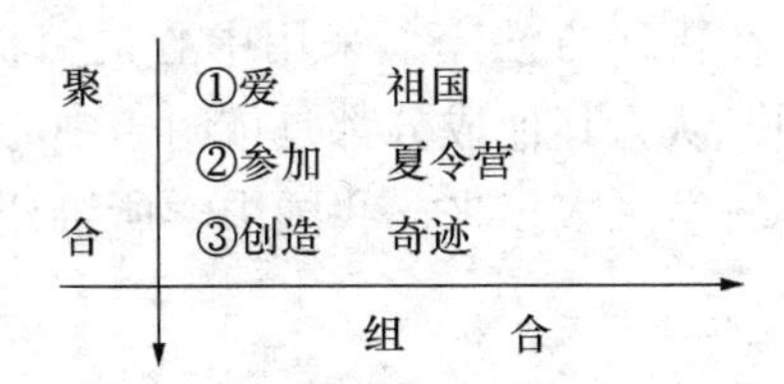

上面三个短语，横向形成的是组合关系（即述宾关系），纵向形成的是聚合关系（即做述语的是动词、做宾语的是名词）。就此而言，语法是种种具体的语法成分组合而成的结构模式类别、语义关系类别和各种语法成分的聚合类别。

2. 层级性

各种语言单位组合在一起时，基本上都不是处于同一个平面的，而是按照内部的结构层次，逐层逐级地套叠在一起的。例如：

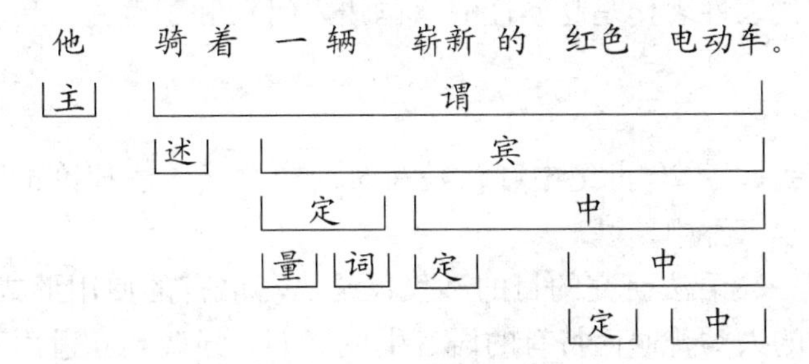

其中，“崭新”、“红色”和“电动车”内部还可以继续划分，但这属于构词法，这里就不再细分了。

3. 民族性

各民族的语言在语法上虽然有一些共性，但差异性也是非常明显的。例如：

① 汉语：我喜欢他。　　英语：I like him.

② 汉语：他喜欢我。　　英语：He likes me.

在例①②中，汉语的人称代词“我”、“他”没有格的形态变化，只是通过句法位置的差别来表示不同的句法关系，动词“喜欢”也不随主语的人称或数的变化而呈现出相应的形态变化。但是，英语的人称代词却有主格“I”、“He”和宾格“me”、“him”的形态变化，动词“like”也随着主语人称和数的变化呈现出一定的形态变化：主语是第一人称单数时，动词用“like”；主语是第三人称单数时，动词用“likes”。

（三）语法学

语法学是研究语法规律的科学，是人们对客观的语法规律的主观认识和说明。不同历史时期产生并不断发展起来的语法学具有各自不同的特点，体现了人们对语法的不同理解和认识。

1. 传统语法

传统语法来源于古希腊语法，主要是指 18 世纪以来乃至当前学校所使用的语法理论和结构规则。

传统语法的主要特点是：第一，把语法分为词法和句法两部分，词法研究词形变化，句法研究造句规则，以词法研究为主。第二，词类划分主要依据形态标志，注重词类同句法成分的对应关系，如名词主要做主语和宾语，动词主要做谓语中心语，形容词主要做定语，副词主要做状语。第三，在析句方法上，采用中心词分析法，重视句子的主干成分，即主语、谓语和宾语的中心词，认为其他成分都是依附于中心词的。

传统语法长期运用于语法教学。多年来，我国中学所讲授的语法知识也主要是以传统语法为理论背景的。

2. 结构主义语法

结构主义语法，也叫描写语法，兴起于20世纪初，是在对传统语法理论批判的基础上形成的，创始人为瑞士语言学家索绪尔。

结构主义语法的主要特点是：第一，区分了“语言”和“言语”这两个概念，认为语言是一个严密的结构系统，语法的研究重点是语言内部各成分间的结构关系。第二，对于词类的划分，主张以形式标志和功能分布为标准，排斥意义的作用。第三，析句方法上，采用直接成分分析法，强调语法成分的对应关系和层次性。

标志着汉语描写语法学派崛起的代表性著作是赵元任的《国语入门》和丁声树、吕叔湘等合著的《现代汉语语法讲话》。[①]

3. 转换生成语法

转换生成语法，又称形式语法，兴起于20世纪中叶，是在对结构主义语法理论批判的基础上形成的，创始人是美国语言学家乔姆斯基。

转换生成语法的主要特点是：第一，语法研究的目的不仅仅是描写语言的使用形式，更应该揭示隐藏在语言使用形式后面的人类普遍而特有的语言生成能力，强调建立适用于各种语言的“普遍语法”。第二，把语言结构分为深层结构和表层结构，并找出从深层结构到表层结构转换的规则及制约条件。第三，用形式主义的方法来描写说本族语者为何能够用有限的词语生成无限的合乎语法句子的能力和心智过程。

转换生成语法理论对语言具有一定的解释力，但由于这一理论在随后的几十年里经过多次修正，而且转换规则比较抽象繁琐，所以对语法教学的影响不大。

4. 功能语法

功能语法兴起于20世纪70年代，内部有很多分支，对国内影响最大的是系统功能语法，其代表人物是英国语言学家韩礼德。

功能语法的主要特点是：第一，语言是一个开放的、具有社会功能的系统，语法研究的中心不是语言结构本身，而是言语活动。第二，语言具有概念功能、人际功能、语篇功能三大元功能。第三，解释这三大功能是如何影响和决定语言形式的选择的，强调语言结构对于功能的依赖性。

除了以上介绍的几种语法学理论之外，还有格语法、蒙塔古语法、配价语法、认知语法等，这些语法理论都在一定程度上启发了现代汉语语法的教学和研究。

二、现代汉语语法单位

现代汉语语法是现代汉语词法和句法的总和。现代汉语语法单位是从现代汉语语法中

① 邵敬敏：《汉语语法学史稿》（修订本），北京：商务印书馆2006年版，第157页。

切分出来的语法的结构单位，主要有语素、词、短语、句子四种。

（一）语素

语素是最小的音义结合体，是最小一级的语法单位。语素的语法功能是构词。语素的构词功能主要表现在两个方面：一是直接成词，如“电”、“黄”、“晒”；二是与其他语素组合成词，如“民”可以和“人”、“牧”、“歌”、“众”等语素组成“人民”、“牧民”、“民歌”“民众”等词。

（二）词

词是最小的能够独立运用的音义结合体。词的语法功能是组成短语或造句。词的造句功能主要表现在两个方面：一是作为句子的结构成分或独立成句，具有这一功能的主要是实词；二是表示句子成分之间的结构关系或句子的语气，具有这一功能的主要是虚词。

（三）短语

短语是由词和词按照一定的语法规则组合起来的语法单位。短语的语法功能是造句。短语的造句功能也主要表现在两个方面：一是直接成句；二是成为句子中重要的结构成分。

（四）句子

句子是由词、短语或分句构成的表达相对完整意思并有一定句调的语法单位，也是人们用来交际的基本语言单位。

在现代汉语的四级语法单位中，语素、词、短语是语言的备用单位，句子是语言的使用单位，而语素怎样组合成词、词怎样组合成短语、短语或词怎样形成句子，其中都有一定的语法规则。

三、现代汉语语法的特点

现代汉语语法的特点，是在同其他语言（特别是印欧语）的比较中表现出来的。

（一）缺少严格意义上的形态变化

缺少严格意义上的形态变化，这是现代汉语语法的主要特点。

形态变化一般指词形变化，指的是当一个词进入句子时，为了表示某种语法关系或语法意义，词的形式发生的变化。形态标志在印欧语中是非常丰富的，如名词有性、数、格的变化，动词有人称、时态的变化等。例如：英语一般在名词后加“s”表示复数，在动词后直接加“ed”表示动词的过去时。现代汉语不依赖于这种严格意义上的形态变化来表示语法关系和语法意义。

（二）语序和虚词是主要的语法手段

现代汉语主要以语序和虚词作为主要的语法手段来表示语法关系和语法意义。

语序是各个语法成分在组合过程中的排列顺序。语序的变化，会对现代汉语的语法结构和语法意义产生重大影响。例如：

① 红太阳（偏正短语）	太阳红（主谓短语）
② 他了解（主谓短语）	了解他（述宾短语）
③ 我喜欢吃水果。（动词性谓语句）	水果我喜欢吃。（主谓谓语句）

虚词是表示抽象语法关系的词。虚词的运用，对现代汉语语法结构和语法意义具有重

要的作用。例如：

④ 我和弟弟（联合短语） 我的弟弟（偏正短语）

⑤ 小王老师（同位短语） 小王的老师（偏正短语）

可见，在某一句法结构中用不用虚词或者用什么虚词，决定着该句法结构的语法关系和语法意义。有时，用不用虚词甚至可以决定一个句法结构能否独立成句。例如：

⑥ 脸红了。 * 脸红。

⑦ 我把衣服洗了。 * 我把衣服洗。

在例⑥⑦中，前面的句法结构都可以成句，而后面的却不能。

（三）词、短语、句子结构基本一致

在现代汉语中，词、短语和句子的结构是基本一致的。通常，词和短语主要有以下五种结构方式：

语法单位／语法关系	词	短语
联合式	窗户	门和窗
偏正式	红旗	鲜红的旗帜
述宾式	司令	发布命令
述补式	说明	说清楚
主谓式	胆怯	胆子小

现代汉语的短语，如果加上一定的语调，常常就可以成为一个句子。例如：

① 小张爱看电影（主谓短语） 小张爱看电影。（主谓句）

② 骑着自行车去上学（连谓短语） 骑着自行车去上学！（连谓句）

（四）词类和句法成分关系复杂

印欧语中，词类和句法成分之间往往存在着一一对应的关系，即：名词充当主语或宾语，动词充当谓语中心语，形容词充当定语，副词充当状语。

但在现代汉语中，词类和语法成分之间的关系比较复杂，一种词类可以作多种句法成分，一种句法成分也可以由多种词类充当，往往形成一对多或多对一的关系。需要注意的是，现代汉语一种词类可以充当多种句法成分，但还是有主次之分的。以名词为例，名词的典型功能是充当主语或宾语，次要功能是充当定语，名词中只有某些小类在一定的句法条件下可以充当谓语或状语。

思考与练习一

一、什么是语法？语法具有哪些性质？

二、现代汉语有哪些语法单位？它们之间是什么关系？

三、与英语相比，现代汉语语法具有哪些特点？

四、举例说明语序在现代汉语语法中的作用。

五、查阅相关书籍，了解语法学的历史源流以及各大语法学流派的主要观点。

第二节　词　　类（上）

一、词类的划分

词类的划分指依据一定的标准对词进行语法上的分类。划分词类的目的，是为了认识和说明各类词的用法以及组词成句的规律。

（一）词类

词类是词在语法上的分类，强调的是词的语法性质。例如：

① 老师讲了一道题。

② 老王钓了两条鱼。

③ 小李喝了三杯酒。

④ 妈妈炒了四盘菜。

以上四例中，“老师”、“老王”、“小李”、“妈妈”，“题”、“鱼”、“酒”、“菜”具有共同的语法性质，即在句中做主语或宾语、能与量词短语组合，它们可以归为一类，即名词。“讲”、“钓”、“喝”、“炒”共同的语法性质是在句中做谓语，可归为动词。“一”、“两”、“三”、“四”和“道”、“条”、“杯”、“盘”也各自具有相同的语法性质，可分别归为数词和量词。这种依据语法性质归纳出来的词的类别，就是词类。

（二）词类划分的标准

1. 意义标准

意义标准是指采用词的功能类意义来作为划分词类的依据。词的功能类意义，属于语法意义的范畴，是语法上同类词所形成的共同的意义类别。它跟词的概念意义虽然有一定的联系，但不是一码事。例如：“战争”、“教室”、“瓷砖”都有各自不同的概念意义，但从功能类意义上看，可以归为表示事物名称的名词。同理，表示动作行为的词就是动词，表示数目的词就是数词等等。

词的功能类意义虽然可以帮助我们确定一个词的词性，但却具有较大的局限性。因为词的分类是词在语法上的分类，一些意义相同或相近的词在语法上却不能归为一类。例如：“一切”表示“全部；各种”的意思，“全部”表示“各个部分的总和；整个”的意思，两个词的意义相近，但“一切”是代词，“全部”是名词。另外，现代汉语词汇中有一部分词的意义比较虚化，采用意义标准就有一定的划分困难。因此，词义不能作为词类划分的主要标准。

2. 形态标准

形态标准是指采用表示语法意义的词形变化来作为划分词类的依据。

现代汉语缺少严格意义上的形态变化，因而形态变化不能作为现代汉语词类划分的主要标准。

3. 功能标准

功能标准是指采用词的语法功能来作为划分词类的标准。

词的语法功能具体表现在两个方面：首先，词在语句中能否单独充当句子成分。现代汉语中的词，有的能充当句子成分，有的不能充当句子成分。例如："我们是充满理想和激情的一代"这句话中，"我们"、"是"、"充满"、"理想"、"激情"、"一"、"代"等词都是可以单独充当句子成分的，它们可归为一类，属于实词；"和"、"的"不能单独充当句子成分，它们可归为一类，属于虚词。其次，词与词的组合能力，即能与什么词组合，不能与什么词组合，组合后形成什么样的语法关系。例如：量词短语加名词可以构成定中关系，否定副词加动词可以构成状中关系等。

现代汉语词类的划分，以词的语法功能为主要标准，同时参照词的意义标准和形态标准。

（三）现代汉语的词类

根据划分词类的标准，现代汉语的词首先可以分为实词和虚词两大类。实词包括名词、动词、形容词、区别词、数词、量词和代词七类。虚词包括副词、介词、连词、助词、语气词、叹词和拟声词七类。实词和虚词的区别主要有以下几点：

第一，实词经常充当句子的主语中心语、谓语中心语、宾语中心语等主干成分，虚词不能充当句子的主干成分，或者不能充当句子成分。

第二，实词除了量词外，大多加上句调后可以独立成句，如"好！""什么？"，而虚词不能。

第三，除量词外的大多数实词在与其他词组合时，位置是不固定的，有时在前，有时在后，而虚词在与其他词组合时，位置往往是固定的。例如：动态助词"着"、"了"、"过"只能出现在动词的后面。

第四，实词大多有明确的词汇意义和语法意义，而虚词的词汇意义则较为虚化，只有语法意义。

第五，实词的数量比较多，而虚词的数量比较少。

二、实词

实词是能够充当句子主干成分、具有词汇意义和语法意义的词。现代汉语的实词有名词、动词、形容词、区别词、数词、量词、代词七类。

（一）名词

名词是表示人、事物或时地名称等意义的实词。

1. 名词的类别

（1）人物名词

人物名词是表示人或事物的一般名词，可分为专有名词和普通名词两类。具体情况如下：

<table>
<tr><td rowspan="6">人物名词</td><td colspan="2">分类</td><td>示例</td></tr>
<tr><td colspan="2">专有名词</td><td>孔子　鲁迅　长江　长城　黄山　淮河</td></tr>
<tr><td rowspan="4">普通名词</td><td>物质名词</td><td>工人　医生　火车　轮船　树　巧克力</td></tr>
<tr><td>抽象名词</td><td>道德　理想　信念　政治　文化　法律</td></tr>
<tr><td>个体名词</td><td>老师　教材　毛笔　椅子　火车　轿车</td></tr>
<tr><td>集合名词</td><td>商品　江河　星辰　群众　树木　布匹</td></tr>
</table>

（2）时间名词

今天　将来　秋天　傍晚　过去　明天

（3）处所名词

边疆　海外　附近　周围　郊区　昆明

（4）方位名词

上　下　前　后　左　右　里　外

以内　之间　中部　南面　底下　后头　东边　西北

2. 名词的语法特征

（1）名词在句中主要充当主语、宾语或定语。例如："北京‖是祖国的心脏"这句话中，名词"北京"、"祖国"、"心脏"分别做主语、定语、宾语。时间名词和地点名词有时可以做状语，如"他［早上］来"、"我们［机场］见"。

（2）名词前面一般能加上名量短语，一般不能加上副词。例如：能说"一本书"、"两只狗"，不能说"很书"、"不桌子"。

（3）名词前面可以加上介词构成介词短语，如"他从国外回来"、"你在家里呆着"。

（4）名词不能用重叠的方式表示语法意义。"妈妈"、"星星"、"姐姐"等是构词语素的重叠，不是词的形态变化；"家家"、"户户"也不能看作是名词的重叠，这里的名词实际上已经借用为量词。

（二）动词

动词是表示动作行为、心理活动或存在、变化、消失等意义的实词。

1. 动词的类别

（1）动作动词

听　说　谈　走　休息　停止

（2）存现动词

存在　消失　演变　有　发展　灭亡

（3）心理动词

热爱　憎恶　讨厌　喜欢　希望　嫉妒

（4）判断动词

是　即　系　为　等于

（5）能愿动词

能　会　肯　敢　该　得（děi）

能够　可能　可以　愿意　应该　应当

（6）趋向动词

来　去　进　出　回　起

下去　起来　出去　过来　回去　进去

2. 动词的语法特征

（1）动词在句中主要充当谓语中心语，如"我‖喜欢"、"你们‖去"、"大家‖讨论"。有的动词也可以做定语、主语和宾语，如"讨论的问题"、"学习开始了"、"希望参加"。能愿动词可以修饰动词或形容词做状语，如"［可以］去"、"［应当］高兴"。趋向动词常常用在动词、形容词的后面做补语，如“她买菜〈回来〉了”、“太阳的脸红〈起来〉了”。

（2）大多数动词可以带宾语，称为及物动词，如“我们吃饭”、“他喜欢笑”。有的动词后面不带宾语，称为不及物动词，如“咱们休息”、“他睡觉”。

（3）大多数动词可以重叠，重叠后附加了“短暂”或“尝试”等语法意义。重叠的方式主要有AA式和ABAB式，前者如“看看”、“走走”、“聊聊”，后者如“打听打听”、“考虑考虑”、“讨论讨论”。

（4）大多数动词后面可带“着”、“了”、“过”等助词表示不同的语法意义，如“看着”（表示动作正在进行）、“看了”（表示动作已经完成）、“看过（表示动作已经过去）”。

（5）大多数动词能用肯定否定相连的方式表示疑问，如“你去不去”、“你们知道不知道”、“她吃了没有”。

（6）大多数动词能受表时间、范围、语气、否定等副词的修饰，如“马上走”、“统统吃掉”、“居然来了”、“不去”。心理动词和一些能愿动词还能受程度副词的修饰，如“很喜欢”、“非常愿意”。

（三）形容词

形容词是表示事物性质或者状态的实词。

1. 形容词的类别

（1）性质形容词

甜　　苦　　好　　坏　　勇敢　　干净

（2）状态形容词

冰冷　　雪白　　笔直　　白花花　　红彤彤　　老实巴交

2. 形容词的语法特征

（1）形容词主要做谓语中心语、定语，如“天‖已经冷了”、“那‖是个漂亮的小姑娘”，也可以做状语和补语，如“你要［细心］观察”、“请您说〈清楚〉”。

（2）形容词不能带宾语。

（3）形容词能用肯定否定相连的方式表示疑问，如“瓜甜不甜”、“房间干净不干净”、“卧室的灯亮不亮”。

（4）大多数形容词可以重叠，重叠后大多表示程度加重。重叠的方式主要有以下三种：

AA式：慢慢　　轻轻　　高高　　低低　　远远

AABB式：漂漂亮亮　　认认真真　　热热闹闹

ABAB式：笔直笔直　　通红通红　　雪白雪白

（5）性质形容词可以受程度副词的修饰，如“很甜”、“特别勇敢”。性质形容词的重叠式和状态形容词本身已带有某些程度意义，不受程度副词修饰。

3. 名词、动词、形容词的区别

一般说来，主要充当主语和宾语的词叫体词，而主要充当谓语、述语和补语的词叫谓词。由于名词在句中主要做主语和宾语，动词和形容词在句中主要做谓语，所以名词的功能是体词性的，动词和形容词的功能是谓词性的。名词和动词、形容词之间的语法差别具体如下：

	语法特性 \ 词类	体词	谓词	
		名词	动词	形容词
1	意义类别	表示人或事物和时地	表示动作行为	表示性质状态
2	经常做主语、宾语	+	-	
3	经常做谓语	-	+	
4	能受否定副词“不”修饰	-	+	
5	能用肯定否定相连的方式表疑问	-	+	
6	能用重叠式表示语法意义	-	+	

注：“+”表示具备该语法特性，“-”表示不具备该语法特性。

进一步观察动词和形容词的语法特性，也有诸多不同。二者之间的语法差别具体如下：

	语法特性 \ 词类	动词	形容词
1	意义类别	表示动作行为	表示性质状态
2	能否带宾语	大部分能	否
3	能否受程度副词“很”修饰	心理动词、部分能愿动词能，其他动词不能	性质形容词能，状态形容词不能
4	重叠方式及所表示语法意义	AA式、ABAB式表示“短暂”或“尝试”义	AA式、AABB式、ABAB式表示程度加深

（四）区别词

区别词是表示事物特征或者分类的实词。

1. 区别词的类别

（1）单音节区别词

正　副　男　女　雌　雄

（2）多音节区别词

国产　精装　野生　木质　特等　中式

在多音节区别词中，很多都是含有一个相同语素构成的表示属性差异的一组词。例如：

~性：慢性　急性　阴性　阳性

~式：男式　女式　西式　中式

~型：大型　中型　小型　微型

2. 区别词的语法特征

（1）只能在名词前面做定语，如“副班长”、“女市长”、“木质家具”。

（2）可以加上“的”，构成“的”字短语，如“无毒的”、“野生的”、“国产的”。

（3）不受量词短语修饰，不受程度副词修饰，也不能用“不”来否定，只能用“非”来否定，如“非精装”、“非国产”、“非民用”。

（五）数词

数词是表示数目或次序的实词。

1. 数词的类别

（1）基数词

基数词表示数目的多少。例如：

零　一　三　百　万　半

基数词连用或加上别的词语，可以表示倍数、分数和概数。例如：

表示倍数：一倍　三倍　十多倍　一百倍　一千倍　百分之三百

表示分数：三成　五成　五折　八分　三分之一　百分之七十

表示概数：二三十　两三个　十来斤　千余人　丈把长　四十左右

（2）序数词

序数词表示次序前后。例如：

第一　第三　初一　初五　老二　老七

甲　乙　丙　丁　戊　己

2. 数词的语法特征

（1）数词一般要和量词组成量词短语，才能充当句子成分。量词短语通常用作定语、状语或补语，如“（一道）菜”、“［一把］拉住”、“缺席〈五次〉”。

（2）倍数只能表示数目的增加，不能表示数目的减少。分数既可以表示数目的增加，也可表示数目的减少。

（六）量词

量词是表示计算单位的实词。

1. 量词的类别

（1）名量词

名量词是表示人或事物的计算单位，可分为两类：一类是专用名量词。例如：

表示度量衡单位：寸　尺　里　两　斤　吨　升　亩

表示个体单位：个　位　件　本　块　根　条　辆

表示集体单位：双　对　副　套　批　群　班　堆

另一类是借用名量词，即借自名词、动词的名量词。例如：

口（一口井）　头（两头牛）　缸（三缸水）　碗（一碗饭）　船（一船货）

车（几车煤）　床（一床被子）　脸（一脸汗）　盆（几盆花）　尾（四尾鱼）

滴（一滴水）　发（几发子弹）　封（一封信）　挑（一挑柴）　捆（一捆菜）

（2）动量词

动量词是表示动作行为的计算单位，可分为两类：一类是专用动量词。例如：

遍　下　回　趟　阵　遭　顿　次

另一类是借用动量词，包括借自名词和动词的动量词。例如：

眼（看一眼）　刀（切一刀）　脚（踢一脚）　拳（打一拳）　口（咬一口）

走（走一走）　跳（跳一跳）　洗（洗一洗）　看（看一看）　吃（吃一吃）

(3) 时量词

时量词是表示时间的计算单位。例如：

年 月 日 小时 分 秒

此外，量词中还有一些复合量词。例如：

人次 架次 件套 篇部 吨公里 秒立方米

2. 量词的语法特征

(1) 量词很少单独使用，它常与数词或指示代词组合后使用，如“一个”、“五吨”、“这位”、“那次”。

(2) 由名量词构成的量词短语主要做定语，也可充当主语、宾语。由动量词构成的量词短语主要做补语，有时也做状语。例如：

① 他买到了（一件）喜欢的衣服。(做定语)

② 一拳‖没把他打倒。(做主语)

③ 这样的书，我读过一本。(做宾语)

④ 你就去〈一趟〉吧。(做补语)

⑤ 他［一眼］就认出了我。(做状语)

(3) 量词可以重叠，重叠方式主要有以下三种：

AA 式：个个 件件 次次 回回

一 A 一 A 式：一点一点 一件一件 一顿一顿 一趟一趟

一 AA 式：一个个 一本本 一阵阵 一次次

量词重叠后可以充当主语、谓语、定语、状语等句子成分。例如：

① 个个‖都是好样的。(做主语)

② 枪声‖阵阵。(做谓语)

③ 车厢里装着（一吨吨）白糖。(做定语)

④ 他［一趟一趟］地去医院。(做状语)

(七) 代词

代词是具有替代或者指示作用的实词。

1. 代词的类别

(1) 人称代词

人称代词是替代人或事物名称的词，可分为四类：

第一人称代词：我 咱 我们 咱们

第二人称代词：你 您 你们

第三人称代词：他 他们 她 她们 它 它们

其他人称代词：自己 别人 人家 彼此 大家 大伙儿

(2) 疑问代词

疑问代词是替代体词或谓词并表示疑问的词，可分为两类：

体词性疑问代词：谁 什么 哪儿 哪里 几 多少

谓词性疑问代词：怎么 怎的 怎样 怎么样 怎么着 如何

(3) 指示代词

指示代词是具有指示作用的词，分为三类：

近指代词：这　这儿　这里　这么　这样　这般

远指代词：那　那儿　那里　那么　那样　那般

其他指示代词：每　各　另　该　此　本　某

2. 代词的语法特征

代词的语法功能与它所代替的词或短语的语法功能大致相同。例如：名词的语法功能是可以做主语、定语、宾语，代替名词的代词也可以充当这些成分。

代词的意义类别和功能作用具体如下：

<table>
<tr><td colspan="2">按意义分
按功能分</td><td colspan="3">人称代词</td><td>疑问代词</td><td colspan="3">指示代词</td></tr>
<tr><td rowspan="8">代名词</td><td rowspan="5">一般名词</td><td></td><td>单数</td><td>复数</td><td></td><td>近指</td><td>远指</td><td>其他</td></tr>
<tr><td>第一人称</td><td>我</td><td>我们、咱们</td><td rowspan="4">谁
什么
哪</td><td rowspan="4">这</td><td rowspan="4">哪</td><td rowspan="7">每
各
另
该
此
本
某
其他</td></tr>
<tr><td>第二人称</td><td>你、您</td><td>你们</td></tr>
<tr><td>第三人称</td><td>他、她、它</td><td>他们、她们、它们</td></tr>
<tr><td>其他人称</td><td colspan="2">自己、别人、人家、彼此、大家</td></tr>
<tr><td>处所名词</td><td colspan="3"></td><td>哪儿
哪里</td><td>这儿
这里</td><td>那儿
那里</td></tr>
<tr><td>时间名词</td><td colspan="3"></td><td>多会儿</td><td>这会儿</td><td>那会儿</td></tr>
<tr><td>数词</td><td colspan="3"></td><td>几
多少</td><td></td><td></td></tr>
<tr><td colspan="2">代谓词</td><td colspan="3"></td><td>怎样
怎么
怎么样</td><td>这样
这么样</td><td>那样
那么样</td><td></td></tr>
<tr><td colspan="2">代副词</td><td colspan="3"></td><td></td><td>这么</td><td>那么</td><td></td></tr>
</table>

3. 代词的虚指和任指

人称代词、疑问代词和指示代词有时可用来代替不确定的人或事物，这是虚指用法。例如：

① 你看看我，我看看你，大家都不说话。

② 你这也不管，那也不管，所有的事都得靠我一个人。

③ 他好像想起了什么。

④ “把证据拿出来让我们看看！”人群中不知谁喊了一声。

例①中的“你”、“我”，不确定指哪一个人。例②中的“这”、“那”，指代的事物也不确定。例③中的“什么”，没有具体而确定的内容。例④中的“谁”不表疑问，指不确定的人。

代词中的疑问代词有时还可以代替任何人或任何事，表示概括，含有“任何”、“一切”的意思，这是任指的用法。例如：

⑤ 你放心，我什么都没说。

⑥ 这种事，谁都不会去做。

例⑤⑥中的疑问代词都没有表示疑问，而是表示在所说的范围内已无例外。

思考与练习二

一、根据词的语法功能，把下列词分为名词、动词、形容词三类。

阅读 可爱 热爱 愿望 盼望 相似 思想 遭到 喷香 失败

限度 过来 将来 趣味 目前 搭理 嫉妒 学历 有限 笔直

干净 加以 青年 年轻 前面 进行 继续 潮流 平静 红彤彤

二、比较下列各组词在语法功能方面的差异。

特殊——特等 高级——初级 金——金子 男——男子

会见——会面 乐趣——快乐 起立——起来 愿意——同意

黑色——漆黑 白——雪白 坚定——坚持 平静——平时

个——各 哪——那 什么——怎么 多——多少

三、动词和形容词都有重叠形式，它们的区别是什么？

四、结合你所熟悉的汉语方言，比较普通话量词与汉语方言量词之间的差异。

五、“多多”是形容词“多”的叠用，它只有一种用法，即充当动词的状语。但现在却出现了一种新的用法——充当谓语，如“奖品多多”、“机会多多”等。试归纳和分析一例类似的现代汉语词类语法功能演变的新案例。

六、1952 年《中国语文》刊登了苏联汉学家康拉德的一篇文章《论汉语》，认为汉语的实词有形态变化，可以划分词类。高名凯先生则反驳康拉德，认为汉语实词无词类可分。于是，引起了学术界一场大辩论。查阅相关书籍，谈谈你的观点和看法。

第三节 词 类（下）

一、虚词

虚词是一般不能单独充当句子的主干成分，在句法结构中起附着或连接作用的词。现代汉语的虚词有副词、介词、连词、助词、语气词、叹词、拟声词七类。

（一）副词

副词是用在动词、形容词前面，表示程度、范围、时间、情态等意义的虚词。

1. 副词的类别

（1）程度副词

很 最 非常 十分 格外 尤其 更 稍微

（2）范围副词

都 总 光 只 就 总共 一概 一律

(3) 时间副词

已经　曾　正在　刚　将要　忽然　马上　终于

(4) 频率副词

还　又　也　再　常常　屡次　偶尔　不时

(5) 情态副词

公然　大肆　故意　特意　悄悄　亲自　猛然　竭力

(6) 语气副词

岂　偏　却　难道　果然　居然　务必　索性

(7) 否定副词

不　别　甭　莫　没　没有　未必　未免

2. 副词的语法特征

(1) 副词的主要功能是修饰动词、形容词，充当状语。少数副词也可以做补语，如“天冷〈极〉了”、“房子宽得〈很〉”。副词在一定条件下也能修饰名词、数词或名词性词语，如“今天才星期一”、“你都二十了”。

(2) 除“不”、“没有”、“也许”等少数副词外，多数副词一般不能独立成句。

(3) 有的副词可以在句子中起关联作用。例如：

① 他扭头就跑。(“就”单独起关联作用)

② 你的孩子又漂亮又聪明。(“又”前后呼应起关联作用)

③ 不论干什么，都应该尽心尽责。(“都”与连词“不论”配合使用起关联作用)

3. 副词和形容词的区别

有些副词和形容词意义相近，用法也相似，都可以做状语，容易产生混淆。区分副词和形容词应根据它们不同的语法功能。副词只能做状语，而形容词的语法功能则比较复杂——后面可以跟名词或“得很”构成定中短语或述补短语；前面可以加上名词或“很”构成主谓短语或状中短语。

例如：“突然”和“忽然”、“一致”和“一律”都可以做状语：

① [突然] 传来一声枪响。　　[忽然] 传来一声枪响。

② 大家 [一致] 不同意。　　大家 [一概] 不同意。

但是，“突然”还可以说“事情来得很突然”，“一致”还可以说“大家的意见很一致”，所以，“突然”、“一致”是形容词，“忽然”、“一概”是副词。

4. 时间副词和时间名词的区别

时间副词和时间名词都可以做状语，意思也相近，容易产生混淆。区分二者时要注意以下两点：

(1) 时间名词前面可以加上“从”、“在”等介词构成介词短语，而时间副词不能。

(2) 时间名词后面可以带上“是”构成主谓关系，而时间副词不能。

例如：“刚才”和“刚刚”、“现在”和“马上”都可以做状语：

① 他 [刚才] 不知道这件事。　　他 [刚刚] 不知道这件事。

② 我们 [现在] 就出发。　　我们 [马上] 就出发。

但是，“刚才”还可以说“到刚才就截止了”、“刚才是九点”，“现在”还可以说

“从现在开始”、“现在就是最佳时机”。所以，“刚才”、“现在”是时间名词，“刚刚”、“马上”是时间副词。

5. 语气副词“是”与判断动词“是”的区别

“是”可以作动词，在句中做谓语中心语，表示判断和说明。例如：

① 这个地板是实木的。（表示事物的特征、质料、情况）

② 那位老人是我的母亲。（表示事物等于什么或属于什么）

③ 村旁是一条清澈的小河。（表示事物的存在）

此外，“是”还可以作语气副词，用在动词、形容词的前面，在句中做状语，起强调作用。例如：

① 中国人 [是] 勇敢。

② 他 [是] 在修鞋。

③ 这孩子 [是] 不错。

确定“是”的词类，要注意“是”后面的成分：如果“是”后面是名词性词语，“是”为判断动词；如果“是”后面是谓词性词语，“是”为语气副词。

（二）介词

介词是引出与谓词相关的对象的虚词。

1. 介词的类别

（1）表示时间、处所、或方向、起止的介词

从　向　朝　往　于　至

（2）表示方式、依据的介词

以　凭　靠　按照　根据　通过　经过

（3）表示对象、范围的介词

把　将　和　跟　与　对　被　比

（4）表示原因、目的的介词

因　为　因为　由于　为了

2. 介词的语法特征

（1）介词不能单独充当句子成分。大多数介词只能与名词性词语构成介词短语，只有少数介词可以同非名词性词语组合，如“通过讨论、除了唱歌（不会别的）”。介词短语主要做状语，有时也可以做补语、定语。例如：

① 我们 [按老师的要求] 做题。（做状语）

② 他一直工作〈到深夜〉。（做补语）

③ 李老师有许多（关于中国历史）的书。（做定语）

（2）介词不能重叠，不能带动态助词“着”、“了”、“过”。“为了”、“除了”中的“了”不表动态，是构词语素。

3. 介词和动词的区别

现代汉语的介词大多由古代汉语的动词演化而来，除了“于”、“关于”、“对于”、“自从”、“被”等少数几个只作为介词使用外，其余的大多数介词都同时具有动词的特点。区分介词和动词需要注意以下几点：

(1) 动词可以单独充当句子成分，主要做谓语；介词不能单独充当句子成分，只能同其他词语组合在一起构成介词短语，在句中充当状语、补语或定语。

(2) 动词后面大多可以带“着”、“了”、“过”，而介词不行。

(3) 动词大多可以重叠，而介词不行。

(4) 有些词既可以作介词，又可以作动词，使用时后面都带上名词构成介词短语或动宾短语。区分时要注意该词后面所带的成分，如果后面是谓词性词语，就是介词；如果后面没有动词或形容词，就是动词。例如：

① 他在家。(动词)

② 他在家看书。(介词)

③ 火车到站了。(动词)

④ 他到半夜才睡觉。(介词)

(三) 连词

连词是连接词、短语或句子的虚词。

1. 连词的类别

(1) 连接词或短语的连词

和　跟　与　同　及　或

(2) 连接分句的连词

虽然　如果　然而　所以　以便　宁可　否则　但是

(3) 连接词、短语或分句的连词

并　并且　而　而且　或者　因为　不管　还是

2. 连词的语法特征

(1) 连词的功能就是在各种语法单位的组合中起连接作用，同时表示各单位间所具有的某种关系。所以，连词只有连接作用而没有修饰作用。例如：

① 爸爸和妈妈都很爱我。(表示联合关系)

② 或者是你，或者是我，总有人要离开。(表示选择关系)

③ 我已经提醒过他多次了，可是他就是不听。(表示转折关系)

④ 只有你去劝他，他才可能来。(表示条件关系)

(2) 连词不能充当句子成分，只能帮助实词、短语或分句表明逻辑关系。

3. 连词和介词的区别

“和”、“跟”、“与”、“同”既是介词，又是连词，使用时要注意区分。总的说来，当它们作为连词使用时，主要是起连接作用，连接两个或两个以上的词或短语；作为介词使用时，主要是起修饰作用，带上名词性的词语去修饰别的词语。例如：

① 领导和群众都赞同这一意见。(连词)

② 他总是和动物打交道。(介词)

③ 小李跟小王都来过我们家。(连词)

④ 跟你说过好几遍了。(介词)

具体区分时，需要注意以下三点：

(1) 看前后词语能否互换位置。能互换位置且意思不变的是连词，不能互换位置或互换后意思发生变化的是介词。

（2）看前面有无状语。有状语的是介词，没有状语的是连词。

（3）看能否省略或在书面上用顿号代替。能省略或用顿号代替的是连词，不能省略或不能用顿号代替的是介词。

（四）助词

助词是附着在实词、短语或句子后面，表示某些语法意义的虚词。

1. 助词的类别

（1）结构助词

现代汉语有“的”、“地”、“得”三个结构助词，它们的语法特征各不相同。

“的”的主要用途是作为定语的标志，表示它前面的词或短语是定语，如“（明媚）的春光”、“（我们）的学校”、“（为人民服务）的宗旨”、“（这种现象）的出现”等。“的”还常常用在实词或短语的后面，构成“的”字短语，如“我的”、“吃的”、“野生的”、“个子高的”。

“地”的主要用途是作为状语的标志，表示它前面的词或短语是状语，如“［理性］地思考”、“［轻轻］地说”、“［发展］地看问题”、“［忧心忡忡］地走了”。

“得”的主要用途是作为补语的标志，表示它后面的词或短语是补语，如“听得〈懂〉”、“淋得〈落汤鸡似的〉”、“好得〈很〉”、“高兴得〈手舞足蹈〉”。

有时，在现代汉语的书面语中，仍然会出现古代汉语的结构助词“之”，用于连接定语和中心语，如“彩云之南”、“生命之歌”、“三口之家”、“学术界之怪现象”。

（2）动态助词

现代汉语有三个动态助词“着”、“了”、“过”。

“着”主要是跟在动词之后表示动作正在进行或者状态正在持续，如“盼望着”、“躺着”、“吃着饭”。有些形容词后面也可以加上“着”，表示状态的持续，如“他的眼睛肿着”、“他的衣服还湿着”。有些形容词加“着”以后，还可以带宾语，如“低着头”、“硬着头皮”。

“了”主要是跟在动词后面表示某种行为或状态的完成，如“知道了”、“放学了”、“走了”。有些形容词后面也可以用“了”，如“树叶黄了”、“灯亮了”。有些形容词加“了”以后还可以带宾语，如“弯了腰”、“红了脸”。

“过”主要是表示曾发生过某种动作行为或曾具有某种性状，如“看过”、“去过”、“仔细了解过他的情况”。有些形容词后面也可以加上“过”，表示曾具有某种性状，如“年轻过”、“潇洒过”。

（3）其他助词

除结构助词、动态助词之外，现代汉语还有“似的”、“等”、“等等”、“所”、“给”、“连”等其他助词。

“似的”是比况助词，主要附着在实词和短语后面构成比况短语，如“牛似的模样”、“鸭子似的摇摆而去”、“瘦得像竹竿似的”。其他的比况助词还有“一样”（水一样的傣家姑娘）、“般”（雷鸣般的掌声）、“一般”（高傲得像孔雀一般）等。

“等”常用于列举的几项词语之后，表示列举未尽，如“小李、小王和小张等五个同学”。有时表示列举穷尽，如“小李、小王和小张等三位同学”。

“等等”常用于句子末尾，表示列举未尽，如“癌症的类型很多，如胃癌、肺癌、骨癌等等”。

“所”的用法主要有两种：一是用在一些动词前组成“所”字短语，如“所见”、“所闻”。“所”字短语后面还可以加上“的”构成“的”字短语，如“所想到的”、“所关注的”。二是常与“被”或“为”组合，表示被动，如“被敌人所杀害”、“为名利所累”。

助词“给”常用于“把”字句、“被”字句中，如“你把他给气跑了”、“你被他给骗了”。该用法常见于口语表达，书面表达可以不用“给”。

助词“连”常用于句子开头，主要是对后面的名词性词语加以强调，作为话语焦点的标记，如“连领导都没来”、“连你都不去”、“连饭都没吃”。

2. 助词的语法特征

助词是一种特殊的虚词，它的独立性很差，不能单用，只能附着于词、短语或句子，表示某种特殊的语法意义。

（五）语气词

语气词是用在句末表示说话的语气或用在句中表示停顿的虚词。

1. 语气词的类别

（1）句末语气词

句末语气词可以表达陈述、疑问、祈使和感叹四种语气。现代汉语常用的句末语气词有“的”、“了”、“呢”、“吧”、“吗”、“啊”六个。它们的用法具体如下：

语气词	主要语气	语法意义	示例
的	陈述	表达不容置疑的语气	他的事情你清楚的。
了	陈述 疑问 感叹	表达对新情况出现的确定或疑问；表达强烈的感叹	他手里又拿着一支冰棍了。 你多大了？ 上海世博会可热闹了！
呢	陈述 疑问	表达确定的语气或加深疑问语气	他还上过电视呢。 你什么时候出发呢？
吧	陈述 疑问 祈使	表达不太确定、猜测、商量的语气	我想今天大概会下雨吧。 你没把这事儿告诉他吧？ 喝杯茶吧！
吗	疑问	表达疑问	你在他乡还好吗？
啊	陈述 疑问 祈使 感叹	表达舒缓或感叹的语气	这件事确实没办法啊。 你去不去啊？ 慢走啊！ 多好的人啊！

句末语气词有时可以两个连用，最后一个语气词是全句语气的核心。语气词连用一般

是有顺序的：a. 的 > b. 了 > c. 呢、吧、吗、啊。例如：

① 妈妈过得够清苦的了。

② 这些全都是免费的啊！

③ 你去过北京了吗？

（2）句中语气词

有些语气词还可以用在句子中，用来凸显话题，表示停顿，或者起到舒缓语气的作用。例如：

① 你啊，总是这样。

② 这件事嘛，我们商量一下再说。

③ 他的事呢，我不发表任何意见。

2. 语气词的语法特征

（1）语气词的附着性很强，在句中不能独立使用，只能附着在实词、短语或句子之后。

（2）语气词能单独或跟句调一起表示某种语气。有时一个语气词可以表达多种语气，有时同一种语气可以用多个语气词来表示，但内部具有细微差别。

3. 语气词“的”和结构助词“的”的区别

语气词“的”和结构助词“的”同形，但语法意义不同。区分二者时，一是看“的”后面能否加上相应的名词。可以加时，“的”是结构助词；不能加时，“的”是语气词。二是看删去“的”后意思有无变化。意思变了，“的”是结构助词；意思没变，“的”是语气词。例如：

① 这本书是我的。（结构助词）

② 你这样做要得罪人的。（语气词）

③ 他是卖烧饼的。（结构助词）

④ 我这话不是随便说的。（语气词）

4. 语气词“了”和动态助词“了”的区别

语气词“了”只能用于句末表示某种语气，而动态助词“了”则用在动词或形容词之后，表示动作或性状的实现，可以用在句中或句末。有时，“了”既用在动词或形容词之后表示某种动态，又用于句末表示某种语气，这时它就兼有语气词和动态助词的两种作用。例如：

① 我买了书再来找你。（动态助词）

② 他十岁时就掌握三门外语了。（语气词）

③ 他已经吃了$_1$晚饭了$_2$。（“了$_1$”是动态助词，“了$_2$”是语气词）

④ 树叶落了。（既是动态助词，又是语气词）

（六）叹词

叹词是表示感叹、呼唤或应答的虚词。例如：

啊　哼　呸　唉　喂　嗯　哎呀　哎哟

叹词的语法特征是：

1. 叹词本身没有具体的词汇意义，一般也没有帮助实词表达意义、配合实词构词造句的功能。

2. 叹词在句子中常充当独立语。例如：

① 唉，我只能这样了。

② 哎呀，你怎么才来呀。

③ 哼，我才不稀罕呢。

3. 叹词可以独立成句。例如：

① 喂？小李吗？

② 啊！你吓了我一跳。

③ 哎哟！救命啊！

（七）拟声词

拟声词是模拟事物声音的虚词。例如：

嘀嗒　扑通　轰隆隆　哗啦啦　噼噼啪啪　稀里哗啦

拟声词的语法特征是：

1. 常常做状语。例如：

① 我的耳朵［嗡嗡］直叫。

② 小河里的水［哗哗哗］地向东流去。

2. 可以做定语或独立语。例如：

① 屋里传来（哗啦）的一声。

② 扑通，他跳下去了。

3. 可以独立成句。例如：

①哈哈！你中计了。

②啪！他给了对方一记响亮的耳光。

二、词的兼类

汉语中有一些词，既具有这一类词的语法功能，同时又具有另一类词的语法功能，这就是词的兼类。例如："精神"这个词在不同的句子中具有不同的语法功能：

① 他看上去很精神。（形容词）

② 她的这种精神很值得我们学习。（名词）

这种在不同语境中具有两类或两类以上语法功能的词，就叫做兼类词。

（一）兼类词的构成条件

现代汉语中有一些现象容易与词的兼类现象混淆，这就需要明确兼类词的构成条件。

1. 必须经常具有两类词的语法功能

强调兼类词语法功能的"经常性"，主要是为了与语用层面的词类活用区别开来。词类活用是为了达到某种修辞的目的，临时把甲类词用作乙类词。它的特点就是不具备经常性。例如：

① 有人说这里的后院生活很中国，也很陶渊明，但手捧一杯香喷喷的咖啡，倒也觉得中西结合，并无矫情之意。

② 今天你低碳了吗？

例①里的“中国”、“陶渊明”原本是名词，但在这里都活用为形容词。例②中的“低碳”本是名词，这里却临时活用为动词。它们都不属于词的兼类现象。

2. 两类词的意义必须具有明显联系

兼类词必须是多义词，虽然类别意义不同，但其不同意义之间要有明显的联系。例如：“通知”一词，在“老师通知我们下午开会”和“我收到了一份通知”中分别属于动词和名词，它们都有“告知”的意思。

强调兼类词不同义项之间的“明显联系”，主要是为了与同音词区别开来。同音词是音同而意义没有任何联系的词，它的特点就是意义没有联系。例如：

① 你别老这样磨磨蹭蹭的。

② 她头上别着一枚发卡。

例①中的“别”是否定副词，例②中的“别”是动词，二者虽然词性不同，但意义却没有任何联系，不符合构成兼类词的条件，属于同音词。

（二）常见的兼类现象

现代汉语常见的兼类现象主要有以下几种：

1. 兼属名词和动词

教育　总结　组织　领导　编辑　计划　决定　创作

2. 兼属形容词和动词

明确　纯洁　深入　团结　繁荣　端正　充实　方便

3. 兼属名词和形容词

标准　理想　经济　科学　文明　卫生　民主　艺术

4. 兼属动词和介词

在　比　跟　同　给　用　靠　通过

5. 兼属介词和连词

和　跟　与　同　因为　由于　为了

三、词类常见错误的识别和修改

（一）实词的误用和修改

1. 名词、动词、形容词的误用

名词、动词、形容词的误用一般有三种类型：名词误用为动词或形容词、动词误用为名词或形容词、形容词误用为动词。例如：

① 这个县猛抓粮食生产技术，近年来产品了一批优质大米。

② 谁是《三国演义》中最智谋的人？

③ 今年流行的服装式样很变化很活泼，给人以新鲜之感。

④ 面对一些棘手的事情，我们应该冷静头脑好好想想。

例①中的“产品”是名词，不能带宾语，这是名词误用为动词，可改为“制造”。例②中的“智谋”是名词，不能受程度副词“最”的修饰，这是名词误用为形容词，可改为“有智谋”。例③中的“变化”是动词，不能受程度副词“很”的修饰，这是动词误用为形容词，可改为“今年流行的服装式样很活泼，富于变化”。例④中的“冷静”是形容词，不能带宾语“头脑”，这是把形容词误用为动词，可改为“面对一些棘手的事情，我们应该让头脑冷静下来，好好想想”。

2. 区别词使用不当

区别词使用不当，主要表现为区别词误用为名词或形容词。例如：

① 这些家具都是中式。

② 这场演出是很大型的。

例①中的区别词“中式”误用为名词，做了句子的宾语，应改为“中式的”。例②中的区别词“大型”被误用为形容词，接受了程度副词“很”的修饰和限制，应改为“这是一场大型演出”。

3. 数词、量词使用不当

(1)“二”、“两”、“俩”的误用

① 我姐姐有二双运动鞋。

② 老俩口省吃俭用，就是为了供这个孩子读书。

③ 咱们两一起去逛书店吧。

例①中的“二”应改为“两”，因为一般量词前不用“二”，要用“两”，如“两个篮球”、“两块橡皮”。但用在度量衡量词前时，除“二两”不能说成“两两”外，“二”和“两”都可以用，如“二斤苹果”、“两斤苹果”，“二米长”、“两米长”。例②中的“俩”应改为“两”，因为“俩”是“两个”的意思，后面不能用量词“口”。例③中的“两”应改成“俩”。

(2)“倍”的误用

① 这孩子，年龄比爷爷小十倍，可围棋水平比爷爷还高。

② 这种耳塞是用特殊材料制成的，戴上它能减少 35 倍噪音。

这两句话中的“倍”均使用不当。表达降低、减少、缩小等都不能用倍数，只能用分数。例①应改为“年龄是爷爷的十分之一”，例②应改为“戴上它噪音能减少到原来的三十五分之一”。

(3) 量词误用

① 我下午去花鸟市场买了一双金鱼。

② 门前坐着一头大黑狗。

例①中的“一双金鱼”应改为“一对金鱼”，因为“双”和“对”虽然都是表示成对的东西的量词，但跟肢体、器官无关的东西不能用“双”，只能用“对”，如“一对枕头”、“一对夫妻”。例②中的量词“头”可以用于某些动物，如“一头猪”、“一头羊”，但不能用于“狗”，应改为“一条大黑狗”。

4. 代词使用不当

(1) 指代不明

① 本市昨日召开交通安全工作会，部署今年下半年的具体工作，这是市领导向全市下达的又一动员令。

② 黛玉容不得别人“爱”宝玉，强烈的爱情排他心理使她听到“二”字便是“爱”字了，所以要狠狠奚落她一下。

例①中的“这”没有指代的对象，应该删去，改为“市领导向全市作了动员”。例②中的第一个“她”指黛玉，第二个“她”指湘云，“她”分别指代两个对象，导致指代不明，可以把第二个“她”改作“湘云”。

（2）人称代词误用

老师，时间不早了，咱们走了，您早点休息。

这句话中的“咱们”应改为“我们”。“咱们”和“我们”都是第一人称复数，它们的区别在于：“咱们”包括听话的人，“我们”可以包括听话人，也可以不包括听话人。

（二）虚词的误用和修改

1. 副词使用不当

（1）副词的混用

现代汉语中有些副词意义相近，使用时容易混淆，应注意加以区分。例如：

① 这部电影我上星期看了一遍，今天再看了一遍。

② 这么好的电影，我准备又看一遍。

③ 房子应该总是打扫。

④ 我每天早晨经常在公园里练太极拳。

⑤ 今天天气预报说要下雨，现在居然下雨了。

⑥ 说好的六点见面，可他果然没有来。

例①②属于“又”和“再”的混用。这两个词都是表示动作行为重复的频率副词，但“又”用于已成事实，“再”用于未成事实。因此，例①的“再”应改为“又”，例②的“又”应改为“再”。例③④属于“经常”和“总是”的混用。这两个词都是表示行为或状态一贯性的频率副词，但“经常”表示行为或状态屡次出现，“总是”表示动作或状态持续不变。所以，例③的“总是”应改为“经常”，例④的“经常”应改为“总是”。例⑤⑥属于“果然”和“居然”的混用。这两个词都是说明“预期”和“结果”关系的语气副词，但“果然”表示事情的结果与预期的相符，“居然”表示事情的结果与预期的不一致。因此，例⑤的“居然”应改为“果然”，例⑥的“果然”应改为“居然”。

（2）副词误用作形容词

① 机器使用了这么长的时间，发生一点小故障是未免的。

② 一个很偶尔的机会，他被借调到县文化馆工作。

例①中的“未免”是副词，这里被误用为形容词，应改为“难免”。例②中的“偶尔”也是副词，误用作形容词，应改为“偶然”。

（3）否定副词的误用

这种现象主要出现在双重否定和多重否定的句子中。例如：

主题必须有新鲜的内容，但这也不能否认写过的题材和主题就一概不能写。

双重否定表示肯定，三重否定则表示否定。这个句子使用的是三重否定，意思恰巧与原义相反，应把“否认”改为“认为”。

2. 介词使用不当

现代汉语中，有一些介词在语义、用法和功能等方面都很接近，应注意加以区分。例如：

① 大家都对于我很热情。

② 这个地方对我们很熟悉。

例①②错误混用了“对”和“对于”。这两个介词都可以表示人、事物、行为之间的对待关系，能用“对于”的句子都可用“对”，但表示人与人之间的对待关系时，只能用“对”。此外，使用“对”和“对于”时，应分清楚主客体，“对”、“对于”后面所带的成分一般是客体。因此，例①中的“大家”和“我”是人与人的对待关系，不能用“对于”，应改为“对”；例②中的“这个地方”是客体，“我们”是主体，应改为“我们对这个地方很熟悉”。又如：

③ 执法部门关于不听劝告的违规者要给予一定的处罚。

④ 这次会议主要讨论对于转基因食品的安全性问题。

例③④错误混用了“对于”和“关于”。介词“对于”后面带出所指对象，可以做状语、定语，做状语时可用于主语前或主语后；介词“关于”后面带出关联、涉及的事物，可以做状语、定语，做状语时只用于主语前。如果放在主语前，表示对象、范围的双重意思，那么“对于”、“关于”都可以使用。例③中“不听劝告的违规者”是指出的对象，介词应改为“对于”；例④中的“转基因食品的安全性问题”是关联涉及的事物，介词应改为“关于”。

3. 助词使用不当

(1) 结构助词的误用

① 热带鱼养的好，可以不换水。

② 在他的带动下，本市涌现了不少廉洁奉公好干部。

③ 他激动得说：“从来没有人对我这么好。”

例①中的“养”和“好”是述补关系，结构助词应改为“得”。例②中“好干部”的前面应加上结构助词“的”，以连接定语和名词。例③中的“激动”和“说”是状中关系，结构助词应改为“地”。

(2) 动态助词的误用

① 他的这种做法正表明着他改正缺点的决心。

② 如果不注意小节，时间一长将会养成了大的毛病。

例①的“着”使用不当。因为“着”是表示动作或状态正在持续的助词，“表明”这个动词不能表示持续的动态，其后不能跟“着”，应把“着”删除。例②中的“了”使用不当。“了”表示动作行为已经完成，而“将会”表示还没有成为事实，不能用“了”，应该把“了”删去。

思考与练习三

一、指出下列各词的词性。

经常　地　依旧　哗啦　似的　哼　以及　除了　根据　总共
何必　何况　幸亏　至少　刚　总之　对于　然而　难道　吗
哎呀　立刻　呢　就　才　都　也许　稍微　或者　当然
突然　如果　从　除非　就算　究竟　从而　叮咚　嘛　所

二、比较下列各组词在语法功能方面的差异。

难免——未免　　平常——常常　　偶然——偶尔　　猛然——惘然

亲自——亲近　　一概——一致　　从来——从前　　喂——吧

三、指出下列各句中加点词的词性，并说明理由。

1. 他和妻子谈过这件事了。
2. 我和你都没有决定权。
3. 你去跟老师说清楚。
4. 我不想跟着你。
5. 他比我弟弟大四岁。
6. 我同你比一比。
7. 我家的房子朝南。
8. 他朝我点点头。
9. 他把着门，不让我进去。
10. 妈妈把晚饭做好了。

四、下列句子中划线的词是不是兼类词？为什么？

1. 别难过。	把校徽别上。
2. 这孩子晚上老哭。	这种纸烟牌子很老了。
3. 我父母的思想还算开通。	这条公路明年开通。
4. 他的心中充满了仇恨。	他用仇恨的眼神看着我。
5. 这是一本资料汇编。	我正打算把这些文件汇编成书。
6. 方便的时候，给我回个电话。	这项措施方便了群众。
7. 他因为这件事受了处分。	因为今天事情多，所以回家晚了。
8. 这个县大力发展农业经济。	他用非常经济的笔墨刻画出了一个经典形象。
9. 这孩子真胖。	那胖绅士早在我的空处胖开了他的右半身。
10. 但愿幸运降临在你的身上。	头一次买彩票就得了头等奖，你真够幸运的。

五、有人认为汉语存在一词多类的兼类现象，因此无法划分词类。你同意这种看法吗？为什么？

第四节　短语与短语分析

一、短语

短语是词与词按照一定的语法规则组合起来、没有句调的语法单位。大多数短语加上一定的语调就可以成为句子。

短语和词都是句子的备用单位，二者既有联系又有区别。首先，短语由两个或两个以上的词组成，是比词更大一级的语法单位。例如："我"、"棉衣"是词，而"我和你"、"棉衣暖和"则是分别由词"我"、"和"、"你"，"棉衣"、"暖和"构成的短语。其次，词的意义与结构融合程度紧密，中间不能插入其他成分；短语的意义与结构融合较松散，中间一般可以插入其他成分。例如："黑板"、"骑兵"的中间不能插入其他成分，否则语义就会发生变化——"黑板"不等于"黑的板"，"骑兵"不等于"＊骑着兵"，它们是词。但是，“白布”、“骑马”的中间可以添加其他成分，如“白的布”、“骑着马”，而且语义也没有发生变化，它们是短语。

值得注意的是，现代汉语中有一些词可以拆开后插入其他成分。例如：

罢工——罢了一次工　　登记——登了一个记　　放下——放得下、放不下

当面——当着你的面　　洗澡——洗个澡　　听见——听得见、听不见

这种可离可合的词，一般叫做离合词。离合词属于词，所谓“离”，只是该词在语用层面的一种变换形式，目的大多是为了增强表达的具体性、明确性。

二、短语的类型

短语可以从不同的角度进行分类，不同的分类标准和研究目的可以分出不同的短语类别。

（一）短语的结构类

按照内部结构，现代汉语的短语可分为主谓短语、偏正短语、述宾短语、述补短语、联合短语、连谓短语、兼语短语、同位短语、方位短语、量词短语、介词短语、“的”字短语、“所”字短语、比况短语等十四种类型。

1. 主谓短语

主谓短语表示陈述关系，由主语和谓语两部分构成。一般是主语在前，谓语在后。例如：

阳光‖明媚　　我‖愿意　　今天‖国庆节

思想‖解放　　他‖个子很高　　散步‖我喜欢

2. 偏正短语

偏正短语表示修饰或限制关系，由修饰语或限制语和中心语两部分构成。一般是修饰限制语在前，中心语在后。根据中心语的不同，偏正短语可分为定中短语和状中短语两类。

（1）定中短语

定中短语的语法功能相当于体词。其中心语一般是体词性成分，如名词、代词、数词等。定语从领属、范围、质料、形式、性质、数量、用途、时间、处所等方面描写或限制中心语。充当定语的成分比较灵活，可以是各种实词或短语。定语和中心语之间有时要用结构助词“的”。例如：

（火红）的青春　　（我）的老师　　（大型）演唱会

（一条）牛仔裤　　（辫子长长）的姑娘　　（木头）房子

谓词性成分有时也可以充当定中短语的中心语。这时，定语常常是名词或形容词，后面一般有结构助词“的”。例如：

（危机）的消除　　（无奈）的虚伪　　（合同）的签订

（2）状中短语

状中短语的语法功能相当于谓词。其中心语一般是谓词性成分，如动词、形容词、述宾短语等。状语从条件、时间、范围、处所、程度、情态、对象等方面描写或限制中心语。充当状语的成分主要有副词、形容词、拟声词、介词短语、量词短语等。状语和中心语之间有时要用结构助词“地”。例如：

[十分] 想念　　[快] 跑　　[哗啦啦] 地响
[在沙发上] 坐着　　[一把] 拉住　　[才] 星期三

3. 述宾短语

述宾短语，又叫动宾短语，表示支配关系，由动词与后面受动词支配的宾语组合而成。动词在前，宾语在后。例如：

写字　　找谁　　喜欢游泳
保持安静　　吃四个　　难以平静

4. 述补短语

述补短语，又叫中补短语，表示补充关系。述补短语由中心语和补语两个部分组成，中心语在前，补语在后。充当中心语的一般是谓词性成分，如动词、形容词、述宾短语等。充当补语的成分可以是形容词、趋向动词、动量短语、程度副词、情态副词、介词短语等，用来说明中心语的结果、状态、趋向、数量、时间、处所、可能性或者程度、状态等。补语和中心语之间有时要用结构助词“得”。例如：

说得〈清楚〉　　痛快〈极〉了　　发生〈在北京〉
爬〈起来〉　　跑了〈一趟〉　　休息〈半个月〉

5. 联合短语

联合短语表示并列、选择或递进关系。其各组合项的语法性质一般是相同的，各项之间可以不用连词，也可以用“和”、“或”、“并”等连词。例如：

老师学生　　读和写　　整洁干净
楼房或平房　　又唱又跳　　仔细观察，深入研究

6. 连谓短语

连谓短语表示承接、目的、方式、因果等关系。它由两个或两个以上的谓词性成分组成，共同陈述一个主语，没有语音停顿，也不用任何关联词语。例如：

笑着说　　倒了一杯水喝　　有权提出申述
看书看累了　　握着手不放　　坐火车来

7. 兼语短语

兼语短语是由述宾短语和主谓短语套叠在一起构成的短语，述宾短语中的宾语兼做主谓短语中的主语。兼语短语中的第一个动词，一般由含有使令性意义或表示赞许、责怪的动词充当，如“让”、“叫”、“令”、“促使”、“命令”、“请求”、“埋怨”、“担心”、“称赞”、“表扬”等，也可以由非动作动词“是”、“有”充当。例如：

让她去　　命令部下撤退　　选老张当代表
埋怨他粗心　　有个亲戚是医生　　允许你回答问题

8. 同位短语

同位短语表示复指关系，是由所指相同的词或短语组成相互进行注释、解说的短语。同位短语一般用作主语、宾语或定语。例如：

春城昆明　　我们大家　　沈从文先生的小说《边城》
贪污腐败这种现象　　跳绳这种运动　　他们两位

9. 方位短语

方位短语是由方位名词附加在实词或短语之后组成的短语，表示时间、处所、范围或

动态。方位短语一般用作主语、宾语、定语或状语。例如：

山坡上　三十岁以前　一条小溪旁边

生与死之间　运行中　我出生之前

10. 量词短语

量词短语是由数词或指示代词加上量词组成的短语，可分为名量短语和动量短语两类。

(1) 名量短语

名量短语是由数词或指示代词加名量词构成的短语。例如：

一本　一堆　一群　二两　三个

这件　这条　这辆　那双　那批

(2) 动量短语

动量短语是由数词或指示代词加动量词构成的短语。例如：

两次　几趟　一脚　五回

这回　这趟　那次　那番

11. 介词短语

介词短语是由介词附着在体词性词语前面构成的短语。介词短语主要用于修饰限制动词、形容词，表示时间、处所、工具、方式、因果、对象等多种语义，一般用作状语。例如：

[用大碗] 吃饭　[跟他] 谈谈　[按国际惯例] 处理

[在房间里] 休息　[向祖国和人民] 致敬　[比前年] 暖和

在一些介词短语中，介词后的词语也可以是谓词性词语。例如：

[以做工精细] 而闻名　[为实现理想] 而努力　[对改造城中村] 提出建议

介词短语少数可以做补语和定语。例如：

生〈于一九九〇年〉　(对他) 的赞扬

12. “的”字短语

“的”字短语是由助词“的”附着在实词或短语后面构成的短语。“的”字短语表示动作的发出者、物体的领有者、性质特点的所属者等意义，具有指称作用，一般用作主语或宾语。例如：

中国的　自己的　吃的　圆圆的

女的　树林里的　喜剧的　阳光灿烂的

13. “所”字短语

“所”字短语是由助词“所”加在动词性词语前面构成的短语。“所”字短语一般用作定语，后面要用结构助词“的”。例如：

(所需要) 的帮助　(所不愿回想) 的经历　(所关注和研究) 的问题

14. 比况短语

比况短语是由比况助词“似的”、“一样”、“一般”、“般”等附着在一些实词或短语后面构成的短语。比况短语表示比喻或说明情况相似，可以做谓语、定语、状语、补语。例如：

木头似的　　　　兔子似的　　　　疯了似的
顶天立地的巨人一样　　　　丢了魂儿似的　　　　捡着金子似的

（二）短语的功能类

短语有两方面的功能：一是做句法成分，所有短语都能充当句法成分；二是成句，大部分短语加上句调就能独立成句。只有少数短语不具备独立成句的能力，如“所”字短语。

短语的功能类型是由它跟别的词语组合时所充当的句法成分以及相当于哪类词所决定的。经常做主语和宾语，功能相当于名词的，属于体词性短语，也叫名词性短语。以动词、形容词为中心，能做谓语，功能相当于谓词的，属于谓词性短语。谓词性短语又可分为两类：以动词为中心的叫动词性短语，以形容词为中心的叫形容词性短语。

现代汉语短语的功能类可列表如下：

体词性短语		谓词性短语	
名词性主谓短语	明天谷雨	谓词性主谓短语	小腿抽筋
偏正短语（定中短语）	美丽的校园	偏正短语（状中短语）	轻声地说
名词性联合短语	他和我	谓词性联合短语	刚毅坚卓
量词短语（名量短语）	一群	量词短语（动量短语）	一趟
同位短语	春城昆明	述宾短语	歌唱祖国
方位短语	校园里	述补短语	好极了
“的”字短语	打铁的	连谓短语	拿着书走了
“所”字短语	所见	兼语短语	请他来
		比况短语	狐狸似的

介词短语暂不好归类。

（三）短语的层次类

根据结构层次的多少，短语可以分为简单短语和复杂短语两类。

简单短语是只有一个结构层次的短语，如“你好”、“欢迎光临”。

复杂短语是具有两个或两个以上结构层次的短语，如“初升的太阳照耀着沸腾的群山”、“中国人民勤劳勇敢”。复杂短语一般使用层次分析法进行分析。

三、短语的层次分析

层次分析法，又叫直接成分分析法，主要是对语言单位的直接成分进行结构层次分析的方法。这种方法可以清晰地显示出语言单位的内部结构层次和结构关系。

（一）基本分析步骤

语法结构是有层次性的，语法结构的每个层次一般直接包含比它小的两个语法单位，这两个小的语法单位就是直接成分，每一个直接成分又可以被划分成更小的直接成分。具体来说，层次分析法的分析过程主要包括两个步骤：第一是切分结构层次，第二是确定结构关系。例如：

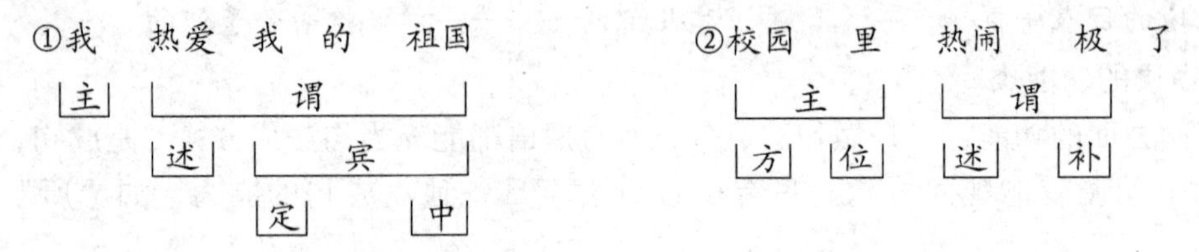

在对短语进行层次切分时，必须注意以下三方面的问题：

1. 采用二分法，将每个句法单位切分成两个直接成分。联合短语、连谓短语等由多个直接成分组成的短语，可以多分。

2. 逐层切分，直至分析出每一个实词。部分虚词，如结构助词“的”、“地”、“得”，动态助词“着”、“了”、“过”，语气词“的”、“了”、“呢”、“吗”、“吧”、“啊”等，不需要分析。

3. 一般采用从左到右、从上到下、逐块切分的分析步骤。

（二）分析原则

采用层次分析法切分短语，必须遵循结构原则和意义原则。

1. 结构原则

结构原则的具体内容是：首先，切分出来的各个直接成分本身应该符合语法。例如：

① 买 了 三 斤 苹果　　②买 了 三 次 苹果

|述| |宾|　　|述| |宾|

例①中“三斤”和名词“苹果”搭配，所以应切分为“买了/三斤苹果”。例②中“三次”补充说明动词“买”，所以应切分为“买了三次/苹果”。

其次，切分出来的各个直接成分可以按照汉语的句法重新组合起来。例如：

①不 能 磨灭 的 深刻 印象　　②希望 有 一 个 新 书包

|定| |中|　　|述| |宾|

例①中的“不能”与体词性短语“磨灭的深刻印象”不搭配，只能和动词“磨灭”搭配，所以应切分为“不能磨灭的/深刻印象”。例②中“希望”的宾语是动词性短语“有一个新书包”，所以应切分为“希望/有一个新书包”。

2. 意义原则

意义原则的具体内容是：首先，切分出来的各个直接成分本身应该符合逻辑常理。例如：

例①中“一位”在语义上不能与“建议”搭配，只能和“教师”搭配，所以应切分为“一位教师的/建议”。例②中“一项”在语义上不能和“教师”搭配，只能和“建议”搭配，所以应切分为“一项/教师的建议”。

其次，切分出来的各个直接成分组合起来应符合原来的语义。例如：

①我 可爱 的 家乡　　　　　　②我 深爱 的 家乡

定｜中　　　　　　　　　　　定｜中

例①中“可爱”在语义上既能与“我”搭配，也能和“家乡”搭配，但根据原短语的语义，应切分为“我/可爱的家乡”。例②中“深爱”在语义上既能和“我”搭配，也能和“家乡”搭配，但联系原短语的语义，应切分为“我深爱的/家乡”。

（三）图解方法

通常使用框式图解法来进行短语的层次分析，一般分为从大到小和从小到大两种图解方法。

从大到小的图解法是最为常用的。它将所要分析的短语作为一个整体，从大到小，逐层切分，依次解构，直至分析出每一个实词。例如：

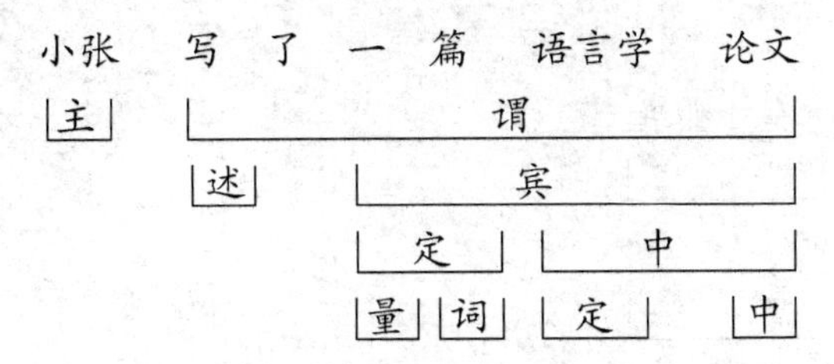

从小到大的图解法同从大到小的图解法正好相反。它将所要分析的短语内部的词划开，然后从小到大，依次组合起来。例如：

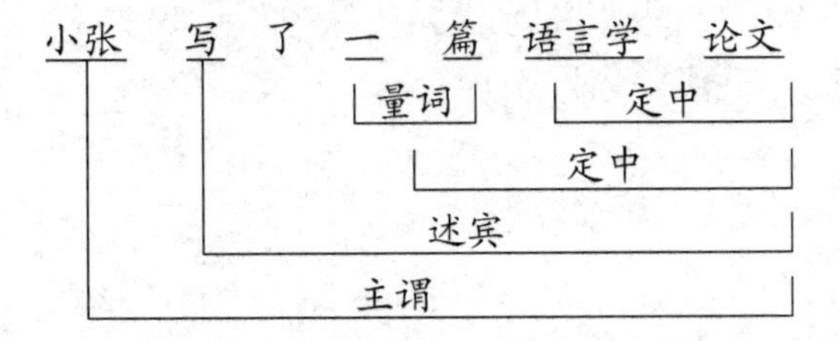

（四）复杂短语层次分析举例

下面采用从大到小的框式图解法分析一些复杂短语。

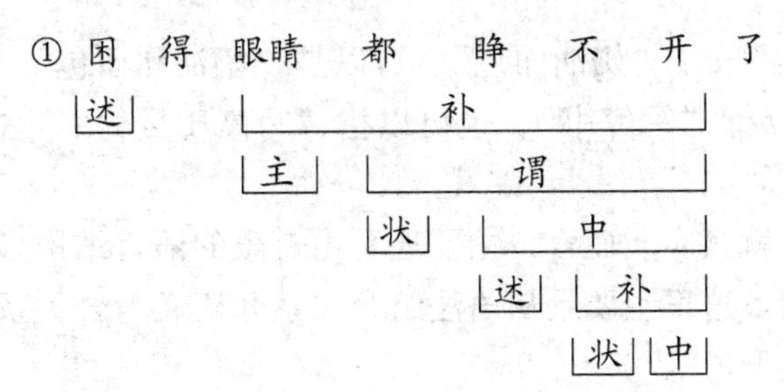

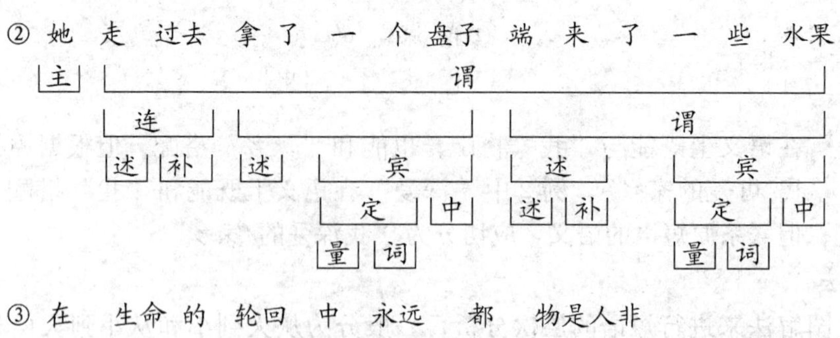

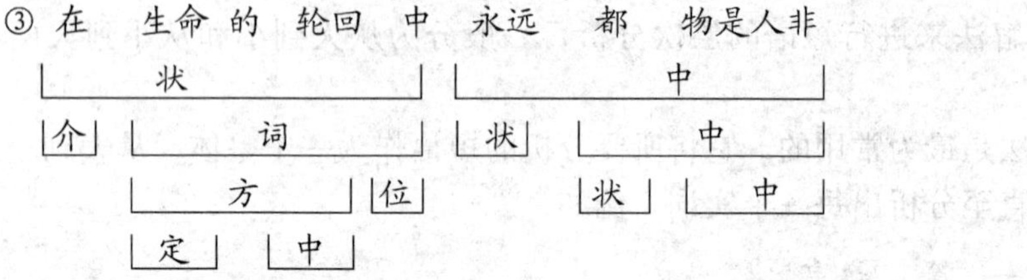

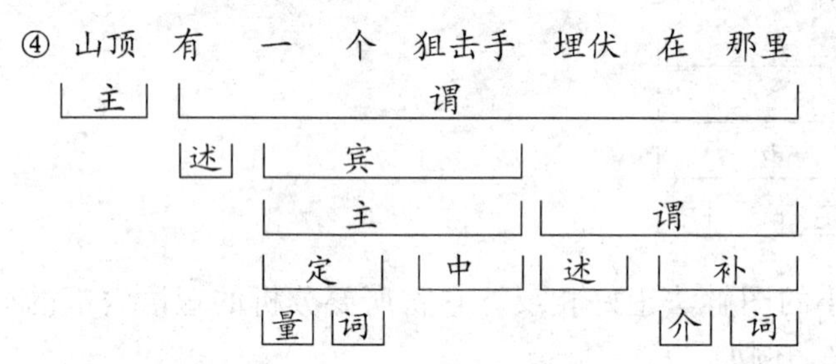

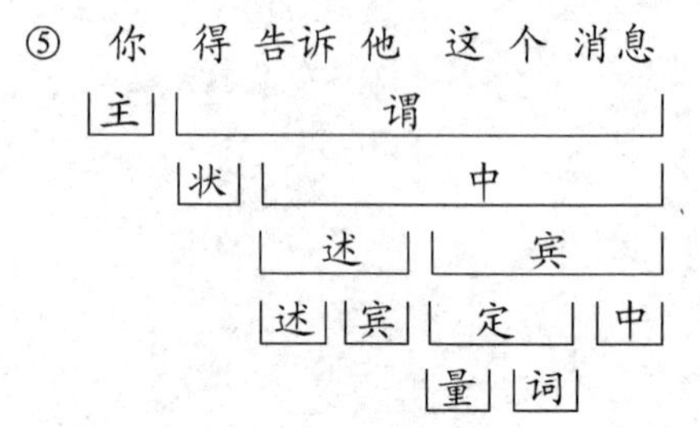

四、多义短语及其分析

多义短语是指具有多种意义的短语。例如：“奶油面包”，可以是“奶油和面包”，也可以是“奶油的面包”；“写好书”，可以指“写完书”，也可以指“写高质量的书”。它们都是多义短语。

造成多义短语的原因是多方面的，但就其实质而言，主要还是由有限的语言结构形式和无限的语义表达内容之间的矛盾造成的。这里主要是从语法组合关系和语义组合关系两个方面来分析现代汉语多义短语的具体类型。

（一）语法组合造成的多义短语

1. 词类不同造成的多义短语

① 车没有锁

② 父在母先亡

例①中的“锁”既可以是动词，也可以是名词，由此形成了不同的语义：“车没有锁好”、“车没有配锁”。例②中的“在”既可以作动词，又可以作介词，由此也形成了不同的语义：“父亲还健在而母亲已亡故”、“父亲在母亲之前亡故了”。

2. 结构关系相同、结构层次不同的多义短语

例①②虽然都是定中关系短语，但构成定中关系的两个直接成分却不同：例①的“两个”修饰限制的是“记者”；例②的“两个”修饰限制的是“报社”。

3. 结构层次相同、结构关系不同的多义短语

例①②的两个直接成分完全相同，但语法组合关系却不同：例①是同位关系，例②是偏正关系。

4. 结构层次、结构关系都不同的多义短语

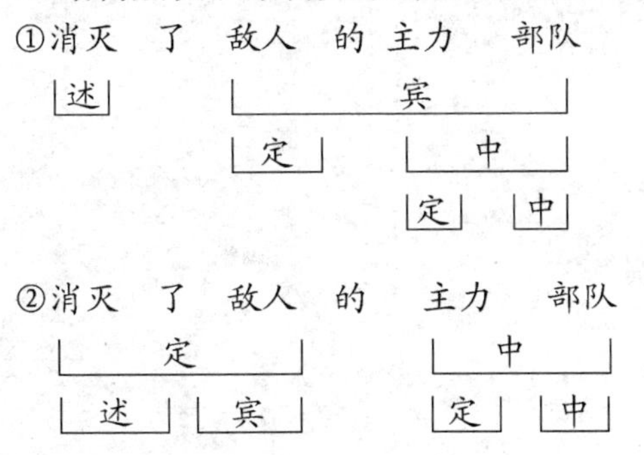

根据结构层次和结构关系，可知例①的语义为“敌人的主力部队被消灭了”，而例②的语义则为“主力部队消灭了敌人”。

（二）语义组合造成的多义短语

1. 词语含义不同的多义短语

例如：“走了三天”中的“走”既可以表示动作，也可以是“离开”的意思；“借他十元钱”中的“借”既可以是“借进”的意思，也可以是“借出”的意思。

2. 语义角色不同的多义短语

语义角色是词和词组合时所发生的意义关系。例如：“张力没找到”中的“张力”，既可以作为动词“找”的施事，也可以作为动词“找”的受事，施受关系不同决定了短语意思的不同。又如：“喜欢唱歌的那个孩子”中的“孩子”，既可以是动词“喜欢”的受事，也可以是动词“喜欢”的施事。

3. 语义指向不同的多义短语

语义指向是词和词组合时某一词语意义的所指方向。例如：“汤都喝了”中的“都”，如果语义指向“汤”，意思是“喝了所有的汤”；如果语义指向“喝”，意思是“汤已经喝了，没有浪费”。又如：“我有一个研究生很高兴”中的“很高兴”，如果语义指向“我”，意思是“我因为有一个研究生而感到很高兴”；如果语义指向“研究生”，则意思是“我

的研究生很高兴”。

思考与练习四

一、指出下列短语的结构类型和功能类型。

创造出非凡的业绩	常年与大海打交道的人	古人对岭南佳果情有独钟
个个都兴致勃勃	对于海洋中的动物	过去很胖的高老师
和我们相聚在北京	在昏暗的灯光下	多元而不单一
碰撞在一起	给她一束鲜花	池莉的小说《烦恼人生》
忙碌了一天	跑了三趟	去银行取钱交学费
中秋节那天	幽默诙谐	派他参加
狮子似的	有人敲门	莽莽的大森林里
疯狂地在钢琴上发泄	坐在前面的	在最后一轮被淘汰
远处的山光秃秃的	用来洗相的暗室	像荡秋千一样
所说的话	两条永远走不到一起的铁轨	走在乡间的小路上

二、用层次分析法分析下列短语。

1. 很满意地朝他看了一眼
2. 山脚下有一间破旧的小茅草房
3. 眼看着天一点点黑下来
4. 细腻而轻柔的羽毛弥漫在天地之间
5. 从那些渔夫嗓子里喊出来的真是天韵美调
6. 你所说的他一点儿也不知道
7. 那边刮着狂风下着大雨
8. 老猎人清早就上山打猎去了
9. 班主任今天派你值日
10. 处长老王是一个很好的人

三、按照“动词性成分（VP）+名词性成分（NP）+动词性成分（VP）”模式构成的短语，可以有哪几种结构类型？请举例说明。

四、用层次分析法分析下列多义短语，并说明其所属类型。

1. 喜欢看书的那个姑娘
2. 对教师的意见
3. 新职工宿舍
4. 他在凳子上画画儿
5. 关心自己的孩子
6. 王老师已经通知了
7. 打坏电话
8. 在火车上睡不好
9. 批评小李的意见
10. 我跟她去

五、你认为多义短语在日常生活交际中具有消极作用还是积极作用？为什么？

第五节　单句与单句分析（上）

一、单句

句子从结构格局上分类，首先可以分成单句和复句。单句是由词或短语构成的句子，它在交际中表达相对完整的意义，并带有一定的句调。

单句和短语是不同的语法单位，二者之间既有联系，又有区别。首先，单句一定带有句调，短语没有句调。例如："快走"、"那条狗很凶"是短语，但它们只要添加上句调就可以成为句子：

① 快走！

② 那条狗很凶。

其次，单句常常由短语构成，但并不是所有的短语加上句调都能成为单句。加上句调能够直接成为单句的短语叫自由短语，加上句调不能直接成为单句的短语叫黏着短语。例如：

短　语		单　句
自由短语	他看了一场电影	他看了一场电影。
	好得很	好得很！
黏着短语	把衣服	* 把衣服。
	所闻	* 所闻。

第三，单句有时也能由单个的词构成。例如：

① 谁？

② 可能。

二、单句的句法分析

单句的句法分析，是指采用一定的方法对单句的句法结构及其成分进行分析。分析单句的句法结构，首先需要明确单句的句子成分。

（一）单句的句子成分

句子成分是句子的结构成分。现代汉语的单句，通常由五对句子成分构成：主语和谓语、述语和宾语、定语和中心语、状语和中心语、中心语和补语。这些句子成分往往具有配对性，主语是针对谓语而言的，述语是针对宾语而言的，定语、状语、补语分别是针对各自的中心语而言的[①]，它们一般都是两两搭配，相互依存。此外，还有一种特殊的句子成分——独立语。

1. 主语和谓语

主语是谓语陈述的对象，谓语是说明和陈述主语的，它们之间是一种陈述和被陈述的

① 定语、状语、补语都属于修饰性句法成分，因此都有与之搭配使用的中心语，即句中被修饰或限制的句法成分。通常，与定语配对的中心语为体词性的，与状语、补语配对的中心语则为谓词性的。

关系。例如："她爱唱歌"这句话，主语"她"是被陈述的对象，回答"谁"或"什么"的问题；谓语"爱唱歌"则是对主语的陈述，回答"干什么"或"怎么样"的问题。主语和谓语之间用"‖"隔开，前面的是主语，后面的是谓语。

（1）充当主语的词语

第一，体词性主语。主语主要由体词和体词性短语充当。例如：

① 月亮‖挂在天空。（名词做主语）

② 他‖喜欢晨跑。（代词做主语）

③ 老人和孩子‖都在晒太阳。（名词性联合短语做主语）

④ 鲜红的太阳‖永不落。（定中短语做主语）

⑤ 鲁迅先生‖是中国青年热爱和敬仰的导师。（同位短语做主语）

⑥ 村子里‖来了一群人。（方位短语做主语）

⑦ 一米‖等于多少尺？（量词短语做主语）

⑧ 他听到的‖都是好消息。（"的"字短语做主语）

体词性主语中比较特殊的是时间名词、处所名词充当的主语。时间名词和处所名词具有事物性和时地性的双重属性，在句中既可以做状语，也可以做主语。当它们表示事物性时，其用法与一般名词相同，作为谓语陈述的对象，充当主语。例如：

① 明天‖是中秋节。（时间名词做主语）

② 北京‖是中国的首都。（处所名词做主语）

当它们表示时地性时，如果谓语前没有一般名词且二者不同时出现，那么出现在句子中的那一个词就做主语；如果谓语前没有一般名词且二者同时出现，则处所名词做主语，时间名词做状语。如果谓语前面有一般名词，那就由一般名词充当主语，而时间名词、处所名词都做状语。例如：

① 昨晚‖上演了一台精彩的戏剧。（时间名词做主语）

② 国家大剧院‖上演了一台精彩的戏剧。（处所名词做主语）

③［昨晚］国家大剧院‖上演了一台精彩的戏剧。（时间名词做状语，处所名词做主语）

④［昨晚］［国家大剧院］艺术家们‖上演了一台精彩的戏剧。（一般名词做主语，时间名词和处所名词做状语）

以上原则可概括为一个由高到低的等级序列：一般名词 > 处所名词 > 时间名词。级别高的名词比级别低的名词具有更多充当主语的优先权。

第二，谓词性主语。谓词和谓词性短语在一定条件下也可以充当主语。例如：

① 笑‖比哭好。（动词做主语）

② 谦虚‖使人进步。（形容词做主语）

③ 经常锻炼‖对身体有好处。（状中短语做主语）

④ 喝生水‖是一种不好的习惯。（述宾短语做主语）

⑤ 小一点儿‖更合适。（述补短语做主语）

⑥ 他那样做‖让大家很感动。（主谓短语做主语）

需要注意的是，谓词性词语充当主语时，句子的谓语往往会受到限制，常由形容词或包含"使"、"让"、"有"、"是"等动词的短语充当。

(2) 充当谓语的词语

第一，谓词性谓语。谓语主要由谓词和谓词性短语充当。例如：

① 春天‖来了。(动词做谓语)

② 墙角的玫瑰‖悄悄地开放。(状中短语做谓语)

③ 我们‖喜欢喝茶。(述宾短语做谓语)

④ 那项工程‖进行得十分顺利。(述补短语做谓语)

⑤ 他‖打开门走出去。(连谓短语做谓语)

⑥ 骄傲‖使人落后。(兼语短语做谓语)

⑦ 这间屋子‖凉快。(形容词做谓语)

⑧ 草原‖静谧而空旷。(形容词性联合短语做谓语)

⑨ 你的眼睛‖怎么了？(谓词性代词做谓语)

⑩ 这本书‖我看过两遍了。(主谓短语做谓语)

第二，体词性谓语。体词性词语做谓语的情况比较少，能充当谓语的体词性词语一般用来说明时间、天气、节令、人的籍贯或事物特征等。例如：

① 今天‖星期一。(名词做谓语)

② 那位作家‖北京的。(“的”字短语做谓语)

③ 这小姑娘‖高个子。(定中短语做谓语)

④ 那栋楼房‖十八层。(量词短语做谓语)

(3) 主语的语义类型

主语和谓语之间具有一定的语义关系。根据主谓之间的语义关系，常见的主语语义类型主要有以下几种：

第一，施事主语。施事主语是动作行为的发出者，是动作行为的主体。例如：

① 董事长‖同意了他的建议。

② 姐姐‖正在教弟弟学英语。

第二，受事主语。受事主语是动作行为的承受者，是动作行为的客体。例如：

① 我们‖都被他骗了。

② 衣服‖已经晒干了。

第三，中性主语。中性主语既不是动作行为的发出者，也不是动作行为的承受者，只作为谓语的陈述对象。例如：

① 我‖是今年刚毕业的大学生。

② 三加二‖等于五。

③ 山窝里‖飞出了金凤凰。

④ 全班同学‖我就服你。

⑤ 王冕‖七岁时死了父亲。

⑥ 这苹果‖真甜。

⑦ 他姐姐‖确实很漂亮。

2. 述语和宾语

述语是对宾语起支配或关涉作用的动词，宾语是述语支配或关涉的对象。述语和宾语之间是一种支配和被支配或关涉和被关涉的关系。

述语不同于谓语。谓语是相对于主语来说的，而述语则是相对于宾语来说的。例如：

① 琪琪‖买了一件新衣服。

主语“琪琪”和谓语“买了一件新衣服”发生联系，述语“买”和宾语“一件新衣服”发生联系。述语和宾语都属于谓语的下位句法成分。

(1) 充当宾语的词语

第一，体词性宾语。宾语主要由体词性词语充当。例如：

① 我买了书。(名词做宾语)

② 我把那件事告诉他了。(代词做宾语)

③ 年轻人应该树立远大的理想。(定中短语做宾语)

第二，谓词性宾语。谓词性词语在一定条件下也可以充当宾语。例如：

① 姑娘都爱美。(形容词做宾语)

② 中国人喜欢喝茶。(述宾短语做宾语)

③ 医生建议立即动手术。(状中短语做宾语)

④ 禁止攀爬树木采摘花朵。(动词性联合短语做宾语)

⑤ 我觉得他一个人去不妥。(主谓短语做宾语)

(2) 充当述语的词语

充当述语的词一般都是动词或动词性短语。充当述语的动词可以分为三类：

第一，体宾动词。有些动词只能带体词性宾语，称为体宾动词。体宾动词多数是及物性的动作动词。例如：

① 他骑着新买的摩托车。

② 我喝了一瓶矿泉水。

第二，谓宾动词。有些动词只能带谓词性宾语，称为谓宾动词。例如：

① 他打算就这么办。

② 别妄加评论。

③ 这个课题值得深入研究。

④ 我们继续上课。

常见的谓宾动词有：表示主张建议类的动词“计划”、“建议”等；表示心理活动的动词“企图”、“希望”等；表示动作状态的动词“准备”、“开始”、“停止”、“进行”等；一些行为动词“从事”、“给以”、“禁止”、“允许”等。

第三，体谓宾动词。有些动词既能带体词性宾语，又可带谓词性宾语，称为体谓宾动词。例如：

① 她喜欢芭比娃娃。　　　　她喜欢买芭比娃娃。

② 我们正在讨论这个问题。　　　　我们正在讨论怎么解决这个问题。

常见的体谓宾动词有：表示心理活动的动词“喜爱”、“害怕”等；表示感觉类的动词“看见”、“知道”、“注意”等；表示动作行为的动词“研究”、“调查”等。

(3) 宾语的语义类型

根据述语和宾语之间的语义关系，常见的宾语语义类型主要有以下三类：

第一，受事宾语。受事宾语是述语的承受者，是述语动作行为的支配对象。例如：

① 妈妈切开了西瓜。

② 我昨天就买好了电影票。

在各类宾语中，受事宾语的出现频率最高，是最典型的宾语。

第二，施事宾语。施事宾语是述语的实施者，是述语动作行为的发出者。例如：

① 天空中飞着一群白鸽。

② 班上来了几位听课的老师。

施事宾语一般表示不定指的人或事物。

第三，中性宾语。中性宾语与述语在语义上没有施事或受事的关系，但它是述语动作行为的关涉对象。常见的中性宾语主要有以下几种：

① 书籍是人类进步的阶梯。（系事宾语）

② 他送我一本书。（与事宾语）

③ 张明正在写毛笔。（工具宾语）

④ 这些钱应该存活期。（方式宾语）

⑤ 我天天吃食堂。（处所宾语）

⑥ 最近大家都担心流感。（原因宾语）

⑦ 他毕业后要考公务员。（目的宾语）

⑧ 教育厅新盖了一幢办公楼。（结果宾语）

3. 定语和中心语

定语是句中修饰或限制性的句法成分，一般位于中心语前。中心语是句中被定语修饰或限制的句法成分，一般位于定语之后。由于定语和中心语的搭配往往出现在句子的主语或宾语位置，所以被定语修饰或限制的中心语也可称为主语中心语或宾语中心语。例如："鲜红的太阳‖永不落"这句话中，主语"鲜红的太阳"就包含了两个成分，定语"鲜红"和主语中心语"太阳"。

（1）充当定语的词语

大多数实词和短语都可以充当定语。例如：

① 那里有（一个）（美丽善良）的姑娘。（量词短语、联合短语做定语）

② 迪斯尼乐园是（大型）（儿童）游乐场。（区别词、名词做定语）

③（现有）的问题还没有解决。（状中短语做定语）

④ 我刚刚接到（命令我回家去）的电话。（兼语短语做定语）

⑤ 朋友问我（对这件事）的看法。（介词短语做定语）

（2）充当中心语的词语

定语所修饰限制的中心语，大多数是体词性词语。例如：

① 他的眼前是金黄色的麦田。（名词做中心语）

② 公车监管的核心和关键，就是要大力推进公车改革。（名词性联合短语做中心语）

有时，谓词性词语也可以充当定语的中心语。例如：

① 他的善良、豁达和开朗令人难忘。（形容词性联合短语做中心语）

② 人们敲锣打鼓欢迎子弟兵的到来。（动词做中心语）

（3）定语的语义类型

根据定语和中心语之间的语义关系，定语的语义类型大致可分为两类：

第一，限制性定语。这类定语的作用是给中心语分类或划定范围，多由名词性词语、动词性词语或区别词来充当，说明人或事物的领有者、时间、处所、数量、性质或范围等。例如：

① 医生看病时要观察（病人）的脸色。

② 我去书店买了（几本）（今年出版）的（语言学）著作。

第二，描写性定语。这类定语的作用是对中心语进行描写或修饰，多由形容词性词语来充当，主要说明人或事物的状态。例如：

①（碧绿）的江水，（险峻）的石滩，（雄奇）的峰峦，仿佛是画中景色。

② 他的胸前挂满了（金灿灿）的奖章。

限制性定语和描写性定语只是对定语语义类型的大致分类。事实上，二者之间并没有明确的界限。例如："黄土高原"中的"黄土"既是对"高原"的限制，也是一种描写。

（4）定语和结构助词"的"

定语同中心语的组合，有时是直接的，有时则必须通过结构助词"的"才能组合。定语后加不加结构助词"的"，与充当定语的词语性质及其所表示的语法意义有关。具体说明如下：

第一，谓词性短语或介词短语充当定语必须带"的"。例如：

① 很快就到了（橘子红了）的时候。（主谓短语做定语）

②（上台演讲）的男生姓张。（连谓短语做定语）

③ 我今天听了一场（关于文学与音乐）的讲座。（介词短语做定语）

第二，量词短语充当定语不带"的"，起限制作用。例如：

① 桌子上放着（三个）杯子。

②（这件）衣服比（那件）衣服漂亮。

第三，定语可带可不带"的"。带"的"能强调定语，如"中国文化"和"中国的文化"；"他妈妈"和"他的妈妈"。有时，带"的"和不带"的"还会造成结构或意义上的差别。例如：

老师同学（联合）——老师的同学（定中）　讨论问题（述宾）——讨论的问题（定中）

小王师傅（同位）——小王的师傅（定中）　狐狸狡猾（主谓）——狐狸的狡猾（定中）

上面的短语，带"的"和不带"的"表示不同的语法结构关系。又如：

中国朋友（朋友是中国籍的）——中国的朋友（中国这个国家的朋友）

十支香烟（香烟有十支）——十支的香烟（十支一盒的那种香烟）

上面的短语，带"的"和不带"的"表示不同的意义。在具体的语言运用中，定语与中心语之间带"的"与不带"的"的情况很复杂，以上只是大致情况的简要概括。

（5）多层定语的语序

如果中心语前面的定语不止一项，就会形成层层叠加的多层定语。多层定语的语序排列是一个比较复杂的问题。最基本的规则是限制性定语在描写性定语之前。具体而言，多层定语的前后顺序一般是：a. 表示领属关系的定语 > b. 表示处所或时间的定语 > c. 表指

代或数量的定语 > d. 表动作的定语 > e. 表性质或状态的定语 > f. 不带“的”的表示质料、属性的定语。例如：

① （我）的（那件）（刚买）的（呢子）大衣已经弄脏了。（a > c > d > f）

② 他就像（夏日里）（一股）（清凉）的山泉。（b > c > e）

在实际语言运用中，由于发话人表情达意的需要不同，多层定语排列的情况也很复杂，需要仔细观察和体会。

4. 状语和中心语

状语一般位于中心语前，对中心语进行限制或描写。中心语是状语限制或描写的对象，一般出现在状语之后。由于状语和中心语的搭配往往出现在句子的谓语位置，所以被状语限制或描写的中心语也可称为谓语中心语。例如：“大家‖非常高兴”这个句子中，谓语“非常高兴”包含了两个成分，状语“非常”和谓语中心语“高兴”。

（1）充当状语的词语

状语常常由副词、介词短语充当。例如：

① 我［只］要一个苹果。（副词做状语）

② 我们［在天黑以前］到达了目的地。（介词短语做状语）

有时，谓词性词语也可以做状语。例如：

① 今天［会］下雪。（能愿动词做状语）

② 孩子们［高兴］地庆祝儿童节。（形容词做状语）

③ 他们［满怀信心］地迎接期末考试。（述宾短语做状语）

此外，表示时间、处所的名词和动量短语，也经常在句中充当状语。例如：

① 咱们［明天］见。（时间名词做状语）

② 这些水果要［一次］吃完。（动量短语做状语）

（2）充当中心语的词语

状语所修饰限制的中心语一般是谓词性词语。例如：

① 人们逐渐掌握了这种规律。（述宾短语做中心语）

② 窗前的蔷薇花格外美丽。（形容词做中心语）

少数情况下，体词性词语也能充当状语的中心语。例如：

① 今天才星期一。（时间名词做中心语）

② 山上净石头。（名词做中心语）

（3）状语的语义类型和语义指向

根据状语和中心语之间的语义关系，状语的语义类型大致可分为两种类型：

第一，限制性状语。这类状语多由副词、时间名词、处所名词、介词短语来充当，常用来限制说明中心语所发生的时间、频率、处所、范围、程度、方式、原因、目的或所关涉的对象、所依赖的工具等等。例如：

① 他［昨晚］［又］［在门口］挂了一串灯笼。

② 我［按照约定］［通过电话］［跟他］联系。

第二，描写性状语。这类状语多由谓词性词语来充当，常用来修饰动作行为本身。例如：

① 他［滔滔不绝］地说。

② 大家［热烈］欢迎奥运健儿凯旋归来。

语义指向是句法结构中某一成分跟其他成分在语义上的联系。这种语义联系同句法关系有时一致，有时不一致。通常，状语的语义总是指向它所限制或描写的中心语，但有时也会指向其他成分。例如：

① 我们［经常］讨论这些问题。

② 他［羞愧］地离开了。

③ 王老师在张晓明的作业本上［大大］地打了一个勾。

④ 他［没］走错房间。

不难看出，这四个例句状语的语义指向并不相同：例①指向中心语“讨论”，例②指向主语“他”，例③指向宾语“一个勾”，例④则指向补语“错”。

（4）状语和结构助词“地”

状语同中心语的组合，有时是直接的，有时则必须通过结构助词“地”才能组合。状语后加不加结构助词“地”，与状语的语义类型以及状语和中心语的音节数量有关。

第一，限制性状语后面大多不能带“地”。例如：

① 这束花［刚好］十二朵。

② 王教授［对这个课题］很感兴趣。

第二，描写性状语带不带“地”，情况比较复杂。一般说来，谓词性词语、名词性词语做状语时，后面一般要带“地”。例如：

① 他［气喘吁吁］地跑进来。

② 我们不能［形式主义］地看问题。

单音节形容词、量词短语做状语时，后面一般不带“地”。例如：

① 你［快］说啊！

② 这些馒头［一次］吃不完。

形容词和量词短语的重叠式、双音节或多音节拟声词以及少数双音节副词做状语时，后面可带“地”，也可不带“地”。例如：

① 他［规规矩矩］坐着。　　他［规规矩矩］地坐着。

② 张律师［一次次］跑法院。　　张律师［一次次］地跑法院。

③ 鞭炮［劈里啪啦］响了。　　鞭炮［劈里啪啦］地响了。

④ 今天妈妈［特别］高兴。　　今天妈妈［特别］地高兴。

（5）多层状语的语序

如果中心语前面的状语不止一项，就会形成层层叠加的多层状语。多层状语的语序排列一般是：a. 表示语气的状语 > b. 表示时间的状语 > c. 描写主语的状语 > d. 表示处所、方向的状语 > e. 描写动作的状语 > f. 表示对象的状语。例如：

①［毕竟］我们［已经］［在北京］生活了那么多年。(a > b > d)

② 小女孩［满脸通红］地［从操场］跑过来。(c > d)

③ 他［正］［滔滔不绝］地［给小明］说着大道理。(b > e > f)

否定副词做状语，在句中的语序比较灵活，往往是在语义上限制什么成分就位于该成分之前，不一定直接与中心语发生联系。当然，否定副词出现位置不同往往会引起句子语义的变动。例如：

① 经理［对他］［很］［不］满意。　　经理［对他］［不］［很］满意。

② 名单上的同学［都］［没有］来。　　名单上的同学［没有］［都］来。

在实际语言运用中，由于发话人表达需求的不同，多层状语排列的情况不一定完全符合这个顺序，有时也会显得比较灵活，如“她为他默默地奉献着”和“她默默地为他奉献着”都可以说。

5. 补语和中心语

补语位于中心语后，对中心语进行补充说明。中心语是补语补充说明的对象，位于补语之前。由于补语和中心语的搭配一般出现在句子的主语或宾语位置，所以补语所补充说明的中心语也可称为谓语中心语。例如：“桌子‖擦得很干净”这个句子中，谓语“擦得很干净”就包含了谓语中心语“擦”、补语“很干净”两个成分。

（1）充当补语的词语

补语一般由介词短语、量词短语和谓词性词语充当。例如：

① 同学们坐〈在教室里〉。（介词短语做补语）

② 我买过〈三次〉烤鸭。（量词短语做补语）

③ 他急得〈团团转〉。（状中短语做补语）

④ 你一定要把问题说〈清楚〉。（形容词做补语）

（2）充当中心语的词语

补语补充说明的中心语一般都是谓词性词语。例如：

① 我**做**不完那么多家务事。

② 他**兴奋**得睡不着觉。

（3）补语的语义类型和语义指向

根据补语和中心语之间的语义关系，补语的语义类型大致有以下五种类型：

第一，数量补语。表明动作的次数或动作延续的时间。例如：

① 这部电影他看过〈五遍〉了。

② 火车在站上停了〈八分钟〉。

第二，结果补语。表明动作产生的结果。例如：

① 自行车修〈好〉了。

② 我的心思就被他看〈穿〉了。

第三，程度补语。用在形容词或一些动词（主要是心理动词）后面表示程度。例如：

① 今天气温比昨天高〈一点儿〉。

② 她害怕得〈很〉。

第四，情态补语。表明动作行为的状态。例如：

① 赵老师故意说得〈很慢〉。

② 他笑得〈前俯后仰〉。

第五，趋向补语。趋向动词用在中心语后面表示空间或时间的变化趋向。例如：

① 你把邮件发〈过来〉吧！

② 他的腰板儿直〈起来〉了。

通常，补语的语义总是指向它补充说明的中心语，但有时也会指向其他成分。例如：

① 他三天就看〈完〉了《红楼梦》。

② 我学〈会〉了游泳。

③ 房间里走〈出来〉一个人。

这三个例句补语的语义指向各不相同：例①指向中心语“看”，例②指向主语“我”，例③则指向宾语“一个人”。

（4）补语和结构助词“得”

补语同中心语的组合，有时是直接的，有时必须通过结构助词“得”才能组合。补语前面加不加结构助词“得”，与补语的语义类型有关。具体情况如下：

第一，数量补语前面不能加“得”。程度补语前面一般也不加“得”，除了少数固定搭配，如“高兴得很”。

第二，情态补语前面必须加“得”。

第三，结果补语、趋向补语前面可加可不加“得”。加“得”和不加“得”构成平行格式：不加“得”的形式叫基本式，加“得”的形式叫可能式。例如：

基本式		可能式	
肯定形式	否定形式	肯定形式	否定形式
我听懂了。	我没听懂。	我听得懂。	我听不懂。
他说出答案。	他没说出答案。	他说得出答案。	他说不出答案。

需要注意的是，有些带“得”的双音节动词，如“觉得”、“取得”、“获得”、“显得”等，其中的“得”是一个构词语素，后面跟的是宾语而不是补语。例如：

① 他又取得了好成绩。

② 她觉得很温暖。

③ 他们获得了丰收。

（5）补语和宾语的区别

补语和宾语常常出现在表示动作行为的词语之后，分布上具有一致性。但是，二者之间的区别也比较明显：从意义上看，补语是对动作行为的补充说明，宾语是动作行为的支配或关涉对象；从功能上看，充当补语的大多是谓词性词语，而充当宾语的大多是体词性词语；从结构上看，补语前面常有结构助词“得”为标志，而宾语前面没有。

下面对几组形式和意义相近的补语、宾语进行辨析。

第一，表数量的补语和宾语。动词后面如果出现表数量的量词短语，通常是名量短语做宾语，动量短语做补语。例如：

① 这本书他读了〈三遍〉。

② 这本书他读了三页。

第二，表时量的补语和宾语。动词后面如果出现表时量的量词短语，则要通过能否用介词“把”将时量词语提前的方法来判定是宾语还是补语。例如：

① 他浪费了两天。　　　　他把两天浪费了。

② 他休息了〈三天〉。　　　＊他把三天休息了。

例①能用介词“把”将时量词语“两天”提前，“两天”就是宾语。例②不能用介词“把”将时量词语“三天”提前，“三天”就做补语。

第三，表处所的补语和宾语。表处所的词语有处所名词、方位短语和介词短语。它们出现在动词之后时，处所名词、方位短语做宾语，介词短语做补语。例如：

① 我在宿舍里。

② 我住〈在宿舍里〉。

6. 独立语

现代汉语的句子中有一些词语，结构上不同别的句法成分发生关系，意义上是句子表意的辅助性成分，在句中位置比较灵活，可以出现在句首、句中和句尾，这就是独立语。例如：

① 总之，这件事办得很顺利。

② 这种事情，说实在话，我不感兴趣。

③ 他已经出国了，据说。

独立语在结构上不是必备的，但在表义上却具有重要的作用。这种作用主要表现在以下几个方面：

（1）表示招呼、应答或感叹，常用名词、叹词等表示。例如：

① 张师傅，您也去买菜？

② 哎，真不知道该怎么办！

（2）表示自己的意见和看法，常用“我想”、“依我看”、“在我看来”等表示。例如：

① 依我看，这种款式的凉鞋会受欢迎的。

② 这个句子，在我看来，不是个单句。

（3）表示对情况的推测和估计，可以使语气显得更加委婉，常用“看来”、“看样子”、“算起来”、“说不定”、“充其量”、“少说”等词语表示。例如：

① 他说不定已经吃过饭了。

② 这间屋子，充其量就是二十平方米。

（4）表示肯定、强调等语气，常用“毫无疑问”、“不用说”、“说实在的”、“老实说”等表示。例如：

① 这种意见毫无疑问是不能采纳的。

② 老实说，你到底想不想去？

（5）引起对方的注意或思考，常用“你看”、“你想”、“你听”、“你说”等表示。例如：

① 你想，这样的条件我能答应吗？

② 这孩子的嘴，你听，多甜哪！

（6）表示消息的来源，常用“听说”、“据说”、“相传”、“据报道”等表示。例如：

① 这次进入半决赛的据说有四支球队。

② 相传这里就是后羿射日的地方。

（7）表示总括、举例、补充，常用“总之”、“比如说……”、“特别是……”、“此外”等表示。例如：

① 这种轿车适宜在大城市推广，比如说北京、上海。

② 此外，我们还要注意说话时的语气。

（二）中心词分析法

传统语法在进行单句分析时，主要采用中心词分析法。中心词分析法，也叫句子成分分析法，它通过分析出句中的词或短语充当何种句子成分，找出充当句子主干成分的中心词，从而了解单句的基本结构。

1. 中心词分析法的基本原则

（1）单句有六大句子成分：主语、谓语、宾语、定语、状语、补语。

（2）主语中心词、谓语中心词、宾语中心词是句子的主干成分，定语、状语和补语是句子的附加成分，附加成分都是依附于主干成分的。

2. 中心词分析法的具体运用

（1）句子由主谓短语充当时，首先在主语中心词后用“‖”切分出主语和谓语两大部分。

（2）句中的主语或宾语由定中短语充当时，应切分出定语和主语中心词，或者定语和宾语中心词；如果主语或宾语是由单个的词或者非定中短语充当，则不再作切分。

（3）句中的谓语，如果由述宾短语充当，应切分出谓语中心词和宾语；如果由状中短语充当，应切分出状语和谓语中心词；如果由述补短语充当，应切分出谓语中心词和补语；如果由单个的词或主谓短语、联合短语、体词性短语充当，则不再作切分。

（4）各种句子成分的符号表示法：

‖	用来隔开主语和谓语
═══	表示主语中心词
───	表示谓语中心词
～～～	表示宾语中心词
（ ）	表示定语
［ ］	表示状语
〈 〉	表示补语
△△△	表示独立语

（5）凡是不与句子成分发生结构关系的部分，如语调、结构助词、动态助词、语气词等，都不做分析。

（三）单句句法分析举例

对单句进行句法分析，可以明确单句的句子成分，显示并归纳出句子的结构格局，从而便于人们正确理解句子的语义，以及通过掌握各种造句规律来完成话语交际。这里仅采用中心词分析法，举例说明单句的句法分析。

① 吸烟和过量饮酒‖［都］［对健康］不利。

② （他们家养）的（那只）猫‖蓝眼睛长尾巴。

③（我们）家乡‖经济很繁荣。

④（一个）护士‖推〈开〉门走〈过去〉［轻轻］摘〈下〉了输液瓶。

⑤（阵阵）清香‖使（疲倦）的人们［霎时］淡忘了（夏季）的炎热。

⑥［离别的时候］，他‖送我（一套）（精美）的茶具。

⑦天空中‖闪现〈出〉（一条）（波浪形）的电光。

⑧人才竞争，特别是高技术产业方面的人才竞争，‖［将］［明显］加剧。

（四）中心词分析法与层次分析法的比较

中心词分析法和层次分析法都可以用来分析单句的句法结构，但由于两种方法所依据的语法理论并不相同，所以各有其优缺点及适用领域。

1. 中心词分析法的优点

（1）方法简便，易于操作。运用中心词分析法，可以先找出句子的主干成分，然后再顺藤摸瓜，寻找附加成分，操作起来比较简单。

（2）有利于归纳句型。对于单句，特别是一些字数较多、结构复杂的单句，可以很快分析出其中的主干和枝叶，使句子的格局显得主次分明，有利于汉语句型系统的归纳。

（3）有利于修改病句。通过中心词分析法，可以先确定句子的主干成分，检查主语、谓语、宾语之间的语法结构关系和语义搭配关系，然后再查枝理叶，检查定语、状语、补语修饰中心语的情况。这样可以方便、快捷地检查出句子的语病。

基于上述优点，中心词分析法长期运用于我国中学语法教学当中。相对而言，层次分析法的切分程序显得就过于繁琐，特别是面对一些字数较多、结构复杂的单句，有时候很难把握全局，也很难从中抓住句子的主干。

2. 中心词分析法的缺点

（1）缺乏“层次”观念。中心词分析法只重视分析出哪些词或短语充当什么句子成分，不重视这些词或短语之间的层次性，划分的结果是各个句子成分均处于同一层面，无法揭示出句子成分之间的结构关系。例如：

①他‖骑着（一辆）（崭新）的（红色）自行车。

②他们‖［毕竟］［都］［不］是孩子了。

采用中心词分析法，例①②里的多个定语和多个状语之间的结构层次关系就无法体现出来。

（2）不能真正做到把句子分析到词，不利于揭示出小一级的语法单位是如何组合成较大一级的语法单位的过程。例如：

①为人民服务‖是我们工作的宗旨。

②我‖以为放风筝是一件颇有情趣的事。

例①由状中短语充当句子的主语，例②由主谓短语充当句子的宾语，但如果采用中心词分析法，就无法进一步把主语、宾语切分到词。

（3）过于强调句子的主干成分。由于中心词分析法过于强调句子的主干成分，把修饰成分看成是附加的、可有可无的，所以很容易导致人们对句子语义理解的偏误。例如：

①（于福）的老婆‖是（小芹）的娘。

② 他‖［不］是推销员。

③ 张师傅‖熬〈红〉了眼睛。

如果分别把例①②③中的定语、状语和补语去掉，那么句子的语义就难以理解，或者跟原句的语义完全相反。

相对而言，层次分析法重视句法结构的层次性，也重视揭示出句法成分之间的关系，经过层层分析，可以把句子分析到词，清晰地揭示出词是怎样组合成句子的过程，而且可以运用在短语分析和复句分析中，对现代汉语语法的教学和研究都很有帮助。

思考与练习五

一、分析下列句子的主语和谓语，说明它们是由什么词语充当的，并说明主语的语义类型。

1. 对图书进行合理的归类需要科学的方法。
2. 在英国公共图书馆里，被人偷走最多的一本书就是《吉尼斯世界记录大全》。
3. 这件衣服穿了八年。
4. 一斤苹果三块钱。
5. 旧的国际经济秩序的不平等，以及发达国家对发展中国家经济命脉的控制，严重束缚着发展中国家的经济发展。
6. 屋里摆着两台电脑。
7. 鲁迅在中国现代文学史上的地位，毛泽东给予了高度的评价。
8. 董事长上个月就到北京出差去了。
9. 海鸥在大海上飞翔着。
10. 令人高兴的是双方最终达成了协议。

二、指出下列句子中的述语和宾语，说明它们是由什么词语充当的，并说明宾语的语义类型。

1. 这本文集的发现对研究明清科举制度具有极为重要的意义。
2. 这锅饭可以吃十个人。
3. 我明年考研究生。
4. 临别时，他还送我们一些山上采来的山楂果。
5. 老张拿着一张报纸进了办公室。
6. 睡得好就是福气。
7. 我和小王每人都吃了两大碗。
8. 你就安安心心地在家养几天病吧！
9. 这本书包着一层牛皮纸。
10. 大家一块儿洗菜、剁肉、包饺子。

三、指出下列句子的定语、状语及其中心语，并归纳多层定语或多层状语的排列顺序。

1. 牛背上牧童的短笛，这时候也成天嘹亮地响着。
2. 昨天在课堂上同学们做了一个很有趣的文字游戏。
3. 她穿着一条崭新的白色真丝连衣裙。
4. 我轻轻地把这片叶子夹在日记本里。
5. 我们毕竟已经在艰难中起步了。
6. 在乌云和大海之间，海燕像黑色的闪电高傲地飞翔。

7. 荷塘边是一条曲折的小煤屑路。

8. 沙发上挂着她的一把打开着的淡紫色的油纸伞。

四、指出下列句子中的补语以及它对应的中心语，并指出补语的语义类型。

1. 这次他休息了大半年。

2. 大家在车厢里闷得透不过气来。

3. 那头牛累坏了。

4. 他的名字我一下子就想起来了。

5. 现在物质生活比过去好多了。

6. 她高兴得眉开眼笑。

五、分析下列句子中加点部分充当什么句子成分，并说明其语义指向。

1. 他喝醉了酒。

2. 他喝完了那瓶酒。

3. 他喝多了酒。

4. 他直直地画了一条线。

5. 他慢慢地画了一条线。

6. 他小心翼翼地画了一条线。

六、指出下列句子里的独立语，并说明其表示的意义。

1. 据调查，目前，青年教师已占教职工总数的百分之七十左右。

2. 你说，他这不是存心给我难堪吗？

3. 地球上的生物，尤其是微生物，具有顽强的生命力和繁殖能力。

4. 这些公式看来并不复杂。

5. 古时候，写诗的，填词的，不用说都是文人。

6. 哎，小张，快过来！

七、请用中心词分析法分析下列单句。

1. 他从抽屉里拿出来一本书。

2. 养鸟的人总喜欢拎着鸟笼到公园里散步。

3. 我们的国家进入了一个崭新的历史时期。

4. 小河边一排青翠的柳树。

5. 可怜的小鸟冷得整个身体都在颤动。

6. 这几本书，特别是红色封面的那本，你拿回去好好看看。

7. 他将这一切情况都向上级作了汇报。

8. 古色古香的大厅里陈列着一尊巨大的青铜雕像。

9. 在实现祖国统一之前，我们主张按照相互理解、互补互利的原则，积极推动海峡两岸关系的不断发展。

10. 谁让你把材料送来的？

八、中心词分析法和层次分析法各有什么特点？请结合实例，谈谈你的观点和看法。

第六节　单句与单句分析（下）

现代汉语的句子可以根据不同的标准进行分类。句子都有一定的结构规则，按照句子的结构格局划分出来的句子类型叫做句型。句子都有句调，表示一定的语气，按照句子的语气功能划分出来的句子类型叫做句类。

一、单句的句型

（一）句型的定义

句型是按照句子的结构格局划分出来的类型。句型可以帮助我们把成千上万具体的句子纳入一定的模型加以认识和研究，这对语言教学和自然语言的信息处理具有重要的意义。

通常，句型具有两个特点：第一，抽象性和生成性。句型是从大量的具体的句子中概括出来的句子结构模型，相对于具体使用的句子而言是抽象的。人们具体使用的句子是无限的，但是句型的数量却相当有限。句型是人们根据表达需要生成无数句子的依据。人们只要掌握一定的句型，便可根据相关规则、采用不同词语造出相同模型的新句子来。第二，层级性和系统性。句型有不同的层级，大句型包含中句型，中句型下面还有小句型，每一种句型都处在一定的层级中，从而形成了一个相互联系、彼此制约、排列有序的系统。确定句型时，必须注意句型的层级性，先确定上位句型，再确定下位句型。

现代汉语的句型，首先可以分为单句和复句两个子系统。单句和复句下面又可分为若干子系统。现代汉语单句句型系统如下：

<table>
<tr><th colspan="3">现代汉语句型系统</th><th>示例</th></tr>
<tr><td rowspan="8">单句</td><td rowspan="4">主谓句</td><td>动词性谓语句</td><td>他考上大学了。</td></tr>
<tr><td>形容词性谓语句</td><td>这朵花真漂亮！</td></tr>
<tr><td>名词性谓语句</td><td>今天星期二。</td></tr>
<tr><td>主谓谓语句</td><td>饭我吃过了。</td></tr>
<tr><td rowspan="4">非主谓句</td><td>动词性非主谓句</td><td>出太阳了。</td></tr>
<tr><td>形容词性非主谓句</td><td>好极了！</td></tr>
<tr><td>名词性非主谓句</td><td>多么醉人的秋色！</td></tr>
<tr><td>其他的非主谓句</td><td>啊？</td></tr>
<tr><td>复句</td><td colspan="3">（从略）</td></tr>
</table>

（二）主谓句

主谓句是由主谓短语构成的单句，即能分析出主语和谓语两个直接成分的单句。根据充当谓语的词语的语法功能，可以把主谓句分为四个下位句型：动词性谓语句、形容词性谓语句、名词性谓语句和主谓谓语句。

1. 动词性谓语句

动词性谓语句是由动词性词语充当谓语的主谓句，常用于陈述人的行为动作或事物的发展变化，或表示判断、领有、存在等。例如：

①（天边）（那）（最后一抹）霞光‖［也］消失了。

②（孩子）的作业‖完成了。

③（强烈）的灯光‖照得〈人们几乎无法睁开眼睛〉。

④ 学者们‖［对这个问题］展开了（一次）（激烈）的讨论。

⑤ 我们中华民族‖［在人类文明发展史上］，［曾经］有过（杰出）的贡献。

⑥ 我‖祝愿我们老一代的科学工作者老当益壮，为我国科学事业建立新功，为造就新的科学人才做出贡献。

现代汉语中，动词或动词性短语的主要语法功能就是充当谓语。动词性谓语句是现代汉语最为常见的句型。

2. 形容词性谓语句

形容词性谓语句是由形容词性词语充当谓语的主谓句，常用于陈述主语的性质或状态。例如：

① 房间里‖［很］整齐。

② 他‖［一向］谦虚谨慎。

③ 枫叶‖［终于］红了。

④（小姑娘）的脸蛋儿‖红得〈像苹果似的〉。

⑤ 不吃早餐‖［对健康］不利。

⑥（这件）衣服‖［比那件衣服］便宜〈一点儿〉。

现代汉语中，形容词和形容词性短语的主要功能是充当谓语和定语。形容词性谓语句也是现代汉语较为常见的一种句型。

3. 名词性谓语句

名词性谓语句是由名词性词语充当谓语的主谓句。它在现代汉语中的数量不多，主要用于陈述日子、天气，人的籍贯、容貌、身份，或事物的某种特征等。例如：

① 今天‖端午节。

② 昨天‖晴天。

③ 鲁迅‖浙江人。

④ 小王‖［已经］副局长了。

⑤（这条）板凳‖［就］三条腿。

⑥ 山上‖一片醉人的秋色。

现代汉语的名词或名词性短语充当谓语，往往有一些条件限制，如表达的语义有限、没有对应的否定形式、常用于口语中等等。

4. 主谓谓语句

主谓谓语句是由主谓短语充当谓语的主谓句。一般把全句的主语称为大主语，充当谓语的主谓短语中的主语称为小主语，主谓短语中的谓语称为小谓语。根据大主语、小主语以及小谓语之间的语义关系，主谓谓语句可以分为四种类型：

（1）领属性主谓谓语句

大主语和小主语之间具有领属关系或整体与部分的关系，中间可以有状语隔开。例如：

① 大家‖热情高涨。　　大家‖［都］热情高涨。

② 今天‖天气晴朗。　　今天‖［确实］天气晴朗。

③ 我们班‖每个同学都说普通话。　　我们班‖［现在］每个同学都说普通话。

有时，领属性主谓谓语句的大主语和小主语之间还可以加上“的”。但需要注意的是，加上“的”之后，句子就不再是主谓谓语句了。例如：

①（大家）的热情‖高涨。（形容性词谓语句）

②（今天）的天气‖晴朗。（形容性词谓语句）

③（我们班）的（每个）同学‖［都］说普通话。（动词性谓语句）

（2）受事性主谓谓语句

大主语是小谓语中动作行为的受事，小主语是小谓语中动作行为的施事。例如：

①（那本）书‖我已经给他了。

②（这项）任务‖我们一定要完成。

③（刚才走过去）的（那位）老师‖你认识吗？

受事性主谓谓语句，可以通过大主语的移位，变换成一般的主谓句。例如：

① 我‖［已经］给他（那本）书了。

② 我们‖［一定］［要］完成（这项）任务。

③ 你‖认识（刚才走过去）的（那位）老师吗？

需要注意的是，在受事性主谓谓语句中，当大主语表示周遍性意义时，大主语和小主语可以换位，而意义基本不变。例如：

①（一口）水‖他也不喝。　　他‖一口水也不喝。

② 什么‖他都不说。　　他‖什么都不说。

③（任何）困难‖我们都能克服。　　我们‖任何困难都能克服。

（3）关涉性主谓谓语句

大主语表示小谓语关涉的对象、范围或使用的工具、材料等语义。例如：

①（这套）教材‖我觉得不错。

②（那个品牌）的运动鞋‖500元一双。

③（他的）（那辆）电动车‖我骑过一次。

（4）复指性主谓谓语句

大主语和小主语之间有复指关系。例如：

①（去北京旅游）的人，‖大多数都要去长城。

② 整天睡着‖那算怎么回事？

（三）非主谓句

非主谓句是由单个的词或非主谓短语构成的单句。非主谓句的下位句型有：动词性非主谓句、形容词性非主谓句、名词性非主谓句和其他类型的非主谓句。

1. 动词性非主谓句

动词性非主谓句通常由动词或动词性短语构成。例如：

① 刮风了。

② 禁止吸烟！

③ 有一群蚂蚁在觅食。

2. 形容词性非主谓句

形容词性非主谓句一般由形容词或形容词性短语构成。例如：

① 行！

② 太好了！

③ 真棒！

3. 名词性非主谓句

名词性非主谓句通常由体词性词语构成。例如：

① 叔叔！

② 一个夏日的午后。

③ 好大的雨啊！

4. 其他类型

除上述三种类型外，还有一些其他类型的非主谓句，主要由叹词、拟声词或副词充当，可称为叹词句、拟声词句或副词句。例如：

① 哎呀！

② 咚咚咚！

③ 不。

需要注意的是，非主谓句和省略句不同。省略句是为了使语言表达显得简洁而在特定语境中省略了某些结构成分的句子。省略句与非主谓句的主要区别有：第一，非主谓句是语言的一种静态结构类型，不依赖于语境而存在；省略句是在言语交际中出现的语用现象，需要在一定的语境中才能实现。第二，非主谓句在结构上是独立的、完整的，不必补出或无法补出某种成分；省略句中被省略的成分可以补出来，具有还原性。例如："到哪儿去"这句话在对话中可以明确地补出主语"你"；而非主谓句"刮风了"就无法补出主语。

（四）特殊句式

句式是主谓句或非主谓句的下位句型，是根据句子的特殊标志或特殊结构划分出来的句子类型。例如："把"字句、"被"字句、"是"字句是以特殊词语为标志划分出来的；连谓句、兼语句、双宾语句是以特殊结构为标志划分出来的；存现句、比较句是以特殊语义范畴为标志划分出来的。

1. "把"字句

"把"字句是运用介词"把"和谓语动词支配、关涉的对象构成介词短语，并将其置于动词前做状语的一种句子。例如：

① 我‖［把电视］关了。

② 大家‖［把课文］读一遍。

"把"字句强调由某一动作所导致的结果或状态，其结构、语义方面的特点主要集中在介词"把"的宾语、"把"字句的谓语部分。

（1）介词“把”的宾语

通常，“把”的宾语由体词性词语充当。谓词性词语带有指称性时，也可以做“把”的宾语，常用在“把……当作”类的格式中。例如：

① 她‖［把文件］带过来了。

② 经理的一番话‖［把他］弄得一头雾水。

③ 大臣们‖根本不［把隋兵进攻］当作一回事。

从语义上看，“把”的宾语主要是动作的受事，有时也可以表示其他的语义关系。这些宾语一般都是有定的、特指的。例如：

① 妹妹‖［把碗］洗干净了。（表示受事）

② 他‖［把整瓶墨水］都写光了。（表示工具）

③ 那孩子‖［把墙上］涂得乱七八糟。（表示处所）

④ 北方的面食‖［把她］吃胖了。（表示施事）

（2）“把”字句的谓语部分

第一，“把”字句的谓语动词通常是动作性较强的及物动词，能够带受事宾语或结果补语。表示关系的动词、能愿动词、心理动词、趋向动词等，不能构成“把”字句。

第二，“把”字句的谓语部分一般不能只是单个动词，动词前后应该有一些别的成分，主要有以下结构形式：

主语 + “把” + 宾语 + V + 了（着）：电脑‖［会］［把信息］储存着。

主语 + “把” + 宾语 + V + 补语：（有的）国家‖［把桉树］种〈在沼泽地里〉。

主语 + “把” + 宾语 + V + 宾语：他‖［把手里的苹果］给了我。

主语 + “把” + 宾语 + 状语 + V：我们‖［要］［把侵略者］［从中国］赶〈出去〉！

主语 + “把” + 宾语 + V 重叠：你‖［把房间］打扫打扫。

只有少数动补结构的双音节动词可以单独作为“把”字句的谓语部分。例如：

① 我们‖［要］［把封建政权］推翻。

② 媒体‖［不要］［随意］［把事情］扩大。

另外，谓语部分的否定词或能愿动词只能出现在“把”之前。例如：

① 你‖［别］［把纸］［乱］扔。

② 我‖［可能］［会］［把通知］贴在教室门口。

2.“被”字句

（1）“被”字句和被动句

“被”字句就是运用介词“被”和谓语动词的施事构成介词短语，并将其置于动词前做状语，而把动作支配、关涉的对象置于句首做主语的一种句子。“被”字句主要强调人或事物遭受某种动作行为。例如：

① 苹果‖［被我］吃了。

② 他‖［被敌人］打得遍体鳞伤。

“被”字句和被动句不是相同的概念。一般说来，施事做主语的句子叫主动句，如“风‖吹落了树叶”、“我‖卖了那幅画”；受事做主语的句子叫被动句，如“树叶‖被风吹落了”、“那幅画‖我卖了”。现代汉语的被动句可以分为两类：一类是无标记的被动句，如“那幅画‖我卖了”；一类是有标记的被动句，如“树叶‖被风吹落了”。“被”字句属于有标记的被动句。

（2）“被”字句的特点

第一，“被”字句的主语一般是体词性词语。谓词性词语带有指称性时，也能做主语。例如：

① 他‖［被雨］淋湿了。

②（这项）发明‖［被他们］运用到生产实践中。

③ 妇女经商‖［被大家］视为时代的进步。

从语义上看，“被”字句的主语多数是受事，有时也可以表示其他的语义关系，但主语必须是有定或特指的事物。例如：

①（他）的价值‖［没有］［被社会］承认。（表示受事）

②（手机）电池‖［被他］打干了。（表示工具）

③ 家里‖［被孩子］弄得乱七八糟。（表示处所）

第二，“被”字句谓语部分的谓语动词通常是动作性较强的及物动词，能够带受事宾语或结果补语。部分心理动词也可以构成“被”字句，表示关系的动词、能愿动词、趋向动词等则不能构成“被”字句。此外，“被”字句的谓语部分一般不能只是单个动词，动词前后应该有一些别的成分，主要有以下几种情况：

主语 + “被” + 宾语 + V + 了（着、过）：（他）的双手‖［被绳子］捆着。

主语 + “被” + 宾语 + V + 补语：孙悟空‖［被如来佛］压〈在五指山下〉。

主语 + “被” + 宾语 + V + 数量宾语：房子‖［被他］占了一间。

主语 + “被” + 宾语 + 双音节V：这样做‖［会］［被天下人］耻笑。

值得注意的是，“被”字句谓语部分的否定词或能愿动词只能出现在“被”之前。例如：

① 你‖［别］［被他］吓倒了。

② 他‖［可能］［会］［被公司］解雇。

（3）“被”字句的变体

上面各例中，“被”字后面都带了宾语，表示动作行为的施事者。当不需要表示动作的施事时，“被”字句后面的宾语可以不出现，直接构成“主语 + ‘被’ + VP”的格式。这时，“被”就不宜看作介词，而应视为被动标记，不做句子成分，是助词。例如：

① 小狗‖［被他］吓〈跑〉了。

② 小狗‖被吓〈跑〉了。

在现代汉语书面语中，还保留着“主语 + 被 + 宾语 + 所 + VP”、“主语 + 为 + 宾语 + 所 + VP”的格式。这些格式中的“所”只能作为被动标记，不做句子成分。例如：

① 同学们‖深深地被杨善洲的事迹所打动。

② 他的卖国行径‖为世人所鄙视。

而在口语中，介词“被”则常常可以用“叫”、“让”、“给”等介词来替代。另外，口语中也有“被（让/叫）……给……”的格式。例如：

① 那小偷‖叫我们逮着了。　　那小偷‖叫我们给逮着了。

② 游戏机‖让老师没收了。　　游戏机‖让老师给没收了。

③ 她的手‖被刀子弄破了。　　她的手‖被刀子给弄破了。

3. “是”字句

“是”字句指谓语部分以“是”为标记，表示判断或强调的一种句子。例如：

① 她‖是我妹妹。

② 她‖［是］［在］读大学。

（1）“是”字句的结构类型

第一，主语 +“是” + 体词性词语。“是”为动词，做谓语，后面带体词性宾语。例如：

① 今天‖是个好日子。

② 满街‖都是人。

第二，主语 + “是” + 谓词性词语。“是”可作动词，也可作语气副词。例如：

① 我的理想‖是当一名飞行员。（“是”作动词）

② 这个地方‖［是］好。（“是”作语气副词）

第三，主语 +“是……的”。“是”可作动词，也可作语气副词。例如：

① 他‖是修车的。（“是”作动词）

② 他‖［是］［很］满意的。（“是”作语气副词）

（2）“是”字句的语义类型

第一，表判断关系。在表判断的“是”字句中，“是”是动词，在句中做谓语，后面一般带体词性词语做宾语，有时也会带谓词性词语做宾语。需要注意的是，这里所说的“判断关系”属于广义的用法，还包括存在、领有、比况、评价等语义关系。例如：

① 她‖是（我）的（语文）老师。（表示判断）

② 荷塘四面‖都是树。（表示存在）

③ 你妈妈‖真是（好）脾气。（表示领有）

④ 建筑‖是（流动）的音乐。（表示比况）

⑤ 这‖是狡辩。（表示评价）

第二，表强调语气。表强调的“是”字句中，“是”表示强调的语气副词，在句中做状语，通常出现在谓词性词语之前。例如：

① 他‖［是］［会］做饭。

② 这样做‖［是］［不］礼貌。

值得注意的是，“是”后面带上谓词性词语或“是”字句的谓语出现在“是……的”形式中，既可以表示判断关系，也可以表示强调语气。区别的方法是：首先，表判断关系的“是”有否定形式“不是”，而表强调语气的“是”则没有，如需表示否定，只能在“是”的后面加上否定词。其次，表判断关系的“是”或“是……的”不能省略，而表强调语气的“是”可以删去。最后，表判断关系的“是……的”中，“的”后面可以补出中心词，而表强调语气的“的”后面不能补出中心词。例如：

① 我的任务‖是对资料进行分析。（表示判断关系）

② 这个地方‖［是］好。(表强调语气)

③ 他‖是修车的。(表判断关系)

④ 他‖［是］［很］优秀的。(表强调语气)

有时，一些“是”字句既可以表示判断，也可以表示强调语气。这就很容易产生歧义。例如：

① 他‖是在楼上看书。

② 她‖是教过书的。

4. 连谓句

连谓句是由连谓短语做谓语的句子。例如：

① 他‖打开门走出去。

② 老张‖生病请假了。

(1) 连谓句的结构特点

第一，连谓句的结构格式为“主语 + VP_1 + VP_2”，它可以是两个或两个以上动词性词语连用，也包括动词性词语和形容词性词语的连用。例如：

① 他‖打电话找秘书要文件。

② 她‖红着脸不说话。

第二，连谓句的主语可以分别和几个谓词性词语发生主谓关系，这些连用的谓词性词语之间形成了时间或逻辑上的先后关系，不能调换语序。例如：

① 妈妈‖去菜市场买了些菜。

② 电脑‖已经修好送回来了。

第三，连谓句中的谓词性词语之间没有关联词语，也没有语音停顿，书面上不能用逗号隔开，否则便是紧缩复句或承接复句。例如：

① 他进屋忙着打扫卫生。(连谓句)

② 他一进屋就忙着打扫卫生。(紧缩复句)

③ 他进了屋，就忙着打扫卫生。(承接复句)

(2) 连谓句的语义类型

第一，表示动作的先后。VP_1 和 VP_2 在时间上有先后顺序，属于连续发生的动作。例如：

① 他‖走进房间打开灯。

② 她‖吃完饭离开了食堂。

第二，表示方式和动作。VP_1 说明 VP_2 的动作方式。例如：

① 奶奶‖拉着我的手跟我说话。

② 战士们‖排着队跑步。

第三，表示动作和目的。VP_1 表示动作，VP_2 表示目的。例如：

① 学生们‖去图书馆查资料。

② 我‖上街买衣服。

第四，表示动作之间的因果关系。VP_1 表示原因，VP_2 表示结果。例如：

① 他‖听到这个消息很难过。

② 他‖有病不能来。

第五，表示动作之间的条件关系。VP_1 表示条件，VP_2 表示动作。例如：

① 你‖有资格参加比赛。

② 我‖有权利保持沉默。

5. 兼语句

兼语句是兼语短语做谓语的句子（包括由兼语短语构成的动词性非主谓句）。例如：

① 我‖请他来家里。

② 大家‖选他当班长。

（1）兼语句的结构特点

第一，兼语句的结构格式为"主语 + VP_1 + 兼语 + VP_2"，它的主语一般是名词性词语，有时也可以是谓词性词语。VP_1 只能是动词性词语，VP_2 可以是动词性词语，也可以是形容词性词语。例如：

① 经历这次磨难‖使我明白了许多道理。

② 大伙儿‖都喜欢他诚实。

第二，兼语句中的兼语通常是体词性词语，它既是 VP_1 的宾语，同时又是 VP_2 的主语。例如：

① 老教授‖称赞（这个）年轻人有悟性。

② 我们学校‖派〈出〉（一支）篮球队参加大学生联赛。

（2）兼语句的语义类型

根据兼语句 VP_1 的语义特征，可以把兼语句分为以下四种类型：

第一，使令类兼语句。这是现代汉语最常见、也是最典型的兼语句，常用的动词有"使"、"令"、"让"、"派"、"请"、"求"、"逼"、"催"、"促使"、"命令"、"号召"、"鼓励"、"动员"、"禁止"、"带领"、"通知"、"嘱托"等。例如：

① 房东‖催我们交房租。

② 上级‖通知我们坚守岗位。

第二，称呼类兼语句。这类兼语句的 VP_1 表示认称意义，常见的主要有"称"、"叫"、"封"、"选"、"拜"、"称呼"、"追认"等。称呼类兼语句的 VP_2 通常是表判断的动词"为"、"作"、"是"。例如：

① 大家‖称他为飞将军。

② 吴王‖封伍子胥作大夫。

第三，赞责类兼语句。这类兼语句的 VP_1 表示赞许或责怪意义，常见的动词有"称赞"、"表扬"、"夸"、"喜欢"、"爱"、"恨"、"嫌"、"埋怨"、"感谢"、"佩服"等。需要注意的是，VP_1 与 VP_2 之间有因果关系。例如：

① 大家‖都嫌他太啰嗦。

② 我‖佩服这孩子有毅力。

第四，有无类兼语句。这类兼语句的 VP_1 表示领有或存现意义，如“有”、“没有”等。例如：

① 我们班‖还没有人知道考试结果。

② 树上‖有（一只）鸟在唱歌。

(3) 兼语句和连谓句的区别

兼语句与连谓句的谓语中都有谓词性词语连用的情况，二者的区别在于：连谓句的 VP_1 和 VP_2 共同陈述一个主语，都分别能同主语构成主谓关系；兼语句的 VP_1 和 VP_2 不是陈述同一个主语，VP_2 陈述的主语是 VP_1 的宾语。例如：

① 我骑车去。

② 我派你去。

③ 我带你去。

例①中的主语“我”先后发出两个动作“骑”和“去”，都分别能构成主谓关系，是连谓句。例②的主语“我”发出的动作是“派”，“派”支配的对象是“你”，构成述宾结构；而“你”同时又作后一个动词“去”的主语，构成主谓结构，是兼语句。例③的主语“我”先后发出“带”和“去”两个动作，是连谓句；同时，“你”既可以是“带”的宾语，又是“去”的主语，也可以看作兼语句，这是连谓句与兼语句的兼容式。

(4) 兼语句和主谓短语做宾语句的区别

兼语句与主谓短语做宾语的句子在形式上很相似，二者之间的区别主要有：

第一，句中第一个动词的语义类型不同。兼语句的 VP_1 往往具有使令、称呼、有无、赞责类的语义；而主谓短语做宾语句的 VP_1 常常是心理动词、感知类动词或表示判断、决定的动词，如“希望”、“相信”、“觉得”、“感到”、“认为”、“知道”、“明白”、“懂得”、“看见”、“听到”、“主张”、“说明”、“决定”等。

第二，句中第一个动词涉及的对象不同。兼语句的 VP_1 在语义上只能关涉后面的人或事物，而主谓短语做宾语句的 VP_1 在语义上关涉后面的整件事。例如：

① 大家‖知道他去。

② 大家‖要求他去。

例①中的“知道”是感知动词，后面关涉的对象是“他去”这件事，是主谓短语做宾语句。例②中的“要求”是使令动词，后面关涉的对象是“他”，是兼语句。

6. 双宾句

双宾句是由述语带上两个宾语构成谓语部分的句子。例如：

① 我‖问老师（一个）问题。

② 表哥‖告诉我 他要结婚了。

(1) 双宾句的结构特点

第一，双宾句的结构格式为“主语 + V + NP_1 + NP_2”，它的两个宾语之间没有句法关系。例如：

① 他‖送我（一个）（生日）礼物。

② 大家‖都叫他 王先生。

第二，双宾句中的 NP_1 叫近宾语或间接宾语，一般指人，常由名词性词语充当；NP_2

叫远宾语或直接宾语，一般指物，常由名词性词语充当，有时也可以由谓词性词语充当。例如：

① 张老师‖教我们 数学。

② 村民‖告诉我 今年的产量大大超过了往年。

（2）双宾句的语义类型

能带双宾语的动词叫作双宾动词。根据双宾动词的语义特征，可以把双宾句分为以下三类：

第一，给予类双宾句。这类句子的主语是给予者，NP_2 是给予的事物，NP_1 是得到者。给予类动词常见的有“给”、“交”、“送”、“赠”、“献”、“教”、“问”、“卖”、“付”、“授予”等，其后往往能带上“给”。例如：

① 那位商人‖送给他（两条）建议。

② 学校‖授予（这些）毕业生（学士）学位。

第二，取得类双宾句。这类句子的主语是得到者，NP_2 是取得的事物，NP_1 是给予者。取得类动词常见的有“接”、“收”、“受”、“赚”、“赢”、“罚”、“娶”、“买”、“偷”、“得到”等，其后不能带上“给”。例如：

① 公园‖收取儿童 半票。

② 他‖赚了我（不少）钱。

值得注意的是，一些动词兼有上面两类动词的特点，如“借”、“租”等。它们构成的双宾句，如果缺少上下文语境，会兼有给予和取得双重意义，从而产生歧义。例如：

① 我‖借他一支笔。

② 他‖租我一间房。

第三，称呼类双宾句。这类句子的动词一般是“称”、“叫”、“喊”、“封”、“骂”、“夸”、“选”、“评”等。例如：

① 大家‖喊他 李师傅。

② 老师‖夸他 好孩子。

（3）双宾句和兼语句的区别

称呼类双宾句和称呼类兼语句在结构、语义上很相似，应注意加以区分。例如：

① 大家‖喊他 李师傅。

② 大家‖喊他为李师傅。

③ 老师‖夸他 好孩子。

④ 老师‖夸他是（好）孩子。

⑤ 班长‖通知大家 这个星期有晚会。

⑥ 班长‖通知大家参加晚会。

在例①③中，“他”和“李师傅”、“他”和“好孩子”之间，结构上没有出现表判断关系的动词，语义上隐含了判断关系，属于双宾句。例②和例④在结构上出现了判断动词，语义上显现出判断关系，属于兼语句。例⑤中的“大家”和“这个星期有晚会”之间没有句法关系，构成“通知某人某事”的双宾语结构。例⑥中的“通知大家”为述宾结构，“大家参加晚会”为主谓结构，“通知大家”和“大家参加晚会”形成因果关系，属于兼语句。

7. 存现句

存现句是叙述或说明某处或某时存在、出现、消失某些人或事物的句子。例如：

① 天空中‖出现了（雪花漫卷）的（美丽）景象。

② 今年‖［又］调走了（一个）秘书。

需要注意的是，如果存现句的句首既有表示时间的体词性词语，又有表示处所的体词性词语，那么在句法分析时，应该把表示处所的词语看作主语，把表示时间的词语看作状语。例如：

① ［清晨］军营里‖响〈起〉了吹号声。

② 山脚下‖［去年］是（一片）荒地。

（1）存现句的结构类型

根据句子的结构特点，存现句可分为以下三种结构类型：

第一，时地性主语 + V + 着/了/过 + 宾语（NP）。这类结构中的“V”常常表示宾语存现的方式。例如：

① 胸前‖系着（一条）领带。

② 昨天‖来了（几个）陌生人。

③ 院子里‖种过枣树。

例①的谓语动词后面带了动态助词“着”，表示某处或某时存在着某物。例②的谓语动词后面带的是动态助词“了”，表示某处或某时已经存在或消失了某物。例③的谓语动词后面带了动态助词“过”，表示某处或某时曾经有过某种存在的情状。

第二，时地性主语 + 有/是 + 宾语（NP）。例如：

① 校园里‖有（一条）小河。

② 山顶‖是（皑皑）的白雪。

存现句可以通过“有”或“是”这样的关系动词表示存在关系。不过，“有”字存现句依然具有领有关系，“是”字存现句依然具有判断关系。

第三，时地性主语 + 体词性谓语（NP）。例如：

① 窗外‖一片漆黑。

② 山坡上‖满目的鲜花。

这类存现句，往往可以在主语和谓语之间加上“V着”、“有”或“是”，但它的作用不在于叙述或判断，而主要是在于描写。文学作品的场景描写中常常用到这种句型。

（2）存现句的语义类型

根据句子的语义特点，存现句可以分为两种语义类型：

第一，存在句，即表示存在的存现句。例如：

① 他的诗行里‖常常闪耀着智慧的光芒。

② 教室里‖还有几个学生。

③ 街上‖一片喧嚣声。

第二，隐现句，即表示消失或出现的存现句。例如：

① 他的脸上‖少了一份幼稚与浮躁。

② 夜里‖跑了一个俘虏。

③ 脑海里‖闪现出一连串问号。

④ 原野上‖传来几声乌鸦的叫声。

（3）存现句与其他表存现意义句子的区别

存现句表示存现意义，但并非所有表示存现意义的句子都是存现句。例如：

① ［在衣服上］绣了一朵梅花。

② ［在斜对门的豆腐店里］［确乎］［终日］坐着一个杨二嫂。

③ ［天上］（一群）红嘴鸥‖在飞着。

④ ［草丛里］（一只）蚂蚱‖跳了出来。

存现句属于主谓句，如果出现在句首的不是表示处所或时间的体词性词语，而是表示处所、时间的介词短语，那么句首的介词短语只能做状语，全句就是非主谓句，而不是存现句。例①②就属于表示存现意义的非主谓句。如果句子的主语不是表示处所或时间的体词性词语，而是一般名词，也不能算作存现句，例③④就属于这种情况。

8. 比较句

比较句是对人或事物的特征、行为、性状进行比较的句子。例如：

① 他‖［比我］高一点儿。

② 这本书‖［比那本书］厚。

（1）比较句的结构类型

根据句子的结构特点，现代汉语的比较句可分为四种类型：

第一，“比”字句。“比”字句是以“比”为标记对两个比较项进行比较的句子。“比”字句中的“比”，可以是动词，也可以是介词。

动词“比”在句中做谓语中心词，后面可带动态助词“了”、“过”，可以重叠，后面也可以带体词性或谓词性词语。例如：

① 我和他‖比过身高。

② 咱俩‖比比。

③ 他们‖在比谁力气大。

介词“比”带上被比较对象构成介词短语，在句中做状语，谓语常由形容词性词语或表示能力、愿望、爱好、增减的动词充当。谓语后面可以带上表示数量或程度的成分。如果谓语是一般行为动词，后面一定要带“得”和补语。例如：

① 我‖［比他］高。

② 躺着‖［比坐着］舒服多了。

③ 弟弟‖［比哥哥］技术好。

④ 收入‖［比上个月］增加了百分之二十。

⑤ 他‖［比老师］［还］画得〈好〉。

“比”字句的否定式一般有下面两种：

① 我‖不比他高。

② 我‖没有他高。

但是，这两种否定形式的意义有一定的差别：例①的意思是“我和他差不多高”，例

②的意思是“我比他矮”。

第二，“更”字句。“更”字句是以“更”为标记进行比较的句子。“更”是副词，在句中做状语，表示某物与同类事物比较显得更加突出，同类事物是被比较项，在句中往往不出现。例如：

① 他‖［更］高。

② 小草‖［更］绿了。

③ 小明‖［更］喜欢爬山。

如果需要说明被比较项，常常用介词“比”来引进，或者使用“……与……相比，……更……”的结构格式。例如：

① 他‖比我更高。

② 小草‖比去年更绿了。

③ 小明‖比小红更喜欢爬山。

④ 与去年相比，今年产品质量‖更好了。

第三，“……有……那么……”格式。“有”的前后分别是两个比较项，“那么”后面经常带形容词或心理动词。例如：

① 两百个蜂鸟蛋‖才有一个鸡蛋那么大。

② 那棵树‖有碗口那么粗。

③ 他‖有他师傅那么爱惜设备。

第四，“……跟（像）……一样……”格式。“跟（像）”的前后分别是两个比较项，“一样”后面可以不带其他成分，也可以带上谓词性词语。例如：

① 我的想法‖跟她的一样。

② 我‖跟我妈妈一样高。

③ 他‖跟他师傅一样都不抽烟。

④ 做起来‖并非像说起来一样容易。

（2）比较句的语义类型

第一，差比句，即比较两个比较项高下的句子，包括“比”字句和“更”字句。例如：

① 他‖比我多吃两碗饭。

② 这道题‖比那道更难。

第二，同比句，即比较两个比较项同异的句子。上面介绍的第三、四种结构格式的比较句都属于同比句。例如：

① 他儿子‖都有他高了。

② 我们那里的气候‖跟这里差不多。

（五）句子的变换

句子的变换是指按照一定的规则把甲句变为乙句。句子的变换，可以从句子的结构、语气等角度进行。这里所谈的句子变换是狭义的，指的是一些不同结构特点的句子根据移位、添加、删除、替换等方法互相进行变换。通过变换句子，可以分辨出句子内在句法结构的异同，弄清相关句法结构之间的关系和变换规则，提高人们运用句子的能力。

1. “把”字句、“被”字句和一般动词性谓语句的变换

① 小孩‖摔破了碗。(带宾语的一般动词性谓语句)

② 小孩‖把碗摔破了。(“把”字句)

③ 碗‖被小孩摔破了。(“被”字句)

例①是带宾语的一般动词性谓语句，变换为例②的“把”字句之后，二者的主语相同，只是例②加强了处置的意味。例①变换为例③的“被”字句，则属于主动句与被动句的变换，主语从施事变换为受事，加强了遭受的意味。

一般说来，“把”字句与“被”字句的使用条件有相同之处，因此往往可以互相变换句法结构。但由于二者的语用功能不同——“把”字句多表示积极的处置，“被”字句多表示不如意的遭遇，所以在变换时应该考虑到语用的因素。

2. 双宾语句的变换

双宾语句的不同小类往往具有不同的变换规则。例如：

① 我‖送他一支钢笔。　　我‖把一支钢笔送给他。

② 我‖买了他一瓶水。　　我‖买了他的一瓶水。

③ 大家‖称他小李。　　大家‖称他为小李。

例①是给予类的双宾句，可以变换为“把”字句。例②是取得类双宾语句，可以在间接宾语和直接宾语之间添加表示领属关系的助词“的”，变换为带一个宾语的一般动词性谓语句。例③是称呼类双宾语句，可以在间接宾语和直接宾语之间添加一个表示判断关系的动词“为”，从而变换为兼语句。

3. 存现句的变换

存现句可以变换为一般动词性谓语句。例如：

① 杯子里‖装着水。　　水‖装在杯子里。

② 山下‖是一片青草地。　　一片青草地‖在山下。

③ 头顶‖满天的星星。　　头顶‖是满天的星星。

④ 花园里‖开满了鲜花。　　鲜花‖开满了花园。

例①把助词“着”换成介词“在”，带上处所词构成介词短语，在句中做补语。例②通过主语和宾语的移位，同时把谓语动词“是”换成谓语动词“在”，完成一般动词性谓语句的变换。例③可以变换为带“是”的存现句。事实上，带“是”的存现句还可以再变换为一般动词性谓语句“漫天的星星在头顶”。例④的动词后有一个补语“满”，通过主宾换位就可以变换成一般动词性谓语句。

二、单句的句类

句类是按照句子的语气功能划分出来的句子类型。

人们的语言交际总是有一定的语用目的，如陈述事件、询问问题、发布命令、抒发感情等，而句子的语气则有助于实现这些语用目的。语气是句子语用目的的外在体现，主要通过语气词或语调（书面上显示为标点符号）表现出来。

现代汉语的句类系统具体如下：

现代汉语句类系统	示例
陈述句	他在校报上发表了一篇文章。
疑问句	你明天去图书馆吗?
祈使句	请勿吸烟。
感叹句	这里真美啊!

（一）陈述句

陈述句是表达陈述语气的句子，主要用来叙述或说明某件事情。陈述句的语调平直，句调略降。书面语中用句号标示。

1. 陈述句的语气词

陈述句可以不带语气词，也可以带上语气词“了”、“的”、“嘛”、“呢”、“罢了”等，从而表示不同的语气意义。例如：

① 他同意去了。(表示情况有了变化)

② 他同意去的。(强调确实如此)

③ 你就去嘛。(突出说话人的态度，强调事情显而易见)

④ 我也要去呢。(带有夸张的意味)

⑤ 他只不过是说说罢了。(表示不过如此，带有把事情往小处说的意味)

2. 陈述句的分类

陈述句有肯定和否定两种形式。肯定式一般都可以变为否定式，否定式一般是在肯定式上加上否定词“不”、“没有”、“未”等构成。例如：

① 今天会下雨。　　今天不会下雨。

② 他说过他会回来。　　他没有说过他会来。

③ 我去过北京了。　　我还未去过北京。

有的时候，肯定的意思也可以用双重否定来表示，即在一句话内使用两个否定词以表达肯定的意思。需要注意的是，双重否定的句子在语义上同相应的单纯肯定的句子并不完全一样。例如：

① 他不会不理解你。　　他会理解你。

② 我们单位没有人不说他好。　　我们单位人人都说他好。

③ 我非把这本书看完不可。　　我要把这本书看完。

④ 他不能不为女儿着想。　　他为女儿着想。

例①②的语气要比单纯肯定式委婉一些，例③④的语气则比单纯肯定式强烈得多。

在现代汉语的书面语中，还保留着一些文言文表示肯定的双重否定形式，如“无非”、“无不”、“不无”、“未必不”等。例如：

① 解决的办法无非是双方各让一步。

② 人们无不感动得流泪。

③ 这个说法不无道理。

④ 遭遇一些挫折未必不好。

例①②表达的语气比相应的肯定形式更为强烈，例③④表达的语气则比相应的肯定形式显得更委婉一些。

（二）疑问句

疑问句是表达疑问语气的句子，主要用来表示询问。疑问句的语调比较复杂，句调会随着语气词或表达内容而发生变化。在书面语中，疑问句句末用问号标示。

1. 表达疑问的手段

现代汉语表达疑问的手段主要有语调、句末语气词、疑问代词等。

（1）语调

语调是构成疑问句的基本手段。确定一个句子是不是疑问句，主要就是依据语调。例如：

① 他走了。　　　　　　　他走了？↗

② 他什么也没有说。　　　他什么也没有说？↗

可见，疑问句的句调都是上升的。不过，如果句中有其他表达疑问的手段出现，就会对句调产生一定影响。

（2）句末语气词

表示疑问的句末语气词一般有“吗”、“吧”、“呢”、“啊”等。例如：

① 他走了吗？

② 他走了吧？

③ 他怎么走了呢？

④ 他走了啊？

（3）疑问代词

疑问代词用在特指问句中，用来询问说话人的疑惑，表示疑问点。常用的疑问代词有“谁”、“什么”、“哪里”、“多少”、“几”、“怎么”、“怎样”、“为什么”等。例如：

① 谁在书房里？

② 你要去哪里？

③ 多少钱？

④ 我怎么知道？

2. 疑问句的分类

根据结构特点，现代汉语的疑问句可分为是非问、特指问、选择问、正反问四类。

（1）是非问

是非问的结构类似于陈述句，只不过句末必须要用升调。有时也会在句末带上疑问语气词“吗”、“吧”等。例如：

① 你在家？

② 他回国了吗？

③ 你真的这么着急呀？

④ 你很喜欢下棋，是吧？

回答是非问，只能对整个命题作出肯定或否定的答复。肯定回答一般用“是的”、“对”、“嗯”等，当面交谈可以用点头来表示。否定回答一般用“不”、“没有”等，当面交谈可以用摇头来表示。

（2）特指问

特指问的结构中包含疑问代词，句末可以带语气词“呢”，也可以不带。例如：

① 谁找我？

② 这种药可以治什么病哪？

③ 喀斯特地形是怎样形成的呢？

④ 你为什么不去呢？

特指问中的疑问代词就是疑问点，说话人希望对方针对疑问点作出具体回答，如例①可以回答为“你哥哥”。

（3）选择问

选择问的结构中包含不止一种情况供回答者选择，经常用“是……还是……”来连接若干选择项，构成具有选择关系的并列短语或者选择复句。选择问可以不使用语气词，也可以使用句末语气词“呢”。例如：

① 你吃米饭、面条还是水饺？

② 你到底是上海人还是苏州人啊？

③ 她是想考研呢，还是想先工作呢？

④ 这次比赛你们队输了赢了？

选择问的疑问点是句中的选择项，回答时可以选择疑问项中一项来回答，也可以否定所提供的选择项，另外作答，如例①可回答为“米饭”或者“都不是，我想吃稀饭”。

（4）正反问

正反问的结构中包含正反两种情况供回答者选择，也可以看作是一种特别的选择问，由谓语的肯定和否定的并列形式来构成。正反问的句末可以不带语气词，也可以带上语气词“呢”。例如：

① 你想不想去看电影呢？

② 这样说有没有道理？

③ 你们别吵了，好不好？

④ 他来不？（他来不来？）

⑤ 你吃饭没？（你吃饭没吃饭？）

例①②③是正反问的完整式，例④⑤是正反问的省略式。省略式的回答跟完整式一样，选择肯定项或否定项作答，也可以另外作答，如例①可以回答为“不想”或者“还没定”。

是非问、特指问、选择问、正反问在句子结构、语气词的选择、疑问点的分布和回答方式等方面各有特点。它们之间的差别具体如下：

<table>
<tr><th>疑问句类别</th><th>示例</th><th>结构</th><th>语气词</th><th>疑问点</th><th>回答方式</th></tr>
<tr><td>是非问</td><td>你是老师吗？</td><td>类似于陈述句</td><td>吗；吧</td><td>整个命题</td><td>是；不；没有</td></tr>
<tr><td>特指问</td><td>谁是老师呢？</td><td>用疑问代词表示</td><td rowspan="3">呢</td><td>疑问代词</td><td>就疑问代词作答</td></tr>
<tr><td>选择问</td><td>你是老师还是学生？</td><td>用具有选择关系的并列短语或选择复句表示</td><td>选择项</td><td>回答某一选择项或另外作答</td></tr>
<tr><td>正反问</td><td>你是不是老师？</td><td>用肯定和否定的并列形式表示</td><td>并列项</td><td>回答某一并列项或另外作答</td></tr>
</table>

有一种特殊的“呢”字疑问句，“呢”不是附在疑问结构的末尾，其意义随上下文语境而定，多数相当于特指问的省略形式，有时也能理解为正反问的省略形式。例如：

① 我的书包呢？（我的书包在哪里呢？）

② 我可以不告诉他，可他问起来呢？（可他问起来怎么办呢？）

③ 怎么，你要走？那我呢？（那我怎么办呢？/ 那我走不走呢？）

在日常生活中，疑问句除了表达询问，还有其他一些特殊的功能。例如：无疑而问的反问可以表达自己的看法，自问自答的设问可以引出自己的观点等等。

（三）祈使句

祈使句是表达祈使语气的句子，句尾一般用降调，整个句子的语音强度比陈述句稍重一些。当祈使语气特别强烈时，书面语中句末用感叹号标示；当祈使语气不太强烈时，书面语中句末用句号标示。例如：

① 您请回吧。↘

② 不许动！↘

1. 祈使句的结构特点

祈使句常常没有主语，即使有主语一般也比较简短，大多由第二人称代词、包括式的第一人称复数或称谓词充当。因此，就结构特点而言，祈使句一般都是动词性非主谓句或动词性谓语句。例如：

① 小心上当！

② 您慢走。

③ 咱们一起去吧！

④ 您喝茶，张老师！

2. 祈使句的分类

（1）表示命令、禁止的祈使句

这类祈使句要求受话人必须服从命令或不做禁止的事项，带有强制性，因而语气坚决直率，语调急降短促，句子结构简短，不大用语气词。通常，表示命令时，多用肯定形式；表达禁止时，多用否定形式。如：

① 出来！

② 跟我走！

③ 禁止吸烟！

④ 别动！

（2）表示请求、劝阻的祈使句

这类祈使句包括请求、商议、敦促、劝阻等语气，语气相对比较平缓，常带语气词“吧”，句末也用降调。通常，表示请求、商议和敦促时，多用肯定形式；表示劝阻时，多用否定形式。例如：

① 请喝茶。

② 你们就让他试试吧！

③ 快点儿啊！

④ 爷爷，您就别生气了！

（四）感叹句

感叹句是表达感叹语气的句子，主要表示说话人快乐、惊讶、赞赏、悲伤、厌恶、憎恨、恐惧等感情。感叹句句末一般用降调，书面用感叹号标示。例如：

① 真是太好了！↘

② 多么善良的人啊！↘

③ 你这是放虎归山哪！↘

感叹句常用于抒发强烈的感情，一般结构简短。表达感叹语气的手段主要是语调，还有叹词、表感叹的语气词、某些副词等。感叹句的结构形式比较灵活，常见的主要有：

1. 由叹词加上句调直接构成。例如：

① 哈哈！

② 唉！

2. 由体词性词语、谓词性词语带上句末表感叹语气的语气词构成。例如：

① 天哪！

② 多么壮丽的山河啊！

③ 你不要血口喷人！

3. "多"、"多么"、"好"、"真"、"太"、"可"等副词或者"这么"、"那么"、"怎样"等代词与语气词的配合使用。例如：

① 多美啊！

② 你可真不容易呀！

③ 那么大的西瓜啊！

④ 这是怎样的惨状啊！

4. 口号或祝词，一般不用语气词。例如：

① 天下兴亡，匹夫有责！

② 祝友谊地久天长！

三、单句常见错误的识别和修改

学习语法，不仅要从正面掌握句子应该怎样组合，也要从反面知道句子不应该怎样组合，否则就很容易出现句法方面的错误。句法错误是一种不符合语法规范的语病现象。识别和修改句法错误，应该从语法的组合规则、语义的搭配要求、语用的表达习惯等角度综合考虑。

检查句法错误，可以先凭借个人的语言经验做出初步判断，这叫语感直觉法。但是，如果要说明其错误原因和修改理由，就必须运用语法知识进行理性分析。通常，识别和修改句法错误主要使用紧缩法和类比法。

紧缩法是通过句法分析，先找出句子的主干部分，即主语中心语、谓语中心语和宾语中心语，然后检查句子的主干部分能否搭配、有无残缺或多余、语序是否得当等。检查完主干部分，再进一步理清枝叶部分，即修饰性句法成分（定语、状语和补语）与中心语能否搭配、有无残缺或多余、语序是否得当等。例如：

① 这幅图片再现了身穿节日盛装的姑娘们围绕在熊熊篝火旁一起歌舞狂欢，汗水浸

湿了她们的衣衫。

② 他们把屋子打扫得干干净净、整整齐齐。

通过句法分析可以看到，例①的述语“再现”的后面缺少宾语中心语“情景”；例②则是谓语中心语“打扫”和补语“整整齐齐”的语义搭配不当。因此，例①②应改为：

① 这幅图片再现了这样的情景：身穿节日盛装的姑娘们围绕在熊熊篝火旁一起歌舞狂欢，汗水浸湿了她们的衣衫。

② 他们把屋子打扫得干干净净。

类比法是仿照原句，造出一组与之相类似的句子，以判断原句正误的一种方法。例如：

③ 她的话语格外亲切多了。→ * 她的房间特别舒适多了。
* 家里的饭菜十分可口多了。
* 服务员非常热情多了。

通过类比，可以发现这些句子的状语“格外”、“特别”、“十分”、“非常”均表示程度深，而补语“多”也表示程度加深，造成了语义重复，都属于病句。因此，例③可以改为“她的话语格外亲切”或“她的话语亲切多了”。

当然，句法错误的情况是千变万化的，只有在实践中主动运用所学的语法知识，灵活运用各种识别和修改句法错误的方法，才能不断增强提高识别和修改句法错误的能力。

就现代汉语的单句而言，常见的句法错误主要有以下五种：

（一）搭配不当

单句句法成分的组合具有选择性，能够互相搭配的成分不仅要符合句法规则，还要满足语义上的搭配关系。主语与谓语、述语与宾语、修饰语（定语、状语、补语）与中心语，都是相互搭配的句法成分。所谓搭配不当，就是这些相互搭配的成分在句法或语义上不符合搭配规则。

1. 主谓搭配不当

① 这座博物馆的历史，据说建立于一八三二年。

② 我国这次赴新加坡参加羽毛球比赛的队员由 12 人组成。

例①的主语中心语“历史”与谓语中心语“建立”搭配不当，应删去“的历史”，改为“这座博物馆，据说建立于一八三二年”。例②的主语中心语“队员”与谓语部分的“由……组成”不搭配，“由……组成”的主语应该是集体名词，可改为“我国这次赴新加坡参加羽毛球比赛的代表队由 12 人组成”。

2. 述宾搭配不当

① 银行推行存款目标责任制，以克服客观因素对吸收存款的不利影响。

② 这一系列措施，大大培养和提高了师资水平。

例①的述语“克服”和宾语中心语“影响”不能搭配，可改为“以消除客观因素对吸收存款的影响”。例②的述语是动词性联合短语“培养和提高”，宾语是“师资水平”，可以说“提高师资水平”，不能说“培养师资水平”，应改为“这一系列措施，大大提高了师资水平”。

3. 定语、状语、补语与中心语搭配不当

① 功夫不负有心人，凭着坚强的思想和百折不挠的毅力，他成功了。

② 面对四名具有国际比赛经验的广东队，湖北队大胆抢攻，获得了胜利。

③ 来这里聚会的人，无论老少，都对他开朗的性格、乐观的情绪及坚定的信心深深地感染了。

④ 据了解，节日前济南各大公园积极美化、创意布置园区，盛装迎接国庆节的到来。

⑤ 寒风阵阵，百花凋残，而菊花却开得姹紫嫣红、摇曳多姿。

⑥ 他的作品很有艺术感染力，把民族风格和民族精神都表现得很充沛。

例①②属于定语和中心语搭配不当：例①中的“坚强”不能修饰“思想”，应改为“坚定的思想”；例②中的定语“四名”不能修饰中心语“广东队”，应改为“面对其中四名队员有国际比赛经验的广东队”。例③④属于状语和中心语搭配不当：例③的介词短语“对他开朗的性格、乐观的情绪及坚定的信心”和中心语“感染”不能搭配，应改为“被他开朗的性格、乐观的情绪及坚定的信心深深地感染了”；例④的“创意”是名词，不能作为状语修饰述宾短语“布置园区”，可改为“有创意地布置园区”。例⑤⑥属于中心语和补语搭配不当：例⑤的补语“摇曳多姿”和中心语“开”语义不搭配，可改为“娇艳多姿”；例⑥的补语“充沛”与中心语“表现”不能搭配，应改为“把民族风格和民族精神都表现得很充分”。

4. 主宾搭配不当

① 坐火车到威尔士北部最高的斯诺登尼亚山峰去观赏高原风光，是威尔士最主要的一个景点。

② 教育在综合国力的形成中处于基础地位。综合国力的强弱越来越多地取决于劳动者素质的提高，取决于各类人才培养的质量与数量。

例①的主语是一个连谓短语“坐火车到威尔士北部最高的斯诺登尼亚山峰去观赏高原风光”，而宾语中心语是名词“景点”，中间用判断动词“是”连接，造成了主宾搭配不当，可改为“坐火车到威尔士北部最高的斯诺登尼亚山峰去观赏高原风光，是威尔士旅游的一项主要内容。”例②的主语“综合国力的强弱”表示的是两方面的情况，与宾语语义搭配不当，应删去“的强弱”三字。

（二）成分残缺

成分残缺，是指不符合省略的条件而缺少了应有的句子成分，从而导致句子结构不完整、表达意思不准确。

1. 主语残缺

① 从王充的思想中，表现出封建社会中一个唯物主义者的战斗精神。

② 曾记否，我与你认识的时候，还是一个十来岁的少年，纯真无暇，充满幻想。

例①由于滥用介词结构“从……中”，造成主语残缺，应该删去该介词结构，让“王充的思想”成为全句的主语。例②中“还是一个十来岁的少年”的主语不明，从而使句子意思混乱，应加上主语“我”或者“你”。

2. 谓语残缺

① 他以最新的科研成果向科学大会的献礼。

② 他对工作认真负责的态度，同事们都很敬佩他。

例①中的“以最新的科研成果”、“向科学大会”都是介词短语，“献礼”前有表定中关系的结构助词“的”，从而导致全句缺少谓语，可改为“他以最新的科研成果向科学大会献礼”或“他以最新的科研成果作为向科学大会的献礼”。例②中的“他对工作认真负责的态度”是名词性词语，在语义未尽的情况下又说了“同事们都很敬佩他”，从而造成前一部分谓语残缺，可改为“他对工作认真负责，同事们都很敬佩他”。

3. 宾语残缺

① 这篇文章集中分析了形势，辩证地回答了在大开放、大交往、大融合的世界里，我们迫切需要一种全新的观念来协调各种关系。

② 限塑是给人们长期养成的塑料袋“依赖症”一个摆脱与纠正的时间，逐渐培养少用塑料袋，最终摒弃塑料袋。

例①的述语“回答”后面缺少宾语中心语“问题”，应改为“回答了在大开放、大交往、大融合的世界里，我们迫切需要一种全新的观念来协调各种关系的问题”。例②的述语“培养”的后面也是缺少宾语中心语“习惯”，应改为“逐渐培养少用塑料袋，最终摒弃塑料袋的习惯”。

4. 修饰语残缺

① 我国的文化遗产是我们民族悠久历史的证明，是我们与祖先沟通的重要渠道，也是我们走向未来的坚实根基，我们应当永远保持对古代文明成果的尊重和珍惜，以及祖先的缅怀和感恩。

② 历史是一面镜子，把现实结合起来，就可以指导我们的实践活动。

例①的最后一个分句缺少介词“对”，应改为“以及对祖先的缅怀和感恩”。例②中“结合”的对象至少要有两个，而状语“把现实”只交代了一个，造成状语部分残缺，应改为“把它和现实结合起来”。

（三）成分多余

成分多余，是指句子结构由于多了某个成分，从而导致句子语义表达不清楚。

1. 主语有多余成分

① 人类为了保护自身的健康，他们一直与细菌进行着无声的激战。

② 故事的讲述里有许多催人泪下的情节。

例①中的“人类”与“他们”重复，应删掉“他们”。例②的主语部分“故事的讲述里”有多余成分“的讲述”，造成语义混乱，应改为“故事里”。

2. 谓语有多余成分

① 图为著名京剧演员叶少兰演出后，接受观众进行献花。

② 当前电影创作尤其是现实题材的作品，大多缺少情趣，这是成为国产片缺乏吸引力的重要原因之一。

例①中的“进行”多余，应删去。例②中的“是”和“成为”语义重复，应删去一个。

3. 宾语有多余成分

① 他被授予市级先进工作者之一。

② 傅雷对宾虹的画给予了极高的评价，宾虹也以自己的艺术得到了傅雷的理解而感到莫大的快乐，从此二人成为了知己关系。

例①的宾语部分"市级先进工作者之一"不是述语"授予"的内容，应删去"之一"。例②中的"关系"多余，应删去，改为"成为了知己"。

4. 修饰语有多余成分

① 跑完三千米，他已经累得气喘吁吁的样子。

② 由于伏尔泰在整个的一生中用毕生精力为自由而斗争，当他去世时，人们在他的柩车上以"他教导我们走向自由"来概括他的一生。

例①的补语部分"的样子"多余，应删去，改为"他已经累得气喘吁吁了"。例②中第一分句的状语"在整个的一生中"和"毕生"语义重复，应删去前者。

（四）语序不当

语序不当，是指一些句子成分的语序排列不当，从而造成语义模糊不清或不合逻辑。

1. 定语错位

① 几十年的新闻工作经历，使他广阔地接触了社会生活。

② 中国政府一贯认为和平谈判是最好的解决国际问题的办法。

③ 智利是南半球水果出口最多的国家，至二月上旬，仅从瓦尔帕莱索港水果的出口已达1630万箱。

例①把定语错放在状语位置，"广阔"不能作为状语修饰"接触"，而应作为定语修饰"社会生活"，应改为"使他接触了广阔的社会生活"。例②属于多层定语语序不当，定语"最好"应置于中心语"办法"之前，改为"是解决国际问题的最好办法"。例③属于定语和中心语错位，"水果的出口已达1630万箱"应改为"出口的水果已达1630万箱"。

2. 状语错位

① 1984年12月26日，中国首次南极考察队抵达南极洲。12月31日，南极洲上第一次飘起了五星红旗。

② 现在，部分铁路局已经提前进入春运状态，广州地区和北京地区不仅发售农民工团体往返票，还把票到务工集中地和输出地送到农民工手中。

例①把状语错放在定语位置上，"首次"不能作为定语修饰"南极考察队"，而应作为状语修饰"抵达南极洲"，应改为"中国南极考察队首次抵达南极洲"。例②的状语"把票"应放在动词"送到"之前，改为"还到务工集中地和输出地把票送到农民工手中"。

（五）句式杂糅

句式杂糅，是指把不同的句法结构套叠在一起，或是把不同的句式混杂在一起，从而造成句子结构不符合语法规则、语义混乱费解。

1. 结构套叠

① 筹备会的地点是设在哈尔滨举行的。

② 茶叶中的化学成分近400种，主要含有咖啡碱、茶碱、可可碱、胆碱、黄嘌呤、鞣酸、儿茶酸、硅酸、多种氨基酸、多种维生素等组成。

例①中的"筹备会的地点设在哈尔滨"和"筹备会是在哈尔滨举行的"属于结构套叠，选择其中一种说法即可。例②的"主要含有咖啡碱……等多种维生素"和"主要由咖啡碱……等多种维生素组成"也属于两种结构套叠，选择其中一种说法即可。

2. 句式混杂

① 有人把这件事让廉颇知道了，廉颇很惭愧。

② 如果大队人马都往东走，我们夹在人流里想往西走，那怎么走得动是可想而知的。

例①中“把”字句和“被”字句杂糅，造成了主动句与被动句的混杂，应改为“有人把这件事告诉了廉颇”，或者“这件事让廉颇知道了”。例②的反问句和陈述句混杂在一起，可改为“那怎么走得动呢”，或者“那走不动是可想而知的”。

思考与练习六

一、分析下列单句的句型。

1. 社会主义经历长期发展后必然代替资本主义是历史发展不可逆转的总趋势。
2. 校团委通知全校团员星期五下午在大礼堂观看爱国主义影片。
3. 爷爷告诉他的那番话他一直铭记在心里。
4. 当楚怀王轻信秦国，要去与秦王会盟时，屈原流着泪进行劝阻。
5. 山坡上不时传来一阵阵笑声。
6. 据研究，血型是可以遗传的。
7. 他看到的比听到的还多。
8. 在确定没有人看守之后，山姆像猴子一样翻越栅栏跑了进去。
9. 育才中学的成功经验启示我们，在普通中学教学中适当增加职业教育的内容是很有必要的。
10. 哪一个父母不希望自己的儿女成才呢？

二、按照下列要求造句。

1. 主谓谓语句
2. 名词性谓语句
3. 双宾句
4. 存现句
5. 连谓句

三、把下列句子变换为主谓谓语句。

1. 中国西部的自然资源非常丰富。
2. 大家都不要再提这件事。
3. 关于教学计划，我们已经商量好了。
4. 大家都同意这样做。
5. 他不想说一句话。

四、指出下列非主谓句的类型。

1. 禁止攀爬树木！
2. 好！
3. 1949年春，上海外滩。
4. 多么可爱的小生灵啊！
5. 也许吧。

五、指出下列句子的句类，说说它们所表示的语气有什么不同。

1. 这应该引起我们的警惕。
2. 这不能不引起我们的警惕。
3. 这不应该引起我们的警惕吗？
4. 禁止践踏草地！
5. 小草期待您的呵护。
6. 请君足下留情。
7. 请爱惜小草，好吗？
8. 这是怎样的一幅惊心动魄的艺术杰作啊！
9. 这是一幅惊心动魄的艺术杰作。
10. 这不能不说是一幅惊心动魄的艺术杰作。

六、指出下列句子中句法错误的类型，并加以修改。

1. 不少学生偏食、挑食，导致蛋白质的摄入量偏低，钙、铁、锌等营养素明显不足，营养状况令人不容乐观。
2. 这次为灾区募捐的活动，得到了许多学校老师和同学的积极响应，在不到一天的时间内就募集善款三万余元。
3. 三年来的“旅游兴市”竟成为今天发展核电的障碍，这可能是地方政府当初始料未及的。
4. 在社区居委会展示的普法板报中，用通俗易懂的语言剖析了生动典型的案例现实，让读者在轻松的阅读中领略到法律精神的独特魅力。
5. 全国的石油、天然气产量，有百分之九十通过地下网络管道输向炼油厂、化工厂、海运码头和铁路转运站。
6. 我国于1998年开通手机短信，使用短信的手机用户层出不穷。
7. 由于科学家们的不懈研究和实践，一些海洋生物的药用价值正不断被人们发现和推广。
8. 高速磁悬浮列车没有轮子和传动机构，运行时与轨道不完全接触，列车的悬浮、驱动、导向和制动都靠的是利用电磁力来实现的。
9. 新立交桥的建成将大大缓解交通高峰期的堵车问题。
10. 地铁紧张施工时，隧道突然发生坍塌，工段长奋不顾身，用身体掩护工友的安全，自己却负了重伤。
11. 乱收费现象的存在，既有认识不到位、经济驱动的原因，也有教育体制不健全、教育资源配置不合理、地区发展不平衡以及监督检查不力等因素造成的。
12. 由于计算机应用技术的提高和普及，为各级各类学校开展多媒体教学工作提供了良好的条件。
13. 走进美丽的公园，我停下脚步，驻足欣赏。
14. 五月份在困难很多的情况下，棉布计划仍有较大增产，节约工作也取得了一定的进展。
15. 青年学生是长身体，长知识，形成人生观、世界观的关键时期，我们应该对他们全面关心和严格要求。
16. 通过特级教师的这次讲座，使大家开阔了视野。
17. 我们平时所用的调味品醋，含有氨基酸、钙、磷、铁和维生素B等成分，被皮肤吸收后，可以改善面部皮肤营养缺乏。
18. 2006年中国沈阳世界园艺博览会是世界园艺博览会历届占地面积最大、活动最丰富、演艺最精彩的一次盛会。

19. 这次会议就促进地区经济发展问题交流了广泛的经验。

20. 为庆祝戛纳电影节60华诞，电影节组委会特别邀请了曾经摘取过戛纳金棕榈奖的35位导演拍摄一部3分钟的纪念短片。

七、举例说明兼语句跟主谓短语做宾语句的区别。

八、举例说明表判断的“是”字句和表强调的“是”字句的区别。

九、通常，“把”字句和“被”字句可以互相变换，也可以变换为一般的主谓句（“主语+动词+宾语”句）。那么，这些相应的平行句型在句法结构和语用价值上有哪些区别呢？

第七节 复句与复句分析

一、复句

复句是由两个或两个以上意义上密切相关而结构上互不包含的分句组成的语言单位。复句中的分句是结构上类似单句而没有完整句调的语法单位，各分句之间一般有停顿，书面上用逗号、分号或冒号表示。从结构上看，构成复句的分句可以是主谓句，也可以是非主谓句。例如：

① 没有月光，我倒觉得很好。

② 时间就是金钱，时间就是生命。

③ 我们不是要空话，而是要行动。

④ 望着蔚蓝的大海，我心潮起伏。

⑤ 高高兴兴上班来，平平安安回家去。

例①前一分句是非主谓句，后一分句是主谓句。例②前后分句都是主谓句，主语相同，同时出现。例③前后分句都是主谓句，主语相同，但后一句的主语承前省略。例④前后分句都是主谓句，主语相同，但前一句的主语蒙后省略。例⑤前后分句均为非主谓句。

通常，复句的前后都有隔离性语音停顿，书面上用句号、问号或叹号表示。

（一）复句组合方式

复句的组合方式主要有意合法和关联法两种。

1. 意合法

① 谦虚使人进步，骄傲使人落后。

② 赵老师带着全班同学，兴高采烈地向山顶爬去。

这种不用关联词语，仅依靠上下文语义和语序来联系分句的方法，称为意合法。

2. 关联法

① 我们不仅要专心听讲，还要多动脑筋。

② 只要坚持锻炼身体，就能增强体质。

这种依靠关联词语来联系分句的方法，称为关联法。在选用关联词语时，应根据分句之间的语义和不同的逻辑关系进行组合，不能任意组合。

（二）关联词语在复句中的作用

关联词语包括连词和起关联作用的副词、短语，在复句中具有重要的作用。

第一，有些分句必须借助关联词语才能成为复句。例如：

① 这些人面临的不是死亡，而是新生和不朽。

② 一个人犯错误有时是难免的，但是不要重犯过去的错误，更不要明知故犯。

例①②如果去掉关联词语“不是……而是”、“但是……更”，就会让人很难理解和接受。一旦加上关联词语，它们的语义关系就会显得十分明确。

第二，关联词语可以明确地表示各分句之间的关系。例如：

① 你去，我不去。 （并列关系）

② 如果你去，我就不去。 （假设关系）

③ 只要你去，我就不去。 （条件关系）

④ 因为你去，所以我不去。 （因果关系）

第三，同一个关联词语往往可以跟不同的关联词语配对使用，但不同的搭配，语义和用法会有所不同。例如：

① 既要坚持联合抗日一致对外的方针，又要对付国民党军队制造的磨擦。

（表示并列关系）

② 它让我既尝尽了苦头，也让我学会了生存的能力。

（表示并列关系）

③ 既要拿出切实可行的办法，更要拿出破釜沉舟的决心与勇气。

（表示递进关系）

（三）复句与单句的区别

复句和单句有时不容易确定，因此存在一个划界的问题。一般说来，可以从以下四个方面来确定单句与复句：

1. 从结构上区分

单句不管有多复杂，全句只有一套句子成分，即只能有一个主谓结构或非主谓结构；而复句的分句在结构上都具有相对的独立性，彼此之间没有包含关系，不能互相充当句子成分。例如：

① 我‖一直认为，多读多背多写是学习语文的最好方法。 （单句）

② 我到过圆明园，那曾经是世界上最气派、最美丽的皇家园林。 （复句）

2. 从意义上区分

单句表达一个相对完整的意思，复句表达的是两个以上相互关联的意思。因此，复句的分句之间不是简单地组合在一起，而是具有一定的逻辑关系，否则就不是复句。例如：

① 下雪了！今天不用上课了！ （两个单句）

② 他有一个弟弟，聪明又好学。 （复句）

3. 从停顿上看

复句的分句之间一般都有语音停顿，在书面上一般用逗号或分号表示。例如：

① 他‖停下脚步环顾四周。 （单句）

② 他停下脚步，环顾四周。 （复句）

由于有的单句也可以有停顿，所以语音停顿并不是区分复句和单句的决定性标准。例如：

③ 关于这个问题，我们‖已经讨论过了。 （单句）

4. 从关联词语上区分

关联词语是复句的重要标志之一，但有关联词语的句子并不一定是复句。如果句中第一个关联词语后面的语言单位是体词性短语或介词短语，那么这个句子就是单句；否则，便是复句。例如：

① 只有心不妄求的人‖才会真正快乐。 （单句）

② 只有把身外之物都看淡了，你才会真正快乐。 （复句）

二、复句的类型

根据分句之间的语义关系，复句可以分为联合复句和偏正复句两大类型。联合复句中各分句之间意义平等，没有主从之分。偏正复句中各分句之间的意义有主从之分，正句表示句子的主要意义，偏句从属于正句。

现代汉语复句的语义类型具体如下：

复句类型		示例
联合复句	并列复句	红的像火，粉的像霞，白的像雪。
	顺承复句	他走进屋里，倒了一杯水，喝了一口。
	解说复句	她有两个侄儿：一个读中学，一个读小学。
	选择复句	你明天走，还是后天走？
	递进复句	他不但能歌善舞，而且学习优秀。
偏正复句	转折复句	虽然忙得满头大汗，小王却非常开心。
	条件复句	不管你怎么想，我都会一直坚持下去。
	假设复句	假如生活欺骗了你，不要悲伤，也不要失望。
	因果复句	因为她善良、正直，所以赢得了大家的尊重。
	目的复句	麻烦你帮我把书带来，省得我又跑一趟。

现代汉语各类复句常用的关联词语具体如下：

复句类型		常用关联词语
并列复句	单用	还，也，同样，同时，另外
	配合使用	既……又……，不是……而是……，是……不是……，有时……有时……，有的……有的……，一边……一边……，一方面……一方面……
顺承复句	单用	就，便，才，又，于是，然后，接着，从而
	配合使用	起先……后来……，首先（起初）……然后……，一……就……

（续表）

复句类型		常用关联词语
解说复句		一般不用关联词语
选择复句	单用	或，或者，或是，还是
	配合使用	或者……或者……，要么……要么……，不是……就是……，与其……不如……，宁可……也不……，宁可……也要……
递进复句	单用	而且，并且，况且，何况，尤其，甚至
	配合使用	不但（不仅、不只、不光）……而且（还、也、又、更）……，尚且……何况（更不用说）……，别说（慢说、不要说）……连（就是）……
转折复句	单用	但是，但，然而，只是，不过，倒，反而，可，可是，竟然
	配合使用	虽然（虽、尽管）……但是（但、可是、却、而、还是）……
条件复句	配合使用	只要……就……，只有……才……，除非……才（不）……，无论（不管，不论）……都……
假设复句	单用	那么，就，便，则
	配合使用	再……也……，如果（假如、倘若、若、要是、要、若要、假若、如若）……就（那么、那、便、那就）……，即使（就是、就算、纵然、哪怕、即便、纵使）……也（还、还是）……
因果复句	单用	因此，由于，所以，因而，以致，从而，可见，致使
	配合使用	因为（因）……所以（便）……，之所以……是因为……，由于……因而……，既然（既是）……就（那就、便、又何必）……
目的复句	单用	为了，为的是，以，以便于，好，用以，免得，省得

（一）联合复句

联合复句可以分为并列复句、顺承复句、解说复句、选择复句、递进复句五类。

1. 并列复句

并列复句的分句间具有平行关系，用来陈述几种事物、几件事情，或一种事物的几个方面。并列复句中分句之间的先后次序可以变换。例如：

① 那是春天，是生命，是青年时代。

② 有的学会烤烟，自己做挺讲究的纸烟和雪茄；有的学会蔬菜加工，做的番茄酱能吃到冬天；有的学会蔬菜腌渍、窖藏，使秋菜接上春菜。

2. 顺承复句

顺承复句的分句之间有先后顺序，用来说出连续发生的动作，或者接连发生的几件事情。顺承复句中分句之间的次序固定，一般不能前后变换。例如：

① 他摘了帽子，偷偷地用毛巾拭汗。

② 阿通说罢，大大地喝了一口酒，咂了一咂嘴，又用他粗大的手掌去把嘴唇抹了一下。

3. 解说复句

解说复句的分句之间具有解释说明或总分的关系，一个分句说明某种情况，其他分句对这种情况进行解释、说明或总括。解说复句一般不用关联词语。例如：

① 我家的后面有一个很大的园，相传叫做百草园。

② 打猎的讲究不少：雉鸡、野兔要白天打，叫打坡；野猪、狐、獾、熊、狼要夜里打，叫打猎。

4. 选择复句

选择复句的分句之间具有选择关系，几个分句分别是几个选择项。选择复句可分为两类：

（1）未定选择复句

未定选择复句表示尚未选定的逻辑关系，常用的关联词语有“不是……就是……”、“或者……或者……”、“要么……要么……”、“是……还是……”等。例如：

① 要么不打，要么一网打尽。

② 是消灭欲望同时也消灭恐慌呢，还是保留欲望同时也保留人生？

（2）已定选择复句

已定选择复句表示已经选择、有明确结果的逻辑关系，常用的关联词语有“与其……不如……”、“宁可（宁肯，宁愿）……决不（也不）……”等。例如：

① 宁肯站着死，也不跪着生。

② 与其临渊羡鱼，不如退而结网。

5. 递进复句

递进复句的分句之间具有层级关系，后一分句的意思比前一分句的意思进了一层。例如：

① 他的目光不仅是冷淡，简直是冷酷。

② 这么热的天气，大人尚且受不了，何况是小孩子？

（二）偏正复句

偏正复句一般是偏句在前，正句在后。现代汉语有转折复句、条件复句、假设复句、因果复句、目的复句等五类偏正复句。

1. 转折复句

转折复句的分句之间具有转折关系，后一分句与前一分句的意思相反或相对。例如：

① 虽然刚到六十岁，但他的脸已被深深的皱纹切破了，像个胡桃核。

② 石敢对电机厂的现状很担心，可是对乔光朴下狠心给电机厂做大手术，也不放心。

2. 条件复句

条件复句的分句之间具有条件关系，前一个分句提出某种条件，后一个分句说明这个条件可能产生的结果。条件复句可以分为三类：

（1）充足条件复句

充足条件，是指有了前一分句提供的条件，就能产生后一分句说的结果，但不排斥其他的条件。充足条件复句常用的关联词语是“只要……就……”。例如：

① 只要拿起一本好书，就会忘记一切。

② 只要你不放弃，就一定有希望！

（2）必要条件复句

必要条件，是指缺少前一分句提供的条件，就不能产生后一分句说的结果。必要条件复句常用的关联词语是“只有（除非）……才……”。例如：

① 只有孔乙己到店，才可以笑几声。

② 除非输入正确的密码，才能进入到操作界面。

（3）无条件复句

无条件，是指前一分句排除一切条件，均可产生后一分句说的结果。无条件复句常用的关联词语是“无论（不论，不管）……都……”。例如：

① 不论是红花还是绿叶，它们的细胞液里都含有由葡萄糖变成的花青素。

② 无论是什么季节，什么天气，什么时间，我都在这园子里呆过。

3. 假设复句

假设复句的分句之间具有假设关系，前一个分句假设存在或出现了某种情况，后一个分句说出假设情况产生的结果。假设复句可分为两类：

（1）假设和结果一致的复句

假设和结果一致的复句常用的关联词语有“如果（假如、倘若、若、要是、要、若要、假若、如若）……就（那么、那、便、那就）……”等。例如：

① 倘若违抗，则按军法惩办。

② 如果没有伏尔加河，里海可能会失去“世界第一大湖”的称号。

（2）假设和结果相悖的复句

假设和结果相悖的复句常用的关联词语有“即使（就是、就算、纵然、哪怕、即便、纵使）……也（还、还是）……”等。例如：

① 纵使有诸葛亮的聪明机智，恐怕也难有丝毫的用武之地。

② 哪怕只有一分希望，我们也要尽百分之百的努力。

4. 因果复句

因果复句的分句之间具有因果关系，一个分句说明原因，一个分句说出结果。因果复句可分为两类：

（1）说明性因果复句

说明性因果复句的一个分句说明客观存在的原因，另一分句说明由这个原因产生的结果。说明性因果复句常用的关联词有“因为（因）……所以（便）……”、“由于……因而……”、“因此”、“故此”、“故而”、“之所以……是因为……”等。例如：

① 因为稀有，所以珍贵。

② 狗之所以嗅觉能力强，是因为鼻子内有特别灵敏的嗅觉感受器。

（2）推论性因果复句

推论性因果复句的一个分句提出一个依据或前提，后一分句由此推出结论，结论是主观判定的，不一定是事实。推论性因果复句常用的关联词有“既然（既是）……就（那就、便、又何必）……”等。例如：

① 我们既然是国家公务员，就应该全心全意地为人民服务。

② 既然你是知识分子，你就应该学会独立思考。

5. 目的复句

目的复句的分句之间具有目的关系，一个分句表示某种目的，一个分句表示为此而采取的行为。通常，偏句表示行为，正句表示目的。例如：

① 为了让自己放松一下，我决定去看那场白天没舍得看的美国大片。

② 那时家里样样都要节省，有人请吃饭是从来不敢答应的，以免回请。

三、多重复句及其分析

从结构的角度看，复句又可以分为单重复句和多重复句两类。单重复句的各分句只构成一个层次，多重复句的各分句构成多个层次。有两个层次的叫二重复句，有三个层次的叫三重复句，其余依次类推。

分析多重复句，有助于了解多重复句内部复杂的结构层次和丰富的语义内容。

（一）多重复句的分析方法和基本步骤

多重复句的分析，一般采用划线法，即按照层次分析的理论对多重复句进行分析的方法。其方法和步骤大致如下：

第一，总观全句，确定分句数目，并在各分句前标上序号。例如：

① ㈠这朦胧的桔红的光，实在照不了多远；㈡但这小姑娘的镇定、勇敢、乐观的精神鼓舞了我，㈢我似乎觉得眼前有无限的光明。

② ㈠一五〇九年，他已经写好《天体运行》的提纲，㈡但是他知道天动学说从亚里士多德建立以来已经有一千八百年的历史，又有教会的拥护，如果发表跟天动学说根本相对的地动学说，一定会遭到种种非难和攻击，㈢因此他决定谨慎而小心地进行观测工作，㈣务使他的理论能和实际观测相符合。

第二，综合分析，找准第一层次，在分句之间划单竖线，并用文字标明关系。例如：

① ㈠查尔斯在足坛享有盛名，|（因果）㈡不仅因为他球技精湛，㈢而且因为他在激烈的比赛中，还能保持异常的斯文。

② ㈠即使是偷袭地面设施成功，|（假设）㈡以色列也只能摧毁伊朗的部分核能力，㈢而且随后还将面临伊朗猛烈的导弹报复袭击。

确定分句的数目，是分析多重复句的基础；找准第一层次，则是分析多重复句的关键。只有第一层次分析正确了，才能准确地反映整个复句的基本结构和意思，从而使处于较小层次的分句间的逻辑关系显得更加清晰。要找准第一层次，关键是要理清复句的逻辑关系，可以通过查找关联词语，观察标点符号等方式完成。例①共有三个分句，关联词语有“不仅……而且……”和两个“因为”。结合全句内容，“不仅……而且……”只连接后两个分句，而这两个分句都是表示原因的，表示结果的部分是分句㈠。所以，第一层次应该划在分句㈠后，属于因果关系。例②也有三个分句，关联词语有“即使……也……”和“而且”。从全句的逻辑关系上看，“即使”所在的分句表示假设的情况，分句㈡、㈢都表示可能遭遇的结果，所以第一层次应该划在分句㈠后，为假设关系。

第三，逐层分析。第一层次确定后，便找出第二层次，用双竖线表示，并标明关系。如果剩余的部分还包括两个或两个以上的分句，应继续依照上述方法分析出第三层次、第四层次等，并标明关系，直到分析到所有的分句都是单句为止。例如：

① 社会主义经济既然还是商品经济，| ㊁价值规律就必然存在，|| ㊂而且调节生产。
（因果）（递进）

② ㊀如果美是专指“婆娑”或“横斜逸出”之类而言，|| ㊁那么白杨树算不得树（假设）中的好女子；| ㊂但是它却是伟岸，正直，朴质，严肃，|||| ㊃也不缺乏温和，||| ㊄更（转折）（并列）（递进）不用提它的坚强不屈与挺拔，|| ㊅它是树中的伟丈夫！
（因果）

（二）多重复句分析举例

① ㊀人站得高些，| ㊁不但能有幸早些领略到希望的曙光，|| ㊂还能有幸发现生命（假设）（递进）的立体诗篇。

② ㊀尽管有困难，| ㊁但我们有信心，||| ㊂也有能力，|| ㊃一定能够完成防治禽（转折）（并列）（因果）流感的艰巨任务。

③ ㊀现今通行的文学史虽然为我们建立了一代代作家的谱系，||| ㊁为我们编排出（并列）一部部经过淘汰的作品的光辉序列，|| ㊂甚至从中寻找出了某种贯通无碍的线索和规律，（递进）| ㊃但是我不相信这就是一个时代的文学的真实面貌。
（转折）

④ ㊀无论是冰天雪地的南极，||| ㊁还是赤日炎炎的热带，|| ㊂无论是干旱燥热的（选择）（并列）沙漠，||| ㊃还是碧波万顷的海洋，|| ㊄无论是地层深处，||| ㊅还是高空，| ㊆都可（选择）（并列）（选择）（条件）以找到生命的踪迹。

⑤ ㊀一个人如果喜欢自己的工作，|| ㊁即使很累，||| ㊂也不容易出现神经衰弱，（假设）（假设）| ㊃但如果伴随着心理上的冲突，|||| ㊄又不能得到及时的解决，||| ㊅则发生问题的（转折）（并列）（假设）可能性就会增加，|| ㊆因为心理上的冲突不仅会增加工作和学习的难度，||| ㊇而且还（因果）（递进）使个体长期处于一种紧张状态，|||| ㊈对个体的心理健康产生不利的影响。
（并列）

四、紧缩复句

紧缩复句是把复句压缩并取消分句间语音停顿的一种复句。

紧缩复句没有语音停顿，形式上像单句，但又不同于一般单句。例如：

① 他站得高看得远。　　　　站得高才看得远。

② 下河洗澡。　　　　　　　一下河就洗澡。

例①②中的前一句都是单句，后一句都是紧缩复句。可见，紧缩复句的两个分句紧密地联系在一起，中间没有语音停顿，书面上不使用任何标点符号，各分句间存在着条件、转折、因果、承接、选择等结构关系。

紧缩复句一般都有固定的表达格式，句中的关联词语可以单用，也可以成对使用。常见的关联词语主要有“……也……”、“……就……”、“……又……”、“不……不……”、“越……越……”、“再……也……”、“一……就……”等。例如：

① 不问不开口。

② 想走又不敢走。

③ 要看书就来了。

④ 一开口就难过。

⑤ 再麻烦也要解决好。

也有一些紧缩复句不使用关联词语，而依靠语义上的关系和语序表示其内部的结构关系。例如：

① 书山有路勤为径。　　（转折关系）

② 鱼死网破。　　　　　（选择关系）

紧缩复句如果加上相应的关联词语或停顿，就可以转换为一般的复句。例如：

① 打死我也不说。⟶ 即使打死，我也不说。

② 一出门他就紧张。⟶ 只要一出门，他就紧张。

五、复句常见错误的识别和修改

复句在表意方面比单句更复杂，逻辑性更强，所以人们在使用复句时很容易出错。现代汉语复句常见的错误主要有以下三种：

（一）分句间缺乏意义上的密切联系

复句的各分句之间必须具有某种逻辑语义关联，否则就不能构成复句。例如：

① 虽然他写得一手好字，但是他的数学学得很好。

② 为了去幼儿园接弟弟，我要赶快上学去。

例①的两个分句之间没有必然联系，例②的两个分句互不相干，因此它们都不能构成复句。

（二）结构层次混乱

复句中各分句之间的层次比较复杂，如果不理清它们的逻辑语义关系，就容易出现层次不清、结构混乱的问题。例如：

① 由于他更加努力学习了，所以明确了学习目的。

② 他不但是学校的优秀学生，而且是班里的优秀学生。

例①把因果关系弄颠倒了，“明确了学习目的”是“更加努力学习”的原因，应改为“由于他明确了学习目的，所以更加努力学习了”。例②表达的是递进关系，应该是由低到高，而不是相反，应改为“他不但是班里的优秀学生，而且是学校的优秀学生”。

（三）关联词语使用错误

关联词语是复句中表示分句之间的结构关系和语义关系的重要语法手段。关联词语的使用有一定的规则，使用不当就会影响意思的准确表达。关联词语使用的错误主要有以下五种：

1. 关联词语残缺

关联词语残缺，是指复句中本该使用关联词语而没有使用。例如：

① 即使雨下得再大，我要上学去。

② 虽然他的学习成绩很好，从来不骄傲。

例①是假设复句，但第二分句缺少关联词“也”，应改为“即使雨下得再大，我也要上学去”；例②是转折复句，第二分句缺少关联词“但是”，应改为“虽然他的学习成绩很好，但是从来不骄傲”。

2. 错用关联词语

错用关联词语，是指复句中原本应该用甲关联词语，但却用成了乙关联词语。例如：

① 只有多说多练，普通话口语水平才会提高。

② 虽然他有机会上学，他一定是个好学生。

在例①中，“多说多练”和“普通话口语水平的提高”之间是充足条件关系，但错用了表示必要条件的关联词语，应改为“只要多说多练，普通话口语水平就会提高”。例②表达的是假设关系，关联词语用错了，应改为“假如他有机会上学，他一定是个好学生”。

3. 关联词语搭配不当

如果是成对使用的关联词语，就不能随意搭配，否则搭配不当，就会影响语义的表达。例如：

① 尽管山多高，他都要去爬。

② 他虽然年纪小，志气也很大。

例①表达的是条件关系，关联词语“尽管”与“都”不能搭配，应改为“不管山多高，他都要去爬”。例②表达的是转折关系，关联词语“虽然”与“也”不能搭配，应改为“他虽然年纪小，志气却很大”。

4. 滥用关联词语

复句中不该使用关联词语时却使用了，这就是滥用。滥用关联词语会引起表意不清。例如：

① 只有充分说理，所以才能有说服力。

② 我国古代的这些神话反映了人和自然的斗争，但是也反映了古人的朴素的自然观。

例①表达的是条件关系，用“只有……才……”就可以了，第二分句滥用了“所以”，应删除。例②表达的是并列关系，用“也”即可，第二分句滥用了“但是”，应删除。

5. 关联词语位置不对

复句使用关联词语必须注意出现位置。如果关联词语使用的位置不当，就会造成语义含混不清、逻辑关系混乱。例如：

① 他不管对我多么好，我也不买他的帐。

② 不但老王认真学习了科学发展观，而且写了大量学习心得。

③ 小李学习很吃力，甚至成绩不及格。

例①中前后分句的主语不同，“不管”应放在“他”的前面。例②前后分句的主语相同，“不但”应放在“老王”的后面。例③的“甚至”是有关联作用的副词，应放在“成绩”的后面。

思考与练习七

一、下列句子哪些是单句？哪些是复句？如果是复句，请说明其语义类型。

1. 他来信说，只要我们愿意去，他一定奉陪。
2. 一批批珍贵的文献，一批批罕见的文物，近年来得到了很好的保护。
3. 一路上，他多次下车，走进农舍和农村小商店同农民亲切交谈。
4. 他到底借给你书没有？
5. 除非真的办不了，要不然他一定会帮你的。
6. 依我看，保护消费者权利也是对生产厂家和服务部门的一种爱护。
7. 叫你去你就去。
8. 只要能让我工作，不管到什么地方我都去！
9. 统计分析表明，家长教育的民主方式对孩子的学习成绩具有明显的提升作用。
10. 他一问我就说了。
11. 对国内外旅游者而言，广阔富饶的新疆很有魅力：一方面是独特的自然景观，另一方面是鲜明的民族特色。
12. 当对方攻击自己时，如果无法正面辩护，则可主动出击，反驳对方的要害，迫使对方转攻为守，以达到守住自己阵地的目的。
13. 有的人由于不懂逻辑，因此对别人不合逻辑的言论，不但不能觉察它的荒谬，反而随声附和，人云亦云。
14. 因为这条规定，大家都按时上班下班。
15. 为了让孩子们上学更方便，他一个暑假都在修路。

二、给下列句子补上关联词语，并说出填好后的复句的语义类型。

1. （　　）要藐视敌人，（　　）要重视敌人。
2. 妈妈（　　）上班，（　　）做家务。
3. 他（　　）是诧异，（　　）就不安起来。
4. 这件衣服很好看，（　　）价钱太高了。
5. （　　）你是共产党员，（　　）应该为人民服务。

6. （　　）你要去旅游，（　　）去丽江吧。

7. 赵州桥（　　）形式优美，（　　）结构坚固。

8. （　　）束手就擒，（　　）背水一战。

9. （　　）风太大了，（　　）他把窗户关上了。

10. （　　）方便课后复习，请记好笔记。

11. 我们那个地方也还算是黄土高原，（　　）只有黄土，见不到真正的高原了。

12. （　　）你愿意，我们（　　）去爬西山。

13. 让他把书带来，（　　）你又跑一趟。

14. （　　）她有丰富的知识做基础，（　　）她的课讲得很精彩。

15. 在应聘的时候，有些问题不是单位或人才本身造成的，（　　）社会大环境造成的。

三、指出下列复句中的错误，加以修改，并说出修改后的复句类型。

1. 因为看日出，我常常看书。

2. 白杨树是西北极普通的一种树，所以实在是不平凡的一种树。

3. 贝壳很小，所以非常坚硬和精致。

4. 风是沙漠向人类进攻的武器，甚至也可以为人类造福。

5. 既然大家都赞成，所以我们举手通过。

6. 阳光温柔地对着每个人微笑，并且鸟儿也对着我们歌唱。

7. 到了雨季，因为翠湖的柳树非常浓绿，真是绿得要滴下来似的。

8. 我恍惚觉得不仅身在东北，而是在南方的什么地方。

9. 尽管是麦子，还是稻子，挨着马路这边的一排长得特别好。

10. 这一带从来没有人家养过一只鹤，又别说是养野鹤了。

四、用划线法分析下列复句的层次和关系。

1. 城里有许许多多的事他不明白，听朋友们在茶馆里议论更使他发糊涂，因为一人一个说法，而且都说得不到家。

2. 随风摇曳的樱花，轻盈地舞蹈着，变幻出千姿百态的舞步：有的时快时慢地旋转着，有的起起落落地飞荡着，有的忽左忽右地浮动着。

3. 固然，如果不认识矛盾的普遍性，就无从发现事物运动发展的普遍原因或普遍的根据，但是，如果不研究矛盾的特殊性，就无从确定一事物不同于其他事物的特殊本质，就无从发现事物运动发展的特殊原因。

4. 读大学时，第一次远离家门，母亲的信一封接一封，让我彷徨不安的心稍稍安定了下来。

5. 内容有分量，尽管文章短小，也是有分量的；如果内容没有分量，不管写多长，也没有分量，所以不能只看量，要讲实质。

6. 我们很多人没有很好地学习语言，所以我们在写文章做演说时就没有几句生动活泼切实有力的话，只有死板板几条筋，像瘪三一样，瘦得难看，不像一个健康的人。

7. 现在一些中低焦油含量的香烟虽然减少了对肺部的损害，但并不等于此类香烟无毒，因为只要香烟燃烧，就会产生大量的一氧化碳和其他的有毒物质，就会对肌体继续造成损害。

8. 浪漫式的爱情有一个共同特点就是以貌取人，它使得双方心灵的沟通变得少了，婚姻的长久性也就非常不稳定。

9. 如果只站在水边，先是一阵子呆看，再发一阵子空想，即使能够想出一大堆“道理”来，自己也还是不会游泳，对于别的游泳的人也没有好处。

10. 一方面，高校毕业生仍然是最主要的就业压力群体，另一方面，用人单位对体力劳动的需求又得不到满足，这说明，就业结构性矛盾已经取代了以往的周期性矛盾。
11. 既然是参政议政，就应该没有明星与凡人、专家与学生、官员与百姓之分，尤其是对于一贯追求公平正义的媒体来说，更不能人为制造人与人之间的等级差别。
12. 由于雪域高原生态环境脆弱，土壤植被在遭遇乱挖后往往不能有效恢复，从而使得草场退化、土地沙化，这对于我国水源发源地的生态环境来说几乎就是一场灾难。
13. 想收获庄稼，就得先拿种子，想骑马，就得先支出草料，搞改革这样的大事业，就得投血本。
14. 早在采集和渔猎时代，为了确定季节，远古的华夏先民就开始进行天文观察和研究，后来便逐渐发展形成了天文历算。
15. 读书的乐趣和意义是任何东西都无法替代的，虽然网络时代、信息时代的读书方式已经发生了翻天覆地的变化，读图、视频、对话……已经发展到了让传统阅读方式“目瞪口呆”的地步，但我们正在读什么，永远比我们用什么方式阅读重要得多。

第八节　现代汉语语法的规范化

一、现代汉语语法规范化的内容

现代汉语语法规范，指现代汉民族共同语即普通话的语法规范，是现代汉语规范的重要组成部分。开展现代汉语语法规范化工作，一方面要根据客观的语言事实，研究语法结构规律，总结出明确的语法结构标准；另一方面则要依据标准，检验现实中的语法现象是否规范，从而促进现代汉语的健康发展。

（一）现代汉语语法规范化的标准

现代汉民族共同语以“典范的现代白话文著作”为语法规范化的标准。所谓“典范的现代白话文著作”，是指现代著名作家的符合语法规范的优秀白话文作品，以及正式文件、社论等作品。

现代汉语语法的规范化，应该注意以下两方面的问题：

1. 坚持以典范的现代白话文中的一般用例为规范

确立语法规范，就是要总结现代汉语语法的一般规律，然而即使在公认的典范作品中，也会出现一些违背一般规律的特殊用例。例如：

① 我的学会了煮饭，就在这时候。（鲁迅《伤逝》）

② 苏小姐骂方鸿渐无耻，实在是冤枉。（钱钟书《围城》）

之所以会出现这些不符合现代汉语语法规范的句子，主要是由于语言的使用难免会受到社会、时代、地域、语体以及作家个人风格等因素的影响和制约。因此，在确立现代汉语语法规范时，选择正确、合适的用例显得非常重要。要选准现代汉语语法的用例，一要凭借已有的语法知识进行检验，二要尽量扩大选取范围和选取数量。

2. 坚持动态的观点，不断修正现代汉语的语法规范

语言不是一成不变的。在语言发展演变的过程中，旧有的语法现象可能会被淘汰，新

的语法结构可能会产生。例如："转变"一词，曾被认为是不及物动词，后面不能带宾语。但现在"转变"的后面却常常带上了体词性宾语：

① 改革的原则是要转变职能，理顺关系，精简机构，提高效率。

② 推进科教兴农，转变粮食增长方式。

可见，语法规范只有随着语言事实的发展而不断修改完善，才能在语法的规范化进程中起到标准的作用。具体的工作思路是：对于各种新生的语言现象，现代汉语的语法规范化工作应该本着尊重语言发展和运用实际的精神，采取客观、开放的态度，不断修正语法规范的标准，区别对待语法错误用法和语法创新现象；对于有利于现代汉语发展的、在实际运用中为广大群众所接受的新兴语法现象，可以在广泛研究的基础上，逐步纳入语法规范；对于典型的现代语法错误，则予以坚决地纠正和制止。

（二）现代汉语语法规范化的工作内容

1. 确定现代汉语语法规范化的标准

现代汉语语法的规范化工作，对我国的政治、经济、文化、生活具有重要的意义。

新中国成立初期，我国就进行了一系列影响深远的语法规范工作。1951年6月6日，《人民日报》发表重要社论《正确使用祖国的语言，为语言的纯洁和健康而斗争》。社论指出了语言规范的重要性，并列举了一些语法方面的错误，为语法规范工作奠定了舆论基础。当日起，《人民日报》连载吕叔湘、朱德熙合写的《语法修辞讲话》，在全国范围内掀起学习语法、关注语法规范的热潮。1955年，在北京召开的现代汉语规范问题学术会议上，罗常培、吕叔湘作了题为《现代汉语规范问题》的报告，明确提出现代汉语语法要"以典范的现代白话文著作"为规范，并作了理论上的阐发，从而使我国的语法规范工作有了明确的方向。

2. 研究和制定现代汉语语法规范的具体规则

随着社会的发展，现代汉语语法的规范化工作所面临的挑战也越来越大。

首先，政治、经济和文化对语言的影响处处可见，在人们运用普通话进行交际的过程中，出现了许多带有外来语、方言和特定文化印记的句子，强烈地冲击着原有的语法规范。例如：

① 别理我，我痛苦ing。

② 我有看过那部电影。

③ 你走先。

④ 有事Q我吧。

不难看出，现代汉语语法的规范化是一件需要严肃对待的事情。我们应该本着动态语法规范化的观念，对一些新兴的语法表达形式采取审慎的态度，既不轻易肯定也不轻易否定，而要以客观存在的语言事实为依据，最终确定是否纳入语法规范。

其次，随着学科的健全和发展，人们对现代汉语语法的规范化工作有了进一步的认识，认识到现代汉语的语法规范应该具有不同的适应范围，从而需要制定一些专门化的语法规范。例如：专家语法和教学语法，面对中文信息处理的语法规范和面对对外汉语教学的语法规范等等。

3. 大力宣传现代汉语语法规范

现代汉语语法的规范化工作比较复杂，尽管人们提出了许多新原则，如理性原则和习性原则、刚性原则和柔性原则、容纳原则和效率原则等，但仍然不能很好地解决现代汉语语法规范化工作中的具体问题。就此而言，现代汉语语法规范的宣传和教育工作便成为了当务之急。

对于那些得到大家认同的、已经有明确标准的语法现象，应通过语文教育、语法著作、语文杂志、课堂教学等各种宣传媒介和流通渠道讲明其规范用法，揭示现代汉语语法的一般规律，并在现代汉语语法规范的宣传教育中大力推广，使之深入人心，从而成为人民群众自觉遵守的规则。

二、现代汉语语法的变异

在语言的各个要素中，语法具有相对稳定性，但也并非一成不变。现代汉语语法是在古代汉语语法的基础上形成的。它保留了古代汉语语法的基本面貌，但是随着汉语发展的历史进程，其中一些语法要素和语法规则也在不断地发展演变。现代汉语语法的变异大致表现在以下两个方面：

（一）旧有语法现象的演变或消失

旧有语法现象的演变或消失，主要体现在词法和句法两方面。

词法现象的演变或消失，最典型的就是实词虚化。在汉语漫长的演变过程中，一些实词的词汇意义逐渐虚化，从而演变成为只有语法意义的虚词。例如：现代汉语中的“在”、“叫”、“让”、“给”等介词就是由动词发展演变而来的。

句法现象的演变或消失，主要表现为一些古代汉语句型的消失。例如：表示判断的“者……也”式、表示被动的“见……于……”式和“为……所……”式等，在现代汉语语法中基本都不用了，只保留在一些固定的结构格式中。

（二）新兴语法现象的产生和发展

新兴语法现象的产生和发展，跟许多因素有关，如方言语法的影响、语用创新使用范围的扩大、不同语言之间的相互接触等等。

1. 方言语法与语法变异

当今社会，虽然普通话的使用范围在不断扩大，但各地方言仍客观地存在于人们的语言生活中，并对普通话具有一定的影响，致使普通话中出现了一些地域性的方言语法现象。例如：“有没有 + VP”这一语法结构，以前只是南方方言中的一种是非问格式，但现在已逐渐成为一种较为普遍的普通话语法现象，如“你有没有吃饭”、“你有没有看过这部电影”等。又如：吴方言“说说看”、“试试看”中的“看”，具有特殊的表达功能，现在也已经被吸收到普通话语法规范中了。

有的方言语法现象虽然没有进入普通话，但可能会渗透进入当地人所说的普通话中，从而形成一种介于普通话和方言之间的“中介语”语法现象。例如：在词语的搭配上，成都人常说“一匹山”；在句法形式上，昆明话的“的（dē）”表示动作的持续态，“我吃的饭”意思就是“我正在吃饭”；在句类选择上，上海人常用“不要太 + 形容词”表示感叹，“不要太聪明哦”的意思是“真的太聪明了”。这些语法现象一旦出现在各方言区人们所使用的普通话中，便或多或少地会对普通话语法的规范化产生一定的影响。

有的方言语法现象由于受到该地域较为发达的经济、文化、生活等因素的影响，常常会突破地域限制，直接渗入到普通话的语法结构形式中，但能否被纳入普通话的语法规范，尚需时间的检验。例如：粤方言“我有去过北京”、“我有吃过早餐”等中“有+VP”的用法。

2. 语用创新与语法变异

人们在运用语言表情达意时，常常会突破现有的语法规范，使用一些语用创新手段来取得更好的语用效果。例如：

① 百度一下不就知道了吗？

② 爱你，以知己的名义。

③（电影院售票处）一张《非诚勿扰》！

例①临时把名词“百度”转变为动词用，构成了转品辞格。例②为了突出和强调状语“以知己的名义”，将其置于中心语“爱你”的后面。例③由于语境表达的需要，在“《非诚勿扰》”的后面省略了与量词短语“一张”搭配的中心语“电影票”。

然而，一些语用创新手段如果被人们高频率地反复使用，就有可能进入普通话的语法规范中。例如：“很淑女”、“很文化”、“很男人”等“程度副词+名词”的语法现象，虽然有人认为它还处于普通话语法规范与不规范的边缘地带，但很多人已经承认这种用法是可以理解和接受的了。

3. 语言接触与语法变异

通常，不同民族之间的人际交往会导致不同语言的相互接触和彼此影响，从而产生语法变异现象。五四以来，随着西学东渐，现代汉语受到西洋语法的影响，产生了一些语法变异。例如：“最……之一”语法结构的大量使用，复句中从句后置现象的产生等等。

总之，在现代汉语不断发展的过程中，原有语法成分的演变和消失、新兴语法成分的产生和发展都属于语法的变异现象。当这些变异现象达到一定量的时候，就会导致现代汉语语法系统发生质的变化。这种变化，是现代汉语语法系统为了适应社会和时代的变化、服务于话语交际需要而调整、充实自己的具体表现。

思考与练习八

一、现代汉语语法规范化的标准是什么？

二、简述现代汉语语法规范化的工作内容。

三、联系古代汉语语法，举例说明汉语语法发展过程中旧有语法现象的演变或消失。

四、结合你所熟悉的汉语方言，谈谈方言语法和普通话语法的差异。

五、观察当代语言生活，收集一些现代汉语语法创新现象，并评价其优劣。

拓展与探究：单句的语义、语用分析

汉语语法的系统研究始于1898年的《马氏文通》。此后，汉语语法的研究便集中到了词类的确定、句子的句法结构分析和句型的总结和归纳等方面。其中，虽然也涉及到了语法的语义、语用分析，但始终不够全面和深入。从20世纪80年代开始，在国外语法理论的启发下，如转换生成语法、格语法、系统功能语法、认知语法，特别是受了符号学的启发，我国学者结合汉语语法研究的实际，明确提出了语法研究的三个平面理论，为全面和系统地研究现代汉语语法、拓宽现代汉语语法研究的视野、增强现代汉语语法研究的解释力提供了一定的理论依据。

就单句而言，以往的研究主要解决的是句法层面的问题，即找出句法结构中的句法成分、指明构成成分的词类和词、短语、句子的类型或格式等。换言之，就是对构成单句的语法单位之间的结构关系和语法单位的类型进行分析。中心词分析法、层次分析法都属于常用的句法分析方法。然而，仅仅依靠结构层次、结构关系的分析还不能完全达到了解单句的目的，而应在句法分析的基础上进行必要的语义、语用分析，并将句法、语义和语用三者结合起来进行研究。下面就介绍一下单句的语义分析和语用分析。

单句的语义分析指的是对构成单句的语法单位之间的语义关系进行分析，具体包括语义角色、语义特征和语义指向等内容的分析。

语义角色是词语组合时双方所发生的意义关系的名称。现代汉语句法分析的重点是动词跟名词性词语之间形成的语义关系中名词性成分所担任的语义角色。例如：

① 我不吃了。

② 苹果不吃了。

从句法上看，这两个句子都是主谓结构，但例①的主语“我”是施事，例②的主语“苹果”是受事。可见，做主语的名词性词语所充当的语义角色不同，句子的语义关系和语义结构也就有差异。

语义特征是词语在句法结构中互相比较时显示出的语义特点。例如：

① 台上坐着主席团。→ 主席团坐在台上。
　　　　　　　　　　* 台上正在坐着主席团。

② 台上演着花鼓戏。→ * 花鼓戏演在台上。
　　　　　　　　　　台上正在演着花鼓戏。

这两个句子的不同变换反映出它们具有不同的语法意义：例①表示“存在”，说明事物的位置，着眼点是空间；例②表示动作行为的持续，着眼点是时间。造成这种差异的根本原因就在于例①的动词“坐”具有［+附着］［-动态延续］的语义特征，而例②的动词“演”具有［-附着］［+动态延续］的语义特征。

语义指向是句法结构中某一成分语义所指的方向。例如：

① 老王有辆新车很得意。

② 老王有条小狗很可爱。

③ 老王有个女儿很骄傲。

上述三个句子看似相同，其实不然：例①中的“很得意”指向“老王”，全句为连谓句；例②中的“很可爱”指向“小狗”，是兼语句；例③则有歧义，“很骄傲”指向“老王”是连谓句，指向“女儿”则是兼语句。

单句的语用分析指的是对语言符号及其使用者、使用环境之间关系的分析，具体包括句子语用结构、句子信息焦点、句调、语气、重音、语境等内容的分析。这里重点介绍句子的语用结构分析和句子信息焦点的确定。

语用结构分析指确定句子的话题和述题。句子是语言交际的基本单位，它所传递的信息可分为已知信息和未知信息两类。交际双方总是从已知信息（即话题）开始，继而用未知信息（即述题）对话题展开陈述和说明。例如："这座城市很美丽"，话题是"这座城市"，述题是"很美丽"。值得注意的是，话题和主语是不同平面的概念：主语是句法范畴的概念，是谓语部分的陈述对象，而话题是语用范畴的概念，是从信息传递角度分析出的部分，一般位于句子开头。例如：

① 他拿走了那本书。

② 关于这件事，我想说几句。

例①中的"他"既是主语，也是话题。例②的主语是"我"，而话题是"这件事"。由此可见，话题和主语有时重合，有时也不一致。

句子信息焦点的确定指分析句子语用结构中述题（即未知信息）的重点部分。信息焦点根据表现形式，大体可以分为自然焦点和标记焦点两种。自然焦点也称句末焦点，是按照"话题＋述题"的语用结构呈现出来的，一般位于句末。标记焦点是通过对比或某些标记凸显出来的，位置一般不固定。例如：

① 我送她一本书。

② 我送一本书给她。

③ 我今天不能去，明天可以。

④ 是张主任同意购买这批材料的。

⑤ 他们连星期天也不休息。

例①的焦点是"一本书"，例②的焦点是"她"，它们都属于自然焦点。例③的焦点"今天"、"明天"是通过对比的方式凸显出来的，例④⑤的焦点"张主任"、"星期天"则分别通过语气副词"是"、"连……也"结构标记得以凸显，所以例③④⑤的焦点都属于标记焦点。

【参考书目】

[1] 陆俭明，沈阳．汉语和汉语研究十五讲．北京：北京大学出版社，2004

[2] 范晓，张豫峰等．语法理论纲要．上海：上海译文出版社，2008

[3] 范晓．三个平面的语法观．北京：北京语言文化大学出版社，1996

[4] 徐烈炯，潘海华．焦点结构和意义的研究．北京：外语教学与研究出版社，2005

[5] 陈昌来．现代汉语句子．上海：华东师范大学出版社，2000

第五章　现代汉语语用

学习目的与要求：

● 掌握“语用”、“语境”、“语用原则”、“语用含义”、“语用方法”、“修辞格”、“深层修辞格”、“表层修辞格”、“语体”等概念，理解现代汉语语用的得体原则与和谐原则，能够分辨不同类型的语用含义及其特点。

● 掌握词语、句式和语篇选择的基本方法，理解各类修辞格的构成要素、基本类型和修辞功能，能够辨析容易混淆的修辞格，熟悉现代汉语语体的分类及其语用特点，提高阅读、鉴赏言语作品的能力和运用各种语用方法进行语言表达的能力。

● 了解现代汉语语用的特点，理解语体的交叉和渗透现象，关注现代汉语语体发展过程中的新兴现象，形成规范使用现代汉语语用表达手段的能力。

第一节　语用与现代汉语语用

一、语用和语用学

（一）语用

语用是指人们在一定的语言环境中对语言的运用。语言作为人类最主要的交际工具，在没有被人们使用之前，只是一个个抽象、静态的词、短语和句子，所表达的意思也是社会约定俗成的、相对稳定的。它们只有进入到一定的语言环境中，并获得具体的、动态的、临时的语用意义，才能体现出一定的实用价值和交际价值。例如：

① 第二派的人年岁小一些，对外国人特别亲热有礼貌，脸上老是笑着，而笑得那么空洞，一看便看出他们的骄傲全在刚学会了老狐狸的一些坏招数，而还没能成精作怪。

（老舍《猫城记》）

② 姚妈回过头来大声道：“老爷！老爷都给狐狸迷昏了！——你就说好了，说小蛮病了，我下乡去告诉太太去了！”（张爱玲《多少恨》）

③ 有一天，狐狸忽然登台宣讲，
说猎犬已经完全变成了豺狼：
“昨天它刚吃了可怜的锦鸡，
今天却又图谋杀害山羊！”（顾城《狐狸讲演》）

“狐狸”原本是指一种外形略像狼、生性狡猾多疑的哺乳动物，但在例①②③中，其语用意义却各不相同：例①比喻圆滑世故、阴险狡诈的政客；例②指年轻漂亮的“虞家茵”小姐，因同有妇之夫“夏宗豫”有暧昧关系而被当做勾引男人的“狐狸精”；例③运用拟人的修辞手法，使“狐狸”具有了人的属性特征。

语用总是在一定的语言环境中进行的。人们为了使语言的运用取得最佳的表达效果，往往会根据表情达意的需要，充分利用语言文字的一切可能性，包括语音、语形、语义、语法等方面的方法、手段、技巧或规律，从而在长期的语言运用实践中形成了一些语用原则、语用规律、表达方式、修辞格、语体和风格等语言手段和非语言手段。人们在进行言语活动时，只要能够对这些语言手段和非语言手段加以灵活运用，就可以有效提高自身的语言运用能力。

（二）语用学

语用学是研究语言运用规律的学科，属于言语的语言学。具体而言，语用学研究的是特定语言环境中的话语，即研究在不同的语言环境中如何理解和运用语言的问题，包括话语的交际过程、话语的语用原则、语用策略和语用含义、制约话语表达和理解的各种因素以及语体和风格等内容。

语用学与修辞学是两门不同的学科。它们虽然都是研究语言运用的学科，同属于言语语言学，但二者研究的侧重点各不相同：语用学侧重研究话语的解码过程，修辞学侧重研究话语的编码过程；语用学不仅研究表达效果，而且还研究接受效果，修辞学则更为关注话语的表达效果。

语用学和语义学也是两门不同的学科。它们虽然都要研究意义，但二者所处的研究层面不同：语用学研究的是语用含义，它是具体的、临时的、个别的，与语境密切相关；语义学研究的是语言意义，它是抽象的、稳定的、一般的，孤立于语境之外。

二、语境

语境，也叫言语语境，是指使用语言的具体环境，包括言语活动所涉及到话语、时间、地点、场合、交际目的、交际方式，以及发话人和受话人的身份、职业、思想、性格、修养、文化水平、价值观念和交际时的心理状态等因素。

人的言语活动都是在一定的语境中进行的，语境为交际双方提供了话语交际的平台，是交际双方得以顺利完成交际的前提和保障。没有语境就没有言语活动，没有语境的言语活动是不存在的。

（一）语境的构成

语境的构成因素是丰富而多样的，各种因素之间互为前提、互相依存、互相联系、互相作用，从而使语境成为了一个有机整体。从语境的内部构成要素及其性质来看，语境主要由主观因素和客观因素构成。

1. 主观因素

主观因素主要包括发话人和受话人的身份、职业、思想、修养、心理语境等。主观因素是影响话语交际的主要因素，它使参与话语交际的发话人、受话人的话语带上各自的言语特点，如因性别、职业、社会角色关系的不同而体现出来的性别语言、职业语言或阶层、年龄、地域上的语言特征；因个体思想、文化修养的不同而形成独特的表达方式、修辞方法和言语风格；因交际双方心理状态的不同而表现出的话语意义的动态性、临时性等。例如：

① 喝了三杯老酒，不想看书，也不想睡觉，捉一个四岁的孩子华瞻来骑在膝上，同他寻开心，我随口问："你最喜欢什么事?"

他仰起头一想，率然地回答："逃难。"

我倒有点奇怪："逃难"两个字的意义，在他不会懂得，为什么偏偏选择它? 倘然懂得，就不应该喜欢了。我就设法试探他："你晓得逃难就是甚么?"

"就是爸爸、妈妈、宝姐姐、软软……娘姨，大家坐汽车，去看大轮船。"

（丰子恺《从孩子得到的启示》）

例①中的孩子对"逃难"有自己的理解，并且喜欢"逃难"，令人匪夷所思，但却真实地表现出了四岁孩子对当时生活凄苦、平时间亲戚难得相聚、坐汽车看轮船不容易等生活现实的主观感受和个人理解，这里的"逃难"带上了个人的语用特点。

有的时候，即使是同一个人，由于身份、社会角色发生了转换，其言语方式也会相应地发生变化，从而体现出语境的动态性。例如：

②"我说，咱们也得去看，今年的马戏顶好啦!"

"咱们?"马威心中盘算，"不用'马先生'了? 有点奇怪!"

"咱们礼拜六去，好带着玛力，是不是?"马老先生笑着说。

"又是一个'咱们'。"马威心里说。（老舍《二马》）

从感情色彩上看，称谓语"马先生"属于一般人交际时较为通用的客套语，但人称代词"咱们"就不同了，因为它包含了发话人和受话人双方，表现出对受话人的高度关注，具有一种较为亲昵的感情色彩。例②中的人物对话多次使用了"咱们"一词，不但拉近了马先生和温都太太之间的距离，而且还使他们之间原本微妙的关系开始变得明朗起来。

2. 客观因素

语境的客观因素主要由话语、自然语境、社会语境、文化语境等构成。在现实生活中，言语活动往往表现为一个由发话人和受话人以话语作为中介，在特定的自然环境、社会环境、文化语境里，进行信息和情感双向互动的交流过程。一般说来，言语活动是一对一地进行的，但也可以是一对多、多对一或多对多地进行。自然环境包括交际时的具体时间、地点和场合；社会语境指交际时的时代背景、社会环境等；文化语境是交际时的文化氛围或状况，即文化背景。例如：

从前，有三个穷苦小伙伴常一起上山打柴，又常合伙偷挖芋头去城隍庙烘烤，烤熟后以柴棍当筷子，你一个，我一个，吃得烟尘满面。后来，三人中的老大当了官，荣归故里，因不忘旧情，宴请老二、老三和一帮少年朋友。宴席上，老二旧事重提："老大，你还记不记得我们小时候打柴偷芋的事? ……"老大听后面露窘色。老三灵机一动，连忙止住老二，接过话头："大哥，孩提时代的往事，想来也饶有趣味。想当初，我们兄弟三人桃园结义揭竿举事，火烧曹营，驻兵城隍庙，大战芋将军，横枪立马，奋不顾身，一枪刺一个，两枪挑一双……杀得那芋将军八百万喽啰片甲不存，顷刻间灰飞烟灭。我们兄弟也征尘满面，哈哈，那情景至今还如在眼前。"老大听后，转嗔为喜，重举酒樽，尽欢而散。

（陈小平《大战芋将军》）

上例中参与交际的是老大、老二、老三和一帮少年朋友，自然语境是宴席间老大、老

二、老三和一帮少年朋友重温少年时代的往事。但由于受到社会语境、文化语境的制约，当了官、荣归故里的老大认为应以他为尊；老二没有考虑到老大尊贵的社会地位，说话直白，有的词语甚至还带有贬义色彩，表达效果较差；老三则从言语活动的客观因素出发，采用较为委婉、含蓄的话语方式，同时带有一种褒扬的感情色彩，收到了较好的表达效果。

由此可见，由相同的话语主题、自然环境、社会环境和文化语境等构成的语境的客观因素，由于发话人所选用的语言材料和话语方式各不相同，产生的修辞效果也就不同。当然，这也从另一个角度说明：语境的客观因素和主观因素之间存在着相互影响、相互制约的辩证关系。

（二）语境的类型

根据语言运用关涉范围的大小、话语交际方式、构成因素的性质及其作用大小，语境可以分为言内语境和言外语境两种类型。

言内语境是由书面语的上下文或口语的前后语所形成的语言环境，包括词语与词语、句子与句子、语篇与语篇之间在语音、语形、语义、语法等方面的联系以及由此所形成的语体和风格。言内语境是显性的、语言性质的，其内部又可以分为两个层次：一是语体和风格的层次。这是对言语活动起到影响作用的上层言内语境；二是语言材料的层次。这是对言语活动起到影响作用的下层言内语境，包括语音语境、语形语境、语义语境、语法语境等内容。例如：

他吵起架来，态度认真，充满情感，手舞足蹈，声情并茂。

（沙叶新《前面是十字路口》）

在这个例句中，作者根据表达内容和文艺语体语用特点的需要，综合运用语音、语形、语义、语法的表达规律构成了一个完整的言内语境。其中，用于描述吵架的四个褒义词语“态度认真、充满情感、手舞足蹈、声情并茂”，由于受到上下文语境的影响，变成了贬义词语，较好地表达了吵架时那种势不可挡的气势。可以说，这个例句凭借语音、语形、语义的完美结合、相得益彰，不但形成了一种幽默、诙谐的语言风格，而且还显得节律齐整、简短明快。

言外语境是指进行言语活动时具体的自然语境、社会语境、文化语境和心理语境，包括交际时特定的时间、地点、场合、交际目的、交际方式和参与交际者的身份、职业、思想、性格、修养、文化水平、价值观念和交际时的心理状态等方面的内容。言外语境是隐性的、非语言性质的。例如：

① 小孩要开刀了。

② 爸爸要开刀了。

③ 蒋介石要开刀了。

如果从语法平面进行分析，例①②③的主语“小孩”、“爸爸”、“蒋介石”既可以是施事主语，也可以是受事主语。如果结合言外语境来分析，例①的主语“小孩”不可能是医生，只能是病人，因此“小孩”只能是受事主语。例②的主语“爸爸”如果是一个医生的话，则属于施事主语；如果是一个病人的话，则属于受事主语。例③根据“蒋介石”的政治身份来判断，他不可能是一个医生；如果表示他即将对革命者采取镇压，则属于施事主语，动词“开刀”发生了情境义变；如果他生病了，从作为一个病人的身份来判断，则属于受事主语。由此可见，言外语境对言内语境具有影响和制约的作用。要想正确理解语句的具体含义，就必须结合言内语境和言外语境进行辩证分析。

在语言运用中，言内语境和言外语境对语言的运用都有影响，有时是言内语境起主导作用，有时是言外语境起主导作用。二者之间具有作用和反作用的辩证关系。

（三）语用与语境的关系

在言语活动中，语境和全部语用过程组成了一个内在的结构整体，离开了语境就谈不上语言的运用。然而，语境本身也是随着语言运用过程的展开而处于发展和变化当中的。因此，语用和语境之间是一种彼此关联、相互作用的关系。

1. 语境是语用的条件和基础

语用，是人们在一定语境下运用语言组成话语，从而进行信息和情感交流的一种言语活动。任何一次语用活动，不论是口语还是书面语，都是在特定的语境下进行的。凡是有言语活动的地方，一定有语境的主观因素、客观因素的参与。对于一个完整的言语活动来说，参与交际的发话人、受话人是语用的主体，作为交际工具的话语是客观的语用实体，语境则是语用的条件和基础。语用只有在语境的基础之上，才能对词语、句子、语篇作出得体的选择和运用。可以说，语境总是与语用相始终的，语用随着语境的变化而不断变化，既不存在无语境的语用，也不存在无语用的语境。

2. 语境赋予语用以具体的意义

语境是语用的条件和基础，它能够赋予语言运用中的词语、句子、语篇以具体、准确的意义，也是受话人理解发话人话语意图的重要依据。例如：“十二点了”这句话，如果是乘客在火车即将到站时说的，那就表示火车快要到站了，可以准备下车了，表达的是一种轻松、愉快的心情；如果是列车广播员在火车即将到站时说的，那就可能是提醒乘客收拾行李，做好下车准备；如果发话人是候车的人，则表示火车快要到站的急切心情。由此可见，语境为人们准确理解和把握词语、语句的言语义提供了良好的基础，不仅使语用含义具体化，而且还丰富了语用意义。因此，语境也可以说是补充语用意义的重要载体。

3. 语境决定语用的优劣

对于发话人而言，语境是话语表达的基础；对于受话人而言，语境是话语理解的依据。就此而言，语境是衡量语用效果优劣好坏、语用交际成败得失的关键因素。任何处于特定语用过程中的词语、句子、语篇，一旦脱离了具体的语境，就无所谓优劣、好坏、美丑，当然也就谈不上语用效果的判断。它们只有在具体的语境中才能体现出真实的语用含义和特定的语用效果。例如：

例如上月里李太太做生日，她已经到了愿有人记得她生日而不愿有人知道她生年的时期，当然对客人说自己老了，大家都抗议说：“不老！不老！”只有陈侠君说：“快该老了！否则年轻的姑娘们都给您比下去了，再没有出头的日子啦！” （钱钟书《猫》）

在这段话中，人们根据话语交际发生时的自然环境、社会环境和文化环境，达成了“以年轻为美”的审美共识，于是便出现了主人和客人之间的一些客套话：主人李太太自谦“老了”，客人们则用“不老”来讨好她。然而，最妙的还是“陈侠君”的回答——先直言道出“快该老了”，让所有的人都颇感意外，似乎是说错了话，紧接着便用反衬和夸张来巧妙恭维李太太比年轻姑娘还要漂亮。这以反作正、假贬真扬的话语，不但博得了李太太的满心欢喜，而且还有助于形成幽默、轻松、愉悦的生日聚会氛围。

4. 语用能创造适切的语境

在现实生活中，并不是所有的语境因素都会对当前的言语活动产生制约作用。只有经过话语交际双方选择并认可的语境因素，才会真正对语用过程产生影响。因此，交际者为了更好地传情达意，就有可能通过调整语言运用的过程来巧妙避开或故意强调某种语境因素，从而达到自己的交际目的。例如：

1999年4月6日，朱镕基总理访问美国。在白宫的草坪上，克林顿总统为朱镕基一行举行欢迎仪式。朱总理致辞：“春天，是播种的季节，是希望的季节。当我们到达你们的日光之城洛杉矶的时候，是春雨连绵；当我们离开的时候，是雨过天晴；当我们到达华盛顿的时候，是阳光灿烂！”

访问地点及其天气的变化，原本跟朱镕基总理的访问内容没有任何内在的关联，但朱镕基总理却在致辞中巧妙地将二者联系起来，通过暗设譬喻的修辞方式，形象生动地描绘出了中美人民友谊的发展过程。此语一出，立即博得了所有在场人的掌声和喝彩。由此可见，好的语用是完全能够创设适切的话语交际语境的。

三、现代汉语语用的特点

（一）以诚立言

所谓“以诚立言”，一是要求发话人和受话人的语用态度要真诚、诚恳，交际双方都要能够坦诚以待，反对虚情假意、口是心非；二是要求交际双方的话语内容要真实、诚实，反对“假言”、“巧言”。“以诚立言”是现代汉语语用的出发点和立足点。交际者只有做到了“诚”，言语活动才能得以顺利进行。例如：一位外商准备到我国投资办厂，一直没有理想的合作伙伴，便到市场上准备买些地方风味食品回国。当他选定了一个小货栈的小食品后，店主从交谈中得知他归国前还要周转几个城市，便劝他不要买了，并告诉他说这种食品保存期仅为半个月。这位外商听了，被店主的真诚所感动，当即表示愿意与这个货栈联合开发这种食品。[①] 这说明，真心实意、真实可信的话语，总是能够赢得他人的信任，从而帮助人们建立良好的人际关系。

现代汉语语用以诚立言的特点，可追溯至《周易·乾·文言》所提出的“修辞立其诚”的观点。虽然《周易·乾·文言》里的“修辞”是同“进德修业”的儒家道德和功业密切联系的，同时还包括修身言教等内容，与现代语用学所说的“修辞”的内涵并不相同，但以诚立言这一语用特点却从古至今传承了下来。儒家认为，以诚立言就是以德立言，立言和立德都要求“诚”。例如：“人而无信，不知其可也”（《论语·为政》）；“有德者必有言，有言者不必有德”（《论语·宪问》）；“言必信，行必果”（《论语·子路》）。儒家反对说假话的“巧言”，指出“巧言令色，鲜矣仁”（《论语·学而》），“巧言乱德”（《论语·卫灵公》）。人们日常生活中使用的成语，如“开诚布公”、“推心置腹”、“言为

---

① 刘凤玲、戴仲平：《社会语用艺术》，广州：暨南大学出版社2002年版，第61页。

心声”、“言而有信”、“言行一致”、“君子一言，驷马难追”等，都从不同的角度对汉语以诚立言的特点进行了揭示。相反，“言行不一”、“言过其实”、“言而无信”、“言不由衷”、“口是心非”等成语，则对“不诚”、“伪诚”的语用态度和话语内容进行了批评。可以说，以诚立言的语用特点，体现了汉民族的语言观和民族精神。

（二）委婉含蓄

现代汉语语用委婉含蓄的特点，根源于现实生活言语活动的需要。在日常生活中，人们往往由于受到各种语境因素的影响，特别是社会语境、文化语境等因素的制约，发话人对于不便、不能直接说明的事物或含义，或出于禁忌、避讳等方面的考虑，会采用一些委婉、含蓄的表达方式或说法，使受话人易于理解和接受，或让受话人自己去体会和揣摩。

一般说来，汉民族对于疾病、死亡、残障、排泄、贫穷、犯罪、年龄、职业等内容，常常采用委婉、含蓄的表达方式。例如：用“老了”、“走了”、“长眠”、“光荣了”、“上西天”、“见马克思”等来代替“死亡”；用“寿材”、“寿木”、“长生木”、“长生板”、“吉祥板”、“六合板”来代替“棺材”；称保姆为“阿姨”或“钟点工”；称失业者为“下岗职工”或“待业者”等等。对于这些委婉含蓄的语用方式，应充分注意捕捉、挖掘其内在的语用意义，从而不断提高言语交际技巧。例如：

①7月11日，一个哀恸的早晨。

4时30分，北京医院，93岁的任继愈先生静静地合上了双眼；4个半小时后，在301医院，98岁的季羡林先生驾鹤西去。

（《任继愈、季羡林相继辞世 让大师的智慧照亮未来》，《人民日报》2009-7-13）

②老张一进门即说：“你的线忙，电话一直打不进来。可不能怪我未约而贸然地来吧？纯芬倒是说这样不妥吧，我说我们是多年的朋友了，谅你也不会见怪，会不会，汤婕？”

“当然不会。欢迎，欢迎。太太呢？”

“设法把她支开了，”老张说，“让我们三个人耳朵都放个假。”（於梨华《寻找老伴》）

例①用“静静地合上了双眼”、“驾鹤西去”来替代“死亡”，使话语表述显得庄重凝练、耐人回味，深刻地表达出了作者对任继愈、季羡林两位大师的沉痛悼念和崇高敬意。例②中“老张”的太太“纯芬”非常喜欢说话，而且一说起来就没完没了，所以“老张”就在来找“汤婕”时“设法把她支开了”。老张所说的“让我们三个人的耳朵都放个假”，既巧妙、自然地抱怨了自己老婆的不良习惯，同时又使话语显得风趣而幽默。

委婉含蓄作为现代汉语语用特点之一，既是一种语言现象，也是一种社会文化现象。它蕴藏着丰富的文化内涵，是一面忠实反映社会文化的镜子，从中可以折射出形形色色的社会价值观、社会心理状态及其相应的文化传统。可以说，委婉含蓄的语用特点承载了现代汉民族的社会结构、民族心理、宗教信仰、价值取向和风俗习惯等因素。它的作用主要体现在：一是避免精神刺激和压力，给人以安慰；二是消除庸俗和陈腐，给人以文雅和新颖；三是照顾他人的感情和面子，给人以语言美和心灵美的和谐统一。

（三）喜新求异

喜新求异，就是对语言结构系统常规用法的超越和变异。在日常言语活动中，现代汉民族无论是在选词用句方面，还是集句成篇方面，都充分体现出了喜新求异的语用特点。

词语运用方面的喜新求异，主要体现为词语的语音、语形、语义的变异。例如：利用语音变异可形成谐音仿拟、谐音双关等辞格；利用语形变异可形成顶真、回环等辞格；利用语义变异可形成语义双关、借代、反语、比喻、比拟、移就、通感、拈连等辞格。句子运用方面的喜新求异，则一般体现为长句和短句、整句和散句、主动句和被动句、常式句和变式句之间的选择。至于语篇运用方面的喜新求异，则体现为语篇的选择、语体之间的交叉和渗透、语言风格的稳定性与变异性等方面。例如：

① 洒落一地京腔
风吹人低见车辆　　（杨克《风中的北京》）

② 他用了整整十二年的岁月来求索和印证一个答案，每次都得到一个近似值。……他所注入的只能是汗和血，在那浩瀚的算式中出现了岁月的递减，脑细胞和体细胞的负数，然而包涵生命意义的商数却是一个正值。　（黄尧、朱运宽《生命的近似值》）

例①中的“洒落一地京腔”属于述宾变异搭配。“风吹人低见车辆”，则是仿照诗句“风吹草低见牛羊”化用而来，运用了仿拟辞格。例②在文艺语体的散文体中，临时镶嵌进科学语体惯用的数学专业术语“近似值”、“递减”、“负数”、“商数”、“正值”等，造成了一种语体交叉渗透的变异现象。这些言语变异现象，不但使言语表达显得新颖别致、形象生动，而且还体现了汉民族不落窠臼、积极利用语言文字的一切可能性以收到最佳表达效果的语用思想。

（四）谦和得体

谦和得体就是交际双方的言语态度谦虚和蔼，言语表达恰如其分。由于汉民族在文化传统上重伦理、重美感、重均衡、重和谐、重含蓄，因而也就形成了谦和得体的现代汉语语用特点。

言语态度的谦虚和蔼，主要表现为现实生活中的交际双方出于礼貌态度和合作精神，多用敬辞和谦辞，力戒詈辞、恶辞和脏话。例如：称对方的子女为“令郎”、“令爱”、“令媛”，称自己的儿子、女儿为“犬子”、“小儿”、“小女”；称别人的家为“府上”、“贵府”，称自己的家为“寒舍”、“舍下”；称别人的意见为“高见”、“尊意”，称自己的意见为“愚见”、“拙见”；称自己为“小弟”、“敝人”，称年长些的同辈为“尊兄”、“世兄”等等。

言语表达的恰如其分，即言语表达要符合真、善、美的要求：“真”是指真诚的言语态度和真实的言语内容；“善”是交际双方的话语要适应语境的需求，具有最佳的表达效果；“美”是指话语的语音美、语形美和语义美。例如：陈毅同志有一次出国访问，特地抽空去我国驻该国的使馆看望工作人员。与一位工作人员随便交谈时，陈毅同志问：“多大啦？”对方答道：“三十五啰！”陈毅同志说：“三十五就三十五，还‘啰’什么？”他亲切地拍了拍对方的肩膀说：“三十五，正当壮年嘛，不要想那么多，将来要靠你们来接我们的班呦！”[①] 陈毅同志的这番话，巧妙借用工作人员所说的“三十五啰”这句话作为交际语境，平和、亲切且充满鼓励地劝慰了这位工作人员，听来令人感到情真意切、语重心

① 王建华、周明强、盛爱萍：《现代汉语语境研究》，杭州：浙江大学出版社2002年版，第397页。

长、刻骨铭心，是言语表达谦和得体的充分体现。

思考与练习一

一、什么是语用？什么是语用学？语用学和修辞学有什么关系？

二、什么是语境？语境可以分为哪些类型？其构成要素分别是什么？

三、结合实例，谈谈语境在现代汉语语用中的重要性。

四、有人认为：在现实生活中，应该“见人说人话，见鬼说鬼话”。你同意这种观点吗？为什么？

五、有人认为：语境可以分为狭义语境和广义语境或小语境和大语境两种。你同意这种观点吗？为什么？

六、阅读相关论著，广泛收集现代汉语语用材料，思考现代汉语的语用特点。

第二节　语用原则

运用语言的交际活动，是由发话人和受话人进行信息和情感双向互动交流的一个过程。言语交际双方要想顺利地实现交际目的，就需要遵循一定的语用原则。语用原则是人们运用语言进行交际时所应遵循的基本原则和准则，主要包括得体原则与和谐原则。在实际言语活动中，灵活、辩证地运用这些语用原则，能够保证言语交际双方顺利地完成话语交际活动。否则，就会影响到话语交际活动的正常进行。

一、得体原则

得体原则，是指在言语活动中应注意保持话语与言内语境、言外语境之间的适应度。得体原则是语用原则的最高原则，其他语用原则都必须服从于得体原则。因为得体既是评价话语表达效果的标准，同时也是评价话语接受效果的标准。

得体原则具体包括适度准则和层级准则两方面的内容。

（一）适度准则

适度准则，指的是交际者运用的语言应该同言内语境、言外语境保持一种动态平衡。在言内语境中，适度准则具体表现为两个方面：一是语体和风格的稳定性和变异性的适度关系；二是语音、语义、语法、文字的规范性和变异性的适度关系。在言外语境里，适度准则主要表现为自然语境和社会语境的合理性、文化语境的可解释性和心理语境的可接受性。可以说，适度准则要求交际双方妥善处理好话语与各种语境因素之间的适度关系，保持一种不偏激、平衡的得体关系。例如：

① 那时候我已经长大了

开始把我的忧伤的头发留得很长很长　　（彭燕郊《柚子花开的地方》）

② 有位姓周的导游，接了一个旅游团队。他自我介绍说：“大家好！欢迎加入假日之旅团队。我是大家的导游，姓周。大家叫我小周就可以了，不用叫周导。因为刚开始服务

就叫周导（周到），我不好意思。但是，我会用最真诚细致的服务，真正做到周到。到那时，再叫我周导不迟！”

从言内语境的角度看，例①中的“忧伤的头发”是不符合语义和语法规范的超常搭配现象，但从言外语境来看，它却有着深层的心理基础——作者将“忧伤”的情感移情于“头发”，真实地表现出了一种超常规的移情心理状态，对于读者来说也具有一定的可接受性，因此这种言语表达形式是适度的。例②中导游“小周”巧妙运用了“周导”和“周到”的谐音关系，表达了自己为旅客服务的真诚态度，既符合自身的社会角色，又考虑到旅客们的接受心理，达到了一语双关的语用效果。

（二）层级准则

就其性质而言，言内语境得体和言外语境得体属于语用得体的两个不同层级：言内语境得体处于较低的层面，言外语境得体处于较高的层面，二者内部又由多个更低的得体层级构成。可以说，语用层面的得体虽然有层级高低之分，但不同层级之间是相互联系、相互制约的关系，是微观和宏观、静态和动态的有机统一。一般说来，言内语境得体是言外语境得体的基础条件，言外语境得体决定着言内语境得体。例如：

李小喜就不行了，半夜还没睡，看着空调成了摆设，一阵阵拱火儿，说：“操他妈的。”这一句，说了好几遍，刘姐说：“那谁，你老骂人干什么呀！”李小喜噌地从沙发上站起来，叫：“我他妈骂我自个儿呢，行不行？我操我姥姥！”（姥姥他没见过，是地主婆，解放时被枪毙了，他母亲才从农村流落到城市，死于1989年。）刘姐也真有些生气了，说：“那谁，多难听，让儿子听着像什么话。”李小喜说：“那谁那谁那谁，谁是‘那谁’？明儿我死了你连我魂都叫不住！”刘姐脸唰地红了，李小喜还从未跟她发过火，她从未跟李小喜吵过嘴，为了这么个空调，闹出不愉快，也在意料之外。刘姐说：“那谁，别生气了啊。”

（陆涛《屈体翻腾三周半》）

在自然语境中，“李小喜”看到花了几千元买来的空调无法使用，只好用满口脏话来发泄心中的怒火和郁闷，这听起来似乎是合理的、可接受的。但是，从文化语境和社会语境来看，“李小喜”这些粗鄙的语言却显得很不得体。所以，“刘姐”便委婉地用“那谁”来指责自己的丈夫“李小喜”。谁知李小喜借题发挥，反过来指责刘姐称呼不得体。然而，“刘姐”始终恪守中国传统的社会文化语境，仍坚持使用“那谁”来称呼自己的丈夫。

由此可见，在言语交际活动中，话语本身的得体，并不一定就能产生好的语用效果；相反，那些本身不一定得体的话语，在言外语境得体的作用下，有时也能取得很好的语用效果。

二、和谐原则

和谐原则，是指交际双方应本着尊重、接纳的准则，互相理解，协调一致，从而保证话语交际和谐而顺利地进行。

和谐原则具体包括尊重准则和接纳准则两方面的内容。二者对话语交际的和谐程度能够产生良好的杠杆调节作用：尊重准则具有维持交际双方地位和关系的作用，接纳准则具有调节交际内容的作用。在言语活动中，人们通常力求使自己的言语行为既符合尊重准则，又符合接纳准则，并努力使这两个准则的关系保持一种和谐的关系，目的是创设一种和谐的交际语境。

（一）尊重准则

尊重准则，要求交际双方要遵循谦和儒雅、慷慨大方、尊他贬己和赞誉他人的尊重态度。具体内容包括：尊重受话人，赞誉受话人，尽量减少对别人的贬低和对自己的褒扬；学会换位思考，尽量减少与别人在观点、情感上的分歧，懂得尊重、同情和理解别人；尽量多给别人一点面子和方便，尽量让自己多吃一点亏；使对方感到受尊重，反过来获得对方对自己的好感和同情，保持一种趋同存异的圆融精神等。例如：

由于节日的来临，公交车上挤满了人。突然，公交车紧急刹车，一位知识分子模样的中年人猝不及防，无意撞到了一个女青年。女青年很不高兴地说了句："德行！"中年人马上说："对不起，惯性。"公交车上的乘客都笑了，女青年见状也就不好再吭声了。

在这段话中，女青年对撞到他的中年人出言不逊，违背了尊重原则，但中年人却并没有"以其人之道，还治其人之身"，而是谦和儒雅、彬彬有礼地先道歉，然后又对此做出了客观、科学的解释和说明，自然地营造出了一种和谐的公共场合交际活动氛围。

（二）接纳准则

接纳准则，要求交际双方运用语言时要遵循以诚立言、言之有物、言之有序、适量切题的态度和精神，使得话语交际方式和交际内容具有可接纳性。以诚立言，一是要求交际双方的交际态度要真诚守信，二是要求交际的内容真实可信，具有可接受性，不得以假言、巧言、虚言来欺骗对方。言之有物，要求话语交际双方应提供必要的有用信息，保证接纳内容的有用性。言之有序，要求表达内容和表达方式简洁而有条理，保证接纳内容具有逻辑性和条理性；适量切题，要求交际时提供的信息量要适度，不应少说，也不应多说，同时还要能够围绕交际话题和交际目的展开会话，不说无关的话，保证信息交际内容要适量和切题。正确运用接纳原则，可以使交际双方以直接、坦诚、高效的方式完成话语交际活动。例如：

"我真傻，真的，"她开首说。

"是的，你是单知道雪天野兽在深山里没有食吃，才会到村里来的。"他们立即打断她的话，走开去了。

……

"唉唉，我们的阿毛如果还在，也就有这么大了……"

孩子看见她的眼光就吃惊，牵着母亲的衣襟催她走。于是又只剩下她一个，终于没趣的也走了，后来大家又都知道了她的脾气，只要有孩子在眼前，便似笑非笑的先问她，道：

"祥林嫂，你们的阿毛如果还在，不是也就有这么大了么？"

她未必知道她的悲哀经大家咀嚼赏鉴了许多天，早已成为渣滓，只值得烦厌和唾弃；但从人们的笑影上，也仿佛觉得这又冷又尖，自己再没有开口的必要了。她单是一瞥他们，并不回答一句话。

……

"唉唉，我真傻，"祥林嫂看了天空，叹息着，独语似的说。

“祥林嫂，你又来了。”柳妈不耐烦的看着她的脸，说。“我问你：你额角上的伤痕，不就是那时撞坏的么？”

（鲁迅《祝福》）

当祥林嫂第一次谈起阿毛被狼叼走的惨事时，话语信息真实可信、言之有物、适量而切题，所以引起了鲁镇人的同情和怜悯，一些女人还陪出许多眼泪来，可见达到了较好的接纳效果。然而，随着祥林嫂一次又一次地重复此事，鲁镇的人们也就听得烦厌起来，祥林嫂得到的尽是冷落、反感和厌倦的眼神。从接纳准则的角度分析，鲁镇人是不应受到责难的，因为祥林嫂没有给他们带来新的话语信息，每次重复的内容都完全一样，所以人们也就慢慢地变得麻木了起来。

得体原则与和谐原则是人们运用语言进行交际时所应遵循的基本原则。得体是人们进行话语交际表达效果和接受效果的一个评价标准，在进行话语交际表达效果和接受效果评价时，不能侧重某一原则或某一准则，既要结合得体原则的适度准则和层次准则，又要结合和谐原则的尊重准则和接纳准则进行系统分析，这样的语用效果评价，才比较客观、真实和科学，具有可接受性。

思考与练习二

一、什么是语用原则？语用原则具体包括哪些内容？

二、结合实际，谈谈你在话语交际中是如何遵循得体原则的。

三、什么是和谐原则？和谐原则的具体内容及要求是什么？

四、联系实际，谈谈和谐原则在言语活动中的重要性。

五、根据语用原则的具体内容及要求，分析下面案例的得失。

1. 事情发生在1996年的一个下午，广州北门外珠江边有几个中学生打闹嬉戏，突然一位学生不慎滑入江中，旁边的几个同学赶忙用粤语大叫救人。中山大学生命科学院的一位研究生恰好在此不远处与老乡聊天，因听不懂粤语也就“无动于衷”。后来，一位女生急中生智，用普通话急呼：“救人呀，人快要淹死啦！”听到喊声，该研究生不顾一切地冲了过去，一头扎进江中。然而，当他把落入江中的学生托出水面时，孩子已经停止了呼吸。

2. 一次，作家梁晓声接受英国一家电视台的采访。采访进行一段时间后，记者让摄像停下来，然后走到梁晓声跟前说：“下一个问题，希望您做到毫不迟疑地用一个字——‘是’或‘否’来回答。”梁晓声点头表示同意。录像又重新开始，记者问道：“没有文化大革命，可能不会产生你们这一代青年作家，那么文化大革命在你看来究竟是好还是坏？”梁晓声反问道：“没有第二次世界大战，就没有以反映第二次世界大战而著名的作家，那么您认为第二次世界大战是好还是坏呢？”

3. 赵本山的小品《送水工》讲的是：一位辛苦供养儿子出国留学的单身母亲，为了让国外的儿子安心学习，便对儿子撒谎说找了个老伴。现在，儿子就要回来了，母亲决定继续这个“谎言”，给儿子雇个“爹”。正在这时，一名普通的送水工来了……

送水工（按门铃）：叮咚、叮咚……

母　亲：呀！我儿子回来了，我这爹还没给雇着呢！儿子，儿子！

送水工：看准了，这么大岁数，你就喊儿子，你有这么大儿子，除非提前用大棚扣住了。

母　亲：对不起、对不起。（自言自语：这爹这不来了吗？）他爹呀！不是！儿子呀！不是！大哥！

送水工：干啥！弄准了！这一进门就定仨职称了。

第三节 语用含义

一、语用含义的定义

语用含义是在具体言语过程中所产生的同特定语境相联系的意义。它不是语言本身表达的抽象的语言意义，而是具体语境中话语的真正含义。

例如："天都黑了"这句话，当它脱离具体语境时，其语言意义是"夜幕降临了"。但是，如果把这句话放到不同的语境中，它的话语意图和交际价值就会发生变化。例如：

① 父母在家等孩子放学回来，但时间已经很晚了仍未看到孩子进门。妻子便对丈夫说："天都黑了。"

② 吃完晚饭，孩子想要到楼下的院子里去玩。母亲说："天都黑了。"

在例①和例②中，"天都黑了"虽然都有明确的语言意义，但这并不是它们所要表达的语用含义：例①表达的是母亲对孩子久未归家的担忧，例②表达的是母亲对孩子的劝阻。

研究语用含义，对于揭示现代汉语语用表达的话语内涵、准确理解发话人的交际意图、顺利完成话语交际，具有十分重要的意义。

二、语用含义的类别

根据语用含义的性质及其与语境的关系，语用含义通常可分为一般含义和特殊含义两种。

（一）一般含义

一般含义指抽象的语言意义与具体语境结合而形成的语境意义，是不需要特殊语境就能推导出来的语用含义。例如：

她觉得他穿得很好，他洁白的衬衣领从没有扣扣子的蓝色大衣里露出来，那样洁白，那样挺括，一定是用静秋买不起的那种"涤良"布料做成。（艾米《山楂树之恋》）

联系上下文语境，便可知例句中的"她"指的是"静秋"，"他"指的是"老三"，而"衬衣领"则是用涤良布料做成的、洁白挺括的。这就是例句所呈现出来的一般含义。

在推导一般含义的时候，要充分重视语用中的指示和指称。

1. 指示

在具体的语用过程中，人们常常会用到一些指示词语，如人称代词、指示代词、时间名词、地点名词、指示副词等。这些指示词语的所指对象，往往会随着语境的更改而发生变化。把话语中的指示词语跟语境联系起来的过程就是指示。

指示可分为人称指示、时间指示、地点指示、人际指示等类型。

（1）人称指示

人称指示是话语交际时所使用的相互称呼。人称指示通常用人称代词来表示，有第一人称，如“我（们）”、“咱（们）”、“本××”等；第二人称，如“你（们）”、“您”、“贵××”等；第三人称，如“他（们）”、“她（们）”、“它（们）”。例如：

同学们兴奋地追问，他们说：“你们还需要我们介绍吗？”“喂喂，还需要我们说‘这是叶紫’、‘这是关淳’吗？”

（池莉《所以》）

例句中的“他们”和“我们”都是指“同学们”，而“你们”则指的是“叶紫”和“关淳”。

（2）时间指示

时间指示是话语交际时提到的时间。时间指示通常用时间名词或时间副词来表示，如“现在”、“昨晚”、“明天”、“马上”、“刚刚”等。在具体的话语交际中，时间指示是以发话人说话的时间作为参照点来进行计算和理解的。例如：

今夏一场韦恩台风，肆虐的痕迹就在这世外的山里仍处处可见。

（余光中《隔水呼渡》）

由于作者写作《隔水呼渡》的时间为1986年11月15日，所以例句中的“今夏”指的就是1986年的夏天。

（3）地点指示

地点指示是话语交际时提到的地点。地点指示通常用指示代词、方位词语或趋向动词来表示，如“这儿”、“那边”、“桌子上”、“来”、“过去”等。在具体的交际中，地点指示必须以一定的人或物为参照点方能确定。例如：

芬奇小城的莱奥纳多·达·芬奇博物馆，是一个长知识、促智慧的地方。多上那里走走，再经常到附近意大利酒店吃顿午饭或晚饭，自然会爆出些精彩的、解决困难的好主意来。

（黄永玉《杜鹃随我到天涯》）

结合语境，例句中的“那里”就是指“芬奇小城的莱奥纳多·达·芬奇博物馆”。

（4）人际指示

人际指示是话语交际时反映出的人际关系或身份地位。在具体的交际中，人际指示的参照点是发话人的社会地位。例如：

① 苏小姐忽然问道：“你看赵辛楣这人怎么样？”

“他本领比我大，仪表也很神气，将来一定得意。我看他倒是个理想的——呃——人。”

② 苏小姐道：“我早饱了，今天的菜太丰盛了。褚先生，董先生请慢用，我先走一步。辛楣，谢谢你。”

这两个例句均出自钱钟书的《围城》。“苏小姐”在例①中的问话对象是“方鸿渐”，用“赵辛楣”作为人际指示，目的是表明自己与赵辛楣没有什么亲密关系；在例②中的说话对象则是“赵辛楣”，用“辛楣”作为人际指示，显得十分亲切，而“褚先生”、“曹先生”都是“赵辛楣”的朋友，“苏小姐”第一次和他们见面，所以称呼比较客气。

2. 指称

指称主要是一般名词的所指。一般名词在词典中呈现的意义都是抽象概括的，只有当某个词语进入到具体的语境中并与特定对象发生关联时，才会形成具体的指称意义。

现代汉语语用中的指称，主要可以分为有指和无指两种类型。

（1）有指

有指就是名词所指内容能够跟具体语境中的特定事物联系起来。例如：顾客在商场指着一条裙子问售货员："裙子多少钱?"售货员要想理解这句话的语用含义，就必须把名词"裙子"同顾客手指的那条裙子联系起来，名词"裙子"便是有指。

通常，有指可以分为任指和实指两种情况。任指指称的是特定语境中能够跟这个名词的抽象意义或概括意义相吻合的任意对象。实指指称的是跟这个名词在特定语境中的具体意义相吻合的实际对象。例如：

① 儿子，拿双筷子来！

② 孩子的筷子掉到地上了。

例①中的"筷子"并不具体地指哪一双特定的筷子，只要是筷子就可以了，属于任指的用法。例②的"筷子"则属于实指的用法，指称的是孩子所使用的那一双筷子。

具体而言，实指又可以分为定指和不定指。定指是发话人和受话人都知道的指称，不定指至少是受话人不知道的指称。例如：

③ 我去图书馆借了一本书。

④ 书桌上的那些书我都还了。

例③的"书"，对于发话人来说是确定的，但对于受话人来说却是不确定的，这是不定指的用法。例④的"书"，对于发话人和受话人都是确定的，这是定指的用法。

（2）无指

无指就是名词在特定的语境里没有指称性，只表示一种性质。无指也可以看作是一种指称。例如：

① 文艺是国民精神所发的火光，同时也是引导国民精神的前途的灯火。

（鲁迅《坟·论睁了眼看》）

②不论是小资青年、文艺青年还是潮流青年，只要是新时代好青年就都是最可爱的。

例①中的"文艺"是文学和艺术的合称，属于有指。例②中的"文艺"只表示一种性质，属于无指。

有指和无指，除了根据语境来进行判断之外，一般都有形式上的标记或位置上的特征。例如：有指名词通常作主语或宾语的中心语，无指名词常作定语或其他附加成分；表任指的名词前面可以加"任何"；表定指的名词前可以加上指示代词"这"、"那"，表不定指的名词前往往可以加数量短语"一个"、"几个"等等。

（二）特殊含义

特殊含义指抽象的语言意义在具体语境中所产生的一种语境义变，是需要借助特殊语境才能推导出来的语用含义。

根据语境的类型，特殊含义大致可以分为语流义变和情境义变两种。

1. 语流义变

语流义变指词语在连续的语流中由于受到邻近词语意义的影响或由于在语流中所处的位置不同而产生的特殊含义。例如：

① 他嘱我路上小心，夜里要警醒些，不要受凉。又嘱托茶房好好照应我。我心里暗笑他的迂；他们只认得钱，托他们只是白托！而且我这样大年纪的人，难道还不能料理自

已么？唉，我现在想想，那时真是太聪明了！　　（朱自清《背影》）

②我拿绿色来装饰我这简陋的房间，装饰我过于抑郁的心情。我要借绿色来比喻葱茏的爱和幸福，我要借绿色来比喻猗郁的年华。　　（陆蠡《囚绿记》）

根据上下文语境，可知例①中的“太聪明”其实是“太自作聪明”，表达了“我”现在对过去不能领悟父亲良苦用心的愧疚之情；例②中的“绿色”因为代表着“葱茏的爱和幸福”、“猗郁的年华”，故而可以用来装饰“我”的心情。

2. 情境义变

情境义变就是词语和句子在具体的话语交际情景中所获得的特殊含义。情境义变中的“情境”，包括了发话人本身的主观情感、意图、动机，以及话语交际的自然环境、社会环境、文化环境等。例如：

① 一阵阵告别的声浪，
就要卷走车站；
北京在我的脚下，
已经缓缓地移动。　　（食指《这是四点零八分的北京》）

② 假如我是一只鸟，
我也应该用嘶哑的喉咙歌唱：
这被暴风雨所打击着的土地，
这永远汹涌着我们的悲愤的河流，
这无止息地吹刮着的激怒的风，
和那来自林间的无比温柔的黎明……　　（艾青《我爱这土地》）

例①表现的是诗人在1968年离开北京到山西插队时告别北京的情景，诗中用了很多非现实的意象来表达诗人独特的感受，如“声浪”可以“卷走车站”，“北京”也能“缓缓地移动”。只有联系当时车站的自然环境以及诗人的主观情感，才能准确理解诗句的特殊含义。例②是艾青在1938年写的一首诗。只有结合当时的社会背景，才能理解“这被暴风雨所打击着的土地”表现的是祖国正饱受日本侵略者的践踏和蹂躏，“我们的悲愤的河流”和“激怒的风”表现了中华民族奋起反抗的战斗精神，“无比温柔的黎明”表现了中国人民对祖国的未来寄予无限希望。

三、语用含义的特点

（一）语用含义会受到语境的制约

语用含义的形成同语境具有非常密切的关系，因此语境及其构成要素对语用含义的制约作用也是非常明显的。例如：

① 在我们的爱情里，春天又来了，我接连地过了几个春天。这期间也落了秋天的雨，但是秋天很快就过去了。　　（巴金《春天里的秋天》）

② 钟声复起，天已黎明……中国已到了“复旦”的黎明时期，但愿你做中国的——新中国的——钟声，响遍世界，响遍每个人的心！　　（傅雷《傅雷家书》）

例①中的“春天”、“秋天”已不再是某一季节的名称，而是一种时而高兴、时而悲伤的情绪的象征，同时也是一种处于不稳定状态中的爱情的反映。例②中的“黎明”也不再是每天天亮前的那段时间，而是指新中国诞生前的时刻。如果离开了上下文语境，那么这些语用含义就不能获得了。

（二）语用含义会受到言语行为方式的制约

言语行为是运用语言以实现某一特定交际意图的行为，如陈述、询问、命令、邀请、警告、宣判、道歉、祝贺、感谢、赞美等。从表达方式来看，言语行为主要包括直接言语行为方式和间接言语行为方式两种。

直接言语行为方式，是发话人采取直接说出行为所要达到的目的来实现其自身预期的意图。例如：用祈使句来表示命令，用疑问句来表示询问等等。通常，表示直接言语行为方式的句子往往含有“告诉”、“请求”、“保证”、“感谢”、“宣布”等具体指明行事行为的动词。这时，说话人所表达的是一般语用含义。有的时候，人们出于某种考虑，会采用借用话语的字面意义来暗示或婉转地完成另一种行事行为，这就是间接言语行为方式。发话人通过间接言语行为方式所表达出来的往往是特殊语用含义。例如：

① a 请给我倒一杯水。

b 我的杯子没有水了。

② a 禁止踩踏草坪！

b 小草是人类的好朋友。

在例①和例②中，a 句都是直接向受话人提出请求或者命令的祈使句，表达的是一般语用含义。b 句从表面上看是在陈述一件事，但其真实用意是委婉含蓄地向受话人提出了一种行为的请求，表达的是特殊语用含义。

（三）语用含义往往通过语用推导而获得

语用含义和语言意义不同，需要交际双方根据语境来进行推导才能获得。例如：

① 甲：我的雨伞哪里去了？

乙：小李拿走了。

② 甲：我的雨伞哪里去了？

乙：刚才小李走的时候正在下雨。

在这两个例句中，甲发话的目的都是希望乙能告诉他自己雨伞的去向，但例①中的乙是通过直接言语行为方式告诉了甲准确的信息，甲知道“小李”的所指，即可推导出一般语用含义，而例②中乙的回答看似与雨伞的去向没有关联，但甲可以从“小李走的时候正在下雨”推导出“小李拿走了雨伞”这个隐含的特殊语用含义。

（四）同一语用含义可用不同的同义形式来表达

语用含义是话语在具体语境中的真实意义，表达某一语用含义可以使用多种同义形式。例如：要想表达“你很愚蠢”这一语用含义，就可以采用下列几种同义形式：

① 你怎么那么笨?!

② 你真的是太聪明了！

③ 你真是个智力奇才！

例①采用直接言语行为方式表达，例②和例③都是用间接言语行为方式表达。值得注意的是，虽然例①②③都可以表达相同的语用含义，但一定要根据语境来选择最得体的一种形式来表达。

思考与练习三

一、什么是语用含义？语用含义有哪些类别？

二、分析下列句子中划线部分所使用的指示或指称的方式。

1. 我爱花，我愿为祖国，开一朵绚丽的血红的花。
2. 喂！老张吗？叫小王现在就把文件送来给我，我这边开会等着要！
3. 欣闻贵校即将隆重举行建校五十周年庆典活动，谨向贵校全体师生及各界校友致以最热烈的祝贺和最美好的祝愿。
4. 这孩子真可爱，脸又红又嫩，跟红苹果似的。
5. 毕业后我终于找到了一个单位。这个单位是做进出口贸易的。

三、分析下列言语活动案例中的特殊语用含义。

1. 李丽家隔壁新搬来一对年轻的外国夫妇，李丽每次见到他们都会热情地打招呼“吃饭了吗”、“干什么呢”、“去上班吗”、“去哪儿呢”、“出去啊”，可是外国邻居听了李丽的问候似乎不太友好，有一次还冲着李丽发火：“我去哪儿、干什么，关你什么事？为什么老问我吃饭了没有？”李丽很难过，她不理解自己的热情怎么会换来这样的结果。
2. 一次，美国前国务卿基辛格对周恩来总理说：“我发现你们中国人走路都喜欢弓着背，而我们美国人走路都挺着胸的，这是为什么啊？”总理笑着回答说：“这个好理解，我们中国人在走上坡路，当然是弓着背的；而你们美国人在走下坡路，当然是挺着胸的。”
3. “方先生人聪明，一切逢场作戏，可是我们这种笨蛋，把你开的玩笑都得认真——”唐小姐听方鸿渐嗓子哽了，心软下来，可是她这时候愈心疼，愈心恨，愈要责罚他个痛快——“方先生的过去太丰富了！我爱的人，我要能够占领他整个生命，他在碰见我以前，没有过去，留着空白等待我——”鸿渐还低头不响——“我只希望方先生前途无量。”

四、分析下列广告的语用含义，并以此为例说明语用含义的特点。

1. 没有加进什么，不过提出水分。（某奶粉广告）
2. 我公司在世界各地的维修人员闲得无事可做。（瑞士手表广告）
3. 告别铅与火，迎来光与电。（北大方正激光照排印刷技术广告）

五、为下面的句子创设不同的语境，并说明其可能产生的语用含义。

1. 这座城市真是美丽！
2. 下雨了。
3. 新来的英语老师很像上学期的张老师。
4. 我肚子饿了。
5. 你在看什么书？

第四节　语用方法及其选择（上）

现代汉语语用，是根据特定语境的需求，从现代汉语的特点及结构单位出发，精心选择恰当的言语表达手段来形成特定表达效果的完整过程。其中，词语的选择、句式的选择和语篇的选择，以及修辞格的运用，属于现代汉语语用最为重要的四种方法。本节介绍词语的选择、句式的选择和语篇的选择。

一、词语的选择

语言是人类社会交际所特有的音义结合的符号系统。对于有声语言来说，意义是语言的内容，声音是语言的物质外壳，文字是记录语言的视觉符号。因此，我们在选择和运用词语时，应该从语音选择、语义选择、语形选择三个方面来进行考虑。

（一）语音选择

作为语言的物质外壳，语音不仅可以把抽象的语义内容转化为物质形态，而且就其本身而言还具有极强的表现力。词语的语音选择，就是通过对某些词语语音形式的选择、组合和调整来增强语言音律的表现力和感染力。现代汉语词语的语音选择，主要体现在音节的选择和配合以及声调的选择等方面。

1. 音节选择讲究声韵协调

在现代汉语中，双声词、叠韵词本身就是一种特殊的语音表达手段。它通过声母、韵母的异同相间，能够形成一种鲜明的语音节奏。例如：

① 今夜的林中，也不宜于爱友话别，叮咛细语——凄意已足，语音已微；而抑郁缠绵，作茧自缚的情绪，总是太“人间的”了，对不上这晶莹的雪月，空阔的山林。

（冰心的《往事之二》）

例①中的“空阔”是双声词，“叮咛”、“晶莹”、“雪月”是叠韵词。这些双声、叠韵词的运用，使语言显得优雅、娟秀。

除了双声、叠韵现象之外，押韵、叠字也是现代汉语增强词语语音节奏感和音律美的重要手段。

押韵，就是韵母相同或相近、韵母的韵腹和韵尾相同或相近的音节在上下句相同的位置重复出现。押韵能够使语音和谐悦耳，琅琅上口。例如：

② 书中夹红叶，红叶颜色好。
请君隔年看，真红不枯槁。

（陈毅《题西山红叶》）

③ 前年一月八，霜欺兼雪压；敢问灵堂何处是？寻常百姓家。呵，横了心，竖了发！
春雷何时炸？告我悄悄话；十年惯唱无字歌，有剑鸣于匣！呵，天不聋，地不哑！

（公刘《白花·红花》）

例②中的“好”、“槁”押的是 ao 韵。例③中的“八”、“压”、“发”、“炸”、“哑”押的是 a 韵，“家”（ia）、“话”（ua）、“匣”（ia）因韵腹是 a，也能与“八”、“压”、“发”、“炸”、“哑”相押。由于韵母 ao、a 的开口度比较大，读起来不但感觉音律回环往复，而且更有一种激昂雄壮的气势。

叠字也是汉语一种富有特色的语音修辞手段。它利用反复出现的汉语音节，给人以声音绵延的美感，使繁复的感情得以和语气相得益彰。叠字，可以分为两种方式：一种是叠音，即由一个语素构成的单纯词，如“频频”、“纷纷”；一种是重叠，即由两个或两个以上的语素构成合成词或短语，如“偏偏”、“冷冷清清”。例如：

④ 苗苗条条的漓江秀秀气气的漓江是
出落得水灵灵的桂林女
清清亮亮的漓江羞羞涩涩的漓江是

桂林女的水汪汪的大眼睛
漓江，文文静静的活活泼泼的是
桂林人脸上明朗的笑
漓江，轻轻快快的柔柔和和的是
桂林人嘴上甜甜的脆脆的乡音　　（史晓京《漓江》）

这段诗歌大量运用了 AA 式、ABB 式和 AABB 式的叠字现象，读起来语音抑扬顿挫，节奏明朗，平添了语言的形象性和音乐美。

2. 音节配合讲究数量匀称

根据语用表达的需要，恰当选用音节数量相同的词语，可以形成整齐美和对称美，同时还能较好地增强文章的节奏感和气势。例如：

① 以后，女孩子就学习纺织的全套手艺了：纺，拐，浆，落，经，镶，织。

（孙犁《山地回忆》）

例①把七个单音节动词排列在一起，给人以一种音节匀称的感觉。如果把其中的某一个词改为双音节词，反而会变得拗口、不动听了。

如果出现音节数量不等的词语连用的情况，那就按照一般的语用习惯，把音节数最少的词语置于开头，然后依次递增，音节数最多的词语放在最后。这样读起来显得通顺、流畅。例如：

②饭后，照例和休养员伙伴沿着海岸散步，照例看天，云，海，浪花，渔船。

（王蒙《海的梦》）

③ 李四光用他的学识、他的智慧，为我国描绘了多么美丽的石油、煤炭、金属、非金属、稀有元素、分散元素等矿产资源的远景啊！　　（徐迟《地质之光》）

3. 声调选择讲究平仄相间

根据调值和调型，通常把现代汉语的阴平、阳平合称为平声，把上声、去声合称为仄声。平声字的特点是音高上扬，音感洪亮，听起来高昂平直，读时声音可以拉长。仄声字的特点是音高下抑，读音短促，音感脆快，听起来婉转低沉。在现代汉语语用中，适当注意音高的平仄交错，能够形成声音高低、轻重、缓急的变化，使文章抑扬顿挫，铿锵悦耳，大大增强语言的艺术魅力。例如：

① 不逢北国之秋，已将近十余年了。在南方每年到了秋天，总要想起陶然亭的芦花，钓鱼台的柳影，西山的虫唱，玉泉的夜月，潭柘寺的钟声。　　（郁达夫《故都的秋》）

② 在每一只船从那边过去时，我们能画出它的轻轻的影和曲曲的波。

（朱自清《桨声灯影里的秦淮河》）

例①后半部分的每个小句都做到了末尾音节的平仄相间：“芦花”（平平）、“柳影”（仄仄）、“虫唱”（平仄）、“夜月”（仄仄）、“钟声”（平平），语音活泼、协调、自然，具有一种抑扬美。例②中“影”和“波”仄平相对，显得错落有致，铿锵悦耳。

（二）语义选择

词语的语义选择，是利用词语在意义方面的特点以及不同词语之间的意义关系，选择最恰当的词语来进行表达。现代汉语词语之间的意义关系主要有同义、反义、上下义、类义等，也包括词语固有的意义关系和临时的意义关系等内容。这里主要介绍词语的同义选择、同义配置、反义配置三种情况。

1. 同义选择

同义选择，主要是根据语境的需要，对现有的同义词或者同义短语进行取舍。目的是准确表意，使词语所表达的程度、范围、适用对象等显得恰如其分。例如：

不大一会儿，果见一着装女郎走过来坐在我对面。四目相对，竟吓了我一跳！美，出奇的美！美得使我心惊肉跳，不敢再看，可不看又不行，为什么不行，我也说不清，于是又偷看了一眼，正好她也看我。人家那种看，不像我这种看，人家是用一种审视的目光，上下打量，似乎要辨清我这身草绿色包装里，装的是个什么躯体，为什么老偷眼盯人家姑娘的脸?！我有点尴尬，继而心虚，但仍想再瞟她一眼，…… （于济川《夸妻》）

这段话集中运用了许多“看”的同义词语：描写“女郎”的有“看”、“审视”、“打量”、“辨清”；描写“我”的有“见”、“看”、“偷看”、“偷眼”、“盯”、“瞟”。这些语义侧重点各不相同的同义词，风趣、细腻地展现出了男女主人公初次见面时都被对方所吸引的神情和心态。

2. 同义配置

同义配置，就是根据表达需要，将同义词语或具有临时同义关系的词语安置在同一话语的上下文中，从而在言语形式的替换中寻求变化，营造特殊的韵味。例如：

① 这只是我自己心情的改变罢了，因为我这次回乡，本没有什么好心绪。

（鲁迅《故乡》）

② 星期日，该是欢乐的欢快的欢畅的，该是悠闲的悠乐的悠哉游哉的。

（刘恒志《共和国正在裁军》）

例①为了避免词语的重复，选用了“心情”、“心绪”这一对同义词来形成同义复现。例②为了言语形式前后对应、结构一致，分别使用了“欢乐”、“欢快”、“欢畅”和“悠闲”、“悠乐”、“悠哉游哉”两组同义词语，其中“悠乐”属于仿词，具有一种特别的节奏和韵味。

3. 反义配置

反义配置，是利用多个具有或临时赋予反义关系的词语来构成并列关系或修饰关系，从而使同一事物的不同侧面或不同事物之间形成正反对照，语义表达相得益彰。例如：

① 我也非常得意，很规矩又顽皮的等着鲁迅先生往这边看我们。

（萧红《回忆鲁迅先生》）

② 飘逸的庸俗。敏感的麻木。洞察一切的愚昧。一往无前的退缩。

（戴厚英《人啊，人》）

例①是并列结构的反义配置，例②是偏正结构的反义配置，都较好地揭示了同一人物或事物的矛盾性和统一性，突出了人物或事物的本质特征。

有的时候，反义配置还能使话语产生一定的调侃、讽刺、幽默的意味。例如：

③ 什么大老粗大老细？什么土包子洋包子？什么我们他们？搞不来，为什么搞不来？

（吴强《红日》）

（三）语形选择

语形选择是指根据表达的需要，临时对词语的构成要素及其排列秩序进行选择和调整。现代汉语常见的语形选择有合成词的拆用、成语的拆用、同素逆序词的选用等。合成词的拆用、成语的拆用属于修辞格层面的问题，这里重点介绍同素逆序词的选择和使用。

现代汉语中存在着大量的同义词，其中有些同义词语素相同、语序相逆，如“觉察”和“察觉”、“合适”和“适合”、“往来”和“来往”等。这些词语，就叫做同素逆序词语。如果在语用过程中懂得有效利用同素逆序词语，不但能进一步扩大选词择句的余地，而且还能较好地丰富话语的表达形式。具体说明如下：

1. 同素逆序词语能使言语表达生动活泼

同素逆序词语，能够使相同的语义得到强化和凸显，使言语表达富于变化，形式多样。例如：

① 她是一个情感丰富的人，对于她来说，没有感情的日子是苍白无味的。

② 老舍是使用语言的巨匠，他的言语表达充满着浓浓的北京味道。

例①中的“情感”和“感情”、例②中的“语言”和“言语”，都属于同素逆序词。它们使话语表达避免了用词的重复，使言语形式显得参差错落。

2. 同素逆序词语能使语义表达得更准确

从同素逆序词语的语义来看，有的存在着理性意义的差异，有的存在着色彩意义的区别。如果在使用时能注意到这些不同，那么将有助于提高话语语义表达的准确性。例如：

① a 跑完了一千米后，他明显感到气力不足，不禁大口大口地喘起气来。

b 干了整整一天的活，他实在累得连端起饭碗的力气都没有了。

② a 她一直负担着她弟弟的生活费。

b 武警北京边防局担负着首都国际机场出入境的验证检查任务。

例①中 a 句的“气力”一词，词义重在“气”。而 b 句的“力气”一词，词义则重在“力”。注意到二者之间的差异，有利于语义表达准确。例②中 a 句的“负担”一般不能与褒义词搭配，其受事多为“费用”等。b 句的“担负”则带有一定的褒义色彩，常与褒义词搭配使用。

从同素逆序词语的词性来看，有的存在着词性及语法功能方面的差异。例如：

③ 学生用 HB 铅笔，软硬适中，浓淡合适。

④ 这里要提醒的是，并不是每个人都适合去读 MBA。

例③的“合适”是形容词，例④的“适合”是动词，二者虽然均可作谓语，但“适合”可以带宾语，“合适”则不能。在运用它们的时候，要注意加以辨别。

二、句式的选择

句式选择是为了增强表达效果，对句子基本意义相同而语用效果不同的若干句式进行选择。现代汉语的句式多种多样，这就为人们从语序、结构、形体等方面对句式加以选择提供了可能。

（一）长句和短句

1. 长句和短句的定义

关于句子的长短，没有具体的划分标准，只是相对而言的。所谓长句，就是词语比较多、结构复杂、形体较长的句子；所谓短句，就是词语少、结构简单、形体较短的句子。例如：

① 由中国质量万里行促进会组织的、紧密结合当前市场经济热点和市场消费环境，围绕打击假冒、信用建设、质量兴国、名牌战略等社会热点、焦点问题，以“诚信·科技·质量·名牌”为主题，聚集各个领域专家学者进行互动交流的“中国3·15论坛”，将于3月9日在京拉开序幕。（2004年高考《语文》全国卷）

② 小草偷偷地从土里钻出来，嫩嫩的，绿绿的。园子里，田野里，瞧去，一大片一大片满是的。坐着，躺着，打两个滚，踢几脚球，赛几趟跑，捉几回迷藏。风轻悄悄的，草绵软软的。（朱自清《春》）

例①的主语中心语是“中国3·15论坛”，“由中国质量万里行……专家学者进行互动交流”是修饰限制主语中心语的定语。不难看出，例①的定语不仅字数多，结构也非常复杂，是一个典型的长句。例②则采用的是短句的形式，语音停顿较多，句子结构短小，句中修饰、限制、联合性的成分较少，表意明快，生动活泼。

2. 长句和短句的功能

长句和短句各有特点，表达效果也各不相同。长句表意严密精确、细腻丰富，能使语言条理贯通，气势畅达，适用于政论性的文章、文学作品自然景色和心理活动的描写；短句节奏短促，干脆利落，生动明快，活泼有力，适用于叙述性的文章，尤其适宜于表现欢快或紧张的气氛、激越的情绪、坚定的语气等。

① 他们还能理解我们的像春天的雏燕，像折了翅膀的小鹰，像被大风吹来吹去的蒲公英，像刚刚浇过粪稀的萝卜缨，像奔腾泻下的瀑布，像在乱石里转弯的流水，像凌晨四点钟顶着鲜红的肉冠子打鸣的雄鸡，像正在脱毛的光秃秃的小鸡，像在天空爆响的二踢脚，像又冒烟又嗞拉嗞拉地响的湿柴上的火苗子，像含苞欲放的鲜花，像被虫子咬得缺了瓣儿的花朵一样的青春吗？（王蒙《深的湖》）

② 书记老婆转身回去了。他心咚咚地跳着，离开大门前，又来到简易公路上，站在路旁的一棵老槐树下，两眼紧盯着那门洞。

不一会，兰兰出来了。月光下，只见她容光焕发，一脸喜气。原来的两根短辫已经梳成了剪发头，显得庄重、娴静。（路遥《月夜静悄悄》）

例①虽然形体较长，却是个单句，句子的主干成分是“他们还能理解我们的青春吗”。它运用12个短语来修饰中心语“青春”，表现了处于青春期的儿子对父亲的反叛和充满怨怒的心理活动，这一长句形式切合了作者情感的宣泄，可谓相得益彰。例②讲的是：“大牛”在得知自己相爱的“兰兰”就要出嫁的消息后，马上到“兰兰”家找她。作者用短句的形式一方面表现出了“大牛”急于想见到“兰兰”的急切心情，以及内心非常焦虑、紧张、忐忑不安的情绪变化，另一方面也体现出了“兰兰”作为一个即将出嫁女孩子所具有的那种喜悦和兴奋。

3. 长句和短句的相互转换

有时，人们出于思想感情的表达需要，会把长句改为短句，或者把短句改为长句。

（1）长句改为短句

通常，把长句改为短句主要有以下几种方法：

第一，明确句子的主干，然后抽出句子中附加的修饰、限制、联合性的成分，并把它们转变成短句，最后按照逻辑顺序合理进行排列。例如：

① 联合国安理会昨天通过了关于海湾四国联合提出的严禁以色列在占领区建立新的居民点的报告的决议。

这是一个定语较长的长句，句子的主干是“联合国安理会通过决议”，把定语“关于海湾四国联合提出的严禁以色列在占领区建立新的居民点的报告的（决议）”按照时间的先后顺序重新进行排列之后，这个长句就可变为三个短句：“以色列在占领区建立新的居民点”、“海湾四国提出禁止以色列这一行为的联合报告”、“联合国安理会昨天通过了关于这一报告的决议”。又如：

② 世界上很多国家现在都已经能够生产可以独立操作机床，可以在病房细心照料病人，可以在危险区域进行作业的机器人。

例②是一个含有三个并列修饰语的长句，可改为“世界上很多国家现在都已经能生产这样的机器人，它们可以独立操作机床，可以在病房区细心照料病人，可以在危险区域进行作业。”

第二，先抽出句子中附加的修饰限制成分中的一部分，然后把它变为单句或复句里的分句，最后再把剩下的修饰限制成分处理为分句。例如：

③ 昨夜一场雨，老校区那存在至少有百年历史，外形高低不平、弯腰凸肚，随时都有倒塌可能的围墙终于倒塌了！

通过把定语“老校区那存在至少有百年历史，外形高低不平、弯腰凸肚，随时都有倒塌可能的（围墙）”改成复句中的单句，例③可以变成短句“昨夜一场雨，老校区的围墙终于倒塌了！这围墙的存在至少有百年历史，外形高低不平、弯腰凸肚，随时都有倒塌的可能。”

（2）短句改为长句

短句改为长句的方法，同长句改为短句的方法相反：可以先找出短句所陈述的主要内容的共有部分作为句子主干，然后把几个短语中的其他成分变为长句里的修饰、限制、联合性的成分，并按一定的逻辑顺序排列起来。当然，也可以把短句中分别与中心语搭配的修饰、限制成分合并在一起，共同与中心语搭配。例如：

① 中央电视台将先后四次播出电视散文《寻找沙漠文明》。2008 年 10 月 5 日第 3 套节目 15 点、第 8 套节目 23 点各播出一次。2008 年 10 月 12 日第 3 套节目 15 点、第 8 套节目 23 点各播出一次。

根据上述方法，这个短句可以改为“中央电视台将于 2008 年 10 月 5 日和 12 日第 3 套节目 15 点、第 8 套节目 23 点先后四次播出电视散文《寻找沙漠文明》。”

需要说明的是，在进行长句和短句的相互转换时，应注意不能省略、改变句子的语义内容，只能调整句子的语序、增删个别无关紧要的词语，同时还要避免语病的出现。一般说来，在具体的言语活动中，语用效果较好的句子往往不是单一的长句或短句，而是兼收长句和短句的优点，综合使用长句和短句。

（二）整句和散句

1. 整句和散句的定义

整句，是指字数相同或相近、结构相同或相似的句子。整句也是一个相对的概念：字数相同、结构和语气一致的，如对偶句，是比较严格的整句。字数不同、结构和语气大体一致的，如排比句，是较为宽松的整句；整句既可以表现为一组结构相同或相似的句子，也可以表现为一组结构相同或相似的句子成分。散句，是字数不同、结构和语气各异的句子。散句可以自由、随意地表情达意，形式灵活自然，具有一种形式上的变化美和内容上的灵动美。例如：

① 心相连，情相拥，爱相通。不论是首都北京，还是偏远乡村，哪里有疫情，哪里就有四面援助、八方支持。 （任仲平《筑起我们新的长城——论抗击非典的伟大精神》）

② 但我需指出，马思聪的全部作品是真诚的，是他的感情的结晶，心血的凝聚，爱国的证件，历史的记录，珍贵的遗物，价值连城的国宝，壮丽的精神财富，汉民族文明的一座高峰。 （徐迟《马思聪》）

③ 不过，瞿塘峡中，激流澎湃，涛如雷鸣，江面形成无数漩涡，船从漩涡中冲过，只听得一片哗啦啦的水声。过了八公里的瞿塘峡，乌沉沉的云雾，突然隐去。峡顶上一道蓝天，浮着几小片金色浮云，一柱阳光像闪电样落在左边峭壁上。（刘白羽《长江三日》）

例①第一句中的三个分句、第二句中的前两个分句，句法结构齐整对称，字数也完全相同，属于由句子组成的严格型整句。例②运用八个定中短语联合充当判断动词“是”的宾语，属于由句子成分构成的宽松型整句。例③的句子长短不一，形式灵活多变，把瞿塘峡的美景描写得栩栩如生，灵动自然。

2. 整句和散句的功能

整句结构匀称，语势贯通，语义鲜明，多用于诗歌、散文等文艺语体中，也可用于概括社会政治理念、公共行为准则等。散句形式自由，表意灵活，在日常话语交际、实用语体中的使用频率较高。在话语表达中，如果把整句和散句配合在一起使用，就会使言语形式显得整散交错，富于变化，能够有效避免语句的单调和呆板。例如：

① 我们分担寒潮、风雷、霹雳；我们共享雾霭、流岚、虹霓。 （舒婷《致橡树》）

② 全党同志特别是领导干部都要讲党性、重品行、做表率。

（胡锦涛《高举中国特色社会主义伟大旗帜 为夺取全面建设小康社会新胜利而奋斗》）

③ 假山的堆叠，可以说是一项艺术而不仅是技术。或者是重峦叠嶂，或者是几座小山配合着竹子花木，全在乎设计者和匠师们生平多阅历，胸中有丘壑，才能使游览者攀登的时候忘却苏州城市，只觉得身在山间。 （叶圣陶《苏州园林》）

例①运用结构形式对称的两个分句来构成对比，表现的是恋人之间在同甘苦、共患难的过程当中所形成的一种相互理解、彼此支持、平等和谐的爱情关系，感情强烈，音调和谐。例②把三个述宾结构的三字短语作为句子的谓语，高度概括了中共党员在言行举止方面的普遍性和标准性，读来音节和谐，节奏感强，易于流传。例③的句子结构在疏散错落、自然随意中又显得整齐匀称、凝练传神。

（三）主动句和被动句

1. 主动句和被动句的定义

主动句，是句中主语表示动作或行为施事的句子，即主语是动作行为发出者的句子。例如：

① 所有的学生都回家去了。

被动句，则有广义和狭义之分。广义的被动句，指的是句中主语表示动作或行为的受事的句子，也就是主语是动作行为的承受者的句子。狭义的被动句，一般指的就是“被”字句。例如：

② 饭吃完了。

③ 孩子们被老人的话深深地感动了。

例②③都是广义的被动句，但只有例③才属于“被”字句。

2. 主动句和被动句的功能

从语用的角度看，主动句突出的是主动者，语义显得直截了当，而被动句强调的是被动者，有时还会带有不如意或不企望的感情色彩。因此，主动句比被动句更为明确、直接，而被动句则能够变换言语形式，使话语表达显得灵活多变。例如：

① 望着星天，我就会忘记了一切，仿佛回到了母亲的怀里似的。　（巴金《繁星》）

② 山坡上，有的地方雪厚点儿，有的地方草色还露着；这样，一道儿白，一道儿暗黄，给山们穿上了一件带水纹的花衣；看着看着，这件花衣好像被风儿吹动，叫你希望看见一点儿更美的山的肌肤。　（老舍《济南的冬天》）

例①的主语是动作行为“望”、“忘记”、“回到”的发出者，突出的是“我”。例②中的“这件花衣好像被风儿吹动”是被动句，强调的是“这件花衣”。当然，这也是为了保持语句首尾之间的衔接与连贯：前一句的宾语是“一件带水纹的花衣”，而“这件花衣”也就顺势成为了下一句的主语。

一般说来，选择主动句还是被动句，关键在于句子语义所强调的中心内容。例如：《中华读书报》1999年曾刊登了两篇文章：《范用确实未被钱钟书会见》和《范用确实未见钱钟书》。虽然是同一个事实，但两篇文章的标题却一个为被动句，一个为主动句。“范用确实未被钱钟书会见”，表面看是陈述事实，但在当事者看来却有被“拒见”的嫌疑。“范用确实未见钱钟书”，暗含的意思是“我没有求见”，不存在欲见而被“拒见”的尴尬。①

（四）常式句和变式句

1. 常式句和变式句的定义

常式句，是按照特定语法结构顺序组合而成的句子。通常，汉语的语序为“主语＋谓语”、“述语＋宾语”、“修饰语＋中心语”、“偏句＋正句”等。按照这样的句法结构顺序组合而成的句子，就叫做常式句。

变式句，是根据某种语用的需要，故意超脱和违背一般的语法结构顺序而形成的句子。常见的变式句有：主谓倒装、状语挪位、定语后置、宾语前置、偏正倒置等几种情况。例如：

主谓倒装：走了吗，孩子们？

状语挪位：他退休了吧，应该？

定语后置：我买了一件风衣，最新款的！

宾语前置：他躲起来了，我以为。

① 陈汝东：《当代汉语修辞学》，北京：北京大学出版社2004年版，第136～137页。

偏正倒置：我会更加痛苦，如果你不告诉我真相。

2. 常式句和变式句的功能

常式句条理清楚，层次分明，语义清晰，适用于实用语体。变式句语序灵活，重点突出，情感鲜明，常用于文艺语体。

① 生命在海洋里诞生绝不是偶然的，海洋的物理和化学性质，使它成为孕育原始生命的摇篮。（童裳亮《海洋与生命》）

② 谁不喜欢呢，从心里，从灵魂的深处！（吴伯箫《歌声》）

③ 过去打仗也好，现在搞工业也好，我都不喜欢站在旁边打边鼓，而喜欢当主角，不管我将演的是喜剧还是悲剧。（蒋子龙《乔厂长上任记》）

例①的句法成分位置符合汉语表达的常规语序，读起来显得条理十分清晰，语义也容易把握。例②把状语“从心里，从灵魂的深处”放到了中心语“喜欢”的后面，渲染出了“喜欢”的深刻程度。例③后置表条件的分句，突出了“乔厂长”不计个人得失荣辱、敢挑重任的性格特征。

三、语篇的选择

语篇是若干句子所组成的言语整体。语篇存在于书面语和口语中，具有衔接性和连贯性两大特点。因此，不能简单地把句子的排列都看作是语篇。例如：

① 天晴了。这是我的书。我们想去上海参观世博园。

② 他是高中生。我是本科生。但是，这并不影响我们在一起讨论问题。

例①的语句之间没有任何衔接性和连贯性，所以不是语篇。例②的三句话之间具有一定的逻辑层次关系：第三句和第一、二句之间是转折关系，第一、二句之间是并列关系，它们共同构成了一个完整的语篇。

一个完整的语篇，应该表现为句子和句子、段落和段落之间形式衔接自然、语义前后连贯，是一个统一的有机整体。就此而言，语篇的选择便可从语篇的衔接、语篇的连贯和语篇的结构等三个方面进行。

（一）语篇的衔接

语篇的衔接，主要体现在语篇的表层结构上，属于言语形式方面的问题。现代汉语常见的语篇衔接手段主要有照应、省略、连接、词汇手段等。

1. 照应

照应是保证语篇结构完整、内容周密的一种衔接方法。它主要是使用人称代词、指示代词以及与其他事物相比较的词（如“同样”、“相反”等）来表示语句之间的语义关系。例如：

① 1917年夏，周恩来中学毕业，筹划去日本考官费留学。他给同学赠言说：“愿相会于中华腾飞世界时”。

② 在法国巴黎，有一座名叫“他们缔造了二十世纪”的墙。这是一幅面积达880平方米的巨型壁画，上面绘有20世纪世界上已故的著名政治家、科学家、艺术家等。

③ 篮球场上，A班的同学斗志旺盛，越战越勇。同样，C班的同学也毫不示弱，奋力拼搏。

例①中的“他”指代的是“周恩来”，二者之间构成了用人称代词表示语义关系的人称照应。例②中的指示代词“这”指代了“一座名叫‘他们缔造了二十世纪’的墙”，并与其构成指示照应。例③用“同样”一词连接起分号前后两个部分的句子，并使之形成了鲜明的对比，这就是比较照应。

合理使用照应手段，能够使语篇的内容主旨集中、前后一致，从而给人以脉络清晰、层次分明的感觉。

2. 省略

省略指的是通过略去不需要出现的内容来衔接上下文。省略一般可分为承前省略和蒙后省略两种：承前省略，又叫顺向删除，指语篇上文出现的部分内容在下文中被略去；蒙后省略，又叫逆向删除，指语篇上文略去了下文即将出现的成分。通常，承前省略和蒙后省略中被省略的部分，都可以在上下文中找到。例如：

① 甲：你通过学位英语考试了吗？

乙：通过了。

② 小学的时候，有一次我们去海边远足，妈妈没有做便饭，给了我十块钱买午餐。好像走了很久，很久，终于到海边了，大家坐下来便吃饭，荒凉的海边没有商店，我一个人跑到防风林外面去，级任老师要大家把吃剩的饭菜分给我一点儿。

（苦伶《永远的记忆》）

例①中乙的回答省略了“我”和“学位英语考试”，属于承前省略。例②第二个句子中的一、二分句省略了主语“大家”，而“大家”正好是后面分句的主语，这属于蒙后省略。

省略的目的，主要是为了避免重复，精简语言，同时还能突出重点，使话语前后连续。

3. 连接

汉语常常使用各种关联词语，如“不但……而且”、“因为……所以”、“虽然……但是”等，从而将句子和句子粘连在一起。这就是连接手段。例如：

贫困山区的农民尽管眼下大都少吃缺穿，但孩子既然到大地方去念书，家长们就是咬着牙关省吃节用，也要给他们做几件见人衣裳。当然，这队伍里看来也有个把光景好的农家子弟，那穿戴已经和城里干部们的子弟没什么差别，而且胳膊腕上往往还撑一块明晃晃的手表。

（路遥《平凡的世界》）

这段话通过“尽管……但”、“既然……就是……也要”、“当然”、“而且”等具有关联作用的词语，加强了语句之间的紧密度和衔接性，使语义贯通、前后一致。

4. 词汇手段

词汇手段，是指通过词汇的重复、同义、反义、上下义等关系来衔接上下文。例如：

秋叶呀，你是怕人们忘记了你的贡献吗？不会的，人们不会忘记你一生的苦累劳作。不会忘记你夏日献出的绿阴，秋天献出的收获。秋叶呀，你是在哀伤自己生命的短促吗？不要这样英雄气短！你的灿烂一生并不会随着秋的到来而结束，殷实的种子已带着你的希望，向春天奔去了。秋叶呀，你是惦记那失去叶的枝头会被冰霜所冻煞吗？不会的，它在你的养育下，早已不是昨日那弱不禁风的娇儿女，而长成了铁干虬枝的大丈夫。

（刘增山《秋魂》）

这段话中重复出现的呼告语“秋叶呀”，把赞美秋叶的全部句子衔接了起来，使句子与句子之间的语义表达层层推进，一气呵成，形成了一个结构非常紧凑的语篇。

（二）语篇的连贯

语篇的连贯存在于语篇的底层结构中，指的是上下文之间语义逻辑上的关联性。

语篇的连贯，要求语句之间的组织和安排必须遵循一种明晰的、合乎逻辑的语义顺序，做到条理清楚，层次分明。例如：

① 我以为，新闻的奇妙之处在于它能将瞬间变为永恒，而且在历史上留下不可磨灭的印记。编辑、记者职业受人尊敬也许正在这里。他们用真实、客观和快速的描述，使重大突发事件爆发的瞬间在极短的时间里成为永恒，而要使这一瞬间能在自己的手中成为永恒就必须以最快的速度采集和编发新闻，因为只有第一条消息才能体现永恒的特殊分量和价值。因此，追求时效本身也已成为新闻媒体竞争的永恒主题。

（马胜荣《时效的魅力》）

例①以新闻的时效为语句组织的核心主旨，首先点出“新闻的奇妙之处”，然后解释新闻是出于何种原因将瞬间变为永恒的，最后说明“追求实效已成为新闻媒体竞争的永恒主题”。整个语篇语义连贯，逻辑清晰。

语篇的连贯性，同语境具有十分密切的关系：有些语篇表面上看起来似乎是不连贯的，但在一定的语境中却是连贯的；有些语篇的连贯性可以直接从语篇本身找出来，有些则需要依靠读者充分发挥想象和联想才能体会得到。例如：

② 娘家是一个老饭店，任何时候，没有吃过饭赶到娘家，……

娘家是一个特等病房，出嫁的女儿一有病，娘家总有一张属于我的床，……

娘家是一个避风港，和丈夫闹矛盾，男人是没有地方可去的，女人却可以赌气回娘家，……

（周捷《回娘家》）

乍一看例②，会感觉“娘家”和“老饭店”、“特等病房”、“避风港”以及“吃饭”、“病床”、“停泊”之间似乎没有什么关联性，但细细品读后却能发现它们均以“家”为核心辐射出了安全、温馨、亲情等相似点，而“娘家”这一抽象的概念也就给人留下了新颖奇特、过目难忘的印象。

（三）语篇的结构类型

语篇是由语义上相互联系的若干句子组织起来的。根据句子之间的语义联系，语篇的结构大致可以分为顺承型、转折型和因果型三种基本类型。

1. 顺承型

顺承型的语篇，要求各个句子的语义应按照线性呈直线型顺向延伸；具体可分为并行型、串行型、总分型以及解说型等类型。

并行型语篇，是指各句子之间为并列或选择等语义关系的语篇。例如：

① 现在请你原谅我。我假设你是一个不鄙弃我的人，并且你也不讨厌我要回述自己漂泊的历史给你听听。我假设你是一个与我表同情的人，所以我才敢提起笔来向你絮絮叨叨地说，向你表白表白我的身世。

（蒋光慈《少年漂泊者》）

例①由三个句子组成，第二句和第三句之间就是一种并列关系。

串行型语篇，指的是各句子按照一定的时间或事理顺序先后串联起来的语篇。例如：

② 上官瑞芳一直都很瘦弱，走路的时候，喜欢把自己的胳膊挎在别人的胳膊弯里。然后，整个身体微微地贴着你的身体。（池莉《看麦娘》）

③ 仿佛从这一天起，未庄的女人们忽然都怕了羞，伊们一见阿Q走来，便个个躲进门里去。甚而至于将近五十岁的邹七嫂，也跟着别人乱钻，而且将十一岁的女儿都叫进去了。（鲁迅《阿Q正传》）

例②中的两个句子之间使用了表顺承语义关系的词语“然后”，构成了顺承关系的串行型语篇。例③的两个句子之间使用的是表递进语义关系的词语“甚而至于”，形成了递进关系的串行型语篇。

总分型语篇，指的是语句之间有总说和分说的关系的语篇。总分型语篇中的分说，既可以是一个句子，也可以是几个句子；总说部分，既可以在前，也可以在后。例如：

④ 我大概老了。我的头发已经苍白，不是很明白的事么？我的手颤抖着，不是很明白的事么？那么，我的魂灵的手也一定颤抖着，头发也一定苍白了。（鲁迅《希望》）

⑤ 去年“一二·一”昆明青年学生为了反对内战，遭受屠杀，那算是青年一代献出了他们最宝贵的生命！现在李先生为了争取民主和平而遭受了反动派的暗杀，我们骄傲一点说，这算是我这样大的年纪的一代，我们的老战友，献出了最宝贵的生命！这两桩事发生在昆明，这算是昆明无限的光荣！（闻一多《最后一次演讲》）

例④的第一句总说“我老了”，第二、三、四句具体分说为什么“我老了”。例⑤的第一、二句分别叙说的是“一二·一”昆明青年学生反对内战而被屠杀的事件、李公朴先生为争取民主和平而被暗杀的事件，最后一个句子总说这两桩事情对于昆明的价值和意义。

解说型语篇，是指一部分句子对另一部分句子或其中某一部分加以解释说明的语篇。例如：

⑥ 在道家的理论中，人以大地为法，地以苍天为法，天以道为法，而道法自然。可以说，世间万象，合乎规律最好。也就是说，每一个人之间、每一件事之间，没有单纯的技巧高下之分，只有境界优劣之辨。（于丹《〈庄子〉心得》）

例⑥使用“可以说”、“也就是说”等解释话语的方式，使语句之间形成了一种相互解释、彼此说明的语义逻辑关系。

2. 转折型

转折型语篇，是句子之间通过“但（是）”、“可（是）”、“然而”、“诚然”、“岂料”、“谁知”等表示转折关系的词语来衔接和连贯的语篇。例如：

① 我希望他们不再像我，又大家隔膜起来……然而我又不愿意他们因为要一气，都如我的辛苦展转而生活，也不愿意他们都如闰土的辛苦麻木而生活，也不愿意都如别人的辛苦恣睢而生活。（鲁迅《故乡》）

②在悠悠的历史长河中，无论历经多少沧桑巨变，我们这个民族总是坚守着对真善美的追求，总是有着强烈的荣辱感和鲜明的荣辱观。但也不可否认，面对世界范围各种思想

文化的相互激荡，面对市场经济给人们思想和生活方式带来的巨大冲击，我们的社会也出现了一些不正之风和消极腐败现象。（《道德模范评选的启示》①）

例①前一句说希望小辈们不要有隔膜，后一句不希望他们为了要一气而辗转生活，前后两部分语义正好相反，构成一种转折关系。例②的前后两个句子之间出现了表转折关系的连词“但”，使前后语句语义相反，构成了转折型语篇。

3. 因果型

因果型语篇，是语句之间存在着因果逻辑联系的语篇。因果型语篇，具体可分为原因—结果型语篇、条件—结果型语篇、行为—目的型语篇、假设—结果型语篇等类型。

原因—结果型语篇，通常是一些句子说明事件的原因或论据，一些句子说明结果或结论。例如：

① 他的眼睛有什么病，我不知道，只知道怕阳光。因此他的呢帽的前檐压得比较低，脑袋总是微微地仰着。他后来配了一副眼镜，这副眼镜一只镜片是白的，一只是黑的。这就更怪了。（汪曾祺《大哲学家金岳霖轶事》）

例①中的第一句说明原因，第二、三句说明该原因产生的结果。

条件—结果型语篇，一般是先提出某种条件，然后由其他句子推导出相应的结果。例如：

② 无论什么人，不管他怎样忙，应该抽点功夫来想想。想什么？想他自己做过的事，想自己做事得到的经验。这样，他的脑子里所有的就不是空想，他的行动也就可以不断地得到进步。（胡绳《想和做》）

例②的前三句提出了条件——人应该抽点功夫想想自己做过的事和得到的经验，最后一句用“这样”来进行衔接，是由前面的条件推导出的结果。

行为—目的型语篇，其句子和句子之间往往具有行为和目的的关系。例如：

③ 来得早不如来得巧！你来得正是时候！省得我大热天跑到你们学校去找你。

例③的第三个句子与前面两个句子具有目的语义关系，使用了词语“省得”来进行衔接。

假设—结果型语篇，是句子之间具有假设和结果关系的语篇。例如：

④ 试想，三年中连饭都舍不得吃，别的开支还能不紧缩到极点吗？何况多半还是句空话！如果本来就吃不起饭，那还有什么好节省的呢！（高晓声《李顺大造屋》）

顺承型、转折型和因果型，只是现代汉语语篇结构的基本类型。在现实生活中，语篇的结构类型是非常复杂的。有的时候，还会出现多种结构类型的混合运用。因此，应该根据语用表达的需要，合理选择适合的语篇结构类型。

思考与练习四

一、举例说明词语选择应该注意的问题。

二、分析下列句子中划横线词语的语用功能。

1. 水面上本是绿得一无所有，但池塘对称的两角，却有两丛夏天绣出的几朵粉红的荷花。

2. 东方欲晓，莫道君行早。踏遍青山人未老，风景这边独好。

3. ①美国 1 /4 的垃圾是通过回收的方式处理的。

---

① 中共中央宣传部理论局：《理论热点面对面》，北京：学习出版社、人民出版社 2008 年版，第 168 页。

②新设备投产后仅一年时间就收回了全部投资，并偿还了上千万元的债务。

三、判断下列各句是长句还是短句。如果是长句，请改为短句；如果是短句，请改为长句。

1.《红楼梦》是清代的曹雪芹披阅十载，增删五次而写成的。它以封建大家庭贾府为描写中心，以贾宝玉、林黛玉、薛宝钗的爱情悲剧为主线。它反映了我国封建社会腐朽衰败的历史过程。它是一部反封建的现实主义巨著。

2. 泥石流是山地高原地区地形陡峻的山坡或沟床中堆积的泥沙石块，在被特大暴雨或大量冰融水浸透、冲击后而形成的泥沙石块和水的混合体在自身重力作用下发生运动，沿陡坡急速奔泻的突发性洪流。

3. 现代汉民族共同语是以北京语音为标准音，以北方话为基础方言，以典范的现代白话文著作为语法规范的普通话。

四、判断下列各句哪些是常式句，哪些是变式句，并说明二者的语用区别。

1. ①公司已经最大限度地给了你机会，但是你没有好好珍惜。
②公司已经给了你机会，最大限度地，但是你没有好好珍惜。

2. ①他慢慢地、羞怯地走上了领奖台。
②他走上了领奖台，慢慢地，羞怯地。

3. ①荷塘四面，长着许多蓊蓊郁郁的树。
②荷塘四面，长着许多树，蓊蓊郁郁的。

五、结合实际，谈谈现代汉语语篇常见的衔接手段。

六、分析下列语篇的结构类型。

1. 秦静恼羞成怒地狠狠掐了我一把。秦静掐我的时候才发现闻达就站在我们的身后。秦静的脸红得发了紫。但是闻达对秦静的害羞神态好像没有什么感觉。

2. 伟大的天文学家哥白尼就是一个敢于挑战权威的人，他经过长期的观测，终于计算出太阳的体积要比地球大161倍。于是，他进一步想，这么一个比地球大许多的物体，会绕着地球旋转吗？

3. 在历史上，借助于机智成就大事者数不胜数。以总统林肯为例，机智使他得以从美国南北战争的恶劣环境中脱颖而出。

七、有人认为：语篇是一个很难界定的概念，其外延十分模糊，可以是句子，也可以是句群，还可以是段落，甚至包括整篇文章。你同意这种观点吗？为什么？

第五节　语用方法及其选择（下）

人们为了使语言的运用取得最佳的表达效果，往往会根据表情达意的需要，选择使用一些在长期的语用实践中形成的具有特定结构格式的修辞方式。因此，修辞格及其运用也是现代汉语语用过程中应该注意的重要问题之一。

一、修辞格概述

（一）修辞格的定义

修辞格，也称为辞格，是为了提高言语的表达效果，根据语境对语言进行有效运用所形成的具有特定结构格式的修辞方式。修辞格是现代汉语常见的修辞手段或修辞方法之一，也是现代汉语修辞学不可缺少的、最为重要的一个组成部分。

“修辞格”这个术语，最早由唐钺先生在《修辞格》中提出。他指出：“凡语文中因为要增大或者确定词句所有的效力，不用通常语气而用变格的语法，这种地方叫做修辞格。”这个定义包含了两层意思：一是修辞格具有提高语言表达效果的功能；二是修辞格是对语言常规、语用常规的变异或偏离。这个定义对于我们今天研究修辞格的特点，具有一定的启发意义。

（二）修辞格的特点

1. 特定的表达效果

表达效果是修辞格语用价值的体现，每一种修辞格都有其独特的表达效果。辞格的表达效果是确立辞格类型和进行辞格辨异时的重要参考因素之一。例如：双关的表达效果是含蓄深刻，幽默风趣；反复的表达效果是突出重点，抒发强烈的思想情感。又如：排比和层递从形式上看具有一定的相似性，都要求有三项或三项以上的相同或相似的语言单位。但是，从表达效果上看，排比具有韵律匀称齐整、声韵和谐、气势畅达、铿锵有力的修辞效果，具有语形上的齐整美；层递的修辞效果是语义逻辑的严密性，具有语义上的层次美。因此，我们可以根据排比和层递的修辞效果，把这两种辞格辨别出来。

2. 特定的结构格式

修辞格是由特定的辞格要素按照一定的结构格式所形成的。例如：比喻由本体、比喻词、喻体和相似点四个辞格要素构成，形成了明喻、暗喻和借喻三种基本类型。又如：拈连由本体、拈体和拈词三个辞格要素构成，它的结构格式是“本体+拈词，拈体+拈词”：

割麦的人醒得早，天色还未醒，地里黄透了的麦子还未醒。（张鸿雷《割麦的人》）

本体 拈词 拈体 拈词 拈体 拈词

3. 长期使用性

修辞格是人们在长期的言语实践活动中形成的。例如：比喻是汉语修辞格中历时最悠久、使用频率最高的修辞格之一。商周时期的文学作品中，就有大量的比喻用例。这一时期的比喻形式比较简单，主要是明喻和借喻，暗喻较为少见。明喻如“手如柔荑，肤如凝脂。领如蝤蛴，齿如瓠犀。”（《诗经·卫风·硕人》）暗喻如“我心匪石，不可转也。我心匪席，不可卷也。”（《诗经·邶风·柏舟》）春秋战国时期，比喻的种类迅速增多，形式也更加复杂多样，如“为政以德，譬如北辰，居其所而众星共之。”（《论语·为政》）“戎狄豺狼，不可厌也……”（《左传·闵公元年》）此外，比喻在不同的历史时期往往有不同的称谓，如《周易》称“比”，《论语》称“譬”，《墨子》称“辟”，《荀子》称“比方”、“喻”、“譬喻”。南北朝时期，刘勰的《文心雕龙》专立《比兴》篇讨论比喻。宋代陈骙的《文则》将比喻分为了十种类型。由此可见，比喻是伴随着时代在不断发展和演变的，充分体现了修辞格的长期使用性。

（三）修辞格的系统性

现代汉语修辞格的数量有一百种左右，这些辞格之间具有一定的层次性和等级性，体现了现代汉语辞格的系统性。

目前，现代汉语修辞格系统的划分标准较为繁多，有按表达效果标准分的，有按语言要素标准分的，有按形式和内容的标准分的，有按美学标准分的等等。从现代汉语的语用实践出发，我们把现代汉语修辞格分为深层修辞格和表层修辞格两大类。[①] 深层修辞格，是在特定的语境中通过变异或偏离语言规则和语用规则而形成辞面义和辞里义不一致的修辞方式，如比喻、比拟、移就、借代、通感、夸张、双关、反语、拈连、仿拟等。表层修辞格，是遵循语言规则和语用规则所形成的辞面义和辞里义完全一致的修辞方式，如对照、衬托、对偶、回环、顶真、反复、排比、层递、设问、反问等。

二、深层修辞格

（一）比喻

比喻，是根据联想，抓住甲乙两种本质不同事物之间的相似点，用乙事物来描写或说明所要表现的甲事物的修辞方式。

比喻由四个辞格要素构成：本体、比喻词、喻体、相似点。所要表现的甲事物，叫本体；用来打比方的乙事物，叫喻体；联系本体和喻体之间的词语，叫比喻词；本体和喻体之间的相似点，在比喻句中可以出现，也可以不出现，是构成比喻的前提和基础。例如：

傍晚，当暮色渐渐笼罩了北方连绵的群山和南方广阔的平原之后，在群山和平原接壤地带的一条狭长的山沟里，陡然间亮起一片繁星似的灯火。

这便是铜城。

铜城无铜，出产的却是煤。

这城市没有白天和夜晚之分，它一天二十四小时都在激动不安地喧腾着，像一锅沸水。

（路遥《平凡的世界》）

在这段话中，“繁星似的灯火”是一个比喻：本体是“灯火”，喻体是“繁星”，比喻词是“似的”，相似点没有出现。“（铜城）像一锅沸水”也是一个比喻：本体是“铜城”，喻体是“一锅沸水”，比喻词是“像”，相似点是“喧腾”。这两个比喻把“铜城”的热闹和繁荣形象、生动地描绘了出来，给人一种身临其境的感觉。

1. 比喻的基本类型

根据比喻构成要素的不同，比喻可以分为明喻、暗喻和借喻三种基本类型。

（1）明喻

明喻，本体、比喻词和喻体都出现，常用“像”、“好像”、“如”、“犹如”、“宛如”、“仿佛”、“似的”、“一般”、“像……一般/一样/似的”等比喻词，相似点可出现也可不出现。

明喻的典型结构格式是“本体＋像＋喻体”，但由于比喻词的不同，辞格结构也会有一些细微的形式变化。例如：

① 熟悉的月光像一页页透明的日记，无论你是否愿意，都会悠然打开一段段挥不去的往事。（王文霞《脉络》）

② 揭开天幕上覆盖着的乳白色的网，鱼鳞似的朝霞从东方地平线上涌起。

（李萌《渔家水彩画》）

③ 游行队伍过完了，高呼万岁的群众像钱塘江上的大潮一般卷向天安门。

（杨绛《第一次观礼——旧事拾零》）

---

① 骆小所：《现代修辞学》（修订版），昆明：云南人民出版社2010年版，第335页。

例①是一个典型的明喻结构格式。例②比喻词“似的”出现在喻体“鱼鳞”的后面，辞格结构是“喻体 + 似的 + 本体”。例③比喻词是“像……一般”，它的结构格式是“本体 + 像 + 喻体 + 一般”。

（2）暗喻

暗喻，本体、比喻词和喻体都出现，多用“是”、“变成”、“成为”、“当做”、“化成”、“等于”等比喻词，相似点可出现也可不出现。

暗喻的典型结构格式是“本体 + 是 + 喻体”。例如：

① 那河畔的金柳，是夕阳中的新娘；
波光里的艳影，在我的心头荡漾。（徐志摩《再别康桥》）

② 这无论如何是一件亏心事，等于给自己心里放了一条虫子，骚扰得灵魂不能安宁。（路遥《平凡的世界》）

例①的本体是“河畔的金柳”，比喻词是“是”，喻体是“夕阳中的新娘”。例②的本体是“亏心事”，比喻词是“等于”，喻体是“一条虫子”。

暗喻的典型结构格式强化了本体和喻体相似点的一致性，弱化了本体和喻体的差异性。除了“本体 + 是 + 喻体”这一结构格式外，还有一些不用比喻词的暗喻变式，主要有偏正式暗喻、同位式暗喻、并列式暗喻三种。

偏正式暗喻，本体和喻体之间是修饰和被修饰的关系，结构格式为“本体 + 的 + 喻体”或“喻体 + 的 + 本体”。例如：

① 我似乎是在睡梦中，
驾驶着一只幻想的小船，
飞驰在时间的急流上。（顾城《梦曲·二》）

② 在铁的事实面前，美方代表无言以对。不久，美有关方面匆忙通知钱学森可以离美回国。（刘敬智《钱学森——中国人民的骄傲》）

例①本体是“幻想”和“时间”，喻体是“小船”和“急流”。例②本体是“事实”，喻体是“铁”。

同位式暗喻，本体和喻体表现为一种同位关系，二者之间有时会插入指示代词“这”，有时用逗号隔开。同位式暗喻的结构格式是“本体 +（这）喻体”。例如：

③ 樱花，这绯红的云霞，便永远属于人民。（刘白羽《樱花》）

④ 笔，一把诗意的镢头，深深地朝向内心。
诗人之夜是一截燃烧的烟，一不小心将灵感烧个窟窿。思想是堤岸，一泻千里。（周根红《诗人之夜》）

并列式暗喻，本体和喻体各是一个或几个句子，形成本体句和喻体句之间的平行并列结构，结构格式是“喻体句 + 本体句”。例如：

⑤ 一个篱笆三个桩，一个好汉三个帮。

⑥ 刀不磨要生锈，人不学要落后。

例⑤的喻体句是“一个篱笆三个桩”，本体句是“一个好汉三个帮”。例⑥的喻体句是“刀不磨要生锈”，本体句是“人不学要落后”。

（3）借喻

借喻，不用比喻词，本体不出现，直接用喻体代替本体。借喻的结构格式为“喻体代本体”。例如：

① 从年中开始，中国经济是否过热的争论此起彼伏。中国决策层巧妙地回避了对于过热问题的定论，强调不急踩刹车，也不再加油门，防止经济大起大落。

（《新一届国家领导人施政二百天 港报细评五大亮点》，《中国新闻网》2003-10-4）

② 寿光8万农民工“寒冬”不失岗　（《大众日报》2008-12-30）

例①的“不急踩刹车”、“不再加油门”都是喻体，分别代替了本体“不采取抑制经济发展的紧急措施”、“不实施加速经济发展的措施”。例②将金融危机形象地比作“寒冬”，以借喻的方式描写出了金融危机给企业及其员工所带来的强大冲击。

2. 比喻的修辞功能

比喻是一种运用非常广泛的修辞方式，它能够抓住本体和喻体之间的相似点，通过喻体的新颖性特征，引起人们丰富的联想，从而把抽象的、深奥的事物或道理说得具体明白、浅显易懂，具有增强语言形象性、生动性的修辞效果。

（二）比拟

比拟是基于想象，化物为人或化人为物，或化此物为彼物的修辞方式。

比拟由三个辞格要素构成：本体、拟词和拟体。所要表现的事物，称为本体；同本体构成超常搭配的词语，是拟词；用来比拟的事物，是拟体。通常，拟体在句中不出现，而是化在本体中，从而使本体临时具有拟体的动作情态或性状特征。比拟的结构格式是“本体＋拟词”。例如：

她的手往电梯外面一挥，简明扼要地说：“出去！”

我只好夹着尾巴走出了电梯。　（张洁《世界上最疼我的那个人去了》）

“我只好夹着尾巴走出了电梯”使用了比拟：本体是“我”，拟词是“尾巴”。本体和拟词之间属于超常搭配，因为在正常情况下，人是不会有尾巴的。所以，这里实际上是把本体“我”物化为一种具有“尾巴”的动物。

1. 比拟的基本类型

比拟可以分为拟人和拟物两种基本类型。

（1）拟人

拟人，就是把物化作人来写。例如：

① 我看见的白云都很稳重

我眼里的马儿都在埋头吃草　（张新泉《1999，我看到的草原》）

②清晨，我轻轻地拉开窗帘，柔和的阳光抚摩着三个筋疲力尽的女人的倦容。

（海麟《断奶》）

例①本体是“白云”，拟词是“稳重”，拟体是“人”。例②本体是“阳光”，拟词是“抚摩”，拟体是“人”。在这两个例句里，“白云”、“阳光”临时具有了人的动作情态和性状特征。

（2）拟物

拟物，就是把人化作物来写或者把甲事物化作乙事物来写。例如：

① 那是1959年的国庆节，她七岁，两个小辫，两只大蝴蝶带着她起飞。辅导员引着她，她飞上了天安门城楼，把一束鲜花献给了毛主席。（王蒙《风筝飘带》）

② 赶鹦凝望着脚下的月光，月光一丝丝融化，发出嗞嗞的声音。

（张炜《九月寓言》）

例①的本体是“她”，拟词是“飞”，人被物化为长有翅膀会飞的动物，属于把人化作物写。例②的本体是“月光”，拟词是“融化”，拟体是可融化的物体，属于把甲事物化作乙事物来写。

2. 比拟的修辞功能

比拟是人的物化、物的人化或物物互化的一种修辞方式。它通过本体和拟词的超常搭配，充分激发人的想象，进而使本体临时具有了拟体的动作情态或性状特征，可以较好地抒发发话人对本体的强烈感情，或喜或憎，或褒或贬。就此而言，比拟是发话人把自己的情感转移到本体的这样一个物我交融的心理运思过程，使读者感受到一种情感的共鸣，进而体味到本体所包含的强烈思想感情。

3. 比拟和比喻的联系和区别

比拟和比喻都有“比”的意思，古人把它们合在一起叫做“比兴”。在使用比喻和比拟时，要注意二者之间的区别。

比喻的心理基础是联想，本体和喻体通过相似点进行联想，喻体不发生本质变化。比喻的四个要素本体、比喻词、喻体和相似点，除了喻体必须出现之外，其他要素可以出现也可不出现。相似点是比喻的核心要素，如果本体和喻体没有相似点，就不可能构成比喻。比拟的心理基础是想象，本体和拟体通过拟人化或拟物化进行想象，本体会临时具有拟体的动作情态或性状特征。比拟的三个要素本体、拟词和拟体，只有本体和拟词是必须出现的，拟体不能出现。例如：

河流依偎着沙滩，沙滩爱抚着河流，渡船是河流和沙滩的儿子。（曾庆忠《渡船》）

上例中，“河流依偎着沙滩，沙滩爱抚着河流”是比拟：本体是“河流”和“沙滩”，拟词是“依偎”和“爱抚”，本体通过想象跟拟词进行超常搭配，临时具备了人的动作行为和性状特征。“渡船是河流和沙滩的儿子”是比喻：本体是“渡船”，喻体是“河流和沙滩的儿子”，比喻词是“是”，喻体没有发生任何变化。

（三）移就

移就是把用于修饰甲事物性质状态的词语移来修饰乙事物的修辞方式。

移就由两个辞格要素构成：本体和移词。所要表现的乙事物，称为本体；修饰甲事物性质状态的词语，称为移词。移词一般为表示事物性状的形容词或形容词性短语。移就的结构格式是“移词+本体”。例如：

你是那昂然的松

我就是缠绵的藤萝（席慕容《伴侣》）

“昂然的松”、“缠绵的藤萝”都是移就：本体分别是“松”、“藤萝”，移词分别是“昂然”、“缠绵”。描写人的情态的形容词“昂然”、“缠绵”被移用来修饰和描写本体“松”、“藤萝”，构成了定中短语的结构格式。

1. 移就的基本类型

（1）描写人的性状词语+本体

在现代汉语中，最为常见的移就类型就是把描述人的思想感情或性状的词语移置到另一事物上，形成移词与本体的超常搭配，使本体在主体情感转移的过程中临时具有人的某些情感或性状特征。例如：

① 春雨来迟而脚步怯怯

犹豫的灯光栖在肩头结网 （舒婷《惊蛰》）

② 那条河，悠悠得让人游不过去的忧伤的河，裹挟我，有很多年了。

（赵万里《绿袖子》）

上述例句中的“犹豫的灯光”、“忧伤的河”，都是通过移用描写人的性状特征的词语“犹豫”、“忧伤”跟本体相搭配，使本体临时具有了人的情感和性状特征。这些表达形式都是发话人在特定的语境中触物移情、随物移情、物我相融的结果，而那些被描写的对象也就成为发话人主体情感的载体，具有十分浓烈的主观色彩。

（2）描写甲事物的色彩词 + 本体

不同的色彩词，往往会给人不同的生理反应和心理联想，从而引起情感变化。例如：红色使人联想到热情、喜庆、欢乐、勇敢、蓬勃向上的亢奋激情；蓝色给人一种静谧、优美、高尚的感觉；黑色常唤起人们沉重、悲哀、深不可测、令人不安的情绪体验。把用于修饰甲事物性质状态的色彩词移来修饰乙事物，就构成了结构格式为“描写甲事物的色彩词 + 本体”的移就辞格。例如：

① 乌苏里船歌，在蓝色的梦中，划向遥远…… （金鑫《乌苏里船歌》）

② 一双有意识或无意识的手拾起一枚古铜色的时光。远去了兴亡？圣愚？历史没有选择。 （陈文柱《尼雅古城》）

例①通过激活色彩词“蓝色”的象征义——纯净、平和、宁静、恬淡，使其与幽静的自然环境相互映衬，意境静谧而幽美。例②中的色彩词“古铜色”，象征着陈旧、遥远，与“尼雅古城”所具有的厚重历史感显得十分和谐、自然。

从表面上看，移就所激活的只是色彩词的象征义，但这种象征意义实质上是一种生理、心理和文化的综合体现，而不同的民族由于不同的社会文化底蕴，对同一色彩词的象征和联想是不同的。例如：英语的色彩词“红色”，在大多数情况下都带有贬义，往往和战争、流血、恐怖联系在一起，用来表示愤怒或犯罪。有的时候，“红色”还暗含有淫荡、不检点的意思。这与汉民族认为“红色”象征着喜庆、热闹、兴旺、吉利的意义是完全不同的。

2. 移就的修辞功能

移就通过移情的心理活动，把发话人特殊的主体情感体验宣泄、外化到其他事物上，使该事物要么临时产生了人的性状特征，要么激活了某种象征联想语义，从而使受话人自然而然地对移词进行某种情感体验和审美体验。因此，移就的修辞功能主要表现为托物抒情，引起交际双方的情感共鸣，具有抒情和渲染气氛的作用。

3. 移就和比拟的联系和区别

结构格式为“描写人的性状词语 + 本体”的移就，跟比拟中的拟人很容易混淆，二者都是事物临时产生了人的性状或具有人的动作情感，但它们之间的区别也是非常明显的。

移就的辞格要素为本体和移词。移词主要是修饰人的性状形容词或短语，本体则不发生本质变化，移词和本体组成定中关系的短语，其特点是“移”。比拟的辞格要素为本体、拟词和拟体。拟词主要是用于描写人或物所具有的动作或性状特征的动词和形容词，本体发生本质变化，成为一种主观想象之物，本体和拟词之间的句法结构多为主谓关系，目的是形成本体与拟体的统一体，其特点是“拟”。例如：

从乱石间觅得一条攀升的小路，仿佛水底的鱼群都在歌唱，唱一支蓝色不可解的老歌；仿佛深夜的菊花正在悲凄地啜泣，为灵魂的游散啜泣。（杨牧《作别》）

上例中，主谓短语“鱼群都在歌唱”是拟人，定中短语“蓝色不可解的老歌”是移就，“菊花正在悲凄地啜泣，为灵魂的游散啜泣”则是拟人。

（四）借代

借代是不直接说出要说的对象，借用同它密切相关的事物来代替的修辞方式。

借代由两个辞格要素构成：本体和借体。没有直接说出的对象，称为本体；用来代替本体的事物，是借体。通常，本体不出现，只出现借体，借体多为人们所熟知的、有代表性的事物，借体和本体之间为相关性关系。借代的结构格式是“借体代本体”。例如：

① 可以肯定，如果我们个人缺乏公正之心，总是由屁股决定脑袋：当自己属于社会不公中受损的一方时就愤愤不平、希望马上改变；而一旦自己属于受益的一方时则沾沾自喜，千方百计阻挠变革，那么，实现社会公正的道路必将变得漫长而坎坷。

（任理轩《理性看待当前的社会公正问题》，《人民日报》2011-2-16）

上例中的“屁股”代指“立场”或“职位”，“脑袋”代指“思想”或“意识”。用具体的相关事物来代替抽象事物，给人一种准确形象、生动活泼的深刻印象。

1. 借代的基本类型

（1）特征代本体

这是抓住本体的典型特征来代替本体的借代。例如：

① 那些人显然认为老吴是故意拿着假币来花的。老吴一脸尴尬，匆匆收起那张假钱，换了一张稍旧的“老人头”，买了袋米，背上就走。（小小《一张假币》）

② 靠屋的西南角，有一张床，床中间放着一盏灯，床上躺着两个人：一个是小个子，尖嘴猴；一个是塌眼窝。床边坐着一个人，伸着脖子好像个鸭子，一个肘靠着尖嘴猴的腿，眼睛望着塌眼窝。（赵树理《李家庄的变迁》）

例①中的借体“老人头”是指100元人民币的头像，用100元人民币的“老人头”图案来代指钱。例②用人物的相貌特征“塌眼窝”和“尖嘴候”代替人，使描写的人物更加形象鲜明。

（2）专名代泛称

这是用典型的人或事物的专有名称来充当借体以泛指某类人或事物的借代，属于一种专有名词的泛化现象。例如：

① 他这一辈子的坚守，更为广大党员干部如何忠于党的事业，如何全心全意为群众谋利益提供了价值标杆和行为参照。在各行业领域里，在各工作岗位上，有千千万万个杨善洲，民必富，国必兴。（陈家兴《“一辈子”丈量出的“为民”分量》）

② 纯情作家或者生来独眼，或者自瞎一眼，永远只看见林黛玉，看不见刘姥姥。她永远只看见所谓纯情，看不见纯情之后的血肉。（颜元叔《林黛玉可以休矣》）

例①用原中共云南省保山地委书记“杨善洲”来代指始终保持艰苦朴素的本色、廉洁奉公、忘我工作、一心为民的人。例②“林黛玉”代指多愁善感的人物，“刘姥姥”代指劳苦大众。

（3）具体代抽象

这是用具体事物来代替抽象事物的借代。例如：

① 手捧一本油墨飘香的自己一个字一个字写出来、署着自己尊姓大名的书，这对于一个每天都要辛辛苦苦爬格子的人来说，该是多么巨大的喜悦和安慰。这种心情，我也是能够理解的。（陈大超《不敢轻易出书》）

② 我不是为自己的事来找你的。停职我不怕！最多把“乌纱帽”抹了，老镢把大概夺不走！我今天主要是为吴月琴的事来找你的。（路遥《青松与小红花》）

例①用具体动作行为“爬格子”来代指“写作”。例②用“乌纱帽”代指“官位”。

（4）部分代整体

这是用本体的一部分来代替本体事物的借代。例如：

① 老麦为避开这些四个轮子，把自己的两个轮子随手一拐，进了一条小马路。（林斤澜《头像》）

② 今年的8月，青岛会更美。在奥帆赛期间，将有60多个国家和地区的近千人参加比赛，蓝色的海洋上白帆竞发，劈波斩浪，将是一幅多么优美激情的画面。（夏耕《办一届成功的奥运帆船赛》）

例①中的借体“四个轮子”代指本体“汽车”或“轿车”，“两个轮子”代指本体“自行车”。例②用借体“白帆”来代指本体，即参加比赛的“帆船”。

（5）产地、标志代本体

这是用事物的产地名和商标标志代替本体的借代。例如：

① 喝了几口龙井，你说，你要提前离去，因为，“孙子要找我的”。（王蒙《组接》）

②“这公共汽车开得是真稳，跟坐‘奔驰’似的。”于观说。

“比‘奔驰’舒服，‘奔驰’能直腰站着不碰头么？”冯小刚说。（王朔《你不是一个俗人》）

例①用地名“龙井”代龙井茶。例②用“奔驰”商标名代指奔驰轿车。

2. 借代的修辞功能

借代是一种利用借体和本体之间的相关性进行换名替代的修辞方式。恰当的借体可以引起人们广阔的联想，有利于突出本体的形象特征；同时，借代还能够变换表达形式，使言语显得生动、灵活，富于变化，能够给人留下深刻的印象。

3. 借代和借喻的联系和区别

借代和借喻都具有代替本体的特点——借代用借体代替本体，借喻用喻体代替本体。借代和借喻的区别主要表现在：借喻形成的客观基础是本体和喻体之间的相似性，本体和喻体是两种本质不同的事物，喻体通过相似性来替代本体。借代形成的客观基础是本体和借体之间的相关性，本体和借体属于同一范畴的事物，借体通过相关性来替代本体。借喻可以转换为明喻或暗喻，而借代不能转换为明喻或暗喻。例如：

朋友来了有好酒，若是那豺狼来了，迎接它的有猎枪。（乔羽《我的祖国》）

上例中，“若是那豺狼来了”是借喻：“豺狼”是喻体，代替本体“侵略者”，可以转换为明喻或暗喻的格式——侵略者像（是）豺狼。“迎接它的有猎枪”是借代：“猎枪”是借体，代替本体“武装反击或自卫战争”，不能转换为明喻或暗喻的格式。

（五）通感

通感，又叫移觉，是在描述客观事物时，使视觉、听觉、嗅觉、味觉、触觉等感官之间互通的修辞方式。

通感由两个辞格要素构成：甲感官感知的事物及其动作、性状特征和乙感官感知的事物及其动作、性状特征。通感要求两种感官相互沟通，即甲感官感知的事物及其动作、性状特征转移用来描写乙感官感知的事物。通感的结构格式是“甲感官的感知＝乙感官的感知”。例如：

微风过处，送来缕缕清香，仿佛远处高楼上渺茫的歌声似的。（朱自清《荷塘夜色》）

这个例句把嗅觉感知的“清香”和听觉感知的“歌声”打通，用听觉来描写嗅觉，形象地描写出了荷花那种似有似无、断断续续、绵延不绝的清香特点。

1. 通感的基本类型

通感是视觉、听觉、嗅觉、味觉、触觉等感官之间的相互挪移，常见的通感主要有视听相通、视触相通、视嗅相通、听触相通、听味相通等五种类型。

（1）视听相通

① 他把它装进陶罐
铃铛似的系在腰间
清脆的响声金光四溅 （江河《息壤》）

② 在大森林里，此时我被激动的不是这种颜色的声音，而是满山攒动着的森林——那浓绿浓绿的声音了。（徐迅《染绿的声音》）

例①由描写听觉的“清脆的响声”转移到视觉“金光四溅”，是听觉和视觉相通。例②用视觉感知的“浓绿浓绿”来修饰听觉感知的“声音”，是视觉和听觉相通。

（2）视触相通。例如：

① 雪野中有血红的宝珠山茶，白中隐青的单瓣梅花，深黄的磬口的蜡梅花；雪下面还有冷绿的杂草。（鲁迅《雪》）

② ……她（梅雨潭）滑滑的明亮着，像涂了“明油”一般，有鸡蛋清那样软，那样嫩，令人想着所曾触过的最嫩的皮肤。（朱自清《绿》）

例①用触觉感知的“冷”来修饰视觉色彩词“绿”。例②用触觉感知的“滑滑”、“软”、“嫩”等词语来修饰和描写视觉色彩词“明亮”。这两个例句都属于视触相通。

（3）视嗅相通。例如：

① 春天的阳光香喷喷的，我随着春天走了，把我的名字，我嫩绿的希望埋在校园的石凳下，……（刘恩平《春天的阳光》）

② 我闭着眼睛，立刻就闻到了客厅那边龟背竹在半睡半醒中发出的绿绿的气味。（陈染《残痕》）

例①用嗅觉感知的“香喷喷”来描写视觉感知的“阳光”。例②用视觉感知的“绿绿”来修饰嗅觉感知的“气味”。

（4）听触相通。例如：

①“今天又空等了一天。”她的声音像蚂蟥一样粘糊糊的。（残雪《瓦缝里的雨滴》）

② 千遍万遍，如水柔软的情歌，泛起一朵朵年轻的红霞，长吟短语的桨声，鹤翼如潮。（金鑫《乌苏里船歌》）

例①中听觉感知的“声音”通过比喻的方式转移为触觉感知的“粘糊糊”，是听觉和触觉相通。例②用触觉感知的“柔软”来修饰听觉感知的“情歌”。

（5）听味相通。例如：

① 他把眉头一皱，摆出一副忧郁的面孔，用一种苦涩的声音回答说：“恋爱是有闲阶级的把戏，我没有福气享受。”（巴金《雨》）

② 在桥头上珠儿巧遇她的两位女友蓓蕾和贞贞，蓓蕾和贞贞手挽着手往桥下走，她们听见一个熟悉的甜甜的声音在喊她们的名字，回头一瞥之间两个人竟然吓得失声尖叫起来。（苏童《没人失踪》）

例①和例②都是用味觉感知的词语“苦涩”和“甜甜”来修饰声音，是听觉和味觉的感知相通。

2. 通感的修辞功能

通感是人们在感知客观事物的时候，因生理和心理受到特定语境因素的影响而发生的一种直观感受和生理体验。它能有效激发受话人主体的联想，与发话人共同感受一种奇特的生理和心理体验，语言新颖奇特，富于感染力。

（六）夸张

夸张是故意言过其实，对人或物作扩大、缩小或超前描述的修辞方式。

夸张由两个辞格要素构成：本体和夸体。本体是事物的原形；夸体是事物被扩大、缩小、超前后的形态。夸张的结构格式是“夸体变形本体”。例如：

漫说你转不过屁股的小不丁点的县城，就是千门万户也认不错门，也分得清敌友我。（梁信《龙虎飞云记》）

这句话把县城说成是一个“转不过屁股的小不丁点的”地方，是有意说县城的小。“千门万户也认不错门”是说县城人家再多也不会认错门，夸耀记性好。

1. 夸张的基本类型

夸张可以分为扩大夸张、缩小夸张和超前夸张三种类型。

（1）扩大夸张

扩大夸张是故意把事物向大、强、好、高、快、重等方面扩大，即“夸体大于本体”。例如：

① 处处干燥，处处烫手，处处憋闷，整个的老城像烧透的砖窑，使人喘不出气。（老舍《骆驼祥子》）

② 当李向前睁开眼睛，看见为他揩泪的不是护士而竟然是润叶的时候，那神态猛然间变得像受了委屈的孩子重新得到妈妈的抚爱，闭住自己的眼睛只管让泪水像溪流似的涌淌。（路遥《平凡的世界》）

例①把老城比喻为一个“烧透的砖窑”，使人喘不过气来，但天气再热，也不至于热得像一个烧透的砖窑，这是扩大夸张。例②把泪水夸大为“溪流”，极力渲染了“李向前”激动而幸福的心情。

（2）缩小夸张

缩小夸张是故意把事物向小、弱、差、低、慢、轻等方面缩小，即“夸体小于本体”。例如：

① 她的眼珠干涩如沙，嘴里也没有一星水汽。（毕淑敏《生生不已》）

② 那里的贫民要筹集几个钱，多么难啊！人们恨不得把一分钱掰成两半来使。（柳青《梁生宝买稻种》）

例①中的“一星水汽”，形容当时“她”的干渴之状。例②的“把一分钱掰成两半来使”，形容的是当时人们生活非常贫困的状况。

（3）超前夸张

超前夸张，是故意把后面出现的事物或行为移到前面来说或是同时出现，即“夸体前于本体”。例如：

① 这陌生的女人，为什么比所有的亲朋都更了解他，体贴他呢！好像他们只是作为一个细胞存在的时候，就已经互相认识了。（张洁《漫长的路》）

② 这种媳妇，才算媳妇，要照如今的妇女呀，哼，别说守一年，男人眼没闭，她早就瞧上旁人了。（周立波《暴风骤雨》）

例①讲的是一个五十来岁的学绘画的单身老男人对一位新来的女同事颇有好感，并把她的素描画挂在墙上，与她进行心灵上的沟通，继而感觉两人认识的时间大大提前了，形象地反映出了他对这位女同事狂热的暗恋之情。例②把“男人闭眼”、“媳妇瞧上别人”这两件事发生的时间先后顺序进行了错位，表达说话人对“如今的妇女”极不满意的态度。

2. 夸张的修辞功能

夸张是为了表情达意的需要，对事物某方面的特征加以合情合理的渲染。它故意言过其实，但又夸而有据、夸而有度。因此，合理运用夸张，可以突出事物的形象特征，抒发发话人的主观情感。

（七）双关

双关，是利用语音或语义条件，有意使语句同时具有表层和深层双重意义，言在此而意在彼的修辞方式。

双关由两个辞格要素构成：表层义和深层义。表层义，是发话者为适应当时语境所表达的表面语义；深层义，是发话人所要表达的真正意旨，是语义表达的重心。双关的结构格式为“表层义＋深层义”。例如：

新偶像——专做头等大事（昆明某发型设计中心广告）

这则广告中的“头”，表面上说的是“头发”，深层义却包含了“领头的”、“最好的”等意思，巧妙地暗示了该设计中心所设计的发型引领时尚新潮流，具有较高的专业水准。

1. 双关的基本类型

双关可分为谐音双关和语义双关两种类型。

（1）谐音双关

谐音双关，是利用语音相同或相近造成的双关。例如：

① 我也知道轻和重，只要针心对针心。（安徽民歌）

② 猴子捡到一个卡，于是爬到树枝上想看清楚是啥卡。不料一个雷击中了它，猴子哭着说："原来是IP卡呀！"（手机短信）

例①的"针心"谐音"真心"，表达的是青年男女之间渴望真心相爱的美好理想。例②借"IP卡"中的字母I、P的发音，谐音"挨劈"，俏皮幽默，读后令人捧腹。

（2）语义双关

语义双关，是利用词语或句子的多义构成的双关。例如：

① 她甜甜地一笑："是在毕部长家院子里，你知道那种花叫个什么名字吗？啊，还是个记者哪！连那都不明白，我从大辞典上把它找到了，你猜叫什么？一个怪好听的名字！"

伊汝望着她那恬静的脸等待着。"毋忘我！"她轻轻地吐出这三个字。

（李国文《月食》）

② 人类没有联想，世界将会怎样？（联想集团广告语）

例①中的"毋忘我"是语义双关，表面上说的是花的名字，深层义则是提醒对方"不要忘记我"。例②为了达到促销的目的，赋予"联想"一词双重含义：一是指联想集团及其产品，二是指人类的一种思维活动，其深层义是人类的发展离不开联想，人们的生活也离不开联想集团及其产品。

2. 双关的修辞功能

双关利用语音和语义双关，言在此而意在彼，语义丰富而含蓄深刻，具有一箭双雕的表达效果。但是，在运用双关的时候，一定要注意表意的明确性、语义的深刻性；否则，就会把双关与含糊晦涩的表达混淆起来。

（八）反语

反语，就是说反话，即故意使用与本义相反的词语或句子来表达的修辞方式。

反语由两个辞格要素构成：本义和反义。本义是发话人所要表达的真正意旨；反义是发话人使用与本义相反的词语或句子所要表达出来的意思。反语的结构格式为"反义代替本义"。例如：

国民党当局对作家格外"优待"，几乎每个作家都有个特务"保护"着。一来二去，作家就被"护送"到监狱或者集中营去"享受"毒刑与杀戮。（老舍《十年百花荣》）

上面例句中的"优待"、"保护"、"护送"和"享受"都属于反义，本义则是"虐待"、"盯梢"、"绑架"和"遭受"，属于正话反说。

1. 反语的基本类型

反语分为以正当反、以反当正两种基本类型。

（1）以正当反

以正当反，是用正面的词义或句义表达反面的意思。例如：

① 在非典面前，什么"神医"，什么"大师"，自称的没有，他称的也没有，全都不动声色。（张雨生《"神医"哪儿去了》）

② 现在姑且假定战犯将确定为一百几十个。那末，请问国民党的英雄好汉们，你们

为什么要反对惩办战犯呢？　　（毛泽东《国民党反动派由“呼吁和平”变为呼吁战争》）

例①用正面的词语“神医”、“大师”嘲讽那些在非典期间披着伪科学外衣“治病救人”的“医疗人员”，态度立场鲜明，能够引起受众的强烈反响。例②称“国民党战犯”为“英雄好汉们”，是褒义词贬用，目的是揭露国民党反动派假和平真战争的丑恶嘴脸。

（2）以反当正

以反当正，是用反面的词义或句义表达正面的意思。例如：

① 几个女人有点失望，也有些伤心，各人在心里骂着自己的狠心贼。

（孙犁《荷花淀》）

② 多少次，她都是用这种假意的鼾声，企图给他一种错觉和安慰。要他不必顾忌她能不能在灯光下入睡，而专心于自己的著作。其实这个小小的“诡计”，傅家杰早已识破，只是不忍心拆穿它。　　（谌容《人到中年》）

例①“骂”自己的丈夫为“狠心贼”，是贬义词褒用，实则是表达女人们对丈夫的思念之情。例②中的“诡计”是贬义褒用。陆文婷为了不影响丈夫傅家杰的写作，故意装睡，体现了夫妻之间的温馨关怀。

2. 反语的修辞功能

反语，有的是寄赞美于骂词之中，有的是寄嘲讽于赞词之中，能引人深思，适用于表达强烈的爱憎之情。使用反语的时候，要注意交际对象，防止错误使用或词不达意。

（九）拈连

拈连，是在同时叙述甲乙两类事物时，把适用于甲事物的词语就势巧妙地拈来用于乙事物的修辞方式。

拈连由三个辞格要素构成：本体、拈体和拈词。本体，一般是具体的甲事物；拈体，通常是抽象的乙事物；拈词，是同时跟本体、拈体搭配使用的词语。在拈连中，本体的功能主要是引出拈体，拈体才是发话人所要表达的语义重心和主旨，因此有的时候也会出现省略本体的情况。拈连的结构格式主要有两种：“本体 + 拈词，拈体 + 拈词”；“拈词 + 本体，拈词 + 拈体”。例如：

① 撑起姨丈的另一条腿，撑起姨丈的勇气和信心，撑起一个家，撑起一家人的尊严和幸福。　　（田禾《去马家坊看二姨》）

② 我在那里种植
种植一种情态，一阵雨
种植深切的溶和我们的明澄　　（胡蒽《倾诉》）

例①中的本体是“腿”、“家”，拈体是“勇气和信心”、“尊严和幸福”，拈词是“撑起”，结构格式是“拈词 + 本体$_1$，拈词 + 拈体$_1$，拈词 + 本体$_2$，拈词 + 拈体$_2$”，凸显了勤劳坚强的“二姨”在家庭生活中的支柱作用。例②的拈词是“种植”，拈体是“情态”、“雨”、“深切的溶和我们的明澄”，本体“树木”被省略了，结构格式为“拈词 + （本体），拈词 + 拈体$_1$，拈词 + 拈体$_2$”，以虚衬实，给人以无限的联想和想象。

1. 拈连的基本类型

根据辞格要素及其组合搭配关系，以拈词为参照点，拈连可以分为三种基本类型：

（1）主谓式拈连

主谓式拈连中的拈词，一般为形容词或动词，用于陈述本体、拈体的性状特征或动作行为等。主谓式拈连的结构格式一般为“本体＋拈词，拈体＋拈词”。例如：

① 人穷志不穷。

② 雪花纷纷扬扬，他的思绪也纷纷扬扬。（谢克强《咏雪》）

例①的本体是“人”，拈体是“志”，拈词是“穷”，前句为肯定，后句为否定，形成了鲜明的反差和对比。例②的本体是“雪花”，拈词是“纷纷扬扬”，拈体是“思绪”，前后两句都是肯定句，强调的是不同事物之间的一种相互联系性。这两个例句的拈体都是抽象名词。

（2）述宾式拈连

述宾式拈连的拈词为动词，其结构格式通常为“拈词＋本体，拈词＋拈体”。拈词与本体、拈体之间具有支配和被支配的关系。述宾式拈连是最为常见的拈连辞格类型。例如：

① 雨夜偷牛的人偷走了她的一生。（拉家渡《荷花》）

② 扫净那条被大雪掩埋的路，扫净我们心中遍布的冰雪和忧伤！

（陈劲松《扫净一条路上的积雪》）

例①由述宾结构“偷牛”引出“拈词＋拈体”的述宾短语“偷走了她的一生”。例②则由述宾结构“扫净路”顺势引出“拈词＋拈体”的述宾短语“扫净我们心中遍布的冰雪和忧伤”。

（3）偏正式拈连

偏正式拈连有两种情况：一种是定中式拈连，即拈词作定语，本体和拈体作中心语；一种是状中式拈连，即本体、拈体与介词组合成介词短语作状语，拈词作中心语。例如：

① 滚圆的月亮，滚圆的诱惑，滚圆的温馨，滚圆的欢乐。（中流《滚圆的诱惑》）

② 将水喝下，将天喝下，将地喝下，将明枪喝下，将暗箭喝下，将孤寂喝下……

（陈计会《阮籍》）

例①是定中式拈连，本体是“月亮”，拈体是“诱惑”、“温馨”、“欢乐”，它们都是拈词“滚圆”修饰限制的对象。例②是状中式拈连，本体是“水”，拈体是“天”、“地”、“明枪”、“暗箭”、“孤寂”，本体、拈体与介词“将”构成介词短语，充当拈词“喝下”的状语。

2. 拈连的修辞功能

拈连通过拈词的“拈”和“连”，构成了一种顺承式的言语结构形式，语气连贯顺畅，句法成分搭配新颖别致，言语形式凝练紧凑。运用拈连时，要注意借助语境，从本体向拈体自然过渡。

（十）仿拟

仿拟是仿照旧有的语言形式临时创造出一种新形式的修辞方式。

仿拟由两个辞格要素构成：本体和仿体。本体是旧有的语言形式，包括词、短语、句子、段落、篇章，在句中可以出现也可不出现；仿体是仿照本体创造出来的新形式，必须出现。仿拟的结构格式是“本体+仿体”。例如：

李有才作出来的歌，不是诗，明明叫做快板，因此不能算“诗人”，只能算“板人”。

（赵树理《李有才板话》）

这个例句仿照本体“诗人”，创造出了新的语言形式“板人”，给人以一种风趣幽默、别具一格的感觉。

1. 仿拟的基本类型

仿拟可以从不同的角度进行分类，常见的分类标准主要有生成方法、语言单位两种。

（1）生成方法的分类

根据生成的方法，仿拟可以分为谐音仿和语义仿两大类。

谐音仿是利用本体和仿体语音相同或相近的关系所形成的仿拟。例如：

① 从此，我与阿姑你来我“网”，以至一“网”情深，俨然一对未曾谋面却热恋着的情人……

（《羊城晚报》2000-7-30）

② 同时，许多地方为了完成上级分配的植树任务，树是栽了，至于成活多少，就无人问津了，于是就出现了植树造“零”的现象。

（王玉卫《杜绝植树造“零”，应从我做起》）

例①根据本体“你来我往”、“一往情深”，利用“往”和“网”的同音关系，仿造出了“你来我‘网’”、“一‘网’情深”的言语形式。例②的本体“植树造林”和仿体“植树造‘零’”也是通过“林”和“零”的谐音关系而形成的。

语义仿是利用本体和仿体语义相同、相近、相类或相反所形成的仿拟，可分为类仿和反仿两种形式。类仿，即根据词语的类义联系，用语义相同、相近、相类的语素来替换本体中的某些语素。反仿，即根据词语的反义联系，用语义相反的语素来替换本体中的某些语素。例如：

① 他们说的话我一句听不懂，好像他们全都会外语，只是平时不说。我逛了一会儿，尿意盎然，沿着老路穿过活动室，拉开厕所门。

（王朔《看上去很美》）

②《红楼》一书，英雌多而英雄少，英雌中又以丫头比姑娘出色。

（林语堂《论泥作的男人》）

例①仿照本体“春意盎然”创造出了仿体“尿意盎然”，是“春”和“尿”这两个语素替换所形成的类仿。例②的仿体“英雌”是反仿“英雄”而来，其中的语素“雌”和“雄”属于反义关系。

（2）语言单位的分类

从语言单位的类型来看，仿拟可以分为仿词、仿短语、仿句和仿篇等四种类型。例如：

① 政绩，还是“政疾”？

（《人民日报》2007-4-2）

② 政治是无情的，政治不是诗，政治不浪漫，政治一点也不亲爱温柔，政治让女性走开，让娘娘腔的阳痿小男人走开……

（王蒙《狂欢的季节》）

③ 是到处不受约束不受节制的批判、揪斗、游街、殴打、自杀、他杀、大字报、大

串联……人生得意须尽斗，莫使金鞭空对月。几千年历史的中国啊，你的哪根筋突然通过了高压电？ （王蒙《狂欢的季节》）

④ 费话不如少说，只剥崔颢《黄鹤楼》诗以吊之，曰——

阔人已骑文化去，此地空余文化城。文化一去不复返，古城千载冷清清。

专车队队前门站，晦气重重大学生。日薄榆关何处抗，烟花场上没人惊。

（鲁迅《伪自由书·崇实》）

例①是仿词，根据“政绩”仿造出“政疾”。例②是仿短语，根据韩静霆的小说《战争，让女人走开》仿造出“政治让女性走开”、“（政治）让娘娘腔的阳痿小男人走开”的言语形式。例③是仿句，“人生得意须尽斗，莫使金鞭空对月”是仿照李白《将进酒》的诗句“人生得意须尽欢，莫使金樽空对月”而来。例④是仿篇，本体是唐代诗人崔颢的《黄鹤楼》：“昔人已乘黄鹤去，此地空余黄鹤楼。黄鹤一去不复返，白云千载空悠悠。晴川历历汉阳树，芳草萋萋鹦鹉洲。日暮乡关何处是，烟波江上使人愁。”

2. 仿拟的修辞功能

仿拟在旧有语言形式的基础上，通过变异的方法，创造出一种新异、独特的语言形式，给人以一种陌生化的新奇感。合理运用仿拟，可以达到自我解嘲、针砭社会时弊、冷嘲热讽的语用目的，并形成强烈的讽刺、幽默、诙谐的表达效果。

三、表层修辞格

（一）对照

对照是两种不同的事物或者同一事物的不同方面放在一起相互比较的修辞方式。

对照由两个辞格要素构成：本体和对照体。本体是发话人所要表现的本来事物；对照体是用于与本体相比较的事物。对照的结构格式为“本体＋对照体”，本体和对照体必须同时出现。例如：

有的人死在战场上，有的人死在酷刑下，而我们的钱班长却死在他的岗位上——锅灶前。 （谢方祠《九个炊事员》）

上例运用两个对照体“死在战场上的战士”和“死在酷刑下的战士”来跟本体“钱班长”进行对比，体现了“钱班长”同前线战士一样，不怕牺牲，坚毅勇敢。

1. 对照的基本类型

对照可以分为两体对照、一体两面对照和其他形式的对照等三种类型。

（1）两体对照

两体对照是就两种事物的相关、相似、相反方面进行比较。例如：

① 这就是南北之别了，北方方言是扩散的，南方方言则是流窜的。扩散的结果是相互融合，流窜的结果则是各自为政。所以，就外来语与原住民土语的关系而言，北方有点像水和面，南方有点像水和油，水和面弄到一起，开始也一塌糊涂，但揉着揉着，也就不分彼此；水和油兑起来，你就是再搅和，那油珠子还在水面上漂着。难怪南方有那么多孤苦伶仃的方言岛。 （易中天《大话方言·南征北战》）

② 女士骑车，脚尖点踏板，膝吻大梁，三个弯，好美好温柔；男士骑车脚心蹬踏板，膝盖向外拐，也是三个弯，好刚好气派。 （鲁汶《美》）

例①通过北方方言和南方方言的比较，使二者各自的特点显得更加鲜明。例②对比分析了女士骑车的“温柔之美”和男士骑车的“阳刚之美”，揭示了现实生活中不同类型的美。

（2）一体两面对照

一体两面对照是把同一事物两个不同方面放在一起进行比较。例如：

① 我们的战士，对敌人这样狠，而对朝鲜人民却是那样地爱，充满国际主义的深厚热情。（魏巍《谁是最可爱的人》）

② 吴天宝人小，气量可大，看出妇女大婶气色不善，也不介意……（杨朔《三千里江山》）

例①用志愿军战士对敌人的狠和对朝鲜人民的爱进行对比，突出志愿军战士对朝鲜人民的热爱之情。例②以“人小”和“气量大”进行对照，表现了“吴天宝”豁达开朗的性格。

（3）其他形式的对照

在言语活动中，有些对照采用的是多体对照或一体多面对照的形式，例如：

女人订婚前像燕子，爱怎么飞就怎么飞；订婚后像鸽子，能飞却不敢飞远。结婚后像鸭子，想飞但已力不从心。男人订婚前像孙子，百依百顺；订婚后像儿子，学会顶嘴；结婚后像老子，发号施令。（李涵编《手机幽默短语精选》）

这段话除了运用两体对照来表现女人和男人在婚恋时期的不同变化之外，还使用一体多面对照来分别描述女人和男人在婚恋时期的心理和情感的具体变化，显得十分幽默、诙谐。

2. 对照的修辞功能

对照把两种不同事物或同一事物的两个方面放在一起进行比较，能够产生鲜明的对比反差，使好与坏、善与恶、美与丑等对立关系表现得更集中、更鲜明、更突出，从而较好地突出事物的性质和特点，表达出发话人的思想情感倾向。

（二）衬托

衬托，又叫映衬，是为了突出主要事物，用相似、相关或者相反的事物做陪衬、烘托的修辞方式。

衬托由两个辞格要素构成：本体和衬体。本体是作者所要表现的本来事物；衬体是用来陪衬、烘托本体的事物。衬托的结构格式是“本体+衬体”；其中，本体可以出现也可不出现，但衬体必须出现。例如：

海鸥在暴风雨来临之前呻吟着，——呻吟着，它们在大海上飞蹿，想把自己对暴风雨的恐惧，掩藏到大海深处。

海鸭也在呻吟着，——它们这些海鸭啊，享受不了生活的战斗欢乐，轰隆隆的雷声就把它们吓坏了。

蠢笨的企鹅，胆怯地把肥胖的身体躲藏在悬崖底下……只有那高傲的海燕，勇敢地，自由自在地，在泛起白沫的大海上飞翔！（高尔基《海燕》）

在这段话中，本体是“海燕”，衬体是“海鸥”、“海鸭”、“企鹅”。作者用这三种衬体在暴风雨来临前的不同表现，反衬出海燕坚强勇敢、乐观向上的战斗精神。

1. 衬托的基本类型

根据本体和衬体之间的关系，衬托可以分为正衬和反衬两种类型。

（1）正衬

正衬，是利用事物的类似关系，采用和本体相同或者相近的事物来正面衬托本体事物。正衬能够使喜者更喜，悲者更悲，有利于突出本体事物，加深欢乐或者悲伤情绪。例如：

① 大雪整整下了一夜。今天早晨，天放晴了，太阳出来了。推开门一看，嗬！好大的雪啊！山川、河流、树木、房屋，全都罩上了一层厚厚的雪，万里江山，变成了粉妆玉砌的世界。落光了叶子的柳树上挂满了毛茸茸亮晶晶的银条儿；而那些冬夏常青的松树和柏树上，则挂满了蓬松松沉甸甸的雪球儿。一阵风吹来，树枝轻轻地摇晃，美丽的银条儿和雪球儿簌簌地落下来，玉屑似的雪末儿随风飘扬，映着清晨的阳光，显出一道道五光十色的彩虹。（峻青《第一场雪》）

② 这女人编着席。不久在她的身子下面，就编成了一大片。她像坐在一片洁白的雪地上，也像坐在一片洁白的云彩上。她有时望望淀里，淀里也是一片银白世界。水面笼起一层薄薄透明的雾，风吹过来，带着新鲜的荷叶荷花香。（孙犁《荷花淀》）

例①运用"粉妆玉砌"、"毛茸茸"、"亮晶晶"、"银条儿"、"蓬松松"、"沉甸甸"、"雪球儿"、"玉屑似的雪末儿"等词语来描写"瑞雪"，衬托欢快喜悦的心情。例②通过对荷花淀自然环境的描写，烘托了一种清新、宁静的氛围，表现了"水生嫂"勤劳纯朴、温顺善良的形象。

（2）反衬

反衬，是利用事物的相对或相反关系，采用和本体相对或相反的事物，从反面衬托本体或主体事物。反衬往往是以乐景写哀，以哀景写乐。例如：

① 我在朦胧中，又隐约听到远处的爆竹声联绵不断，似乎合成一天音响的浓云，夹着团团飞舞的雪花，拥抱了全市镇。我在这繁响的拥抱中，也懒散而且舒适，从白天以至初夜的疑虑，全给祝福的空气一扫而空了，只觉得天地圣众歆享了牲醴和香烟，都醉醺醺的在空中蹒跚，预备给鲁镇的人们以无限的幸福。（鲁迅《祝福》）

② 骑马穿行林中，只听见马蹄溅起在岩石上漫流的水的声音，更增添了密林的幽静。在这林海深处，连鸟雀也少飞来，只偶尔能听到远处的几声鸟鸣。当你下马坐在一块岩石上吸烟休息时，虽然林外是阳光灿烂，而在这遮住了天日的密林中却闪着烟头的红火光。（碧野《天山景物记》）

例①通过描写祝福之夜温馨祥和的自然环境，衬托出了祥林嫂死亡的悲剧性，痛诉了封建礼教制度的罪恶。例②借用衬体"马蹄声"、"水声"、"鸟雀的鸣叫声"、"密林中的火光"，衬托出了天山森林人迹罕至、幽深僻静的特点。

2. 衬托的修辞功能

衬托主要是通过衬体对本体事物的陪衬、烘托来完成的。衬体服务于本体，为本体提供陪衬或烘托，以突出本体事物。因此，正确运用衬托，能使本体事物的特色显得更加突出，起到深化作者思想情感和文章思想主旨的修辞效果。

3. 衬托和对照的联系和区别

衬托和对照都有“比较”这一共同特点，但也有一些显著区别：对照的本体和对照体可以是同一事物，也可以是相类似或相反的两种不同事物，本体和对照体之间是平行并列的关系，目的是使好的显得更好，坏的显得更坏。衬托的本体和衬体是两种不同的事物，衬体可以由两个或两个以上的事物来衬托本体，本体和衬体有主次之别，目的是用衬体陪衬和突出本体，表达强烈的思想感情，深化文章的主题。例如：

① 冬日的斜阳无力地照在这一片田野上。刚是下午，清华气象台上边的天空，已显出月牙儿的轮廓。顺着近年修的柏油路走，左侧是干皱的田地，看上去十分坚硬，这里那里，点缀着断石残碑；右侧在夏天是一片荷塘，现在也只剩下了冬日的凄冷。转过布满枯树的小山，那一大片废墟呈现在眼底时，我总有一种奇怪的感觉，好像历史忽然倒退到了古希腊罗马时代。 （宗璞《废墟的召唤》）

② 冷漠强硬，缺乏人文关怀和以人为本思想。禁止性的多，倡导性的少；管理性的多，服务性的少；宣传公民实行计划生育义务的多，宣传公民权益的少；冷漠强硬的多，温馨可亲的少。 （《冷漠强硬标题不得上墙》，《人民日报》2007-8-9）

例①是衬托，通过对衬体“无力的斜阳”、“月牙儿”、“干皱的田地”、“断石残碑”、“凄冷的荷塘”、“枯树的小山”的景色描写，烘托出“我”面对圆明园废墟时感慨万千、无比悲怆的心情。例②是对照，通过“多”和“少”、“禁止性”和“倡导性”、“管理性”和“服务性”、“义务”和“权利”、“冷漠强硬”和“温馨可亲”的比较，折射出了当代社会计划生育标语口号的使用现状，本体和对照体之间没有主次之分。

（三）对偶

对偶是字数相等、结构相同或相似、意义相关的两个句子或短语对称地排列在一起的修辞方式。

对偶由两个辞格要素构成：出句和对句。对偶属于一种形式方面的辞格，要求有出句和对句，或者说要求有上句和下句。因此，对偶的结构格式是“出句＋对句”。

1. 对偶的基本类型

对偶可以根据语义关系、形式特点，划分为不同的类型。

（1）正对、反对和串对

根据出句和对句的语义关系，对偶可以分为正对、反对和串对三种类型。

正对上下句的语义内容相关，从两个方面说明同一个事理，或描写一种情景，语义内容相互补充，相互映衬，上下句之间是并列关系。反对上下句的语义内容相反或矛盾对立。串对上下句的语义内容有承接、因果、条件、假设等关系，上下句之间一般不能前后倒置。例如：

① 殷殷嘱托，浓浓民情 （湖南人民广播电台《新闻频道》2003-3-7）

② 横眉冷对千夫指，俯首甘为孺子牛。 （鲁迅《自嘲》）

③ 才饮长沙水，又食武昌鱼。 （毛泽东《水调歌头·游泳》）

例①是一则新闻标题，上下句语义相关，既点明了朱镕基总理在十届全国人大一次会议期间参与湖南代表团讨论的新闻内容，又很好地树立了国家领导深入群众、体贴民情的可亲可敬的形象。例②上下句语义相反，为反对：热爱人民故“甘为孺子牛”，憎恶敌人故“横眉冷对”，体现出鲁迅先生爱憎分明的阶级情感。例③是串对，上下句为时间连贯和空间转换的顺承语义关系，不但交代了诗人从长沙来到武汉的行踪，而且还抒发了对祖国无限深厚的感情。

（2）严式对偶和宽式对偶

从言语结构形式上看，对偶可以分为严式对偶和宽式对偶两种类型。

严式对偶要求讲究平仄协调。宽式对偶不强求平仄协调，字面上也允许有重复。例如：

① 破帽遮颜过闹市，漏船载酒泛中流。（鲁迅《自嘲》）

② 民心因奥运而凝聚，精神为奥运而振奋。（《奥运之年话契机》①）

例①平仄相对，词性相对，用字也不重复，属于严式对偶。例②只是字数相同，结构大体一致，属于宽式对偶。

2. 对偶的修辞功能

对偶是汉语最具民族特色的一种辞格。从形式上看，具有对称美，语言形式对称齐整；从语音上看，韵律和谐匀称，具有音乐美；从内容上看，语义凝练、表达缜密。

3. 对偶和对照的联系和区别

对偶和对照在言语结构形式上有一定的相似之处，都有结构相同或相似的成对语言形式出现。它们之间的区别主要表现为：对偶以形式对称为特征，要求上下句之间结构相同或相似，字数相等，语义相同、相关或相反，具有韵律和谐、匀称的修辞效果。对照以语义比较为特征，要求本体和对照体意义相反、相对或相近，语言形式没有特别要求，修辞效果是加强语言的鲜明性、突出语义的反差性。例如：

① 直到水倦鱼睡，藻寂云眠，沧海月照着楚江秋，子夜风吹进桃花渡，我们便轻抱成相惜的诗句，在缠绵的梦中，滴蜜。（王禄松《青苔小语》）

② 就连打架，南方和北方都不一样。南方人喜欢用拳，北方人喜欢用腿，叫“南拳北腿”。南方人个子小，打架的地方也小，深街小巷，挤挤巴巴，难以施展，还是用拳头便当。北方天高地阔，一马平川，好汉们又一个个人高马大，一脚飞起，能把对方踢出二三里地去，很是过瘾，所以愿意在腿脚上下功夫。

（易中天《大话方言·南方与北方》）

从形式上看，例①中的“水倦鱼睡”和“藻寂云眠”，“沧海月照着楚江秋”和“子夜风吹进桃花渡”字数相同、结构相似，属于对偶。例②将南方人用拳与北方人用腿的缘由进行对比分析，体现了南方人和北方人打架的特点，属于对照。

（四）回环

回环，是采用变换语序的方法，把词语相同而排列次序不同的语言片段紧紧连在一起，形式上具有周而复始的“来复美”，内容上表现两种事物或情景之间对立统一辩证关系的修辞方式。

① 中共中央宣传部理论局：《理论热点面对面》，北京：学习出版社、人民出版社2008年版，第135页。

回环由甲、乙两个部分组成，甲、乙的语言单位可以是词、短语、句子，结构格式是“甲—乙，乙—甲”。例如：

① 诗中有画，画中有诗。

② 难者不会，会者不难。

1. 回环的基本类型

根据语言单位类型的不同，回环可以分为词回环、短语回环和句子回环三种类型。

（1）词回环

在词回环中，甲、乙两个语言单位都是词。例如：

① 中国的发展进步离不开世界，世界的繁荣稳定也离不开中国。

② 我中也有你，你中也有我。我便是你，你便是我。火便是凤，凤便是火。

（郭沫若《凤凰涅槃》）

例①由“中国”和“世界”这两个词构成回环。例②有三个句子运用了回环：第一、二句都是由“我”和“你”构成，第三句则由“火”和“凤”组合而成。

（2）短语回环

短语回环是甲、乙两个部分都由短语构成的回环。例如：

①“阿呀阿呀，真是愈有钱，便愈是一毫不肯放松，愈是一毫不肯放松，便愈有钱……”

（鲁迅《故乡》）

② 对丑类的恨加深着对人民的爱，对人民的爱又加深着对丑类的恨。

（刘心武《班主任》）

例①由短语“愈有钱”和“愈是一毫不肯放松”构成。例②由短语“对丑类的恨”和“对人民的爱”构成。

（2）句子回环

甲乙两个语言单位是句子，构成句子回环。例如：

近来呀，我越帮忙，她越跟我好，她越跟我好，我越帮忙，这不就越来越对劲儿了吗？

（老舍《女店员》）

这个例句运用句子“我越帮忙”和“她越跟我好”来构成回环。

2. 回环的修辞功能

回环是一种言语形式和语义内容有机统一的修辞格，在言语形式上具有循环往复的形式美，语义内容上体现了事物之间的相互辩证关系。运用回环的时候，一定要注意这两方面的问题，避免简单地流于言语形式翻来覆去的特点。

（五）顶真

顶真，又叫顶针，是用上一句结尾的词语作下一句的开头，使句子头尾相连、上递下接、环环相扣的修辞方式。

顶真至少由甲、乙、丙三个部分组成，这三个部分的语言单位可以是词、短语或句子，结构格式为“甲—乙，乙—丙，丙—丁……”。例如：

严志和一见了土地，土地上的河流，河流两岸荫湿的涯田，涯田上青枝绿叶的芦苇，心上就漾着喜气。（梁斌《红旗谱》）

1. 顶真的基本类型

根据语言单位类型的不同，顶真可以分为词顶真、短语顶真和句子顶真三种类型。

（1）词顶真

词顶真是由词和词构成的顶真。例如：

① 途径黎明，我发现高出树林的是日出，高出日出的是心灵，高出心灵的是无边的大海。（周勤《心灵之声》）

② 我由悲伤又转为仇恨，又由仇恨变为愤怒，这愤怒就像火一样烧遍我的全身，不，我不能害怕。（黎汝清《海岛女民兵》）

（2）短语顶真

短语顶真是由短语和短语构成的顶真。例如：

① 打人就要费力气，费力气就要多吃饭，多吃饭就要费钱，费钱就要破坏他的哲学，老张又何尝爱打人呢？（老舍《老张的哲学》）

② 月在树梢漏下点点烟火
点点烟火漏下细草的两岸
细草的两岸漏下浮雕的云层
浮雕的云层漏下未被苏醒的大地
未被苏醒的大地漏下一幅未完成的泼墨
一副未完成的泼墨漏下
急速地漏下
空虚而没有脚的地平线
我是千万遍千万遍唱不尽的阳关（张默《无调之歌》）

（3）句子顶真

句子顶真是由句子和句子构成的顶真。例如：

① 咱们做的事越多，老百姓就来的越多，老百姓来的越多，咱们的力量就越大，咱们的力量越大，往后做的事也就越多。（欧阳山《高大干》）

2. 顶真的修辞功能

从言语形式上看，顶真具有上递下接、环环相扣的言语形式美；从语义内容上看，顶真的语义推理逻辑清晰，能够反映出不同事物之间先后、因果、顺承等关系，体现事物之间紧密联系的特点。

3. 顶真和回环的联系和区别

顶真和回环都具有言语形式首尾相接的特点，而且前后相接的语言单位都可以是词、短语、句子。二者之间的区别主要表现在：回环通过“甲—乙，乙—甲”的圆形结构来揭示两种事物之间的辩证统一关系，甲、乙两个部分重复使用两次，目的是循环往复。顶真利用“甲—乙，乙—丙，丙—丁……”的层层推进式直线结构来展示客观世界事物普遍联系的特点，首尾的语言单位只出现一次，而中间上递下接的语言单位则要出现两次，目的是直线延伸。

（六）反复

反复是故意重复某个词、短语、句子等语言单位两次以上，以示强调、突出该内容的修辞方式。

由于反复要求重复的语言单位必须出现两次或两次以上，因而它的结构格式可以描写为“甲$_1$，甲$_2$，……甲$_n$”。

1. 反复的基本类型

根据重复语言单位出现的位置，反复可以分为连续反复和间隔反复两类。

（1）连续反复

连续反复是接连使用相同的词、短语或句子，中间没有其他词语的间隔。例如：

① 在宫殿内到处都是金银财宝，老板捡呀捡呀的，正捡着猛然发现宋总正笑眯眯地望着自己。 （张者《唱歌》）

② 三伙一走，英芝立即把牌甩了。几十张牌从空中洒落一地，气得茗伢一边捡牌一边骂：“我唱唱唱，唱了去死呀。这么好的牌，白起了。” （方方《奔跑的火光》）

例①中的“捡呀”连续反复了两次，体现了“老板”在梦中美滋滋地捡金银财宝的情态。例②连续四次出现了动词“唱”，表现了“茗伢”因为“英芝”甩牌去唱歌赚钱而感到十分沮丧的心情。

（2）间隔反复

间隔反复是在重复出现的词、短语或句子中间插入其他词语，从而把重复的语言单位隔离开来。例如：

① 给我一瓢长江水啊　长江水
那酒一样的长江水
那醉酒的滋味是乡愁的滋味
给我一瓢长江水啊　长江水 （余光中《乡愁四韵》）

②关心石上的苔痕，关心败草里的鲜花，关心这水流的缓急，关心水草的滋长，关心天上的云霞，关心新来的鸟语。 （徐志摩《我所知道的康桥》）

例①中重复两次的句子“给我一瓢长江水啊　长江水”被两行诗句隔开，形成了反复咏叹之势，抒发了诗人强烈的乡愁情绪。例②反复六次使用“关心”一词，但中间都被其他短语隔开了，具有一种形式上的错综之美。

2. 反复的修辞功能

合理运用反复，不但能突出话语表达的重点，而且还能形成一种反复咏叹的韵律美和节奏感，便于抒发强烈的思想情感，突出言语所包含的情感色彩。

（七）排比

排比是用三个或三个以上结构相同或相似的语言单位组织排列起来的修辞方式。

排比对特定的言语结构形式具有数量上的要求，即三个或三个以上，它的结构格式可描写为“甲，乙，丙，……”。

1. 排比的基本类型

排比可以分为短语排比、句子排比和段落排比三种类型。

（1）短语排比

短语排比是由句子中三个或三个以上结构相同或相似的短语成分构成的排比。例如：

① 我承认，有些人是特别的善于讲价，他有政治家的脸皮，外交家的嘴巴，杀人的胆量，钓鱼的耐心，坚如铁石，韧似牛皮，所以他能压倒那待价而沽的商人。

（梁实秋《讲价》）

② 从黑暗走向光明、从落后走向进步、从贫穷走向富裕、从专制走向民主、从封闭走向开放，这就是西藏的发展历程，是西藏发展史上最为壮丽的篇章。

（《西藏的明天更美好》[①]）

例①用定中短语排比“政治家的脸皮，外交家的嘴巴，杀人的胆量，钓鱼的耐心”来充当动词“有”的宾语。例②用状中短语排比“从黑暗走向光明、从落后走向进步、从贫穷走向富裕、从专制走向民主、从封闭走向开放”来展示西藏的发展历程。

（2）句子排比

句子排比是由三个或三个以上结构相同或相似的句子构成的排比。例如：

① 古长书从此声名远扬了。救人的时候，他确实没有想到过出名的问题：受伤之后，他想到了，因为他知道自己行为的全部意义：从美学上讲，这是一种超越生命价值的崇高；从人性上讲，这是一种视他人生命为自己生命的伟大；从政治上讲，这是代表了最广大人民群众的根本利益。

（李春平《读古长书》）

② 天太大。海太阔。人太老。游泳的姿势和动作太单一。胆子和力气太小。舌苔太厚。词汇太贫乏。胆固醇太多。梦太长。床太软。空气太潮湿。牢骚太盛。书太厚。

（王蒙《海的梦》）

例①是由三个“从……上讲，这是……”结构的句子构成的排比。例②是由 13 个“主语 + 太 + 谓语”的形容词性谓语句组成的排比。

（3）段落排比

段落排比是由三个或三个以上结构相同或相似的段落构成的排比。例如：

② 假如我是个诗人，我就要写出一首长诗，来描绘她们的变幻多姿的旋舞。

假如我是个画家，我就要用各种色彩，点染出她们的清扬的眉宇和绚丽的服装。

假如我是个作曲家，我就要用音符来传达出她们轻捷的舞步和细响的铃声。

假如我是个雕刻家，我就要在玉石上模拟出她们的充满了活力的苗条灵动的身形。

（冰心《观舞记》）

2. 排比的修辞功能

排比要求结构相同或相似的语言单位连续出现三次或三次以上，形式上具有结构的齐整之美和韵律的铿锵之美，语义上内容丰富，体现出强烈奔放的情感，具有一种排山倒海的抒情气势。

（八）层递

层递是用三个或三个以上结构相似的语言单位按照递升或递降的逻辑关系组织排列的修辞方式。

层递要求三个或三个以上的语言单位之间具有依次递升或递降的逻辑关系。这种逻辑关系可以表现为时间的长短、距离的远近、数量的多少、位置的高低、年龄的大小、道理的深浅、语义的轻重等。层递的结构格式主要表现为两种：一是递升“甲 < 乙 < 丙……”；二是递降“甲 > 乙 > 丙……”。

① 中共中央宣传部理论局：《理论热点面对面》，北京：学习出版社、人民出版社 2008 年版，第 182 页。

1. 层递的基本类型

根据语言单位之间的逻辑关系，层递可以分为递升和递降两种类型。

（1）递升

递升要求三个或三个以上的语言单位根据时间由短到长、距离由近到远、数量由少到多、位置由低到高、道理由浅到深、语义由轻到重地进行排列。递升的结构格式为“甲 < 乙 < 丙……”。例如：

① 工作需要你们，人民需要你们，新的中国需要你们，新的时代需要你们。

（巴金《一封未寄出的信》）

② 一个星，两个星，无数明丽的火星。
一锤影，两锤影，无数快活的锤影。
来呀，大家齐用力，
咱们要使这铁火碰动！（王统照《铁匠铺中》）

例①根据“需要”的主体，按照其范围大小依次呈递升排列“工作 < 人民 < 新的中国 < 新的时代”。例②根据“火星”和“锤影”的数量，依次从少到多地排列为“一个 < 两个 < 无数”和“一锤 < 两锤 < 无数”。

（2）递降

递降要求三个或三个以上的语言单位根据时间由长到短、距离由远到近、数量由多到少、位置由高到低、道理由深到浅、语义由重到轻地进行排列。例如：

① 敬爱的周总理啊，如果能用我们来换取您一年、一月、一日，哪怕是一分钟的复生，我们将争先恐后地献出我们的生命！（童怀周编《天安门诗抄》）

② 如果说在过去那种情况下有些还可以谅解，那末现在继续说假话，就很不对了。谁还要这样做，就是存心害党，害人民，害自己。（聂荣臻《恢复和发展党的优良作风》）

例①从长到短地排列出了时间的顺序“一年 > 一月 > 一日 > 一分钟”。例②根据说假话的危害及其范围的大小、程度的轻重，递降排列出了“害党 > 害人民 > 害自己”的逻辑顺序。

2. 层递的修辞功能

层递通过三个或三个以上语言单位之间层层递升或递降的语义逻辑关系，深刻地反映出事物的发展变化过程和人们思想认识的深化程度，逻辑严密，思路严谨，具有清晰的条理和层次。

3. 层递和排比的联系和区别

层递和排比都是由三个或三个以上的语言单位组成的，它们之间的区别主要表现为：排比的语言单位必须是结构相同或相似，语言单位之间是平行并列的关系，语序可以前后互换。层递不受结构相同或相似的制约，语言单位之间具有递升或递降的语义逻辑关系，语序不可前后互换。因此，虽然形式上具有排比的特点，但如果语义内容符合层递的要求，那么就只能判断为层递。

（九）设问

设问，是有意提出问题以引起注意和思考，接着自己回答问题，或问而不答的一种修辞方式。

设问由两个辞格要素构成：问句和答句。自问自答的设问，要求问句和答句同时出现；问而不答的设问，只出现问句，答句不出现。设问的结构格式为“问句+（答句）”。

1. 设问的基本类型

根据答句出现与否，设问可以分为自问自答和问而不答两种类型。

（1）自问自答

自问自答是先提出问题，然后回答问题。问句和答句同时出现。例如：

① 最深刻的感受是什么呢？是美，是一种特别的美，充满了诗情画意的美。

（峻青《沧海日出》）

② 从技术层面看，暂行规定显然已经相当全面和严谨了，你能想到的，安监总局基本上也都帮你想到了。那么，“领导下井”制度算是一步到位了吗？恐怕还为时过早。

（吴龙贵《“领导下井”制度一步到位了吗》）

例①首先提出问题“沧海日出的感受是什么”，然后用层层递进的方法进行了回答。例②针对国家安监总局2010年8月25日在官方网站全文公布地下矿山企业领导下井带班暂行规定公开征求意见稿，提出了自己的疑问和思考，具有引起读者关注这一新闻事件的表达效果。

（2）问而不答

问而不答是只出现问句，不出现答句的设问。受话人必须通过对上下文的分析，才能发现隐藏在文中的答案。例如：

① 中国人的假日旅游何时才能真正从“观光游览”走向“休闲度假”？

（《假日旅游只一个字“累”》，新华社北京电2002-5-6）

② 问苍茫大地，谁主沉浮？ （毛泽东《沁园春·长沙》）

例①从旅游已成为当前人们新的消费趋向这一现象出发，经调查发现很多人的假日旅游都犹如走马观花似的“赶场”，于是便提出了没有直接给出答案的问题，要求读者阅读完新闻报道之后自己得出正确的答案。例②同样也只是提出问题，并未给出答案，读者只有发挥丰富的想象和联想，才能感受到其中所蕴藏的诗人的豪情壮志。

2. 设问的修辞功能

设问通过提出问题，引起受话人的注意，不但具有突出文章主题的作用，而且还能使言语表达显得生动活泼，灵活多变。值得注意的是，在运用问而不答的设问时，一定要注意语境设置在引导受话人理解和把握文中隐藏答案的重要作用。

（十）反问

反问，是用反问句的形式表示确定的意思，明知故问，问而不答的修辞方式。

反问只有一个辞格要素，即问句。反问用问句来提出问题，而答案寓于问句之中，其结构格式有两种：一是“否定词+反诘语气”；二是“肯定词+反诘语气”。

1. 反问的基本类型

根据问句的句式，反问可以分为否定式反问和肯定式反问两种类型。

（1）否定式反问

这是用否定的反问句来表达肯定的内容。结构格式为“否定词+反诘语气”。例如：

其实，烤肉虽是北地风味，但传到湘潭却年深月久，烤肉的铁支子铁匠铺也有卖的，可是新的不好用，烤起来带铁腥气。而烤肉秦的这两副铁支子，用的日子太长了，油盐都入了骨，烤起肉来不糊不焦，神物！有识得字的，从铁围子上寻到“明崇祯十六年”一行字，便惊叹：“三百多年的东西了，烤起肉来能不好吃么?!”（聂鑫森《铁支子》）

这段话的“烤起肉来能不好吃么?!”用否定式反问句来进行提问，答案寓于问句中，回答是肯定的，具有一种不容置疑的表达效果，增强了语言的表达力量。

（2）肯定式反问

这是用肯定的反问句来表达否定的内容，结构格式是“肯定词＋反诘语气”。例如：

①“你们的父母的脸都让你们丢尽了！不要讲做革命事业的可靠接班人了，你们还有点新中国青年的味道么？你们还算人么?”

关科长义愤填膺，怒不可遏，说得众人一个个都低下头，默不做声。美萍脸红了。

（王蒙《你不是一个俗人》）

② 您知道女儿是单纯的，我不敢想，可无情的现实却逼得我不能不想：为什么江青、陈伯达他们要这样从背后捅您一刀？这难道光明磊落吗?

（陶斯亮《一封终于发出的信》）

例①的“你们还有点新中国青年的味道么？你们还算人么?”连续使用两个肯定式反问，表示否定的意思，表现了“关科长”当时愤慨的情绪。例②的“这难道光明磊落吗?”用肯定式反问表达否定意思，表现出了对“四人帮”卑鄙无耻行径的愤慨。

2. 反问的修辞功能

反问运用反问句式发问，用一种不容置疑的语气以增加抒情和论证的力度，能够较好地表现出发话人强烈的思想情感。

3. 反问和设问的联系和区别

反问和设问都属于“明知故问”，都要运用疑问句发问，而且发话人对问题的答案是清楚的。这是二者的相同点。反问和设问区别主要有：反问只有问句这一个要素，通常用反问句式提出问题，问而不答，答句寓于问中，一般用在句、段、篇的后面，目的是加强语气，用不容置疑的口气表明自己的看法。设问由问句和答句两个要素构成，自问自答的设问要求问句和答句同时出现，问而不答的设问只出现问句不出现答句，一般用在句、段、篇的前面，目的是引起读者的注意和思考。

四、修辞格的综合运用

在现代汉语语用实践中，修辞格的运用是多种多样的：有的是单个辞格的使用；有的是连续使用同一种辞格或不同的辞格；还有的是几种辞格相互交叉结合在一起，形成你中有我、我中有你的情况。这种在一句话或一段话中连续使用同一辞格或综合使用多种辞格的修辞现象，就叫做修辞格的综合运用。

修辞格的综合运用，主要分为辞格的连用、兼用和套用三种类型。辞格的连用，是指在一句话或一段话里连续使用同一种辞格或不同辞格的修辞现象。辞格的兼用，是指同一语言形式兼有多种修辞格的修辞现象。辞格的套用，是指一种辞格里包含着其他辞格、辞格之间具有分层组合包容关系的修辞现象。例如：

幸福不喜欢喧嚣浮华，它常常在暗淡中降临。贫困中相濡以沫的一块糕饼，患难中心
比拟 比拟 对偶中套用移就
心相印的一个眼神，父亲一次粗糙的抚摸，女友一张温馨的字条……这都是千金难买的幸
对偶中套用移就 夸张和比拟
福啊。像一粒粒缀在旧绸子上的红宝石，在凄凉中愈发熠熠夺目。
兼用 比喻 比拟

（毕淑敏《提醒幸福》）

辞格的连用、兼用和套用，并不是互不相干的，它们之间往往具有交叉、融合的地方，有的语言片段还会出现这三种运用方式交错使用的情况。在分析现代汉语修辞现象时，应当立足于语篇的整体性，结合语境正确判断辞格的类别及归属，从而进一步弄清各种修辞格之间的层次关系。

思考与练习五

一、什么是修辞格？修辞格具有哪些特点？

二、举例说明运用比喻应该注意的问题。

三、结合实例，谈谈比喻和比拟的同与异。

四、结合实例，谈谈移就和比拟的同与异。

五、结合实例，谈谈借代和借喻的同与异。

六、什么是夸张？夸张可以分为哪些类型？

七、什么是双关？双关可以分为哪些类型？

八、结合实例，谈谈对照和对偶的同与异。

九、举例说明顶真和回环的联系与区别。

十、结合实例，谈谈排比和层递的同与异。

十一、指出下列句子所使用的修辞格，并分析其修辞作用。

1. 莲是盛夏中的时花之一，从外表看来，它是一位娴静柔和的淑女，是一位庄穆清雅的洁士，但从实质看来，它同时又是一位不贪荣华，不惧炎势，出污泥而不染的耿直硬汉。
2. 这里没有人世的纷扰、贯耳的噪声、川流的车辆，只有一叶扁舟、三两游伴，沐浴着大自然的宁静。
3. 荒野上开着一片野生的牵牛花，都是一律的蓝色，这花是只知道有清晨，不知道有炎昼和黑夜的，一万个清洁的小喇叭，齐向云天奏着朝歌。
4. 咚—咚—咚咚咚。声音单调吗？一点也不觉得。因为每一声咚咚都敲出对旧事物的诅咒，敲出对新生活的人民共和国美好的祝愿。
5. 诗人写过春天，写过盛开的花朵；但春天哪有您对儿童的温暖？任何鲜艳的花朵在您的面前，都将低下头去。
6. 这里除了光彩，还有淡淡的芳香。香气似乎也是浅紫色的，梦幻一般轻轻地笼罩着我。花和人都会遇到各种各样的不幸，但是生命的长河是无止境的。
7. 我真不忍心挖开我的回忆的坟墓。那里面不知道埋葬了多少令人伤心断肠的痛史。
8. 依法治国不仅从制度上、法律上保证人民当家作主，而且也从制度上、法律上保证党的执政地位。

9. 警方告诉记者，今天抓获的这个小偷每次作案后总是将证件等物品寄还失主，自称是“知识分子”，要“文明作案”。
10. 是的，春天是美好的，那蓝天白云，那绿树红花，那莺歌燕舞，那流水人家，怎么不叫人陶醉呢？

十二、联系你所学的专业，谈谈学习和研究修辞格的意义。

第六节　语　　体

一、语体及其特点

（一）语体

语体是在运用全民语言时，为适应特定语境需要而形成的语言运用特点的体系。语体与人类社会的言语活动具有密切的关系。

人类的言语活动总是在具体的语境中进行的。随着时代的发展、社会分工日益精细，语言运用领域也在不断扩大，由此产生了种种具体的具有类型化特征的语境类型。特定的语境类型是语体形成的制导因素。语境类型是指由交际领域、交际目的、交际任务、交际对象等大体相同的语境因素所构成的交际领域。例如：日常生活中的闲聊、谈心，既可以在公共场合如商场等地方进行，也可以在私人场合如家庭等地方开展，但不管在哪一种场合，人们都处于一种轻松、自然、随意的言语活动状态中。我们在菜市场就经常可以听到这样的对话：

甲：黄瓜怎么卖？

乙：五块钱一斤。

甲：太贵啦！便宜一点儿！

乙：四块五吧，开张生意！

甲：行，给我称两斤。

类似这样的谈话还很多，但它们主要出现于日常生活交际领域，目的是满足人们在日常生活中传递信息、交流思想感情的需要。这就是一种语境类型。

不同的语境类型影响着人们对语言要素和非语言要素的选择。语言要素是指语言结构系统内的语音、词汇、语法等因素；非语言要素是指语言结构系统外的篇章结构、符号、表格、公式、副语言、体态语等因素。语言要素和非语言要素是语体形成的物质基础。例如：

那夜，我真的和月光一同融进大山里去了。那是我记忆中最美好的月光。地上，月光银子似的斑驳晃动。树枝上，昂起头来的松鼠的小眼睛宝石般闪亮。山谷里有透明的旋律，山岚是清幽的月韵，连那山歌也被捶打成青石上一片薄薄的月光了。风很轻，月光在草叶上轻轻地晃动着透明的浑圆，月光如同目光一样醉人，被月光雕刻出来的山谷很静。月光溶溶，一切纯净，一切透明。包括山林和人生。（淡墨《乌蒙山月》）

这段话使用了与文学创作领域相适应的各种语言要素和非语言要素：形象色彩鲜明的形容词和副词；句子长短相间，修饰限制性的句法成分较多；比拟、比喻、移就、通感等深层修辞格；几乎不使用连接等语篇衔接手段等。这些要素整合在一起形成了新颖生动、凝练含蓄的风格基调，这就是文艺语体。

在现代汉语中，受到语境类型的影响而产生语言功能分化的语言要素和非语言要素，使人们的言语活动呈现出了特定的语言运用特点及其风格基调。久而久之，便形成了语体。换言之，语体是人们为适应特定的语境类型而在选择运用语言要素和非语言要素的过程中历史地形成的。

（二）语体的特点

1. 全民性

语体的全民性是指语体为使用民族共同语的全民所有，为使用民族共同语的全民服务。全民性是语体最根本的特点，这是因为：

第一，语体由语言要素和非语言要素共同组成，是人们在使用全民通用的语言要素和非语言要素的过程中形成的。就其本质而言，语体与一般的语言体系不同，但并不是超越于全民语言之外的独立的语言。因为它没有自己独立的语音、词汇、语法系统，而必须依靠某种民族共同语的语音、词汇、语法系统才能得以反映和体现。它是全民语言因交际领域的分化而形成的功能变体。

第二，语体是人们为了适应不同的语境类型而在漫长的言语实践活动中逐渐形成的，是全民族共同创造的成果。个人是难以创造出某种独立的语体系统来的。当然，一些杰出的语言大师对于语体的发展和演变，有时可能会产生一定的影响和作用。但是，如果这种影响和作用没有在社会语用实践层面得到普遍推广，那么也仅只是一种个人语言风格的体现。

第三，语体是人们在使用语言的过程中所必须遵循的一种规范。语体一旦形成，便成为人们在同类语境中的共同言语特点，并规定和制约着人们的语用行为。人们在言语活动中只有遵守这些规范，才能使语言表达显得准确、合适、得体；否则，说出来的话、写出来的文章就会不伦不类，很不得体。例如：发布一个公告却大量运用艺术辞藻，这就显得非常滑稽。

2. 体系性

语体是一个系统。语体的体系性主要表现为：

第一，语体是由全民通用的语言要素和非语言要素彼此联系而构成的整体。单一的或个别的语言要素和非语言要素是不可能构成某种独立的语体的。例如：表示“男性长一辈直系亲属”这一意义的词语，可以有“家尊”[+ 书卷语体色彩]、“父亲”[+ 书卷语体色彩]、“爸爸”[± 书卷语体色彩]、“爹”[− 书卷语体色彩]、“阿爸”[− 书卷语体色彩] 等等，但如果说这些词语就是书卷语体或谈话语体，那就错了。

第二，语体是由不同的具体的语体类型组成的多层次、多序列的系统。现代汉语语体有两个基本的语体类型，即谈话语体和书卷语体。在这两个基本类型的下面，又有各种不同类型的分支语体。每一种分支语体又因为构成物质基础的不同而呈现出系列性的语用特点。可以说，语体的系统性主要就表现为抽象性和概括性：上位语体的形成总是表现为对下位语体语言运用特点的抽象和概括，而下位语体的运用总是受制于上位语体的特点。当然，语体系统的层级性是有一定的限度的，不可能毫无限制、无休无止地划分下去。

第三，语体系统在特定的历史时期内具有相对的稳定性和封闭性。在一定的历史时期，语体系统内部每一种独立的语体都有自己典型的、高频率使用的语言要素和非语言要素。这些要素是在长期的言语实践中形成的，具有一定的稳定性。也正是由于这些要素的存在，语体成为了一个相对封闭的系统，从而使不同的语体能够相互区别、彼此独立。但是，语体又是不断发展的，不同语体之间也是相互联系的。任何语体的丰富和完善都离不开对其他语体一些语言要素和非语言要素的吸收。例如：

“十一”长假将至，有关专家提醒劳动者，假日加班工资一定要仔细算，注意维护自己的权益。《劳动法》第四十四条规定，休息日安排劳动者加班工作的，应首先安排补休，不能补休的，则应支付不低于工资的200%的工资报酬。法定休假日安排劳动者加班工作的，应另支付不低于工资的300%的工资报酬。实行轮班工作制的，法定休假日工作按加班处理。 （《专家提醒劳动者维护自己权益》，《人民日报》2002－9－24）

记者从维护劳动者合法权益的角度出发，根据新闻报道的内容，插入了一段与报道语体语言运用特点不一致的法律事务话语，从而使新闻报道增添了朴实平直、精确简明的风格特点。

二、语体的类型及其风格基调

根据语体形成的制导因素和物质基础，现代汉语语体的类型可具体划分如下：

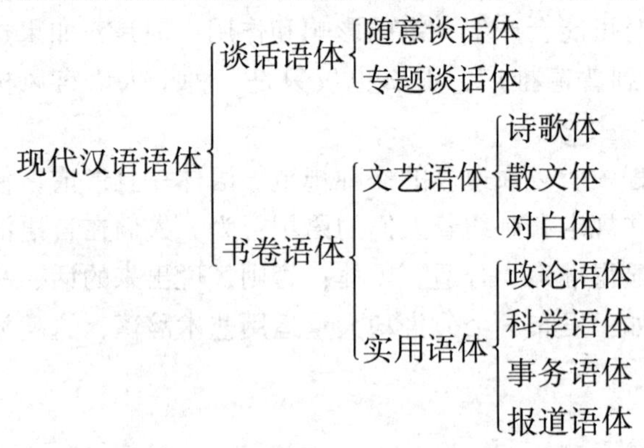

谈话语体和书卷语体是现代汉语语体的两大基本语体类型。谈话语体的主要形式是口语，但又不等于口语；书卷语体的主要形式是书面语，但又不等于书面语。口语和书面语是人们运用语言的表现形式。任何语体都能以口语和书面语的形式出现。例如：中央电视台的新闻联播使用的是报道语体，但语言形式是口语；报刊杂志刊登的辩论赛实录使用的是谈话语体，但语言形式是书面语。因此，我们不能把语体和语言形式混为一谈。

谈话语体和书卷语体这两大基本语体类型的内部，可再划分出种种具体的分语体来，如谈话语体又可分成随意谈话体和专题谈话体等分语体。一些分语体还可以进一步细分出支语体来，如文艺语体作为书卷语体的分语体，还有诗歌体、散文体和对白体等支语体。

（一）谈话语体

谈话语体是为了适应日常生活领域交际需要而形成的语言运用特点体系，具有平易自然、生动活泼的风格基调。在日常生活中，谈话语体适应面广，使用频率高，能够满足人们传递信息、交流感情的需要，同时还具有调节人际关系的重要功能。

谈话语体的语言运用特点是：语音的韵律变化丰富多彩；词语运用通俗生动，叹词、拟声词、语气词使用频率较高，多用方言词、惯用语、歇后语、谚语等；句子结构简单，插入语使用频率较高，多用短句、省略句；常用反复、设问、婉曲、双关等修辞格；语句之间的衔接和连贯较为松散。

根据语体形成的语境类型和物质基础，谈话语体可分为随意谈话体和专题谈话体。

1. 随意谈话体

随意谈话体的内容十分广泛，从见面寒暄、谈天说地到促膝谈心、交换意见，无所不包。因此，在家里，在学校，甚至是公共场合，谈话语体都会出现。

随意谈话体是谈话语体的典型表现形式，它的语言运用特点是：语调的复杂化；词语的通俗性；句子短小简略；语篇结构松散。如果考虑到交际者之间的亲疏关系，随意谈话体还可以分为自由型谈话体和拘束型谈话体两类。自由型谈话体常见于家庭成员、同学同事、好朋友等之间，语言运用要更为自然、轻松一些，想说什么就说什么；拘束型谈话体常用于陌生人、上下级、师生等之间，语言运用则要更为正式、客套一些，说话往往有所保留。例如：

① 甲：上哪儿去呀？

乙：图书馆。

甲：能不能顺便帮我还本书？我有个朋友从上海来，约好下午见面。

乙：没问题！晚上得请朋友吃饭吧？

甲：嗯！可在哪儿吃还没定，正发愁呢！

乙：前两天学校附近新开了一家餐厅。叫什么来着？想起来了，红豆园。

甲：噢？味道怎么样？

乙：听说是价廉物美，吃饭的人挺多的。

甲：行，就去那儿！离学校近，方便！

② 甲：您好！欢迎光临！

乙：你们餐厅有环境幽雅一点的包间吗？

甲：有的。请问你们一共几位？我帮您选一个合适的包间。

乙：10位。

甲：好的。您这边请！

乙：好。

例①表示各种感情变化的语调、语气词、儿化词十分丰富，词语表达通俗易懂，句子结构短小、省略句较多，语篇结构松散，属于自由型谈话体。例②表示礼貌的客套性词语使用较多，句子结构和语篇结构相对也要比例①规整一些，属于拘束型谈话体。

2. 专题谈话体

专题谈话体的交际目的较为明确，交际内容往往限于某一问题，如信息咨询、法庭辩论、商业谈判、记者或主持人访谈等，话题比较集中，谈话比较认真，有时候还需要字斟句酌，表现出书面语的一些特征。

专题谈话体的语言运用特点是：语气较为正式；用词相对规范；句子结构比较完整；

使用具有一定趣味性的修辞格；语篇结构同时兼顾条理性和生动性。例如：

家　长：老师，我们家王琪最近表现怎么样？

班主任：王琪同学尊敬师长、团结同学、乐于助人，每次考试，成绩总是名列前茅。

家　长：老师，您过奖了。

班主任：但最近我们班的同学学习非常刻苦，而王琪同学的学习状态似乎不太好。

家　长：唉，这孩子！什么都不跟我们说……

班主任：父母应该多和孩子交流，了解孩子在想什么，帮助孩子保持良好的学习状态。

家　长：好的！好的！多谢老师提醒！我们一定配合老师，让王琪尽快跟上其他同学。

班主任：行！我们一起努力吧！

这是家长为了解孩子在校情况而与班主任展开的一段专题性对话：语气礼貌且正式，用词、造句都显得十分规范，谈话双方都很注重言语的表达技巧，使用了排比、婉曲、反复等修辞格，可以说是“言之有物，言之有序，言之有理”。

（二）书卷语体

书卷语体是为了适应社会群体活动领域交际需要而形成的语言运用特点体系，具有严密规范、庄重典雅的风格基调。书卷语体和谈话语体关系密切，谈话语体是书卷语体的基础和源头，书卷语体是谈话语体的提炼和升华。离开了谈话语体，书卷语体就谈不上发展、丰富和完善。

书卷语体能够帮助人们协调个体与集体、集体与集体之间的人际关系，从而达到和谐社会关系的交际功能。书卷语体的语言运用特点是：语音表达规范，节奏分明；书面语色彩较浓的词语使用频率较高，多用专门化的词语；句子结构较为完整，句式使用复杂，修饰限制性的句法成分较多；语篇具有一定的连贯性、层次性和逻辑性。

从宏观上看，人类社会群体活动的功能大体上可分为审美功能和实用功能两种。因此，结合语体形成的语境类型和物质基础，书卷语体可以分为文艺语体和实用语体两类。

1. 文艺语体

文艺语体是为满足艺术生活交际需要而形成的书卷语体，主要适用于文学创作领域。诗歌、小说、散文、戏剧文学等的语言体式均属于文艺语体。

文艺语体往往通过塑造艺术形象、描绘主客观世界来使读者获得一种形式上的审美享受，具有情感性、形象性和变异性的风格基调。它在语言运用上的特点是：韵律感强，具有音律美；词汇形象色彩鲜明突出；句法结构灵活多变，句式类型丰富；常用比喻、比拟、夸张、移就、通感、反语、双关等深层修辞格；较少使用逻辑性强的关联词衔接语句，语篇结构对语境的依赖性较大。

文艺语体通常有三种表现形式，即诗歌体、散文体和对白体。

（1）诗歌体

诗歌体主要包括诗词、民歌、童谣、快板、唱词等文学作品的语言体式，语调和谐、音韵合拍、节奏鲜明是其最基本的语体特征。此外，诗歌体的句法结构往往还带有明显的变异性、强烈的抒情性，经常使用各种变式句，甚至打破句子的界限进行句法成分的跨行排列或间隔处理。夸张、比喻、比拟、移就、通感、反复等修辞格使用频率较高。例如：

小时候/乡愁是一枚小小的邮票/我在这头/母亲在那头

长大后/乡愁是一张窄窄的船票/我在这头/新娘在那头

后来啊/乡愁是一方矮矮的坟墓/我在外头/母亲在里头

而现在/乡愁是一弯浅浅的海峡/我在这头/大陆在那头 （余光中《乡愁》）

这首诗采用了押韵、重字叠音的语音修辞方式，音节匀称整齐，词语和句子的使用注重语义组合的新颖性和句法关系的变异性，再配合以排比、比喻、对照等修辞格，使整首诗的语言显得凝练而含蓄。

（2）散文体

散文体主要包括小说、游记、报告文学、传记文学、科幻小说等文学作品的语言体式，通过叙述性的语言来描绘历史和现实是其基本的语体特征。就具体的语言运用来看，散文体的词语、句子、修辞格的选择较为广泛，风格自然、朴素，语篇结构也较为自由，没有固定的章法。例如：

雨声渐渐的住了，窗帘后隐隐的透进清光来。推开窗户一看，呀！凉云散了，树叶上的残滴，映着月儿，好似萤光千点，闪闪烁烁的动着。——真没想到苦雨孤灯之后，会有这么一幅美的图画！

凭窗站了一会儿，微微的觉得凉意侵人。转过身来，忽然眼花缭乱，屋子里的别的东西，都隐在光云里；一片幽辉，只浸着墙上画中的安琪儿。——这白衣的安琪儿，抱着花儿，扬着翅儿，向着我微微的笑。 （冰心《笑》）

在这段散文体中，“渐渐”、“隐隐”、“闪闪烁烁”、“微微”等较好地起到了形象描绘景物、反映主体情感的表达效果，再加上句子的长短相间、行文的自然流畅，把雨后的月夜描绘成了一幅清新、恬静、幽美的图画。

（3）对白体

对白体通常是指戏剧、电影、小说中的人物对话。从语言特点来看，对白体与谈话语体较为接近：语音表达富有表情性，多用语气词、叹词；口语化的词语较多，明白晓畅；语句简短，修饰限制性的句法成分较少等。但是，对白体毕竟属于书卷语体，是谈话语体的艺术加工形式。例如：

曾文清 愫方！

愫 方 （不觉又痛苦地望着笼里的鸽子）

曾文清 （没有话说，凄凉地）这，这只鸽子还在家里。

愫 方 （点头，沉痛地）嗯，因为它已经不会飞了！

曾文清 （愣一愣）我——（忽然明白，掩面抽咽）

愫 方 （声音颤抖地）不，不——

曾文清 （依然在哀泣）

愫 方 （略近前一步，一半是安慰，一半是难过的口气）不，不这样，为什么要哭呢？

曾文清 （大恸，扑在沙发上）我为什么回来呀！我为什么回来呀！明明晓得绝不该回来的，我为什么又回来呀？

愫 方 （哀伤地）飞不动，就回来吧！

曾文清 （抽咽，诉说）不，你不知道啊，——在外面——在外面的风浪——

（曹禺《北京人》）

这段对白中，陈述、感叹、疑问等语气类型交错出现，谈话词语较多，句子比较短小，同时还配合使用双关辞格来表现“曾文清”的羞愧和“愫方”的失望。由此可见，语言运用的个性化和动作化是对白体基本的语体特征。

2. 实用语体

实用语体是为满足实际生活交际需要而形成的书卷语体，主要适用于专门化的实用交际领域，如宣传鼓动、学术交流、行政事务、新闻采访和报道等。语言运用属于实用语体范畴的文体主要有政治评论、学术专著、科学报告、规章制度、法律条文、消息报道等。

由于实用语体多用于理性地论证客观规律，或者做事务性的交代，或者是真实地记录和报道客体，因此，理性、客观、准确是其风格基调。语言运用方面的特点有：语音表达规范、清晰；词语使用专门化，实用语体色彩十分明显；句子结构完整，陈述句使用频率相对较高；修辞格的使用具有一定的限制；语篇衔接而连贯，具有较强的逻辑性。

实用语体一般有四种表现形式，即政论语体、科学语体、事务语体、报道语体。

(1) 政论语体

政论语体适用于思想政治、对敌斗争、精神文明建设等交际领域，具有弘扬真理、批判谬误、宣传鼓动等功能，主要包括政治报告、社论宣言、思想杂谈、文艺批评等政论文体的语言体式。

从语言的运用上看，政论语体既要客观、理性地论证观点，又要旗帜鲜明地表明态度和立场。所以，它论证的逻辑性比较接近科学语体，表达的激情性又比较靠近文艺语体，属于逻辑性和形象性的有机结合。这也是政论语体较为特殊的一种风格基调。具体说，政论语体往往广泛地吸收各种词语，包括口语词、外来词、新造词，形成了相当数量的政论性词语；句子结构灵活而规范，多用陈述句、祈使句和疑问句；排比、对偶、设问、反问、比喻、借代等有助于增强气势和说服力的修辞格使用频率较高；语篇结构逻辑严密。例如：

只有融入到时代发展的历史进程中，才能成就自身的价值，实现自己的理想。三峡工程、青藏铁路、奥运工程、载人航天、月球探测等重大项目，无不凝结着广大劳动者的智慧和汗水。创新成果层出不穷，高技能人才茁壮成长，技术工人登上国家科技奖最高领奖台，充分展现了我国工人阶级的时代风采。在建设创新型国家的今天，“劳动光荣、知识崇高，人才宝贵、创造伟大”已经成为时代最强音。

（《劳动创造光荣和梦想》，《人民日报》2009-5-1）

这段社论大量使用了与当前社会生活密切相关的政论性词语，新词新语也比较多；句子结构长短搭配，以陈述句为主，句与句之间的逻辑关系清晰明了；排比、层递、对偶、比拟辞格的使用更增添了话语表达的气势和力度。

(2) 科学语体

科学语体是在适应科学研究、学术交流、科技生产等交际领域的过程中形成的，具有科学论证和说明自然、社会及人类思维现象及其规律的功能。科学语体主要包括学术专著、学术论文、研究报告、科技说明书等科学文体的语言体式。

科学语体多使用意义精确而单一的学科术语（包括国际通用科学术语），数据表格、图形公式等非语言要素的使用频率较高；句法结构复杂，多用陈述句和表意周密的长句、逻辑层次清晰的复句，基本不用感叹句、省略句和变式句；语句之间的衔接常常依靠逻辑关系明确的关联词语；很少使用艺术化的修辞方式，像比拟、夸张、移就、通感等深层修辞格基本不用。因此，科学语体形成了客观、精确、严密的风格基调。

科学语体可以分为专业科学语体和通俗科学语体两类。专业科学语体是科学语体的典型表现形式，主要用于学科专家或学术研究者之间相互的学术交流或研讨；通俗科学语体主要用于学科专家或学术研究者向非专业人员普及科学知识。例如：

① 由于太阳辐射相对较弱，而辐射压的作用大小还取决于承受天体的有效面质比，对太阳系中各自然天体（包括彗星的一些物理现象）运动的影响并不重要，而对各类航天器运动的影响却是不可忽视的。

（马剑波等《关于太阳系中光压对各种天体运动的影响问题》）

② 劳动关系是最基本的社会关系。判断劳动关系的和谐程度，推进和谐劳动关系的建设，需要一个准则。正如结婚证是婚姻关系的凭证一样，劳动合同是劳动关系的载体，是用人单位和劳动者的权利和义务的凭证。（《实施〈劳动合同法〉的思考》①）

例①属于专业科学语体，用词严谨，句子结构严整，逻辑语义关系清楚。例②属于通俗科学语体，词语、句子的选用都显得比较浅显易懂。另外，为了便于读者理解劳动合同和劳动关系之间的抽象关系，还使用了比喻辞格，大大增强了读者的阅读兴趣。

由此可见，通俗科学语体兼有科学语体和文艺语体的某些特点，它与专业科学语体虽然在语言表达及风格基调上有一些区别，但二者均有一个共同的特点，那就是尊重客观事实、真实反映客体、理性论证规律。

（3）事务语体

事务语体是国家机关、社会团体、企事业单位以及人民群众之间传递信息、处理事务（包括行政事务、法律事务、外交事务、经济事务等）所用的一种实用语体。命令、决定、公告、通知、法令、规定、条约、声明、合同、协议等事务文体所使用的语言都属于事务语体。

为了实现传达意志、联系协调、记录总结等交际功能，事务语体以记叙为特征，以实用为目的，形成了严谨、明确和程式化的风格基调。语言运用方面的特点为：措辞严谨，具有专用的公文用语和严格的语篇结构格式；句子结构完整，多用陈述句，有时也用祈使句，基本不用感叹句和疑问句；很少使用表情性、审美性的修辞格，有时会使用对偶、反复、排比等辞格。例如：

第一条　为了保障邮政普遍服务，加强对邮政市场的监督管理，维护邮政通信与信息安全，保护通信自由和通信秘密，保护用户合法权益，促进邮政业健康发展，适应经济社会发展和人民生活需要，制定本法。（《中华人民共和国邮政法》）

这段话以陈述语气和复句的形式准确地说明了制定《中华人民共和国邮政法》的目的，用词、造句极为规范，诸如“为了+动词性词语”、“制定本法”、动词性非主谓句以

① 中共中央宣传部理论局：《理论热点面对面》，北京：学习出版社、人民出版社2008年版，第206页。

及条款式的说明方式等均属于法律条文的惯用表达形式。

（4）报道语体

报道语体主要包括消息、报道等新闻作品的语言体式，具有向社会公众传播新信息、对社会成员产生导向作用、进行信息沟通和组织群众等实用功能。

报道语体产生的语境类型是：新闻工作者通过广播、电视、报刊、网络等媒体，向广大的听众、观众和读者及时传播国内外发生的重大事件和重要的社会公众信息。这一语境类型决定了报道语体必然会有规律地、经常性地反复使用某些语言要素和非语言要素：风格色彩朴素平实、语义表达清晰明确的词语；句法结构简单的短句、陈述句、主动句和肯定句；表明消息来源和具有现场感的直接引语；独特新颖的标题、凝练真实的导语和倒金字塔式的篇章结构等。例如：

不赞成　不支持　不允许　不接受

陈敏章反对“克隆人”研究

本报讯（记者张荔子）卫生部部长陈敏章昨日明确表示，反对“克隆人”的研究。

昨天，卫生部召集在京医学、伦理学等方面的专家，座谈研讨“克隆羊”的科学意义及其带来的影响，并听取大家对发展医学生物技术的建议。陈敏章部长参加了座谈。他表示，克隆羊是科学技术的一大进步，具有突破性的意义；对“克隆人”研究的态度我们是明确的：不赞成，不支持，不允许，不接受。陈敏章部长希望向全民普及有关克隆问题的科学知识，并动员各部门支持科技事业的发展，为人类造福。

（《健康报》1997-3-20）

这篇新闻报道选用的全是朴素、平实的词语，并根据表达需要选择了一些新造词，如“克隆”、“克隆人”、“克隆羊”等；句子结构简单明了，句子语义清晰准确，基本上由陈述句、主动句和肯定句构成；新闻标题使用了较有气势的排比辞格；语篇结构前重后轻，讲求实效性。

报道语体的语言运用特点使之形成了简明、真实、形象的风格基调，并成为了传媒语言中功能较强、影响较大的一种语言体式。从传播学的角度来看，大众传媒对现实世界的把握是全方位的、立体的，手段也是丰富多彩的，但其核心功能在于传播信息、报道新闻，为人们提供现实世界的最新变动图景，发挥监测环境、服务社会、服务大众、引导大众的作用。①

三、语体的交叉和渗透

在语体系统内，每一种语体为了确保自己的独立自主地位，都以其特殊的语言运用特点及其风格基调而与其他语体相互区别。如果忽视了不同语体这些相互排斥的语言运用特点及其风格基调，就会造成风格色彩的不协调。然而，随着社会的发展和交际领域的扩大，语体也在不断地发展，这就导致了语体交叉和渗透现象的出现。

（一）语体交叉渗透的原因

语体的交叉和渗透，指的是不同语体之间通过构成要素的相互交流和功能改造，从而

① 童之侠：《国际传播语言学》，北京：中国传媒大学出版社2005年版，第83页。

形成在一种语体中包含有其他语体的某些构成要素或语言运用特点的一种言语现象。例如：

一丈青大娘骂人，就像雨打芭蕉，长短句，四六体，鼓点似的骂一天，一气呵成，也不倒嗓子。（刘绍棠《蒲柳人家》）

这个例句为了形象描绘出“蒲柳人家”特有的民族传统文化底蕴，在散文体的小说语言中穿插了“长短句”、“四六体”等文学术语，从而使艺术形象的塑造显得非常有个性。

从社会根源上来看，社会交际的复杂化是语体交叉渗透产生的外部原因。当今社会，科学技术飞速发展，不同地域、不同民族的文化交流日益频繁，人们的言语活动在大大缩小空间距离的同时，又极大地拓展了原有的交际范围。与此同时，交际目的、交际任务、交际对象等也越来越精细化和复杂化。已经形成的、较为稳定的语体，有的时候就会难以满足各种不同类型的社会交际领域的需要。因此，语体的交叉和渗透也是语体适应社会交际领域需要的一种反映。

从语体系统来看，语体的不断发展是语体交叉渗透产生的内部原因。语体的交叉和渗透是不同语体之间相互联系性的反映和体现。一方面，由于语体具有全民性，不同语体之间难免会出现语言要素和非语言要素相互交叉、彼此渗透的现象；另一方面，为了保证言语活动的有效性，当单一的语体不能完成特定的交际任务时，其他语体的构成要素就会经过一定的功能改造而被吸收到该语体中，甚至有时还会促使一些新的分支语体的产生。语体的交叉和渗透是语体系统得以不断充实、丰富和完善的重要途径。

（二）语体交叉渗透的类型

语体的交叉和渗透可以从不同的角度进行类型的划分。从语体交叉渗透的目的上看，可以分为消极型交叉渗透和积极型交叉渗透；从语体交叉渗透的要素来看，可以分为个别性交叉渗透和整体性交叉渗透；从语体交叉渗透的结果来看，可以分为交错式交叉渗透和融合式交叉渗透。

1. 消极型交叉渗透和积极型交叉渗透

消极型交叉渗透，是指特定语体由于受到表达内容的限制而必须借用其他语体的语言要素或非语言要素；积极型交叉渗透，是指为了达到某种特殊的表达效果而故意借用其他语体的语言要素或非语言要素。例如：

① 孙逸民抬头望着阴森森竖在墙角的氧气筒，又盯着床头的心电监视仪。当他看到示波器的荧光屏上心动电描图闪现着有规律的QRS波[①]时，才稍许放心。他又扭过头看了看病人，挥了挥手说：“快去叫她爱人来！”（谌容《人到中年》）

② 戒毒病房的空气是一种特殊液体，紧张不安的因子无形地溶在里面，急速地进行着布朗运动。说不定在什么时候，就酝酿出激烈的争斗，随着时间向子夜逼近，病房的上空愈发纷乱嘈杂。（毕淑敏《红处方》）

例①为了逼真再现病房内的情景，使用了“心电监视仪”、“示波器”、“心动电描

① QRS波表示心脏两个心室兴奋传播过程的电位变化。它所占的时间代表心室肌兴奋传播所需时间，正常人一般在0.06—0.10秒之间。

图”、“QRS 波”等医学术语，属于消极型交叉渗透。例②使用物理学术语“液体”、“因子”、“布朗运动”等则是为了烘托戒毒病房的特殊气氛，属于积极型交叉渗透。

2. 个别性交叉渗透和整体性交叉渗透

个别式交叉渗透，指的是其他语体的构成要素以单一出现的方式，如词语、句子、修辞格、符号公式等，进入特定的语体中。上文分析的例句都属于个别式交叉渗透。由于词语是语体构成要素中最活跃的、也是最容易把握的，其他的构成要素，如句子、修辞格、语篇等，都不像词语那样具有明显的语体色彩。所以，在个别式交叉渗透中，由词语形成的语体交叉渗透最为常见。

整体性交叉渗透，指的是其他语体的构成要素以整体组合的方式进入特定的语体中。例如：

南院老袁在北院老袁的辅导下，经过一个月的努力，学会了不少字眼，掌握了一定文法，居然也能写出一段像模像样的文字来了：“下周节目已标出，拟看京剧《铡美案》、河北梆子《大登殿》，‘动物世界’、‘曲苑杂坛’，似也可看。当否，请批示。”北院老袁看了十分满意，挥笔写上“同意”二字，退给南院老袁。南院老袁按照批示，到时就来看电视。

（贾大山《游戏》）

这段话用一段完整的行政事务语体来描写两位离退休老人商量观看电视节目的情景，其中有：“当否”、“批示”、“同意”等公文惯用语，简明扼要的非主谓句，程式化的表达格式等，从而幽默地表现了离休干部“北院老袁”离开工作岗位的失落情绪。

3. 交错式交叉渗透和融合式交叉渗透

交错式交叉渗透，是一种语体容纳了其他语体的构成要素或者具有其他语体的一些语言运用特点，但它的本质不会发生任何改变。前面分析的例句都属于交错式交叉。事实上，绝大部分的语体交叉渗透现象都属于交错式交叉渗透。

融合式交叉渗透，是一种语体和另一种语体的构成要素相互交融，形成了一种新的语言体式，当中具有两种语体的语用特点和交际功能。例如：为了满足大众传媒传播科技信息的需要，报道语体和科技语体的构成要素相互交叉渗透，便形成了“科技新闻语体”；为了满足人民群众学习科学知识的需求，科学语体和文艺语体的构成要素相互交叉渗透，便形成了“通俗科学语体”。

从交错式交叉渗透到融合式交叉渗透，是一个从量变到质变的过程。甲语体中交叉渗透进来的乙语体的构成要素，如果数量较少，那么就会形成以甲语体为主、乙语体为辅的语用状态。但是，随着乙语体构成要素的不断渗透，甲乙两种语体的语用特点就会逐渐呈现出相对均衡的态势，于是融合式交叉渗透便产生了。如果乙语体的构成要素再进一步渗入，则会出现以乙语体为主、甲语体为辅的局面。这时，就会发生语体的转换。

（三）语体交叉渗透的功能

语体的交叉和渗透能够充分发挥不同语体构成要素的表达特色，丰富特定语体表现形式的语义内涵，具有增强语言表现力的多种修辞功能。

1. 使诙谐，显讽刺

语体的交叉和渗透，尤其是积极型交叉渗透，往往给人以一种语体色彩不和谐的滑稽感。这种不和谐的风格色彩直接导致语体交叉渗透现象产生了诙谐、讽刺的表达功能。例如：

小县城里口口相传的新闻发布方式，要比广播局的电视新闻传播快上十倍。头天晚上出的事，第二天就满城风雨。（徐坤《白话》）

小说作者为了嘲讽小县城流言飞语的传播速度，巧妙运用了“新闻发布”、“电视新闻”等报道语体词语，从而利用不协调的语体色彩形成了一种幽默诙谐的表达效果。

2. 使醒目，显新奇

语体是人们在长期的言语实践中形成的，对人们语用行为具有一定的规范作用。但语体的交叉渗透却突破这种语用行为规范，对语境类型与语言要素或非语言要素进行重新组合，反映了发话人求新、求异的语用审美追求。例如：

朋友相聚悠着点　小心“撑”出病来（《云南信息报》2006-5-5）

这是一篇新闻报道的标题，但它把“悠着点”、“撑”等口语化的词语置于其中，以一种陌生、新颖的标题表达形式反映了记者对民生问题的关注，同时更加吸引了读者的阅读兴趣。

3. 使形象，显生动

随着人们交际范围的不断扩大，越来越多的交际领域的内容相互影响，这就必然要求选用与之相适应的言语形式。语体的交叉和渗透正好为言语形式的灵活表达提供了可能。例如：报道语体一般排斥文艺语体，但为了追求形象化的效果，报道语体经常使用文艺语体中艺术化的修辞方法，从而取得生动形象，通俗易懂的表达效果。

思考与练习六

一、什么是语体？语体具有哪些特点？

二、现代汉语语体可划分为哪些类型？它们在语言运用上分别具有哪些特点？

三、指出下列文字属于什么语体，并说明理由。

1. 夜深了，人渐渐散去。我在油灯下枯坐一会儿，在门槛上坐下来。今夜的风很大，也很纯，风中裹着一丝丝衰草的气息，这是山里人才能分辨出来的气息。没有月亮，稀疏的星星散落在天幕上，衬出远山朦胧的轮廓。山们这么沉默着，已经有无数世纪，这是山外人很难想象的。我在风中听到了一种声音，很多年来我都听到这种声音，像是召唤，又像是诉说。（阎真《沧浪之水》）
2. 本报北京7月2日电（记者李立红）全国人大内司委、中央综治办、共青团中央2日在京举行预防未成年人犯罪法颁布10周年座谈会。全国人大常委会副委员长兼秘书长、中央综治委副主任、中央综治委预防青少年违法犯罪工作领导小组组长李建国出席会议并讲话。（《预防未成年人犯罪法颁布10周年座谈会举行》，《中国青年报》2009-7-3）
3. “青年者，国家之魂”。90年过去，时代环境和条件发生很大变化，但五四精神永存，依然是引领我们向前的强大力量。五四精神的核心，是爱国主义精神。五四运动以来，一代又一代有志青年和青年学生，在中国共产党领导下，在五四精神感召下，心系民族命运，心系国家发展，心系人民福祉，用青春和热血书写了中国青年运动的壮丽篇章。

五四运动以来90年的历史、新中国成立以来60年的历史、改革开放以来30年的历史都充分表明，青年确实是我国社会中最积极、最活跃、最有生气的一支力量，确实是值得信赖、堪当重任、大有希望的！祖国为有这样的青年而骄傲，党和人民为有这样的青年而自豪！　　（《为民族复兴奏响青春乐章》，《人民日报》2009-5-4）

4. 第十条　国家实行教师资格制度。中国公民凡遵守宪法和法律，热爱教育事业，具有良好的思想品德，具备本法规定的学历或者经国家教师资格考试合格，有教育教学能力，经认定合格的，可以取得教师资格。　　（《中华人民共和国教师法》）

5. 政治地理是人文地理学中极为独特的研究要素。这种独特性主要表现在，它是人类社会的政治活动及其过程与地理环境相互作用而形成的空间利益实体，它在很大程度上影响着人类一切组织的发生、发展及兴衰演变。它对一个国家、一个民族的现实及战略意义如此之大，以至于自古以来，尤其是进入20世纪以来，各国为政者对政治地理要素十分重视，同时，在人文地理学中也早已形成了一门相对独立的分支学科——政治地理学。

（王恩涌等《人文地理学》）

四、结合实际，说明语体交叉渗透的类型。

五、当前，通过手机短信发送天气预报已为人们所熟悉，如“昆明：今晚到明天多云；气温：19～28度。浮云天清凉地，逢周末亲朋聚，放飞心情快乐到底！”请从语体交叉渗透的角度，谈谈你是怎样理解这类言语现象的。

拓展与探究：语体和文体

关于“语体”的概念，我国语言学界从20世纪50年代中期开始，就有研究者展开了系统性的研究。较有代表性的研究者及定义主要有：

张弓：构成语体的基础是哪些因素呢？大略说来有表达的内容、交际的目的、群众（听读者）的特点、交际的场合等等。……说话人、作者根据这些因素，结合实际，选择运用民族语言材料（词句），自然就产生一些特点。这种特点综合而形成的类型就是“语体”。①

王德春：由于人类社会生活的复杂性，在不同的社会活动领域内进行交际时，由于不同的交际环境，就各自形成了一系列运用语言材料的特点，这就是言语的功能变体——语体。②

李熙宗：语体是适应不同交际领域、目的、任务需要运用全民语言而形成的语言特点的综合，具体表现为由词语、句式、语音手段、辞式、章法及符号、图表等语言和非语言表达手段共同组成的特点系列。不同语体有着不同的语言风格基调。③

这些定义都对语境在语言运用中的制约作用给予了高度重视，而以社会交际功能为现代汉语语体的分类标准也就自然成为研究者共同的选择，尽管不同的研究者对这一标准的理解还存在着一定的分歧。如张弓先生根据构成语体的基本因素，首先划分出口头语体和

① 张弓：《现代汉语修辞学》，天津：天津人民出版社1963年版，第229页。
② 王德春：《论语体》，载《修辞学探索》，北京：北京出版社1983年版，第75页。
③ 李嘉耀、李熙宗：《实用语法修辞教程》，上海：复旦大学出版社1996年版，第162页。

书面语体两类，然后又把书面语体分为文艺语体、科学语体、政论语体和公文语体四类；[①] 郑颐寿则按照交际方式和言语特点分为书卷语体（包括艺术体、混合体和实用体）和口头语体两类。[②]

至于“文体”一词，在中国最早见于汉代贾谊的《新书·道术》：“动有文体谓之理，反礼为滥”，指文雅而有节制的体态。此后，王充在《论衡·正说》中谈到：“夫经之有篇也，犹有章句也。有章句犹有文字也。文字有意以立句，句有数以连章，章有体以成篇，篇则章句之大者也。”这里的“体”指的是根据段落而成篇章的体式。所以，在中国古代文论中，与文体相关的术语有“体”、“文体”、“体制”、“体裁”等。在西方，“文体”常用“style”一词来表达。其最初形式源自希腊语和拉丁语的“stile”、“stilus”等，指用于涂画或写字的一端削尖的棍子。后来，又逐步演变出了多种含义，如书写或说话的表达方式；具有特色的用词风格；由民族、时期、文学形式、个人特性等因素导致的，通过词语选择或搭配表达思想的特定方式等等。[③]

那么，究竟应该怎样认识语体和文体的关系呢？从发生学上看，人类早期的文章往往都具有某种特定的交际功能，并且与一定的交际领域相适应，或是出于个体表达思想感情的需要，或是为了满足个体之间、个体与群体之间、群体与群体之间交流思想感情的需求。这种特定的功能便导致所有的文章在反映人类不同生活经验的过程中形成了特定的外部表现形态，包括题材范围、表达方式、语言手段、篇章结构、语言风格等等。这就是文体。据此，我们认为，文体指的是所有的言语作品因社会功能的区别而形成的外部表现形态。对文体的类型进行划分，其结果便是体裁。与此同时，一些交际功能、交际领域相同或相近的不同体裁，总是会以相同或相近的语言运用特点为联系，共同组成一个文体集合。[④] 该集合中所有语言特点的综合便是语体。例如：所有的文学作品都可以划分为诗歌、小说、散文和戏剧等四种体裁，但从交际功能和交际领域来看，诗歌在语言运用方面自成一种体式，小说中的叙述性语言和散文的语言运用特点则较为接近，而戏剧和小说中的人物对话又表现出相近的语用特点。这样，诗歌便自成一个文体集合，小说中的叙述性语言和散文构成一个文体集合，戏剧和小说中的人物对话又构成一个文体集合。这三个文体集合所分别反映出来的语言运用系列特点就形成了三种独立的语体，即诗歌体、散文体和对白体。

据此，我们把语体和文体的关系理解为：体现为文章外部表现形态的文体需要通过特定的语体来实现，而语体则通过制约特定体裁的语言运用特点来实现其语言运用特点及风格基调。值得注意的是，语体包括谈话语体和书卷语体，但文体仅仅包括书面文章。语体和文体的关系如下图[⑤]：

---

① 唐松波：《文体、语体、风格、修辞的相互关系》，载《修辞学习》，1984（2）。

② 郑颐寿：《语体划分概说》，载《语体论》，合肥：安徽教育出版社1987年版，第133页。

③ 胡壮麟：《理论文体学》，北京：外语教学与研究出版社2000年版，第2页。

④ 李熙宗：《从文体与语体的关系谈语体的分类问题》，载《修辞学习》，1997（6）。

⑤ 周芸：《新时期文学跨体式语言的语体学研究》，昆明：云南人民出版社2006年版，第10页。

<table>
<tr><td colspan="3">现代汉语语体</td><td colspan="3">现代文体</td></tr>
<tr><td rowspan="2">谈话语体</td><td colspan="2">随意谈话体</td><td colspan="3" rowspan="2">无</td></tr>
<tr><td colspan="2">专题谈话体</td></tr>
<tr><td rowspan="7">书卷语体</td><td rowspan="3">文艺语体</td><td>诗歌体</td><td>诗歌</td><td rowspan="3">文学体裁</td><td rowspan="7">文体集合</td></tr>
<tr><td>散文体</td><td>小说、散文</td></tr>
<tr><td>对白体</td><td>戏剧、小说</td></tr>
<tr><td rowspan="4">实用语体</td><td>政论语体</td><td>政论文体</td><td rowspan="4">实用文体</td></tr>
<tr><td>科学语体</td><td>科学文体</td></tr>
<tr><td>事务语体</td><td>事务文体</td></tr>
<tr><td>报道语体</td><td>消息报道</td></tr>
</table>

【参考书目】

[1] 袁晖，李熙宗．汉语语体概论．北京：商务印书馆，2005
[2] 王德春，陈瑞端．语体学．南宁：广西教育出版社，2000
[3] 黎运汉．汉语风格学．广州：广东教育出版社，2000
[4] 中国华东修辞学会等．语体论．合肥：安徽教育出版社，1987
[5] 程祥徽，邓骏捷等．语言风格学．南宁：广西教育出版社，2000

第六章　现代汉语书写符号

学习目的与要求：

● 掌握“文字”、“汉字”、“笔画”、“偏旁”、“部首”、“部件”、“合体字”、“标点符号”等概念，理解汉字的性质和特点、汉字的造字法。

● 掌握汉字的结构单位，能够运用所学理论和知识分析汉字的笔画、部件、偏旁和部首，以及汉字的结构格式，理解汉字规范的具体内容，树立明确的汉字规范观念，提高正确书写汉字和使用规范汉字的能力。

● 熟悉现代汉语标点符号的具体用法，培养正确使用标点符号的能力，能够结合特定的语境理解和评价标点符号的变异使用。

● 了解汉字的字体、汉字与文化的关系，以及现代汉字信息处理的基本情况。

第一节　文字及汉字

一、文字

文字有广义和狭义两种含义。广义的文字，是指用来传递信息、表示一定意义的图画或符号。狭义的文字，是指记录语言的书写符号系统。本书使用的是文字的狭义含义。

符号大体可以分为视觉符号和听觉符号两类。语言属于听觉符号。在语言产生以后的很长一段时间内，人们都是依靠语音来传递意义的。当语言发展到一定阶段后，才逐渐产生了记录语音的书写符号——文字。

文字是字形、字音和字义的结合体。根据文字直接显示的信息是语音还是语义，世界上的文字可分为表音体系文字和表意体系文字两大类。表音体系文字以字形对应语音，文字符号本身同意义无直接联系。表音体系文字又可分为音素文字和音节文字。音素文字，如记录英语的英文等，它的每个符号记录的是语言中最小的语音单位音素，音素拼合后记录声音并代表意义。例如：英文“dog”中的三个字母 d、o、g 分别记录了辅音［d］、元音［ɔ］和辅音［g］，这三个音素组合后可发出声音［dɔg］，意义为“狗”。音节文字，如记录日语的日文等，每个符号记录的是语流中最自然的语音单位音节。例如：日文的“キ”、“ク”分别记录了音节［ki］［ku］，组合后记录的语音［ki ku］表示“菊花”。表意体系文字以字形对应语义，文字符号本身和记录的声音之间没有直接联系。例如：汉字用“山”这个书写符号代表意义“地面形成的高耸部分”，读音为 shān；“而”的本义是描摹胡须的形状，后借用来表示转折、递进、并列等关系的关联词，同它所记录的读音 ér

没有直接联系。

文字属于视觉符号，它有效地扩大了语言的交际功能。文字能超越有声语言在时间、空间方面的局限性，使人类历史、文化、政治等各方面的信息得以长久地保存下来。文字也能使人们有充足的时间对这些信息进行不断的修改、更正和丰富，同时还能打破因地域文化、方言差异造成的信息传播不畅，使不同区域甚至不同国家之间的文化交流显得更加便利。文字是人类告别蒙昧、进入文明时代的标志。

二、汉字和汉字学

（一）汉字

汉字是记录汉语的书写符号系统，它与汉语息息相关、相互促进、共同发展。

关于汉字的起源，古人有"结绳说"、"刻契说"、"仓颉造字"、"图画说"等猜测。汉字产生之前，中国曾有实物记事的阶段。结绳和刻契是其中重要的手段。《易经·系辞》说："上古结绳而治，后世圣人易之以书契。"人们把结绳、刻契与文字联系在一起，是因为用实物记事的方法能超越时空的限制，这也正是激发人类发明文字的动因。随着人类生产发展到一定程度，结绳和刻契无法适应更多、更快地记录和传递信息的需要，人们便开始探索新的方式，创造更多的相互区别的符号，来记录更多的信息。[①] 至于"仓颉造字"的传说，最早出现在战国时期的文献中。《吕氏春秋·君守》说："奚仲作车，仓颉作书，后稷作稼，皋陶作刑，昆吾作陶，夏鲧作城，此六人者，所作当矣。"《淮南子》中也有"昔者仓颉作书，而天雨粟，鬼夜哭"的传说。《说文解字·叙》指出："黄帝之史仓颉，见鸟兽蹄迒之迹，知分理之可相别异也，初造书契。"仓颉作为黄帝的史官，有可能对汉字的收集、整理、统一做出了贡献，但汉字是复杂的书写符号系统，不可能由个人在一朝一夕之间创造出来。汉字应该是汉语使用者集体创造、约定俗成的结果。在"兽蹄鸟迹之道，交于中国"的时代，人们从鸟兽蹄迹中得到"依类象形"、"分理别异"的启示，在一些写实性图画或原始花纹图案的基础上，逐渐创造了文字。

汉字历史悠久，即使从甲骨文开始算，也有三千四百多年的历史了。几千年来，它书写了中华民族的历史，承载了光辉灿烂的中华文化；它具有超越方言分歧的作用，长期作为中华民族交流思想的重要工具；它生发出书法、篆刻等艺术形态；在当代，面对现代化信息处理的诸多问题，它仍然保持着旺盛的生命力。

（二）汉字学

汉字可大体分为古代汉字和现代汉字两大发展阶段。古代汉字中的部分文字，除一些特殊领域外，已经基本不用，如甲骨文、金文中的一些文字。现代汉字是相对古代汉字而言的，指目前通行于生活交际中的简化汉字。现代汉字大部分来自古代汉字。

研究汉字的科学，就叫做汉字学。根据古代汉字和现代汉字的区分，汉字学也可相应地划分为古代汉字学和现代汉字学。

---

① 王宁：《汉字学概要》，北京：北京师范大学出版社 2001 年版，第 21 页。

中国古代的汉字学被称为小学，它附庸于经学，为解读经书、阐释儒家经典服务。古代汉字学的研究重点主要是汉字的字形、字音和字义，后来就发展成为文字、音韵、训诂三个研究方向。许慎的《说文解字》是我国历史上第一部字典，也是传统汉字学形成的标志。

现代汉字学和古代汉字学在研究对象、研究内容、研究方法等方面具有明显的区别。早期现代汉字学中最有代表性的研究者是唐兰，其《中国文字学》是现代文字学史上标志性的著作。此后，研究者关注较多的内容主要有：汉字研究的基础性理论，如汉字的性质和起源、汉字和汉语的关系等问题；在考察汉字的异体字、古今字、通假字的基础上，明确提出了汉字规范化、标准化的研究思路；通过研究其他民族文字的使用情况，反观汉字自身的特点等等。研究方法方面，除了考释字义、字形、结构外，还运用了比较研究法、心理分析法等，尤其是新中国成立以后，统计、信息化的方法也被运用到了汉字研究中——统计汉字的字频、结构、笔画，测定汉字的熵值，通过计算机对汉字进行输入、识别、输出等信息处理工作，从而使汉字研究进入了新的历史发展阶段。

三、汉字的特点

（一）汉字属于自源性文字

从文字的来源看，文字可分为自源性文字和他源性文字两类。自源性文字是在语言发展演变过程中不依靠其他文字而独立创造出来的文字。他源性文字是借助、参考其他文字而创造出来的文字。汉字属于自源性文字。

作为一种自源性文字，汉字从最古老的刻在乌龟壳、牛肩胛骨上的甲骨文开始，历经了字体、字形、笔画的一系列变化，现如今仍服务于人们的语言生活，是目前世界上使用的最古老的自源性文字。此外，我国境内的纳西文、彝文也是为数不多的现存自源性文字的代表。

（二）汉字是方块体文字

从书写方式看，汉字属于方块体文字，不实行分词连写。

汉字在漫长的历史演变过程中，先后经历了甲骨文、金文、隶书、楷书等形体变化。甲骨文保留了大量的象形特点，字形不够稳定，虽然已基本形成逐字排列的书写方式，但仍会出现两三个字挤在一起或共用一个字符空间的情况。经过金文、篆文、隶书、楷书的变化，汉字字体的大小趋于统一，排列趋向整齐，字形趋向方块。书写时，无论汉字笔画的多少，总是能够在一个方块中进行安排和分布。可以说，从书写方式来看，汉字的笔画和部件的长短、高度、宽度、疏密等，都明显受到了方块字型的制约。

分词连写，也叫词式书写，是书写时以每个词构成一个整体，词与词之间用空格隔开，显示词的分界的书写方式。例如："我喜欢游泳"这个句子，英文写作"I like swimming"，词与词之间留有区分界限的空格，同一个词里的所有字母彼此紧挨着构成一个整体。汉字无论是古代从上到下的书写，还是现代从左向右的书写，都没有采用分词连写的书写方式，只是在停顿的地方加以句逗。汉字不实行分词连写，这给人们区分词和词之间的界限带来了一定的困难。

（三）汉字是音节—语素文字

从文字记录语言的单位而言，汉字属于音节—语素文字。① 汉字记录的是汉语最小的音义结合体——语素。通常，一个汉字记录的就是一个音节，而一个音节往往又代表一个语素，如“水”、“民”、“好”、“不”等。②

汉字记录的语音单位是音节，但并不等于说汉字就是音节文字。音节文字是一个符号表示一个音节，音节总的数量不多，文字符号的总数也不多。但是，汉语的音节只有400余个，而汉字的总数却在五六万以上，即使是现代通用汉字也有7000余个，音节和汉字之间也并未形成一一对应的关系。可见，汉字的文字符号同语音并无直接关系，不属于表音体系的音节文字。

（四）汉字的形、音、义之间具有理据性

从构字的原理来看，汉字符号同汉语的声音、意义之间具有一定的关联性。

汉字符号与汉语声音的理据性，主要表现在拟声词和形声字中。拟声词以模拟某种声音的方式来构造词语，如用“哗哗”摹拟水声，用“咔嚓”摹拟事物碰撞或断裂的声音。这类词的数量虽然不多，但却集中体现了汉字造字时的声音依据。形声字在汉字中所占比例最大，其声旁具有表音的功能，如“旗”、“麒”、“棋”、“期”都以“其”作为声旁，从而指示字的读音。虽然时至今日，一些形声字声旁的表音已经不完全精确，但声旁仍提示了造字的理据。

汉字符号与汉语意义的理据性，主要表现在形声字、会意字和指事字中。例如：“理”、“班”的构造方式分别为形声、会意，“理”为“治玉也”，“班”为“以刀分玉也”。虽然现在这两个字的基本意义已经发生了较大的变化，但就其本义而言，仍不难看出汉字结构部件的意义以及古人对玉器的崇尚和喜爱。而现代新造的汉字也多以形声的方式构造，很好地体现了汉字的理据性，如“氨”、“氯”、“氧”、“镭”、“镁”、“锶”、“铀”等。

思考与练习一

一、什么是文字？怎样理解“语言是第一性的，文字是第二性的”这句话？

二、什么是汉字？为什么说汉字属于表意体系文字？

三、举例说明汉字的特点。

四、怎样理解“汉字是音节—语素文字”？

五、你知道“仓颉造字”的传说吗？你认为应该怎样看待这个传说？

六、有人认为，为了更好地区分词和词之间的界限，汉字应该实行分词连写。你同意这个观点吗？为什么？

---

① 王宁：《汉字学概要》，北京：北京师范大学出版社2001年版，第2页。

② 汉字与音节、语素之间的对应关系也有例外的情况，如“花儿”、“鸟儿”是一个音节，两个汉字，两个语素，“休克”、“逶迤”是两个音节，两个汉字，一个语素。不过，这类情况数量不多。

第二节 汉字的结构

汉字的结构指汉字字形的形体构造，包括造字法、结构单位和结构格式等内容。

一、汉字的造字法

中国古代将汉字的造字方法总结为“六书”说，即象形、指事、会意、形声、转注、假借。现在一般认为，象形、指事、会意、形声是造字法，转注、假借是用字法。

（一）象形

象形是用简洁的线条来描摹物体形状的造字方法。用象形造出来的汉字就叫象形字。例如：

例字	甲骨文	金文	小篆
人			
目			
车			
羊			
龙			
虎			

象形是一种比较简单的造字法，具有明显的图画特征。它只能表示具体的事物，不能表示无形可像的事物或抽象概念，具有很大的局限性。但是，为数不多的象形字却是构成汉字的重要基础。例如：象形字“人”是“企”、“伐”、“侄”、“休”等的构字部件；象形字“目”是“盼”、“看”、“相”、“眼”等的构字部件。

（二）指事

指事是直接用象征性符号或在象形字上添加指示性符号表示字义的造字方法。用指事造出来的汉字，就是指事字。例如：

一 二 上 下 本 甘

上述例字，用象征性的线条来表示“一”、“二”的意义；用一根弧线作为基准，表示相对位置，在弧线的上方或下方做一个标记，分别表示“上”、“下”的意义；在“木”的下部加一点，指示树根所在的位置为“本”；在“口”中用一点来象征口里含着甜美的食物，即“甘”。

指事突破了象形的局限性，可以表示某些抽象的事物或概念。但是，用简单的符号表示抽象而复杂的意义终究还是比较困难的，更何况一些抽象的意义也很难在象征或象形的基础上指示出来。同象形字一样，指事字也是构成汉字的重要基础。

（三）会意

会意是用两个或两个以上的字组成新义的造字方法。用会意造出来的汉字，就是会意字。例如：

例字	甲骨文	金文	小篆	说明
男	[illegible]	[illegible]	[illegible]	用农具耒在田间耕作的人，表示“男性”的意思。
牧	[illegible]	[illegible]	[illegible]	一只手拿着木棍赶牛，表示“放牧”的意思。
友	[illegible]	[illegible]	[illegible]	用两只右手放在一起表示友好、相助，引申为“朋友”的意思。
取	[illegible]	[illegible]	[illegible]	古代战争以割敌方战死者左耳为记功之证，表示“取”的意思。
见	[illegible]	[illegible]	[illegible]	一个跪着的人头上顶着一只眼睛，表示“人张目而视”的意思。

与象形字、指事字相比，会意字具有明显的优越性：一是可以表示很多抽象的意义，造字功能比较强；二是用人们熟悉的象形字、指事字来建构新字，容易流传和推广。因此，会意字的数量要比象形字、指事字多得多。现代常用的一些简体字或方言字，也是用会意的方法创造的，如“尘”、“尖”、“歪”、“孬”、“甭”等。尽管如此，会意造字法仍然有很大的局限性，一些结构复杂、书写繁难或部分具有细微差别的汉字就很难用会意字表达出来。

（四）形声

形声是由表示意义的形旁和表示读音的声旁组合而成的造字方法。用形声造出来的汉字就叫形声字。形声字形旁和声旁的组合方式多种多样，最为常见的组合方式主要有以下几种：

左形右声：猿　贱　桃　蝎　汤　虾

左声右形：邻　攻　刚　战　期　郊

上形下声：草　篮　露　景　苓　茯

上声下形：贡　斧　恭　惑　炙　膏

内形外声：闷　辫　问　辨　衡　闽

内声外形：固　阔　病　匣　裹　闺

有的形声字由于结构特殊，所以形旁和声旁的辨认要相对困难一些。例如：

颖：形旁“禾”，声旁“顷”，形旁在左下角

腾：形旁“马”，声旁“朕”，形旁在右下角

星：形旁“晶”，声旁“生”，形旁省写为“日”

在形声字的组合方式中，左形右声的最多，其次是左声右形的。同时，形声字形旁所在的位置也有一定的规律。例如：“亻”、“彳”、“口”、“氵”、“火”、“木”、“扌”、

“忄”、“土”、“犭”、“礻”、“衤”、“纟”、“禾”、“米”、“虫”、“日”等形旁，一般出现在左边；“力”、“攴”、“殳”、“刂”、“见”、“攵”、“戈”、“页”、“欠”、“瓦”、“鸟”、“斤”等形旁，一般出现在右边；“宀”、“冖”、“艹”、“⺮”、“穴”、“⻗”等形旁，常出现在上边；“皿”、“心”、“灬”、“刀”、“言”等形旁，常出现在下边。

形声字的特点是据形可知义、据声可知音，这主要是由形旁和声旁的作用所决定的。

形旁的作用主要有：第一，提示字的类属意义。例如：“鸣”、“鸥”、“鸦”的形旁是“鸟”，表示字义与鸟有关；“扛”、“扑”、“扣”的形旁是“扌”，表示字义与手有关；“铁”、“铜”、“锡”的形旁是“钅”，表示字义与金属有关。第二，区别同音字。例如：“刚”、“钢”、“纲”、“岗”都读 gāng，但由于形旁不同，所提供的字义信息也就不一样，据此就可以把它们区别开来。有的汉字声旁相同，但读音不同、形体近似，利用形旁也可以加以区别。例如：“蒿”的形旁是“艹”，字义与草有关，而“篙”的形旁是“⺮”，字义则与竹有关。

声旁的作用主要有：第一，指示字音。通过声旁对字音的提示，人们可以方便、快捷地确定或类推出形声字的读音。例如：“唏”、“晞”、“稀”、“烯”、“浠”、“琋”都以“希”（xī）为声旁，据此便可大致推测出它们的读音。第二，区别字形。声旁能够区别同一形旁的同类字。例如：“江”、“海”、“河”、“湖”、“洋”的形旁都是“水”，但由于声旁不同，它们彼此之间的区别也就显得十分清晰了。声旁还能区别形体相近、读音不同的字。例如：“抡”和“抢”、“昧”和“沫”由于读音不同，就很容易区别开来。第三，类推字音，纠正方音。方言区的人们在学习普通话时，可以借助声旁辨识字音的作用来类推汉字的普通话读音。例如：“至”的声母是 zh，以“至”为声旁的“侄”、“室”、“桎”、“致”、“郅”等字，其声母也是 zh；“生”的韵母是 eng，以“生”为声旁的“甥”、“笙”、“牲”、“胜”、“姓”等字，其韵母也是后鼻音。

形声字是汉字发展史上的一次重大突破，标志着汉字从纯粹表意发展到了既表意又表音的崭新阶段。因此，形声字一经产生，就很好地适应了社会发展、汉语发展的需要，并逐步成为了汉字主要的造字法。据统计，形声字在现代汉语 7000 个通用字中占到了 80%。①

值得注意的是，形声字经过漫长的历史发展演变，形旁、声旁的作用也发生了一些变化，从而产生了一定的局限性：第一，形旁表义是概括的、模糊的，而不能表示字的确切含义。有的形声字虽然形旁相同，但字义却相差甚远，如“扎”和“找”；有的形声字随着字义的不断引申，形旁与字义的联系越来越少，如“骗”、“验”、“骄”、“驳”、“驱”字的形旁“马”。第二，随着语音的发展演变，声旁的读音和字音的变化逐渐变得不一致，从而使声旁表音的准确率大大下降。例如：以“合”为声旁的“哈”、“蛤”、“答”、

① 陈原主编：《现代汉语用字信息分析》，上海：上海教育出版社 1993 年版，第 71 页。

“拾”等字，就读音各异。第三，形旁、声旁的配合方式和出现位置灵活多样，而且同一个字既可以做形旁又可以做声旁，因此形旁和声旁辨识起来很不容易。例如：“门”在“闷”、“扪”、“问”、“闻”等字中作声旁，而在“闹”、“阆”、“阔”、“阙”等字中却又是形旁。此外，随着汉字字体的发展、字形结构的变化，有些形声字的形旁和声旁也变得比较模糊了。例如：简化汉字“鸡”的繁体写作“雞”，在古代汉字中是形声字，但在现代汉字中声旁“奚”简化成了既不表音又不表意的记号“又”。

总之，古代的“六书”说是传统文字学理论的核心。通常，由象形、指事构成的汉字，基本都是单一的形体，所以叫独体字；由会意、形声构成的汉字，都是由两个或两个以上的独体字组合而成的，所以叫合体字。随着汉字的发展演变，用传统的“六书”理论来分析现代汉字已经不完全适合了，但使用“六书”说来分析汉字的构造方法和结构类型仍然具有一定的意义。

二、汉字的结构单位

（一）笔画

1. 笔画的定义

笔画是构成汉字字形的各种点和线，是现代汉字的最小结构单位。通常，从落笔到起笔所写的点和线，就叫做一笔或一画。例如：构成“平”字的“一”“丶”“ノ”“一”“丨”，就是笔画。学习现代汉字的笔画，有助于我们制定序列索引、从事汉字教学、为汉字编码等。

现代汉字的笔画数量不等，像“一”、“乙”等只有一笔构成的汉字比较少，大多数汉字都是由若干笔画构成的。例如：“及”是3画，“凹”是5画，“鼎”是12画。大部分汉字的笔画数量通常在6—12画之间。

笔画的具体形状，称为笔形。笔画不同，其形状就各异。现代汉字的基本笔画有五种，即“一”（横）、“丨”（竖）、“丿”（撇）、“丶”（点）、“乛”（折）。五种基本笔画，可派生出36种变形笔画，见下页的《现行汉字笔画表》。

2. 笔顺

笔顺是书写汉字时笔画的走向和先后次序。汉字笔顺的基本规则是：

先横后竖：下　正　再　可　亚
先横后撇：不　存　丈　灰　有
先撇后捺：义　天　朱　央　食
从上到下：丽　里　召　男　突
从左到右：他　打　的　细　纸
从外到内：周　国　麻　肉　超
从内到外：画　离　这　凶　齿
先里头后封口：回　酒　昌　由　图
先中间后两边：乘　小　水　丞　办

需要注意的是，大多数汉字的书写往往是以上多种笔顺规则的综合运用。例如：

女：㇛ 𡚨 女（3 画）

为：丶 ソ 为 为（4 画）

凸：丨 𠃊 ㇗ 凸 凸（5 画）

卯：㇒ ㇛ 𠀎 卯 卯 卯 卯（7 画）

虎：丨 ⺊ 𠂆 广 虍 虍 虎 虎（8 画）

哥：一 ㇕ 𠮛 可 可 哥 哥 哥 哥 哥（10 画）

渊：丶 丶 氵 氵 氵 氵 氵 渊 渊 渊 渊（11 画）

舆：丿 ㇀ 𦥑 舆 舆 舆 舆 舆 舆 舆 舆 舆 舆 舆（14 画）

噩：一 丁 丁 可 可 可 可 可 噩 噩 噩 噩 噩 噩 噩 噩（16 画）

汉字的笔顺是人民群众在长期使用汉字的过程中，根据汉字的笔画和结构特点总结出来的。按照这些规则书写汉字，不仅写起来方便、快捷，而且便于把字写得匀称、美观。

现行汉字笔画表

基本笔画		派生笔画			基本笔画		派生笔画		
笔画	名称	笔画	名称	例字	笔画	名称	笔画	名称	例字
一	横	一	平横	大	𠃍	折	㇇	横撇	水
		㇀	提横	场			㇆	横折钩	习
丨	竖	丨	短竖	师			㇌	横折撇弯钩	队
		丨	长竖	中			㇍	横折弯	朵
		亅	竖钩	小			㇖	横钩	写
丿	撇	㇒	平撇	千			⺄	横折斜钩	飞
		丿	竖撇	月			㇈	横折弯钩	九
丶	点	丶	短点	文			㇗	竖折	区
		㇏	长点	劝			㇄	竖弯	匹
		丶	左点	刃			㇙	竖提	以
		㇏	平捺	之			㇞	竖折折	鼎
		㇏	斜捺	人			ㄣ	竖折撇	专
𠃍	折	𠃍	横折	口			㇟	竖弯钩	毛
		㇊	横折提	语			㇉	竖折折钩	与
		㇅	横折折	凹			㇜	撇折	公
		㇎	横折折折	凸			㇛	撇点	女
		㇡	横折折折钩	乃			㇁	弯钩	猫
		㇋	横折折撇	及			㇂	斜弯钩	我

3. 笔画的组合方式

汉字笔画的组合方式，主要有以下三种：

相离：北　公　六　元　仁　门

相接：入　丁　上　下　万　久

相交：也　毛　井　力　车　丈

大多数汉字都是上述两种或三种方式组合而成的。例如："甘"、"五"、"丑" 运用了相接、相交两种方式；"亢"、"回"、"江" 运用了相离、相接两种方式；"活"、"泽"、"斗" 运用了相离、相交两种方式；"笔"、"参"、"知" 运用了相离、相接、相交三种方式。在书写汉字时，笔画虽然相同，但如果组合方式不同，所构成的字也就不同，如"天"和"夫"、"田"和"由"等。

（二）偏旁和部首

1. 偏旁

偏旁是采用二分法对合体字进行一次性切分后得到的结构单位。例如："细"字由"纟"、"田"两个偏旁组成；"代"字由"亻"、"弋"两个偏旁组成；"旧"字由"丨"、"日"两个偏旁组成。

偏旁由笔画组成，具有组配汉字的功能，而且在组配汉字中的位置也比较固定。例如：

偏旁	名称	出现位置	例字
扌	提手旁	字的左边	打　扬　技
纟	绕丝旁	字的左边	给　红　织
欠	欠字旁	字的右边	欢　次　欣
殳	殳字旁	字的右边	般　段　殴
罒	罒字头	字的上边	罗　罡　罢
覀	覀字头	字的上边	要　票　覆
皿	皿字底	字的下边	盂　盆　益
灬	四点底	字的下边	杰　烈　煮

现代汉字的偏旁，最初就是一个独立的字。例如："功"、"岑"、"听"、"间" 中的"工、力"，"山、今"，"口、斤"，"门、日"，都可独立成字，所以又称为成字偏旁。随着汉字形体结构的不断演变，某些偏旁现在已经不能独立成字了，只是作为构字要素或构字基本单位而存在于汉字系统中。例如："形"、"宁"、"牧"、"刘" 中的"彡"、"宀"、"攵"、"刂"等，在古代汉字里一般都是独立成字的，但在现代汉字中都不成字了，所以又称为非成字偏旁。

根据偏旁在构字过程中的意义和作用，现代汉字的偏旁可以分为三种类型：

（1）表义偏旁

表义偏旁是表示字义特征、类属的偏旁。例如："仁"、"伙"、"伴"、"伍" 中的"亻"旁，"忧"、"性"、"恼"、"恒" 中的"忄"旁等。

（2）表音偏旁

表音偏旁是表示字音的偏旁。例如："惆"、"稠"、"绸"中的"周"旁，"洱"、"珥"、"饵"中的"耳"旁等。在现代汉字中，某些表音偏旁虽然失去了表音作用，但从其来源及其在成字中的作用来看，仍然属于表音偏旁。

（3）记号偏旁

记号偏旁是与字音、字义没有任何联系，只是用来区别字形的偏旁。例如："区"、"风"、"赵"、"冈"中的"乂"，"艰"、"欢"、"叹"、"变"中的"又"等。

2. 部首

部首是汉字检索中的一个概念，它是字典编纂者根据汉字形体结构的特点，把一群字共有的偏旁提出来作为标目，以便排列和查检汉字。凡是含有同一形体偏旁的字，都隶属在该标目下，这就是一部。部目字放在一部的开头作为一部之首，所以叫做部首。例如：凡有"亻"偏旁的字排在一起，作为一部，将"亻"排在一部之首，"亻"就是部首。

采用部首给汉字归类，始于东汉许慎的《说文解字》，但不同历史时期编纂的各本字典所列部首数目和具体内容并不完全一致，存在着"同字不同部，同部不同字"的情况。在进行部首检字时，部首特征较明显的，如"氵"、"木"、"礻"、"辶"、"皿"、"目"等，查检起来就十分便捷。但是，部首特征不明显的字，如"久"、"半"、"州"、"乓"、"兢"、"耀"等，查检起来就要困难一些。

部首与偏旁既有联系又有区别。偏旁是汉字结构基本单位的名称，部首是字典排列汉字的依据。部首绝大多数是偏旁，但偏旁却不一定是部首。因此，部首包含在偏旁之中，只是偏旁的一部分，而偏旁则要比部首的范围大得多。例如："昨"、"晦"、"晓"、"晚"等字都有两个偏旁，但只有"日"旁是部首，"乍"、"每"、"尧"、"免"都不是部首。有些汉字没有合适的偏旁作部首，就借用某个突出的笔画来代替。例如："义"、"下"、"中"、"司"等字中的部首"丶"、"一"、"丨"、"𠃌"等，都是由笔画来充当的。

（三）部件

1. 部件的定义及分类

部件，又称为字根、字元、字素，是由笔画组成的能独立运用且具有组配汉字功能的基本构字单位。例如："一"字只有一个部件"一"；"汉"字有两个部件"氵"、"又"；"糊"字有四个部件"米"、"十"、"口"、"月"。可见，部件是对整字进行一次或几次切分后所得出的基本构字单位。

现代汉字的部件，可以从不同角度进行分类：

以单笔或多笔为分类标准，可分为单笔部件和多笔部件。只有一个笔画的部件叫单笔部件，如"乙"。由两个或两个以上笔画组成的部件叫多笔部件，如"月"。

以成字或不成字为分类标准，可分为成字部件和非成字部件。可以独立成字的部件叫成字部件，如"山"。不能独立成字的部件叫非成字部件，如"宀"。

以可拆或不可拆为分类标准，可分为基础部件和合成部件。最小的不能再拆分的部件叫基础部件。由两个或两个以上基础部件组成的部件叫合成部件。例如："语"字中的"讠"是基础部件，"吾"是合成部件，而"吾"中的"五"和"口"又属于基础部件。

2. 部件的层级分析

部件的层级分析，就是对合体字进行一次或几次切分。有的合体字构造简单，只需要进行一次切分即可，如“红”、“明”、“私”等字，进行一次切分后便可以得到两个不能再继续切分的部件，分析也就结束了。有的合体字构造比较复杂，必须进行两次或两次以上的切分方能完成层次分析。

在对部件进行层次分析时，第一次切分所得到的部件叫一级部件，第二次切分所得的部件叫二级部件，以此类推，最后切分出来的部件就叫做末级部件。例如“贫”字和“戆”字的部件可分析如下：

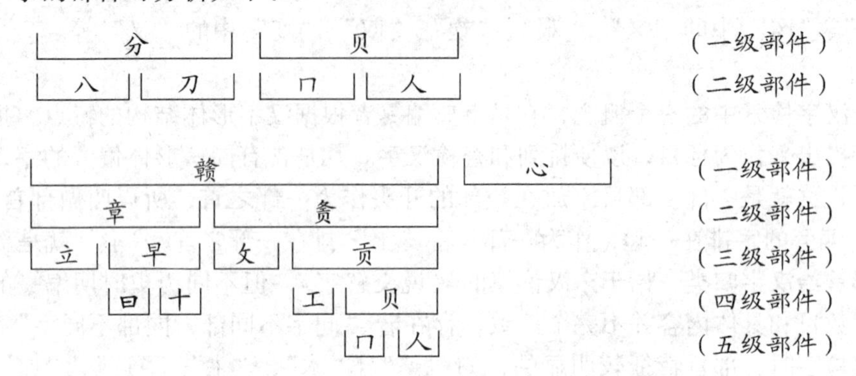

3. 部件和偏旁的关系

部件和偏旁都是构字单位，但部件是对合体字进行多次切分后得到的多个构字单位，而偏旁则是采用二分法对合体字进行一次性切分后获得的构字单位。二者之间的关系主要表现为两种情况：

第一，部件小于偏旁。对复杂的合体字进行部件分析时，往往需要多次切分，并得到多个层次的部件。然而，按照传统的字形分析方法，只需要把合体字分析为两个偏旁即可，而不需要考虑这个合体字结构的复杂性。例如：“韶”字只有“音”和“召”两个偏旁，但却由两个一级部件“音”“召”、四个二级部件“立”“日”“刀”“口”共同构成。这时，部件就小于偏旁。

第二，部件等于偏旁。有的合体字结构单一，对其进行部件分析时，只需要进行一次切分即可，不能再继续切分下去，结果便得到两个部件，同时也是两个偏旁。这时，部件就等于偏旁。例如：“完”字由“宀”、“元”两个部件组成，这两个部件同时也是两个偏旁。

部件和偏旁各有其特殊的功能和作用。在汉字教学中，我们称“某字由某两个偏旁构成”，这种表达方便而且清晰。如果说“某字由哪些部件构成”，就会显得比较繁琐。另外，偏旁大多与整字的意义或读音具有密切的关系，而部件除了一级部件之外，基本都与整字的意义或读音无关。但是，分析和研究汉字的部件也是非常重要的：把汉字拆分为部件，可用于计算机信息处理中的汉字编码；掌握汉字的部件，对于学习和运用汉字也可以收到以简驭繁的效果。因为汉字虽然数量庞大，结构复杂，但基本部件的数量是有限的，而且构字的频率相当高，较好地掌握这些基本部件，对于我们识字、用字、检字等，都是非常有帮助的。

三、汉字的结构格式

（一）独体字

独体字是由一个基础部件构成的字。它是一个囫囵的整体，不能再切分出其他的构字部件。

独体字主要来源于古代的象形字和指事字，如“日”、“月”、“上”、“下”等；也有极少数来源于会意字和形声字，如“及”、“王”、“史”、“事”等；还有一些独体字是合体繁体字简化后而形成的，如“厂”、“广”、“飞”、“长”等。

通常，独体字的组合方式主要有以下几种：

1. 离散组合

笔画之间互不接触，有一定的间距，如“川”、“心”、“儿”、“六”等。

2. 连接组合

笔画之间互相连接，如“工”、“日”、“月”、“已”等。

3. 交叉组合

笔画之间互相交叉，如“丸”、“丰”、“力”、“丈”等。

4. 综合组合

笔画之间使用多种笔画组合方式，如“士”、“巾”、“之”、“牛”等。

独体字的笔画形状及其组合方式，是区别形近独体字的要点之一。例如：“八”和“人”是离散与连接的区别，“匕”和“七”是连接与交叉的区别。

独体字在汉字系统中所占的比例虽然不大，但在汉字系统中却具有十分重要的地位。因为独体字作为一个独立的字，从古代沿用至今，而且大多数独体字同时也是合体字的构字部件，具有极强的构字能力。例如：以“虫”为偏旁构成的现代常用汉字就有300多个，以“木”为偏旁构成的现代常用汉字则有400多个。掌握一些常用的独体字，有利于现代汉字的学习。

（二）合体字

合体字是由两个或两个以上基础部件构成的字。由于合体字的一级部件同时也是偏旁，所以，也可以把合体字理解为由偏旁和偏旁组合而成的汉字。

合体字在现代汉字中占大多数，其主要来源有：古代的象形字，如“泉”、“鱼”、“鹿”、“燕”等；古代的指事字，如“旦”、“亦”、“卒”、“牟”等；古代的会意字，如“析”、“吠”、“相”、“葬”等；古代的形声字，如“防”、“简”、“驻”、“芥”等。

构成合体字的部件，最初同整字的读音或意义都具有一定的联系，但随着字音、字义和字形的发展演变，它们之间的联系逐渐被削弱了。例如：古代的“兵”字是双手握住一个“斤”（斧头），但现代汉字只能分析成“丘”和“八”两个部件；古代的“羞”字，与羊有关，其本义是“珍馐”（珍奇、名贵的食物），但从现代汉字字义考察，无论如何也看不出它们之间有什么联系了。

合体字的组合方式，主要有以下几种：

1. 上下结构

上下结构是由构字部件上下排列组成的合体字。上下结构的合体字约占全部汉字的

20%左右，具体可分以下几种情况：

上下相等：思 竖 穷 贡 吉

上小下大：家 若 草 寇 寄

上大下小：盟 整 齐 企 丛

上中下结构：曼 率 器 哀 豪

2. 左右结构

左右结构是由构字部件左右并列组成的合体字。左右结构的合体字约占全部汉字的60%以上，是数量最多的一类。

左右结构的合体字，具体又可分为四种情况：

左右相等：鲜 辞 林 相 朋

左小右大：侠 读 陈 钓 语

左大右小：刚 卦 都 影 射

左中右结构：彬 假 游 树 懒

3. 包围结构

包围结构是由方位上具有内外之分的构字部件组成的合体字，具体又有以下几种情况：

全包围结构：因 回 困 围 固

上三包围结构：闻 闲 同 用 风

左三包围结构：匣 匠 臣 匿 匡

下三包围结构：凶 画 击 函 幽

上左包围结构：厄 压 疾 庆 居

上右包围结构：句 勾 可 氧 勺

下左包围结构：这 延 翘 勉 越

4. 其他结构

其他结构的合体字，主要有三种情况：

（1）框架结构。例如："承"、"乘"、"乖"、"噩"、"爽"、"巫"等。

（2）"品"字结构。例如："森"、"淼"、"焱"、"晶"、"鑫"、"磊"等。

（3）综合结构。这种合体字是使用上述基本结构互相拼合而组成的。例如："澡"字从整体上看是左右结构，右边又是上下结构，右上角则是"品"字结构；"礴"字的第一层是左右结构，第二层是上下结构，第三层是左右结构，第四层又是个上下结构。

思考与练习二

一、举例说明形声字形旁和声旁的作用及其局限性。

二、汉字有哪些结构单位？它们分别具有什么作用？

三、举例说明书写汉字的笔顺规则。

四、什么是偏旁？什么是部首？什么是部件？三者之间有什么关系？

五、为什么说独体字在汉字系统中占有十分重要的地位？

六、举例说明汉字的结构方式。

七、写出下列汉字的正确笔顺。

方　火　必　肃　兜　至　鸟　北　在　及

长　判　辩　米　丑　芳　妻　幽　凹　脊

八、说明下列合体字的组合方式。

哭　蕊　柴　贸　粘　痰　闻　湖　视　觉

现　斧　旱　割　搂　氨　簿　屑　琥　瞧

九、查阅相关书籍，说明“六书”说与现代汉字构造方法之间的关系。

十、有人说：形声是汉字造字法的重大突破，是一次质的飞跃。你同意这种观点吗？为什么？

第三节　汉字的字体

一、现代汉字常用形体

汉字的形体简称为字体。从殷商时期到现在的三千多年间，汉字的形体大体经过了从甲骨文、金文、篆书、隶书、楷书、草书、行书等几种重大的变革。但是，现代汉字常用形体主要还是楷书和行书。

（一）楷书

楷书又叫真书、正书，兴于东汉末年。楷书是从隶书演变而来的，它继承了隶书的许多特点，如分明的笔画、构字的偏旁系统等，但又与隶书存在着笔形上的不同。它去掉了隶书的“波势挑法”，把波磔改为平笔，字形也由扁平改为竖长方形，笔画十分平直，字形较为平衡，整个字形向里集中，结构显得紧凑、严谨。楷书是现代汉字的标准字体。

楷书的字体特点，大体可归纳为以下三点：

第一，比例适宜，笔画呼应。在书写楷书时，有的汉字上下要相等，如“竖”、“留”、“要”等；有的汉字要上小下大，如“冠”、“草”、“箸”等；有的汉字要左右或左中右相等，如“鲜”、“顾”、“撒”等；有的汉字要左大右小，如“卦”、“都”、“彭”等；有的汉字要左小右大，如“读”、“陈”、“施”等。如果有对应点的字，则要点画呼应，避免松散、分离。例如：“增”、“乎”、“夹”等字中的两点，必须呼应对称；“习”、“冲”、“汁”等字中的点和提要上下呼应。

第二，重心平稳，疏密适度。为了保证字体结构支架稳实，有些汉字在书写时要求笔画对准字的重心，如“义”、“父”、“爻”等字的交叉处和“平”、“重”、“童”等字的中心，都应该对准重心，使字不致倾倒。同时，还要注意笔画和笔画之间疏朗匀称，如“丰”、“毛”二字开头的三笔应疏密均匀，“于”、“干”二字开头的两横要略稀，使空白处大小均衡。

第三，参差错落。楷书要求有相同笔画或近似笔画的字，笔画的长短、大小不能雷同，如“桂”、“佳”、“美”等字的几个横画和“册”、“川”、“刑”等字中的竖画，都要有长短之分。

（二）行书

行书是介于草书与楷书之间的一种日用手写字体。行书产生的年代稍后于楷书，它基本上保持了楷书的笔画结构，只是做了些适当的省简，笔势连贯，写起来比楷书简便、迅速，又不像草书那样面目全非，不易辨认。

行书没有严格的书写规则，写得规矩一点，比较接近楷书，称为行楷；写得灵活一点，则与草书相近，称为行草。一般说来，行书的主要特点是：

第一，点画连绵或减省。行书可将独立的点画连写在一起，如“灬”写成“一”，“系”写成“系”。此外，还可以减省某些点画，如“林”写成“林”，“广”字头写成“广”。

第二，偏旁变形。行书可变易某些偏旁，如“艹”字头写成“艹”，“辶”写成“辶”。

第三，笔顺易序。行书可改变通常的笔顺书写规则，如“本”字末笔写捺，“有”字首笔写撇等。

（三）其他

在一些特殊情况下，如印章、匾额、书法艺术作品中，也会运用到汉字的其他形体。常见的一般有小篆、隶书和草书。

小篆作为篆刻艺术的专门字体，也是书法或绘画作品中不可缺少的组成部分。隶书是汉字发展史上的一个转折点，是古今汉字的分水岭。正式场合，如公文、布告、碑碣之类，仍然可用隶书。草书是为了快速书写而发展起来的字体，分为章草和今草，唐代后还出现狂草。草书一般一字内笔画相连，一气呵成，有时字和字之间也连绵不断，书写简便，但有时不易辨认，更多在于其艺术价值。

二、印刷体和手写体

现代汉字从书写的手段来看，可以分为印刷体和手写体。

（一）印刷体及其类型

印刷体是指通过制作铅字排版或计算机排版印刷出来的字体。

现代汉字印刷体的特点是笔画清晰、端正匀称、便于辨认。现代汉字常见的印刷体有宋体、仿宋体、楷体、黑体等几种。宋体又叫老宋体、古宋体、灯笼体，其特点是笔画横细竖粗，字体方正严谨，是最常用的印刷体。仿宋体又叫真宋体，其笔画不分粗细，字体方正，清雅秀丽，讲究顿笔。仿宋体多用于排印少儿读物、诗词等。楷体又叫大宋体、正体、手写体，其字体丰满，主要用于排印教科书、通俗读物、报刊按语等。黑体又叫黑头字、方头字、方体字，其横竖笔画等粗，浓黑醒目，形体凝重稳健，主要用作标题，或用于注释和正文中所要强调的内容。

宋体	仿宋体	楷体	黑体
现	现	现	**现**

以上各种字体，根据使用场合的不同，又有不同的字号。字号就是楷书印刷体大小的编号，也就是铅字大小的规格。不同的字号，其适用范围也各不相同。初号用于标题、封面、广告等。一号至小四号主要用于各种不同的标题。儿童读物、教科书、诗词、文件等材料常用四号或小四号字。五号和小五号字广泛地运用于各种书刊报纸的正文。六号字主

要用于书刊、工具书的注释。七号字用得很少，适用于版权页。

（二）手写体及其类型

现代汉字的手写体，是指用手执笔直接书写成的汉字。常用的手写体汉字是楷书和行书，有时也会由于不同需要或个人喜好运用隶书、草书或其他字体。

根据运用的工具的不同，手写体可以分为软笔字和硬笔字两种。软笔字主要是指传统的毛笔字，现在多用于书法艺术。硬笔字指钢笔字、铅笔字、圆珠笔字、中性笔字、粉笔字等，是最常用的一种手写字。

随着计算机的普及，很多人手写汉字的能力都在不同程度地下降，正确、规范、优美地书写汉字应该受到人们的普遍重视。

思考与练习三

一、举例说明现代汉字的常用形体。

二、什么是楷书？什么是行书？二者各有什么特点？

三、结合实际，谈谈常见的印刷体及其类型。

四、在日常生活中，你接触最多的字号主要有哪些？这些字号的适用范围有什么特点？

第四节　汉字与文化

汉字在长达五千多年的历史演进中，与汉语相互适应，成为灿烂辉煌的中华文化的载体，体现着中华文化的基本精神。同时，汉字的使用者还结合汉字本身的特点，创造出了富有民族特色的汉字文化。

一、汉字的文化功能

（一）汉字产生的文化现象

汉字是一种独特的文字，许多西方语言学者在汉字身上看到了表音文字无法涵盖的文化价值。帕默尔认为，汉字是“中国的脊梁”，失去汉字，“中国人就会失掉他们对持续了四千年的丰富的文化典籍的继承权”。[①] 在漫长的汉字历史发展进程中，汉民族根据汉字的特点，创造了大量与汉字有关的文化内容。

汉字是表意体系的文字，早期的汉字是因义而构形的。随着汉字字形的发展演变，汉字的图画意味虽然逐渐减弱，但仔细观察，还是能看出汉字字形与物象之间的相似性。例如：“眉，目上毛也，从目，象眉之形。”又如“男，丈夫也，从田从力，言男用力于田也。”[②] 不难看出，这些汉字的字形反映出了古人观察事物和认知世界的方式，承载了中华民族独特的文化内涵。当代社会中，人们有时也会利用汉字的字形来描绘人、事、物的

---

① 转引自申小龙：《语言学纲要》，上海：复旦大学出版社2003年版，第310页。

② （汉）许慎：《说文解字》，北京：中华书局1963年版，第74，291页。

外形和特点，如“田”字格、“八”字步、“国”字脸、“丁”字路口、“川”字眉头、“大”字形的睡姿等，以增加表达的形象性。

汉字有很多合体字，这些合体字的部件可以通过拆解、组合、错位、变形等方式构成不同的汉字。字谜、析字对联、离合诗等文化现象，正是在此基础之上产生的。例如：字谜“半把斧头”的谜底是“爸”字，对联“山石岩上白水泉，此木为柴；长巾帐内女子好，少女更妙”都是依据汉字的字形可拆解、可组合的特点撰写出来的。人们还利用汉字的字形来创作诗歌、编写识字童谣，前者如“海——牵手每一滴水，凝聚一个浩瀚的梦”、“思——心灵的田地里，种子在发芽”等，后者如“什么张？弓长张。什么章？立早章。什么王？三横王。什么黄？草头黄。什么吴？口天吴。什么胡？古月胡。什么李？木子李。什么吕？双口吕。”此外，还有把汉字字形用在取名中的现象，如“赵（趙）小月”、“雷雨田”、“王一川”等。

利用汉字方块字形和不分词连写的特点，也产生了一些文化现象。汉字是方形的，可大可小，可横可竖、可正可倒。有时为了突出所要强调的重点，往往可以改变字体大小或使用不同字体来加以显示，从而形成独具特色的汉字文化。例如：春节时人们常把“福”字倒写或倒贴在门上，以“福倒了”谐音“福到了”，表达对新年的祝福。此外，汉字不实行分词连写，这也相应地产生了回文诗、龟形诗、菱形诗、梅花形诗等文化现象。例如：云南省通海县秀山有一幅回文对联“秀山轻雨青山秀，香柏鼓风古柏香”，它的妙处就在于顺着读和倒着读都行，令人回味无穷。

此外，书法和篆刻作为享誉海内外的中华文化瑰宝，也是由汉字生发出来的。

（二）汉字的文化载体功能

汉字是记录汉语的书写符号系统，也是汉文化的重要载体。它突破时间和空间的限制，记录并保存了中国不同历史时期的文化。中国的文学、历史、政治、思想等不同类型的文献典籍都是以汉字为载体记录下来并得以流传的。因此，汉字是中华文化得以保存、传承、发展和繁荣的重要载体。

汉字属于表意文字，其符号与表达的意义之间存在着诸多的联系，体现了中华民族的文化观念。例如：以“贝”为部件的汉字，反映了汉族先民以“贝”为货币的商贸文化。《说文解字》云：“贝，海介虫也，居陆名猋，在水名蜬，象形。古者货贝而有宝龟，周而有泉，至秦废贝行钱。凡贝之属皆从贝。”《说文解字》所收录的以“贝”为部首的汉字也多与商贸、经济往来有关，如“货（商品、财物）”、“贸（交换、交易财物）”、“贾（有固定地址，坐地经营的商人）”、“贷（从人求财物）”、“赊（不交钱而买东西）”等；而“贡”、“赏”、“赐”等汉字，则反映了人情、财物等交往的情况。又如：以“示”为结构部件的字，体现的是古人的神灵崇拜文化和祭祀活动。“神（天神引出万物者也）”、“社”（土地之神）、“福”（祈祷之后万事顺利）、“祟”（鬼神出没，给人制造灾难）、“祭（以手持肉祭祀神祇）”、“禅”（在泰山上封土为坛祭天）、“禋（烧柴升烟祭天）”、“祝”（祈祷中负责向神祈祷的人）等汉字，都是这些文化活动的真实记录。由此可见，分析汉字构造的方式、意义，不仅可以加深对汉字的认识，而且能够更加深入地理解中华文化。

二、汉字和汉字文化的传播

从目前发掘出的河姆渡文化和龙山文化中的刻画符号、殷商废墟中的甲骨文字可知，汉字发源于黄河流域，并在史称“中原”的这块土地上通行。在数千年的漫漫历程中，汉字伴随着人口迁徙、文化传播向周边地区、周边国家辐射。在南北朝到宋朝的八百多年间，汉字为国内不同民族和周边国家民族所借用、改造，形成了以汉字为基础的“汉字系”文字。

（一）汉字的国内传播

中华大地自古以来就是一块多元文化共生的土地，除生活在黄河流域的华夏族外，还生活着壮、白、傣、哈尼、女真、契丹等少数民族。作为汉文化载体的汉字，在记录汉语、传承汉文化的同时，也从南、北、西、东四个方向传播，成为当地民族的语言载体或促成了当地民族文字的形成。国内传播的汉字系文字主要包括壮字、水书、白文、契丹文字等四种。

壮字大约起源于唐代，为壮族民间人士仿造汉字形体所创。壮族在历史上曾经使用过两种文字：一种是方块壮字；一种是拼音壮文。方块壮字的主要特点是用汉字形体来标记壮语语音，具有与汉字相同的象形、会意、形声等造字方法，主要用于记录壮族民歌和民间故事。但是，由于壮语方言土语众多，各方言土语使用的方块壮字均有一定的差异，所以始终未能成为全民族的通行文字。1955 年，由政府组织相关专家制定了拉丁字母的拼音壮文，加以推广。1981 年经过修改，使用至今。

水书是借用汉字记录水语的文字形式。水书通行于贵州、广西、云南的水族地区。水书主要用于占卜，能读懂水书的人，通常是水族的“鬼师”。与其他汉字系文字直接借用、改造汉字记录语音不同的是，水书除了包含借用的汉字外，还有大量的象形字和符号字。

白文是借用汉字记录白语的一种文字形式。白文通行于白族地区。白文在借用汉字的同时，也创造了一批新字。白文在南诏时期运用十分广泛，不仅用于记录民间故事、谚语的记录，也在碑文中大量使用。

契丹文字是契丹建国初期，辽太祖耶律阿保机命臣下参照汉字创制的。契丹字分为大字和小字两种。契丹大字是方块形的表意文字，其中夹用汉字。契丹小字是拼音的组合方块，类似朝鲜的谚文。契丹文字通行于辽国，甚至政权被女真取代后，契丹文字还沿用了 50 多年。不过，随着契丹语的消失，契丹文字逐渐成为了无人能解的死文字。

（二）汉字的国际传播

汉字在中国境外的传播，最早可以追溯到秦汉，真正达到鼎盛是唐朝以后。当时，中国的经济发展、文化积累达到了前所未有的高度，引起了其他国家的关注，尤其是亚洲的朝鲜、日本和越南。随着中国哲学、宗教、文学、医学等文献典籍的传播，上述国家在吸收中国文化精髓的同时，也借助汉字记录了本国的语言，甚至进而改造了自己的文字，从而形成了亚洲东部以汉字为中心的文化区域——“汉字文化圈”。

朝鲜汉字，也称韩文汉字，是朝鲜文中使用的汉字，通常用来书写由中国传入的汉字词。公元 4 世纪时，用汉字书写的佛教经典传入朝鲜。随着佛教的推广，汉字在朝鲜半岛得到了传播，官方和民间的书面语都使用汉字进行记录。朝鲜民主主义人民共和国于1968年开始恢复汉字教学，同年发行的四种汉字教科书，使用汉字1500个。大韩民国1972年制定了《教育基础汉字表》，收字1800个。韩国的书面语至今仍是汉字谚文混用。

日文是在汉字的基础上创造的。公元1—2世纪时，汉字随中国先进的稻作、金属制造等技术传入日本。由于汉语和日语不属于同一语系，语言结构要素的差异较大，因此借助汉字还不能非常完善地记录日语，汉字的使用范围主要限于上层社会和一些到过中国的人士。公元8世纪时，日本用汉字记录日语的发音，创造了万叶假名，具体又分为平假名和片假名。平假名由草书简化而成，最初主要通行于妇女中间，以表音的方式记录日语故事、歌谣等；片假名由日本僧人创造，取汉字的偏旁等并加以简化，可以表意。除假名之外，部分汉字仍用于记录日语。这样，日本文字就变成以假名为主，汉字为辅的混合文。现在日本的《常用汉字表》收录的汉字是1945个。

喃字是越南公元13世纪时以汉字为结构基础创造的一种文字。喃字也称字喃。喃字最初是运用同音或近音的汉字记录越南语的国音，后来又采用形声、指事、会意等方法创造出了更多的喃字。18世纪上半叶到19世纪上半叶，喃字已成为记录本民族语言的主要工具。直到19世纪末，法国在越南南部推行拉丁化文字之后，喃字的使用范围和人数才逐渐减少。目前，喃字主要以书籍、横匾、诗文的形式保存在古代文化典籍当中。

当前，汉语的国际化和国际汉语教学的发展，为汉字和汉字文化的传播带来了无限机遇和巨大挑战。从学习者分布的地域来看，亚洲国家，尤其是历史上属于“汉字文化圈”的韩国、越南、日本等，是汉语学习的热点地区。随着汉语国际推广的不断发展，国际汉语教学必将带来世界对汉字和汉字文化的重新认识，从而推动汉字和汉字文化的传播。世界各国对中国文化的兴趣以及中国对自身文化的重新审视和认识，为汉字和汉字文化的传播带来了难得的机遇。当然，汉字的国际传播也给汉字本身提出了新的挑战，其中之一便是互联网的汉字和汉语信息传播的问题。另外，汉字字体的规范化和标准化工作也需要进一步深入展开。如果能够认真研究和解决汉字国际传播中的问题，抓住汉语国际化的良好机遇，汉字一定能够迎来新的传播浪潮。

思考与练习四

一、你知道哪些汉字产生的文化现象？请举例说明。

二、结合实际，谈谈汉字的文化载体功能。

三、查阅相关书籍，了解当前汉字国际传播的基本情况。

四、瑞典汉学家高本汉曾经说过：“中国人抛弃汉字之日，就是他们放弃他们的文化基础之时。”请谈谈你对这句话的认识和理解。

第五节　汉字的规范化

一般说来，世界上现存的文字大多都经过了改革。汉字改革的历史是源远流长的。秦朝实施的“书同文，车同轨”政策拉开了汉字规范化的序幕。秦始皇统一全国后，针对原各个诸侯国文字不统一的情况，颁布法令规定以秦国文字小篆作为全国通行的文字。这是中国历史上第一次规范汉字、改革汉字书写符号的行动。此后，规范汉字的字体和书写形式成为了汉字规范化进程中的重要内容。

一、汉字规范化的内容

汉字规范化的内容主要有汉字的简化、汉字的标准化和使用规范汉字。

（一）汉字的简化

从汉字形体发展的历程来看，汉字一直有简化的趋势，既存在民间笔画简省的简体，也存在官方正式场合使用的正体。因此，汉字简化的内容就主要包括简化笔画、精简字数，以及整理异读词和异形词。

1. 简化笔画

汉字笔画的简化工作从清代起就有组织、有计划地在开展了。1935 年，国民政府发布《第一批简化字表》，第一次确认了简化字的合法地位。新中国建立之后，成立了专门的文字改革委员会，并于 1956 年通过了《汉字简化方案》，在全国范围内推广简化字。1964 年，有关部门根据简化字的推广情况，重新整理、编制了《简化字总表》。1986 年，为了纠正社会用字混乱现象，便于人民群众使用规范的简化字，国家语言文字工作委员会重新发布了《简化字总表》，共收录简化字 2235 个，大大缓解了汉字书写繁难的情况。

从形体结构上看，汉字简化笔画的方式主要有以下几种：

（1）简化偏旁

简化偏旁主要是通过简化形声字的形旁或声旁来达到简化汉字笔画的目的。例如：

仓——倉：沧——滄　创——創　怆——愴　枪——槍

仑——侖：轮——輪　论——論　伦——倫　抡——掄

（2）保留局部

这是通过抽取能体现原字特征的部分来代替原字的一种简化方式。例如：

卤——鹵　亲——親　杀——殺　时——時

孙——孫　厌——厭　业——業　寻——尋

（3）符号替代

符号替代是指用笔画简省的抽象符号来代替原先繁难的汉字部件。例如：

区——區　赵——趙　风——風　对——對

汉——漢　戏——戲　劝——勸　刘——劉

（4）同音替代

同音替代是用形体简单的同音字、近音字来替代原有的汉字。例如：

谷——穀　后——後　干——幹　斗——鬥

几——幾　丑——醜　范——範　借——藉

（5）草书楷化

从书写形体上看，由于草书用连绵的笔形来替代标准的部件，因而形体相对简单，书写便捷。草书楷化就是将连绵的草书字形按照楷书的笔画写下来。例如：

长——長　书——書　尧——堯　为——為

专——專　　车——車　　门——門　　鸟——鳥

（6）全部更换

全部更换是运用造字法新造出笔画较为简单的字以代替原先笔画繁难的字。例如：

体——體　　华——華　　义——義　　灵——靈

众——眾　　丛——叢　　听——聽　　卫——衛

2. 精简字数

汉字家族庞大，其中还包含了一定数量的异体字，即与规定的正体字同音、同义而写法不同的字。例如：正体字“并”字另有“倂”、“並”、“竝”三种写法，它们就是“并”的异体字。又如：异（異）、冢（塚）、群（羣）、村（邨）、嗔（瞋）等。异体字的存在增加了学习汉字的负担，给汉字的使用带来了不便。

新中国成立以后，中国文字改革委员会对异体字展开了相关的调查和研究，并于1955年公布了《第一批异体字整理表》。该表本着“从简从俗，书写方便”的原则，对810组汉字逐一进行了规范：规定每组除一种形体为规范字体外，其余1053个均为异体字；表中所列异体字在公开出版的报纸、杂志、图书中一律停止使用，只在人名姓氏中有限地保存下来。此后，根据1983年重新发表的《简化字总表》、1988年国家语委和新闻出版署《关于发布〈现代汉语通用字表〉的联合通知》，《第一批异体字整理表》经过调整后，由原来的810组异体字减少到796组，淘汰的异体字由原来的1053个减少到1027个。

3. 整理异读词和异形词

异读词是指同一个词有两种或几种不同读音的现象，包括习惯上有异读的词和多音节词中有异读的字。异读词的规范化问题已在第二章讲过，这里主要谈异形词的问题。

异形词是普通话书面语中并存并用的同音、同义而书写形式不同的汉字。例如：

订单——定单　　含糊——含胡　　联结——连结

毕恭毕敬——必恭必敬　　发人深省——发人深醒　　丰富多彩——丰富多采

关于异形词的规范化，可参照教育部、国家语委2001年发布的《第一批异形词整理表》。该表选取了普通话书面语中经常使用、公众取舍倾向比较明显的338组异形词作为第一批进行整理，给出了每组异形词的推荐使用词形。

（二）汉字的标准化

汉字的标准化，就是对现行汉字的用字数量、标准字形、标准字音和排列顺序作出明确的规定，即定量、定形、定音、定序。

1. 定量

定量，就是规定汉字使用的数量。

汉字的数量十分庞大，汉代许慎《说文解字》只收录了9353个汉字，至当代《汉语大字典》已收录汉字54678个。然而，人们在实际生活中并不需要逐一掌握每一个汉字，处理这些汉字应以“现代通用、分层定量”为标准。“现代通用”，是指在全面统计、科学分析现行汉字覆盖率的基础上，制定出《现代汉字通用字表》（该表1988年发布，共收录汉字7000个）。“分层使用”，是指在通行汉字的基础上进一步分级，细化不同层次、不同领域用字的数量，为教材编写、书籍出版、汉字信息处理提供依据。1988年，《现代汉语常用字表》公布，共收字3500个，其中常用字2500个，次常用字1000个。另外，国家还组织相关人员广泛征集和调查人名、地名用字，以进一步引导和规范取名、地名用字的范围。可以说，我国的文字定量工作正在有序地进行。

2. 定形

定形，就是确定每个现行汉字的标准字体。

新中国成立后，简化汉字的笔画、整理异体字、规范书写笔顺等工作，大大促进了汉字的形体规范。国家陆续公布实施的《第一批异体字整理表》、《简化汉字总表》、《印刷通用汉字字形表》、《现代汉语常用汉字表》、《现代汉语通用字表》、《第一批异形词整理表》、《部分计量单位名称统一用字表》、《汉字统一部首（草案)》、《现代常用字部件及部件名称规范》等，均为汉字的定形工作奠定了良好的基础。

3. 定音

定音，是指确定每个汉字的标准读音，消除异读现象。

普通话以北京语音为标准音，消除同音异读现象，不仅有助于进一步确定语音规范，而且可以减轻学习者的负担，从而加速普通话的推广工作。1957 年、1962 年推出了《普通话异读词审音表初稿》，在此基础上，1985 年，国家又审定、公布了《普通话异读词审音表》。与词汇相比，语音发展变化不快。因此，今后的审音工作除继续规范异读现象外，还要对人名、地名的异读现象，轻声、儿化词，多音多义字的读音进一步审定和规范。

4. 定序

定序，指的是规范现行汉字的排列顺序，并确定标准的检字法。

汉字的排序对于工具书编撰、图书资料索引等具有重要意义。常见的汉字排序方法主要有音序法、笔画法、部首法和号码法。音序法是按照字音排列汉字的顺序，但由于汉语的同音字较多，因而相同读音的汉字必须结合笔画法排列。笔画法是根据笔画和笔形排列汉字的顺序，但需要确定汉字的笔数，以及在笔数相同的情况下哪个汉字先哪个汉字后等问题。关于笔形的顺序，国家推荐以“一丨丿丶乛”为序，并以此为标准公布了《通用汉字笔顺规范》。部首法是按照部首来编排汉字的顺序，需要注意汉字部首的数量、单字归部的原则等问题。教育部和国家语言文字工作委员会 2009 年发布的《现代常用字部件及部件名称规范》、《现代常用独体字规范》，可作为部首法的主要依据。

（三）使用规范汉字

规范汉字，是国家有关部门发布的经过简化和整理的字表所规定的汉字。使用规范汉字主要包括正确书写汉字和纠正错别字两方面的内容。

1. 正确书写汉字

正确书写汉字，要求认真学习并掌握国家相关部门发布的《第一批异体字整理表》、《简化汉字总表》、《现代汉语常用汉字表》、《现代汉语通用字表》、《第一批异形词整理表》、《部分计量单位名称统一用字表》、《汉字统一部首（草案)》、《现代常用字部件及部件名称规范》等，按照规范化的字形标准书写汉字，使用规范的简化汉字，不用已经淘汰的异体字、异形词。

在现实生活中，有的人喜欢使用繁体字，如把“确”、“折”、“帘”、“朴”、“曲”写成“確”、“摺”、“簾”、“樸”、“麯”。事实上，除了文物古籍、书法篆刻、题字招牌等手写体等特殊情况，通常不能乱用繁体字。此外，由于有的简化字是采用形体简单的同音字、近音字来替代繁体字，有的简化字则同时对应着两个繁体字，所以汉字的繁简转换并非简单的一一对应的关系。例如：“干净”的“干”是“乾”的简化字，而“相干”的“干”则是与之同形的非简化字。因此，如果不弄清简化字和繁体字之间的对应关系，就会出现错用、乱用繁体字的情况。

2. 纠正错别字

错别字，是错字和别字的合称。错字是指因多笔或少画而写错的汉字，写出来的汉字在字典中查不到。例如：把“低”字右边的偏旁写作“氏”，把“祝”字左边的偏旁写成“衤”等。别字是将汉字用错地方，把甲字误写为乙字。例如：“作”字常用于内容抽象或书面色彩较重的词，如“作恶”、“作怪”、“作茧自缚”等；而“做”字常用于内容具体或口语色彩较重的词，如“做手脚”、“做生意”、“做练习”等。如果把“作”误用为“做”或把“做”误用为“作”，就会产生别字。错别字产生的原因有外部因素，包括汉字的使用环境、教师的教学顺序和教学方法等，也有内部因素，如汉字学习和书写的负迁移等。纠正错别字应该从汉字的字形、字义、字音入手。

（1）注意字形

辨析汉字部件、笔画的差别，是学习、掌握汉字的最基础的工作。例如：如果不注意“恭”字的下半部分是“小”字多一点，就容易受“小”字的影响，把“恭”字写错。但如果知道“恭”的字义与“心”有关，而“小”字多一点是“心”的变形，“共”是声旁，那么“恭”字就不会写错了。又如：

戊：字形像大斧一类的兵器，指天干第五位。
戌：字形像一种宽刃的兵器，指地支第十一位。
戍：字形像人拿着兵器守卫，指（军队）防守。

杳：偏旁为“木”、“日”，本义为黑暗，引申为远得看不见踪影。
沓：偏旁为“水”、“曰”，本义为人说的话多如流水，引申为多而重复。

（2）注意字音

由于古今语音的演变，汉字声旁表音的准确性已有所降低，但利用声旁仍然可以为汉字声母、韵母的发音提供一些线索。这在一定程度上也是可以避免写错别字的。例如：

主（zhǔ）：住 注 驻 柱
隹（zhuī）：椎 锥 谁 堆

未（wèi）：妹 昧 寐 味
末（mò）：抹 茉 沫 秣

（3）辨别意义

正确使用汉字，同准确把握字义具有密切关系。尽管随着古今字形的演变，有的形旁已经不能准确地表示字义了，但也还是能够折射出汉字的一些造字理据及其本义。因此，利用形旁及其同字义的联系，也是能够纠正错别字的。例如：

贬：形旁为“贝”，意为降低或指出缺点，如“贬值”。
砭：形旁为“石”，本义为用石针扎皮肉治病，引申为讽刺、讽谏，如“针砭时弊”。

郎：形旁为“邑”，本义为古代邑名，引申为官名或对某种人的称呼，如“侍郎”。
琅：形旁为“玉”，本义为玉器，引申像玉器般清脆的声音，如“书声琅琅”。

二、汉字的信息处理

（一）汉字信息处理的定义

汉字信息处理是中文信息处理的核心部分，它指的是对以汉字为载体的各种信息符号进行识别、输入、处理、输出等操作的过程。

汉字的信息处理，具有重要的意义。第一，汉字是世界上最古老的文字之一，其记录的典籍浩如烟海。采用计算机进行汉字信息的录入、分类、处理，有利于汉文化典籍的保护和传承。第二，汉字信息处理是中文信息处理的关键部分，科技情报检索、机器翻译、人机对话、汉字编辑出版、咨询服务、计算机辅助教学、办公自动化、中文电子商务、中文搜索引擎等领域的快速发展，都离不开成熟的汉字信息处理技术。第三，汉字是世界上使用人数最多的一种文字，也是联合国规定使用的工作语言文字之一。除中国内地外，中国的香港、澳门和台湾以及海外华人，都在使用汉字。此外，受中华文化影响的日本、韩国、新加坡也仍有大量汉字通行于当代的语言生活。因此，加强汉字信息处理的研究，对于汉语和汉文化走向世界具有十分重要的价值。

（二）汉字信息处理的过程

汉字信息处理的基础研究包括汉字字频统计、词频统计、自动分词研究、编码字符集、通用汉字样本库、汉字属性等内容。从应用的角度看，汉字信息处理一般包括汉字的编码、输入、存储、编辑和输出五个部分。

1. 汉字编码

汉字编码是指把汉字转换成为代码。汉字编码，首先需要制定汉字编码的字符集，即确定必要的汉字数量。目前，信息处理中的汉字交换码标准是《国家标准信息处理交换用汉字编码字符集·基本集》。该表已成为研制汉字库、汉字国标码、汉字传输码、汉字处理码的标准和依据。其次，要按照“好学、好记、好用”的原则，使汉字编码能够“易学、易记、易用、易快、易检”。第三，就是确定汉字编码的方案。汉字编码种类繁多，其中影响比较大的主要是数字码、拼音码、结构码、词语码等。

数字码是将文字信息转化为数字进行编码，文字和数字之间的联系可以硬性规定，也可以遵守一定的规则。典型的数字码包括电报码、国际区位码、四角号码等。

拼音码是采用键盘上的拉丁字母编码的方法，又分为全拼码和双拼码两种。全拼码采用汉语拼音方案的拼音规则为编码方法，优点是编码规则简单，无需记忆，与中小学语文教学相衔接。不足之处在于输入速度慢，重码率高，读音不准或不认识的字无法输入等。双拼码根据反切的原理，采用一个字母代表声母、一个字母代表韵母的拼写方法。双拼码减少了码长，提高了输入速度，不过仍存在重码率较高的问题。

结构码是根据汉字的结构要素进行编码，主要包括笔画、笔形码和字根码。笔画、笔形码是以基本的笔画特征为取码标准，参考笔顺、部位等信息的编码方案。这种编码方案对于笔画数不多的汉字较为实用，而笔画数较多的汉字则会出现代码过长、笔顺容易混淆等问题。字根码以汉字的构字部件为编码要素，既可以避免笔画、笔顺码编码过长的问题，又可以克服拼音码重码率高、不认识的字无法编码的现象。五笔字型输入法即为典型的字根码。字根码的缺陷一是在于需要专门学习和记忆才能掌握，二是字根的拆分容易出现分歧等问题。

词语码以词语（包括词和固定短语）的方式进行信息输入。由于这种编码方案同时设置了高频词联想功能，所以大大降低了重码率。

2. 汉字输入

通常，汉字输入的方式主要有键盘输入、语音识别输入、文字识别输入等。

键盘输入是目前使用最广泛的汉字输入方式，包括数字键盘直接输入和数字键盘编码输入两种形式。

语音识别输入的基本原理是让计算机掌握特定发音人的语音特征从而将输入的语音识别出来。其优点是不需专门记忆和学习，但使用起来局限性很大，如使用场所环境嘈杂、人机屏幕交互方式不流畅等，都可能导致计算机无法准确识别输入的语音。

文字识别输入可分为印刷体识别和手写体识别两种类型。印刷体识别是通过扫描仪将要识别的文本录入计算机，然后对输入的文字符号作识别处理。印刷体识别包括电磁感应识别和光电扫描识别两种方式。手写体识别是通过专用的笔和写字板，通过电磁感应的方式识别汉字。手写识别输入虽然输入速度慢，但使用起来很方便。

3. 汉字存储

汉字存储是指利用一定的设备（如硬盘、磁带、芯片、MP3 等存储硬件）对输入计算机的信息进行加工处理并加以储存。

汉字存储的核心问题是信息存储要力求完整、不失真，同时又能够保证一定的存储空间、存储密度。因此，信息的压缩、加密、解压缩等，已成为汉字存储较为常见的方式。

4. 汉字输出

汉字输出是指将计算机处理过的信息传输给其他设备，包括显示输出和打印输出两种形式。

当前，汉字的信息处理正面临着国内外市场对汉字信息处理技术的渴求、互联网中文信息检索的需求、手机等移动通讯设备对汉字信息处理技术的需求等严峻的挑战，但其广阔的前景和巨大的市场必将促进其更多相关研究成果的出现。

思考与练习五

一、什么是汉字的规范化？汉字规范化的内容包括哪些？

二、举例说明汉字简化的方式。

三、汉字的标准化包括哪些内容？

四、结合实际，谈谈应该如何使用规范汉字。

五、写出下列繁体字的简化写法。

範　　業　　歸　　靈　　勸　　曆　　蠻　　擺　　憐

歡　　燦　　醜　　勝　　護　　導　　麗　　頭　　礙

六、改正下列词语中的错别字。

辉皇（　）　撤慌（　）　暖昧（　）　垦求（　）　催残（　）　羡幕（　）

冒然（　）　冷寞（　）　膨涨（　）　竞然（　）　偏辟（　）　踊现（　）

瞟缈（　）　堕毁（　）　浪废（　）　锁事（　）　膺品（　）　消遥（　）

藉贯（　）　决择（　）　笨茁（　）　挛生（　）　尊守（　）　优闲（　）

勉历（　）　嗽口（　）　戮穿（　）　戍戊（　）　祟高（　）　横桓（　）

拨河（　）　灸热（　）　干弋（　）　凋蔽（　）　治炼（　）　既将（　）

七、改正下列成语中的错别字。

再接再励（　）　良秀不齐（　）　利令致昏（　）　一愁莫展（　）

无拔之谈（　）　暗然失色（　）　消声匿迹（　）　出类拔翠（　）

杳无音信（　）　草管人命（　）　风糜一时（　）　病入膏肓（　）

现生说法（　）　责无旁代（　）　针贬时弊（　）　抑杨顿挫（　）

八、认真学习《语言文字规范手册》（语文出版社，1997 年重排本），对现实生活中的用字不规范现象进行调查，并撰写调查报告。

九、有人认为，实行“一语双文”（“一语”即汉语，“双文”即汉字和汉语拼音）对于汉语国际推广和汉语的国际化具有重要的意义。你同意这种观点吗？为什么？

第六节　标点符号

一、标点符号及其类型

（一）标点符号及其作用

标点符号，是现代书面语不可缺少的辅助文字记录语言的符号。

现代汉语所使用的标点是清朝末年从国外引进的。新中国成立后，国家出版总署于 1951 年发布了《标点符号用法》。根据标点符号用法的发展变化以及文字书写和书刊排印的变化，国家语委和新闻出版署于 1990 年重新发布了修订后的《标点符号用法》，对 16 种标点符号及其用法作了新的规定和详细说明。1995 年，国家技术监督局批准、发布《中华人民共和国国家标准 · 标点符号用法》。该标准的颁布和实施，较好地适应了现代汉语书面语发展变化的需要，提高了人们使用标点符号的规范意识。

标点符号具有辅助文字记录语言，表示停顿、语气以及词语的性质或作用。例如：

① 爸爸、妈妈回来了。

爸爸、妈妈，回来了。

爸爸，妈妈回来了。

② 都走了？

都走了。

都走了！

③ 电影《任长霞》塑造了一位“权为民所用，利为民所谋，情为民所系”的当代“青天”的典型形象——任长霞。

例①中三个句子的词语及其排列顺序都是相同的，但随着标点及其位置的变换，句子的结构和所表达的意思也随之发生了变化。例②的每一句话都通过标点表达出了一定的语气——第一句用问号，表示句末语调上升，是疑问语气；第二句用句号，表示语调平匀，句尾稍微下降，是陈述语气；第三句用叹号，表示语调下降，是感叹语气。例③中的“任长霞”是人名，带上书名号写为“《任长霞》”就是电影名了。

（二）标点符号的类型

标点符号通常可以分为标号、点号、符号三大类，具体名称及形状如下：

类型	名称及形状								
标号	引号	括号	破折号	省略号	着重号	书名号	间隔号	连接号	专名号
	‘ ’ “ ”	( ) [ ] { } 〔 〕	——	……	.	《》〈〉	·	—	＿＿
点号	句号	问号	感叹号	逗号	顿号	分号	冒号		
	。	？	！	，	、	；	：		
符号	注释号	隐讳号	虚缺号	斜线号	标识号	代替号	下脚号	箭头号	示亡号
	※	×	□	/	▲ ●	～	.	→	▭

二、标点符号的正确使用

（一）标号的用法

标号共有九种，主要是起标明词语、句子的性质和作用。

1. 引号

引号可以用来表示直接引用的话，可以突出需要着重指出的部分，也可以表示特定的含义、称谓等。例如：

① 爱因斯坦说：“想像力比知识更重要，因为知识是有限的，而想像力概况着世界上的一切，推动着进步，并且是知识进化的源泉。”

② 古人对于写文章有个基本要求，叫做“有物有序”。“有物”就是要有内容，“有序”就是要有条理。　（吕叔湘《人类的语言》）

③ 现在回想起来，那时候的我实在是过于“聪明”了！

④“大辫子”羞涩地一笑便走了。

例①的引号表示直接引用一句格言。例②用引号表示需要着重论述的对象。例③的引号表示讽刺和否定。例④用引号表示特定的称谓。

引号有双引号和单引号之分。引文之内又有引文时，最外面一层用双引号，里面一层用单引号。例如：

⑤ 他站起来问：“老师，什么叫‘一诺千金’？”

2. 括号

括号用来标明文中注释性的文字。例如：

① 中国猿人北京种（简称“北京人”）在我国的发现是对古人类学的一个重大贡献。

② 写研究性文章跟文学创作不同，不能摊开稿纸“即兴”。（其实文学创作也要有素养才能有“即兴”）

③ 根据市教育局《关于2008年漳州市普通初中毕业考试和高中阶段招生考试意见》（漳教中〔2008〕25号）文件精神，今年我市继续进行初中毕业班英语口语考试。

例①的括号用于注释句中词语“中国猿人北京种”，括注紧贴在被注释词语之后。例②的括号用于注释整个句子，括注放在句末标点之后。例③用括号对文件进行注释说明，在圆括号“( )”内再用六角括号“〔〕”标明发文年号。

3. 破折号

破折号常用来标明行文中解释说明的语句，或表示语义的转折及转换，或表示语义递进、中断，声音的延长，总结上文等。例如：

① 我国的四大发明——火药、印刷术、指南针、造纸术——对世界历史的发展有伟大的贡献。

② 在那颗星子下

——中学时代的一件事

③“天气真不错——有涨工资的消息吗?”老王突然出现在我的身后。

④ 然而，他的语气开始转变了：冷笑——厌烦——鄙夷不屑——威吓。

⑤ 多美的森林啊，可惜——

例①用两个破折号共同表示夹注；例②是舒婷一首诗的标题，破折号用于副标题前。例③④⑤的破折号分别表示意思的转折及转换、语义的递进、语言的中断。

值得注意的是，破折号引出的解释说明是正文的一部分，与括号内的解释说明不同。

4. 省略号

省略号主要表示文中省略的部分：表示说话人自己的省略，引文或列举的省略；表示语言中断，语义未尽，断断续续等。例如：

① 夏天来了，也曾想开个水果店，红豆、绿豆、八宝、仙草、爱玉、杏仁、布丁、凤梨、木瓜、酸梅汤……给它来个大混卖。（三毛《背影》）

②“母亲！你在哪儿？母亲！……”啊，我的母亲已经死了。

（陈应松《豹子最后的舞蹈》）

③ 你看，我说什么他都不听，恐怕……只有……只有你亲自去一趟了……

④ 上级……派我……到这儿，我……没能……完成……任务，对不起……

例①表示未列举尽。例②表示语言中断，语义未尽。例③表示说话人含糊其辞、欲言又止的神态。例④表示话语断断续续。

5. 书名号

书名号表示书籍、报刊、法令、剧作、歌曲、电影、电视剧、文件等的名称。例如：

① 我在看巴金的“激流三部曲”——《家》《春》《秋》。

② 他撰写的学术论文在《中国语文》上发表了。

③ 中央电视台将从九月起选播《国家行动》等优秀现实题材电视剧。

书名号在例①中表示书名，几个书名号之间不使用任何标点；在例②中表示期刊杂志名；在例③中表示电视剧名。

书名号分为双书名号“《》”和单书名号“〈〉”。单书名号用于双书名号的里层。例如：

④《〈指南录〉后序》是文天祥的作品。

6. 着重号

着重号标明特别重要的、需要注意的字、词、句，一般用在横行文字的下边。例如：

① 事业是干出来的，不是吹出来的。

② 学习马克思列宁主义，要按照毛泽东同志倡导的方法，理论联系实际。

例①、②的着重号分别标出的就是需要读者注意的重要词语、句子。

7. 连接号

连接号是用来表示连接、起止、流程的符号。具体用法为：用于构成一个意义单位的两个名词中间，表示相关、相对；用于相关的时间、地点或数目之间，表示起止；用于相关的字母、阿拉伯数字等之间，表示产品型号；用于几个相关的项目之间，表示递进式发展等。例如：

① 这是“北京—武昌”的特快列车。

② 鲁迅（1881—1936），中国现代伟大的文学家、思想家和革命家。

③ 人类的发展可以分为古猿—猿人—古人—新人这四个阶段。

例①、例②、例③中的连接号，分别表示地点的起止、时间的起止、发展走向。

8. 间隔号

间隔号常用于表示外国人和某些少数民族人名内各部分的分界、月份和日期之间的分界，以及书名与篇（章、卷）名之间的分界。例如：

① 诺尔曼·白求恩

② 爱新觉罗·努尔哈赤

③ 三·一八惨案

④《三国志·蜀志·诸葛亮传》

9. 专名号

专名号只用在古籍或某些文史著作里面，用来表示人名、地名、朝代名、种族名、国名、机构名等。具体位置是：文字横排时划在专名之下，文字直排时则划在专名左旁。例如：

① 文王拘而演周易；仲尼厄而作春秋。（司马迁《报任安书》）

② 初，郑武公娶于申，曰武姜。（《左传·隐公元年》）

例①用专名号标出的“文王”和“仲尼”是人名，而书名“周易”和“春秋”则用波浪线“﹏”标示。例②用专名号标出的“郑”和“申”是国名，“武公”和“武姜”是人名。

（二）点号的用法

点号的作用在于点断，主要表示说话的停顿和语气。点号共有七种，根据其出现的位置和作用，又可分为句末点号、句中点号两大类。

1. 句末点号

句末点号用在句末，表示句末的停顿，同时表示句子的语气，包括句号、问号和叹号三种。

（1）句号

句号主要表示陈述句末尾的停顿，也可用于语气舒缓的祈使句末尾。例如：

① 北京是中华人民共和国的首都。

② 虚心使人进步，骄傲使人落后。

③ 请您稍等一下。

④ 你把黑板擦干净。

例①②中的句号都用于陈述句句尾，表示陈述完了之后的停顿。例③④中的句号都用于祈使句句尾，表示舒缓的语气。

（2）问号

问号主要用于疑问句句尾，表示疑问的语气和疑问句末尾的停顿。此外，一些表示委婉语气的祈使句，句末也可以使用问号。例如：

① 你怎么能这么说？

② 这件事是告诉他好，还是不告诉他好？

③ 你去把李老师找来好吗？

例①是反问句，只问不答，答在问中。例②是选择问句，包含两个或两个以上的选项。例③则是表示委婉语气的祈使句，句末也可用问号。

（3）叹号

叹号主要用在感叹句的末尾，表示感叹句末尾的停顿。此外，语气较重、感情强烈的祈使句，语气强烈的反问句和独词句，也可以使用感叹号。例如：

① 为中华之崛起而拼搏！

② 张兰，你快点儿！

③ 世界哪有不存在矛盾的地方！

④ 长途！特快！

例①句末的叹号表示感叹。例②的叹号表示语气较重、感情强烈的祈使句。例③是语气强烈的反问句，句末用感叹号。例④的叹号用于语气强烈的独词句的末尾。

2. 句中点号

句中点号用在句内，表示句内各种不同性质的停顿，包括逗号、顿号、分号和冒号。

（1）顿号

顿号表示句子内部最小的停顿，常用在并列的词或短语之间以及次序语的后面。例如：

① 亚马逊河、尼罗河、密西西比河和长江是世界四大河流。

② 为什么说“三个代表”是我们的立党之本、执政之基、力量之源？

③ 五好家庭：一、爱国守法，热心公益好；二、学习进步，爱岗敬业好；三、男女平等，尊老爱幼好；四、移风易俗，少生优育好；五、夫妻和睦，邻里团结好。

例①中并列的词“亚马逊河、尼罗河、密西西比河”之间要用顿号，而“长江”虽然跟它们也属于并列关系，但因前面有连词“和”，所以就不再使用顿号了。例②的顿号用于并列短语之间。例③中的一级序号语“一”“二”“三”“四”“五”的后面都要使用顿号。

（2）逗号

逗号表示一句话中间的停顿，停顿的时间比顿号长，比分号短。具体使用情况如下：复句的分句之间或分句内部，常用逗号；句子主语较长，主语的后面用逗号；句子宾语较长，前面用逗号；状语提到句首，状语之后用逗号；在倒装的句子成分之后用逗号。例如：

① 他是临场胆怯呢，还是身体不舒服呢？

② 这个巨大的打击和难言的悲痛，几乎把他击倒了。

③ 我还记得，他那时还是个不懂事的孩子。

④ 对于这个城市，他并不陌生。

⑤ 起来，不愿做奴隶的人们！

例①在选择关系复句的分句之间使用了逗号。例②的逗号用于较长的主语之后。例③的逗号用于较长的宾语之前。例④在句首状语之后使用了逗号。例⑤的逗号表示主谓倒装。

（3）分号

分号表示复句内部并列分句之间的停顿。分项列举的各项之间，也可以使用分号。例如：

① 有的学会烤烟，自己做挺讲究的纸烟和雪茄；有的学会蔬菜加工，做的番茄酱能吃到冬天；有的学会蔬菜腌渍、窖藏，使秋菜接上春菜。（吴伯箫《菜园小记》）

② 词大致可分三类：（1）小令；（2）中调；（3）长调。

例①是由三个分句组成的并列关系复句，分句之间要使用分号。例②则是在分项列举的各项之间直接使用分号。

有些多重复句虽然并不属于并列关系（如转折关系、因果关系等），但第一层的前后两部分之间，也要使用分号。例如：

③ 我国年满十八周岁的公民，不分民族、种族、性别、职业、家庭出身、宗教信仰、教育程度、财产状况、居住年限，都有选举权和被选举权；但是依照法律被剥夺政治权力的人除外。

（4）冒号

冒号一般用在书信、发言稿等开头的称呼语后面。具体用法为：用在提示语（如“说”、“想”、“证明”、“宣布”、“透露”、“例如”等）或总括语的后面，表示提起下文；用在总括语的前面，表示总结上文；用在需要解释的词语后边，表示解释或说明。例如：

① 北京紫禁城有四座城门：午门、神武门、东华门和西华门。

② 他十分惊讶地说：“啊，原来是你！”

③ 外文图书展销会

日期：2010年10月20日至10月30日

时间：上午8时至下午4时

地点：昆明市环城西路609号

主办单位：云南出版集团公司

例①的冒号用于总括语的后边，目的是引起下文的分说。例②的冒号用于“说”的后边，以提起下文。例③的冒号则用于需要解释的词语后，引出解释或说明。

（三）符号的用法

目前，通行的符号主要有九种。具体用法概述如下：

1. 注释号“※”用于对标题或语句的注释。

2. 隐讳号“×”用于代替不便写出的的词语，表示无法说出的人或事等。例如：

① 我要××医院，找胡大夫，我妈妈刚才吐了许多血！（冰心《小桔灯》）

3. 虚缺号“□”标明文字有缺漏，无法查明，可读作“某”。例如：

② 在他面前，显出一条大道，直到他家中，后面也照见了丁字街头破匾上“古□亭口”这四个黯然的金字。（鲁迅《药》）

4. 斜线号“/”，如表示某种并列关系，相当于“和”；如表示间隔两种不同计量单位，相当于“每”；也可用来隔开诗行或词句、标题与标题、标题和署名，以及隔开月日或表示分数等。例如：

③ 我们的汽车以120公里/小时的速度行驶着。

5. 标识号“▲”“●”用在可分条列举的短文、简讯、内容提要和其他文字的前面或篇末，表示标志、提示或分列等意义，以引起读者的注意。

6. 代替号“~”用来代替重复的字和词。

7. 下脚号“.”用于分隔时间。另外，也可用于学术论文的参考文献中。例如：

④ 2009. 3. 15（表示2009年3月15日）

8. 箭头号“→”于表示事物的方位、发展趋势、主次（从属）关系或事件的排列顺序。

9. 示亡号“□”用于已去世的人名的外面。例如：

⑤《现代汉语通论》（第二版）顾问：胡裕树（复旦大学）

三、标点符号的变异使用

在书面交际中，标点符号的运用必须遵循一定的规范。然而，根据特定语境表情达意的需要，也可以临时超越标点符号的常规用法，从而获取某种特殊的表达效果。这就是标点符号的变异使用。

标点符号的变异使用通常可分为标号的变异使用、点号的变异使用和标点符号复合变异三种类型。不同类型的标点符号变异使用，由于受到特定交际对象、交际内容、交际环境等因素影响，往往能够以一种艺术化的表达形式传递出特殊的语用功能和审美价值。

（一）标号的变异使用及其功能

标号的变异使用，就是根据语境而临时创新标号的用法。例如：

①五月——
麦浪。
八月——
海浪。
桃花——
南方。
雪花——

北方。 （贺敬之《放声歌唱》）

②波光映到白帆上，

映到桥板和桥洞中，

映到屋檐下，照彻两岸，

笼照小镇全部。

于是小镇又抖动了，

摇晃了，如散开，如聚合，

…… ……

…… …… （徐迟《小镇》）

例①仅用十六个字，便通过祖国东南西北、一年四季最有代表性的事物充分展现了祖国幅员辽阔、景色宜人的景象。诗中的四个破折号，不仅增强了诗歌的节奏，而且还省略了原有的句法成分，体现了诗人思维的跳跃和情感的欢腾，具有承接语言、精炼含蓄、深化主题的表达效果。例②连用四个省略号，把诗歌中最为重要的、还没有表达出来的内容“小镇的景象”省略了，但却表达出了诗人复杂而丰富的思想感情，形成诗歌语言含蓄蕴藉的风格特点；同时，也给读者留下了丰富的想象空间——小镇到底是一幅怎样的奇妙图画?

（二）点号的变异使用及其功能

点号的变异使用，是指根据语境的需要而临时创新点号的用法。例如：

① 听到我的声音，她顾不得害羞，揭了红盖头走出来，她、还、是、一、身、红。

（航鹰《大墙内外》）

② 他叮嘱自己进去以后眼睛始终盯住局长的眼睛。即使他屋里放着别人送的龙肝凤胆麒麟角夜明珠纯金作的花盆玛瑙刻成的烟灰缸也视而不见。 （蒋子龙《阴阳交接》）

例①在本不该用任何标点符号的地方用顿号一字一顿断开，其强调的语气是非常明显的，同时也增强了语句的艺术魅力和审美韵味。例②则与例①相反，出现了连续的、无休止、没有停顿的书面表达形式，构成了一段无标点的文字。然而正是这种通过奇珍异宝组成的连续语流，形象地揭露和讽刺了“局长”受贿礼品数量的巨大和价值的昂贵，也刻画出了“他”（马主任）在此情景中的尴尬：为了一意逢迎上级，必须下很大决心方能“视而不见”。

除了顿号的变异使用外，其他点号变异使用的情况也是很常见的。例如：

③ 我没有亲见；听说，她，刘和珍君，那时是欣然前往的。（鲁迅《记念刘和珍君》）

④ 荒山。废弃了梯田。合格与不合格的鱼鳞坑。成活了与半死不活的枞柏树苗。红的黄的绿的草。仍然不肯从枝头抖落的枯枝。缓缓的升腾着水汽的茶杯里的新茶。

（王蒙《活动变人形》）

⑤ 希望！诸位！从！民国三十五，呃，六年起！立刻！痛下！决心！身体！力行！不可！阳奉！阴违！兄弟！希望！呃！完了！

（袁水拍《民国三十五年的回顾和民国三十六年的展望》）

⑥“你不爱我吗？你对我说的话全是假的吗？你的?? 你的?? 全是欺骗吗?”手指啮着她的肩头，要把她的脑袋摇下来似地摇着。她只是悄悄地流着泪。“你说?? 你说?? 你

为什么不说!”咬着自己的牙。　　　　　　　　　　　　　　　　（穆时英《PIERROT》）

例③用逗号把同位语“她刘和珍君”断开，语气短促有力，语义深沉，强调和突出了作者对反动派残杀革命者滔天罪行的愤怒之情。例④通过超常使用句号，形成了大量的名词性非主谓句。各句之间的逻辑联系被省略，就像电影中一组组接连变换的镜头，在空间的跳跃和转换中，反映了主人公思维活动的灵动。例⑤用十六个感叹号将短短三十七个字的一句话切分成了若干片断，不但生动地戏拟了蒋介石演讲时空洞无物、颠三倒四、官腔十足的滑稽丑态，而且还给读者以新奇、突出、强烈的视觉感受。例⑥前后两次连用两个问号来描写男主人公“潘鹤龄”得知自己被所深爱的女人背叛、欺骗后极度的失望、愤怒和质疑。

（三）标点符号的复合变异及其功能

标点符号一般是单用，但是在现实生活中，由于发话人的心境往往非常复杂，有的时候就需要综合使用两种或两种以上的标点符号。这就是标点符号的复合变异。

标点符号的复合变异，一般以问号与叹号的连用最为常见。例如：

① 她？！　　　　　　　　　　　　　　　　　　　　　　　（黄宗英《大雁情》）

②“!?”富民一惊：咋能这么比，直愣愣地看起秀云婶。　　　　（贾平凹《闹钟》）

例①是报告文学《大雁情》的第四个小标题，通过问号和感叹号的连用，表达了情感强烈的质疑：“秦官属”这么好的女科学家为何至今还受到这样不公正的待遇？例②叙述的是：听到“秀云婶”说自己的话很像他爹给“王二麻子”扛长工时说的话时，富民猛然惊疑。作者把“!?”置于句首，凝练、传神地表现了“富民”当时复杂而疑惑的思想感情。

总之，标点符号的变异使用，有助于生动再现话语交际的韵律特征，并能够较好地反映出语用主体的思想感情、内心世界、审美意识。需要注意的是，标点符号的变异使用应该从特定语境所需要的表达形式出发，切忌滥用、乱用。

思考与练习六

一、说明下列句子中标点符号的用法和功能。

1. 电脑开机时，“嘀——”地一下，显示器却不显示。
2. 我们在长城上深情地呼唤：“中——国——我——爱——你——!”
3. “横眉冷对千夫指，俯首甘为孺子牛”是鲁迅先生一生的写照。
4. 我们班的王兰同学是省级“三好生”。
5. 毛毛问道：“爸爸，‘有条不紊’的‘紊’是什么意思?”
6. 每年夏天——特别是雨季来临的时候，通往这个村的道路就会变得很难走。
7. 到山上砍柴的记忆是幸福而快乐的——尽管那是童年十分辛苦的一种劳作。
8. 忘不了啊，黄山……

二、改正下列句子中使用不当的标点符号，并说明理由。

1. 我的母亲——是一个普通的劳动妇女，含辛茹苦却毫无怨言。
2. 学校领导决定文科各系，中文系、哲学系、经济系、历史系、外文系，要加强语文训练，提高写作水平。

3. 出版社在2009年第一季度社科新书征订单上提醒邮购者：务必在汇款单上写清姓名及详细地址（汇款单附言栏内注明所购的书名、册数）。
4. 多么雄伟啊！黄鹤楼。
5. 今天晚会上有如下节目——舞蹈、独唱、二重唱、相声和杂技。
6. 艺术有两个来源，一是理想，理想产生欧洲艺术；二是幻想，幻想产生东方艺术。
7. 张校长在大会上宣布：学校要实行两项改革措施：一是持证上岗，二是竞聘上岗。
8. 他是临场胆怯呢？还是身体不舒服呢？
9. 观众长时间地等待，只为一睹她的风采、或签上一个名。
10. 我不知道这条路谁能走通？但我一定要坚定不移地走下去。

三、下面是宋庆龄1936年6月5日《促鲁迅先生就医信》中的一段话。请分析信中“！”的用法及其功能。

我恳求你立刻入医院医治！因为你延迟一天，便是说你的生命增加了一天危险!! 你的生命，并不是你个人的，而是属于中国和中国革命的!!! 为着中国和中国革命的前途，你有保存、珍重你身体的必要，因为中国需要你，革命需要你!!! ……我希望你不会漠视爱你的朋友们的忧虑而拒绝我们的恳求!!!

四、查阅你所喜爱的文学作品，收集标点符号变异使用的语料，并分析其使用规律和功能特点。

拓展与探究：汉字字体演变的历史进程

汉字是记录汉语的文字，是世界上最古老的文字之一。汉字的字体从古至今，大体经历了甲骨文、金文、篆书（大篆和小篆）、隶书、楷书等发展阶段。

甲骨文是殷商时代用刀刻在龟甲或兽骨上的文字。它是在河南安阳附近的小屯村——殷商王朝都城遗址的废墟中发现的，故又称殷墟文字。甲骨文是我国目前所能见到的最早的成批的成体系的较为成熟的汉字。从记录的内容看，甲骨文大多数是殷商王室占卜的记录，故又称卜辞。甲骨文的图画特征较明显，形体结构尚未定型，异体字较多。此外，由于书写工具是刀，书写材料甲骨的质地坚硬，故笔画细瘦，圆转方折相间，方笔居多。甲骨文的出现标志中国进入了文明时代。

金文是铸刻在青铜器上的文字。由于青铜器以钟和鼎最为常见，故金文又叫钟鼎文。从商周到秦汉都有金文，这里主要指西周青铜器上的文字。与甲骨文相比，金文所记载的内容比较长，而且相对完整，主要涉及战争、盟约、条例、典礼、赏赐、任命等政治事件，早期的金文还大多刻有人名、谥号、氏族、器物名。由于金文是浇铸而成的，故笔画肥大厚实，丰满粗壮，结构和款式上更趋于整齐、匀称、方正，图画特征减少，符号性增强，但异体字仍然比较多。

篆书包括大篆和小篆两种字体。大篆又有广义和狭义之分：广义的大篆指先秦所有的古文字，包括甲骨文、金文、籀文和春秋战国时通行于六国的文字；狭义的大篆专指春秋战国时秦国的文字，以籀文和石鼓文为代表。籀文传说是《史籀篇》里的文字，是周王室的史官太史籀编的儿童启蒙识字课本。石鼓文是刻在鼓形石头上的文字。大篆基本上保持了西周金文的写法，只是字形更加整齐匀称，笔画更加线条化了。小篆是秦统一六国后通行于全国的标准字体，由大篆发展演变而来。秦始皇统一六国后，实行“书同文”的政策，在搜集整理当时通用汉字的基础上，编成了《仓颉篇》、《爰历篇》、《博学篇》作为推行小篆的典范颁布全国。今存《泰山刻石》即为小篆的典型代表，而完整、系统保存小篆的则是《说文解字》。同大篆相比，小篆的结构更匀称整齐，笔画更简单，线条略带弧形，偏旁较固定，异体字减少，形体定型化。可以说，小篆是汉字第一次规范化的字体，是古文字的最后一个阶段。小篆的诞生标志着汉字的统一，对汉字的规范化和符号化起到了重要作用。在今天的篆刻艺术、书法或绘画作品中，小篆仍作为专用字体被人们所使用着。

隶书分为秦隶和汉隶，又称古隶和今隶。秦隶是秦王朝下级文员（徒隶）用于日常书写的辅助字体。秦王朝时，小篆是官方运用的标准字体，用于比较庄重的场合，日常则用隶书。这种字体起初接近于小篆，但比小篆写得随意一些，字形也要更为方正一些。秦隶发展到汉代更加趋于简单易写，从而形成汉隶。汉隶是汉代通行的正式字体。隶书是古代汉字演变为现代汉字的转折点，也是古文字和今文字的分水岭。文字学史上将这个变化称之为隶变。隶书比篆书更便于书写，它对小篆的笔画、笔势、偏旁结构都作了不同程度的改造，形成了汉字的点、横、竖、撇、捺等基本笔画，将汉字改造成扁方形字体，使汉字进一步变成纯粹符号性质的文字。同时，隶书还大大降低了汉字的繁难程度，奠定了楷书的基础。

楷书兴于汉末，盛于魏晋南北朝，沿用至今。楷书是通用时间最长的标准字体，又称正书、真书。楷书由隶书演变而来，但没有了隶书的波磔和挑法，笔形平直，字形方正，书写简便。可以说，楷书使汉字完全变成了由笔画组成的方块字，汉字形体至此最终定型。

至于草书、行书等字体，本章中已有相关介绍，此处不再赘述。

【参考书目】

[1] 殷寄明，汪如东. 现代汉语文字学. 上海：复旦大学出版社，2007
[2] 孔祥卿，史建伟，孙易. 汉字学通论. 北京：北京大学出版社，2006
[3] 苏培成. 现代汉字学纲要（增订本）. 北京：北京大学出版社，2001
[4] 高明. 中国古文字学通论. 北京：北京大学出版社，1996
[5] 陆锡兴. 汉字传播史. 北京：语文出版社，2002

参考文献

（按姓氏音序排列）

曹炜．现代汉语词汇研究．北京大学出版社，2003

岑运强．语言学基础理论．北京师范大学出版社，2005

陈昌来．现代汉语句子．华东师范大学出版社，2000

程祥徽，邓骏捷，张剑桦．语言风格学．广西教育出版社，2000

戴昭铭．规范化——对语言变化的评价和抉择．语文建设，1986（6）

戴昭铭．规范语言学探索．上海三联书店，1998

董为光．汉语词义发展基本类型．华中科技大学出版社，2004

范开泰，张亚军．现代汉语语法分析．华东师范大学出版社，2000

符淮青．现代汉语词汇学．北京大学出版社，2004

高更生．汉语语法问题试说．山东人民出版社，1981

高明．中国古文字学通论．北京大学出版社，1996

葛本仪．现代汉语词汇学．山东人民出版社，2004

国家语委标准化工作委员会．现代汉语通用字笔顺规范．语文出版社，1997

国家语委普通话培训测试中心．普通话水平测试实施纲要．商务印书馆，2005

何兆熊．语用学概要．上海外语教育出版社，1989

胡裕树．现代汉语．上海教育出版社，2004

黄伯荣，廖序东．现代汉语（增订四版）．高等教育出版社，2007

孔祥卿，史建伟，孙易．汉字学通论．北京大学出版社，2006

李军．《现代汉语》学习辅导与习题集．齐鲁书社，2006

刘叔新．现代汉语理论教程．高等教育出版社，2004

卢英顺．现代汉语语汇学．复旦大学出版社，2007

陆俭明，沈阳．汉语和汉语研究十五讲．北京大学出版社，2004

陆俭明．现代汉语语法研究教程．北京大学出版社，2003

骆小所．现代汉语引论（修订版）．云南大学出版社，2005

齐沪扬．现代汉语．商务印书馆，2007

钱乃荣．现代汉语（重订本）．江苏教育出版社，2008

钱玉莲．现代汉语词汇讲义．北京大学出版社，2006

邵敬敏．汉语语义语法论集．上海教育出版社，2007

邵敬敏．现代汉语通论（第二版）．上海教育出版社，2007

施春宏．语言在交际中规范．中国经济出版社，2005

苏培成．现代汉字学纲要（增订本）．北京大学出版社，2001

索振羽．语用学教程．北京大学出版社，2000

王艾录，司富珍．语言理据研究．中国社会科学出版社，2002
王德春，陈瑞端．语体学．广西教育出版社，2000
王铁琨．新词语的规范与社会、心理．语文建设，1988（1）
王希杰．汉语修辞学（修订本）．商务印书馆，2004
王希杰．修辞学通论．南京大学出版社，1996
温端政．汉语语汇学．商务印书馆，2005
伍铁平．普通语言学概要．高等教育出版社，2006
邢福义，汪国胜．现代汉语．华中师范大学出版社，2005
邢福义，吴振国．语言学概论．华中师范大学出版社，2002
邢福义．复句与关系词语．黑龙江人民出版社，1985
邢福义．现代汉语．高等教育出版社，1991
邢福义．现代汉语．华中师范大学出版社，2003
许宝华．现代汉语导论．复旦大学出版社，2006
杨锡彭．汉语外来词研究．上海人民出版社，2007
姚亚平．中国语言规划研究．商务印书馆，2006
叶蜚声，徐通锵．语言学纲要．北京大学出版社，2000
殷寄明，汪如东．现代汉语文字学．复旦大学出版社，2007
袁晖，李熙宗．汉语语体学．商务印书馆，2005
张斌．《现代汉语》教学参考与训练．复旦大学出版社，2002
张斌．简明现代汉语．复旦大学出版社，2004
张斌．现代汉语．中央广播电视大学出版社，1996
张斌．新编现代汉语（第二版）．复旦大学出版社，2008
张登岐．现代汉语．高等教育出版社，2007
张小平．当代汉语词汇发展变化研究．齐鲁书社，2008
中国华东修辞学会，复旦大学语言文学研究所．语体论．安徽教育出版社，1987
周芸．新时期文学跨体式语言的语体学研究．云南人民出版社，2006
周祖谟．汉语词汇讲话．外语教学与研究出版社，2006
宗守云．修辞学的多视角研究．中国社会科学出版社，2005

后记

现代汉语课程在高校汉语言文学、文秘、对外汉语教学、广播电视新闻学等本科专业人才培养目标中占有重要的地位，因而课程教材的建设也是各高校相关专业高度重视的问题。

云南省普通高等学校“十二五”规划教材《现代汉语导论》为云南省普通高校重点建设专业云南师范大学汉语言文学教育专业建设项目内容、云南师范大学精品课程《现代汉语》配套教材。整部教材的编写工作由云南师范大学中文系牵头，昆明学院、云南财经大学、曲靖师范学院、保山学院、昭通师专、思茅师专、临沧师专等高校专家学者和一线教师共同参与。本教材的特点是：

第一，以当前高校教学质量与教学改革工程项目建设为背景，立足于云南省丰富的汉语方言资源和少数民族语言资源，注重夯实学生的现代汉语基本理论和基础知识，以便将来能够胜任基础教育阶段的语文教学工作以及新闻媒体、出版机构、企事业单位等相关的语言文字工作。

第二，采取因材施教、知识与技能并重的编写原则。教材每一章开头设置的学习目的与要求，规定了学习本章所要达到的理论知识水平和基本技能要求。每一节后面设置的思考与练习，则按照从易到难的层级分为三种类型：第一类是检测学生理解和掌握本节知识的练习；第二类是引导学生运用所学理论和知识思考当下语言生活现象的练习；第三类是为学有余力或对相关专题有浓厚兴趣的学生提供的练习，思辨性较强。这样的编写体例能够兼顾不同专业、不同层次学生的学习需求，既能激发学生学习的主动性和积极性，又方便教师发挥个人教学风格，引领学生进行系统性的学习。

第三，立足于学界研究前沿，博取众家之长，吸取最新成果，强调从形式和意义、描写和解释、静态和动态、微观和宏观相结合的视野，突显基本理论和基础知识的学习方法和实践方法。教材中每一章最后的拓展与探究，不但有助于学生理解与学习内容相关的学术背景，接受专业理论的熏陶，而且有助于学生了解与学习内容相关的研究动态，感受到学术发展的基本脉络。

第四，与云南师范大学精品课程“现代汉语”网络课程配合使用，为教材使用者免费提供授课录像、电子教案、多媒体课件、立体化资源（包括图书资源、参考资料、习题、扩展资料、研究性教学、答疑库、检测试题、实践教学等）等网络资源，把传统学习模式和现代学习模式充分结合在一起，把课堂教学与课外教学、校内教学与校外教学有机结合起来，为学生打造一个互动性强、立体直观、资源丰富的现代化远程教育和学习平台，体现了当前高校现代汉语课程立体化教材的发展趋势，对进一步推进高校现代汉语课程的改革和创新具有重要意义。

本教材由周芸教授提出总体构想，于2009年2月在昆明召开第一次编写会议。编写者提交初稿之后，主编又根据书稿存在的问题于2010年3月在昆明召开了第二次编写会议，并分组完成书稿的修改和完善工作。从2010年7月开始，书稿便集中到了主编的手中，由主编统一进行修改和调整。最后，又请国家有突出贡献专家、汉语言文字学专业博士生导师骆小所教授进行审阅。教材各章编写分工及撰稿人具体如下：

第一章 第一、二节：秦建文
第三、四节：邓瑶、李洁
拓展与探究：李洁、周芸
第二章 第一、六节：杨瑞鲲、周芸
第二、七节：冯桂玲
第三节：段泗英、冯桂玲
第四节：王燕、杨瑞鲲
第五节：邓瑶
第八节：周春林、杨瑞鲲
拓展与探究：段泗英
第三章 第一、六节，拓展与探究：周芸
第二节：王琼
第三、四、五、七节：陶娅莉
第四章 第一、五、六、八节，拓展与探究：邓瑶
第二、三节：崔梅
第四、七节：王琼
第五章 第一、二、五节：周春林
第三节：邓瑶
第四节：冯佳
第六节，拓展与探究：周芸
第六章 第一、四、五节：王燕
第二、三、六节，拓展与探究：廖逢珍、赵卫华、王燕

由于本教材篇幅较大，涉及的问题又非常具体，难免会出现一些疏漏，我们真诚地希望教材的使用者给我们提出宝贵的意见和建议，使教材再版时得以进一步完善。

教材在编写过程中，参阅了前辈时贤的专著、论文，从中汲取了丰富的营养，在此表示衷心感谢。教材的出版，得到了云南省教育厅高教处、云南师范大学教务处刘超群老师、云南师范大学文学院胡彦教授、北京大学出版社领导及编辑同志、评审专家的大力支持，在此表示最诚挚的谢意。

编 者

2011年4月于云南师范大学